China
und seine Provinzen

Josef Guter

China

und seine Provinzen

Umschlagmotive:

U1 oben: Die Takla-Makan Wüste in Xinjiang.

U1 unten: Eine Pilgerin mit einer Gebetsmühle im Jokhang Tempel in Lhasa, Tibet.

U4 oben links: Die Gebirgslandschaft Huangshan in Anhui.

U4 oben rechts: Eine tibetische Nomadin.

U4 unten links: Der Jangtse bei Wushan.

U4 unten rechts: Die Terrakottakrieger bei Xian.

Alle Fotographien: © picture alliance/imagine china, Frankfurt am Main
außer: S. 9, 48/49, 50, 51 links, 51 Mitte, 52/53, 54, 55, 60, 250 oben, 250 unten, 251 oben, 252 oben, 252 unten, 253, 254 unten links, 254 unten Mitte, 254 unten rechts, 254 oben links, 254 oben rechts, 255 oben rechts, 258, 259 oben, 259 unten, 265, 277, 397 unten, 401, 404 unten, 406/407, 427, 428 unten, 429, 430 unten, 431, 432/433, 434 links, 436/437, 442, 446, 448/449, 450, 480, 514, 515, 523 unten, 525 rechts: © Wolfgang Kothes, Bad Honnef

© der Karten: Ingenieurbüro für Kartographie J. Zwick, Gießen

Ein Projekt der AVA international GmbH
Autoren- und Verlagsagentur, Herrsching.
www.ava-international.de

© KOMET Verlag GmbH, Köln
www.komet-verlag.de
Gesamtherstellung: KOMET Verlag GmbH, Köln
ISBN 3-89836-514-X

INHALT

CHINA – SO GROSS WIE EUROPA
ALLGEMEINER ÜBERBLICK

Die Volksrepublik China (VRC), chinesisch Zhonghua Renmin Gongheguo, abgekürzt Zhongguo, nimmt die Hauptmasse des ostasiatischen Festlandes ein. Mit einer Fläche von 9 572 419 Quadratkilometern ist es etwa so groß wie Europa und ist nach der Russischen Föderation, Kanada und den USA der viertgrößte Staat der Welt.

Gelegen zwischen 18° und 54° nördlicher Breite sowie 71° und 135° östlicher Länge, hat es eine Gesamtausdehnung vom sibirischen Norden bis zum tropischen Süden und vom Pamir im Westen bis zum Pazifischen Ozean im Osten. Die Landgrenzen mit seinen Nachbarstaaten betragen 28 000 Kilometer. Die Seegrenzen machen wegen der buchtenreichen Küstenlinien 20 000 Kilometer aus.

Im Nordosten grenzt die VR China an Nordkorea und die Russische Föderation, im Norden an die Mongolei, im Nordwesten an Kasachstan, Kirgisistan, Tadschikistan, Afghanistan und Pakistan, im Süden an Indien, Nepal, Bhutan und Myanmar (Burma), sowie im Südosten an Laos und Vietnam. Vor den Küsten Chinas liegen rund 5000 Inseln, die zusammengenommen über 35 788 Quadratkilometer Fläche ergeben und im Süden weit bis zu den Philippinen hinunterreichen.

Jenseits des Golfes von Bohai, des Gelben Meeres, des Ostchinesischen Meeres und des Südchinesischen Meeres hat China als „Nachbarn zur See" Japan, die Philippinen, Brunei, Indonesien und Malaysia. Im Kantondelta gehören die beiden Sonderverwaltungszonen Hong Kong und Macau wieder seit 1997 und 1999 zu China. Die Republik Taiwan wird jedoch von Peking als 23. Provinz zu China gerechnet, bildet aber seit dem Ende des Bürgerkrieges 1949 ein eigenes Staatswesen.

Die Nationalflagge der VR China zeigt auf rotem Grund in der linken oberen Ecke einen großen gelben Stern, um den sich in einem Halbbogen vier kleinere gelbe Sterne gruppieren, sie versinnbilden die um die KPCh gescharten Klassen des Volkes. Die rote Farbe verweist auf die Revolution, die mit Hilfe der Roten Armee 1949 siegreich beendet wurde. Die Flagge bildet ein waagrechtes Rechteck, dessen Verhältnis der waagrechten Länge zur senkrechten Breite 3:2 beträgt. Das Emblem der Volksrepublik zeigt den großen gelben Stern mit den vier kleineren Sternen über dem Tor des Himmlischen Friedens in Peking, eingerahmt von einem Kranz aus Weizenähren, die unten in einem Zahnrad enden.

Die Bevölkerung betrug im Jahre 2001 insgesamt 1 271 850 000 Einwohner. Rein rechnerisch sind dies zwar nur 133 je qkm, wobei jedoch zu bedenken ist, dass dem volkreichen Osten der ziemlich dünn besiedelte Westen der Steppen, Wüsten und Hochgebirgslagen gegenübersteht. Von der Gesamtbevölkerung sind 91,59 Prozent als Chinesen anzusprechen, während sich die verbleibenden 8,41 Prozent auf die 55 nationalen Minderheiten verteilen, die China zu einem Vielvölkerstaat machen.

RECHTE SEITE:
Die Große Mauer bei Muntanyu.

Die Amtsprache ist Chinesisch (Putonghua), aber wichtige Sprachen der Minderheiten sind Uigurisch, Mongolisch und Tibetisch. Die Sprachen der Minderheiten sind neben dem Chinesischen zu-

gelassen, mehrfach bestehen auch einige Schriften dieser in China lebenden Nationalitäten, die teilweise auf dem lateinischen Alphabet beruhen.

Die Bevölkerungsentwicklung Chinas zeigt zwar eine kontinuierliche Zunahme im Laufe der letzten 2000 Jahre, fiel jedoch wegen Kriegen, Invasionen, Hungersnöten und Epidemien mehrfach auch wieder zurück. Im Jahre 2 n. Chr., während der Westlichen Han-Dynastie, wurden 59,5 Millionen Einwohner gezählt, im Jahre 755 jedoch nur 52,5 Millionen. Dann ging es kontinuierlich aufwärts. Im Jahre 741, in der Qing-Dynastie, konnte man dann 143,4 Millionen registrieren. Erst in der Ming-Dynastie zählte man 157,86 Millionen und konnte im Jahre 1741 in der Qing-Dynastie 143,4 Millionen registrieren.

1840 waren es bereits 412 Millionen, aber der Zensus verzeichnete um 1912 wieder einen Rückgang auf 405 Millionen. 1949 lautete die Angabe 541,6 Millionen. Danach setzte eine währe Bevölkerungsexplosion ein, so dass bereits im Jahr 1982 die Milliarde überschritten war. Durch Familienplanung (Geburtenbeschränkung) versucht nun seit Jahrzehnten die Regierung die Bevölkerungszunahme zu begrenzen. Noch ist im Wesentlichen die Ernährung der Bevölkerung gesichert, da aber nur etwa 10 Prozent der Gesamtfläche des Landes als Ackerland nutzbar sind, wird durch die propagierte Ein-Kind-Familie ein Rückgang der Bevölkerung für die Zukunft angestrebt.

Die gegenwärtige Verwaltungsgliederung der VR China weist 22 Provinzen, fünf Autonome Regionen, vier Stadtbezirke und zwei Sonderverwaltungszonen auf. Die Autonomen Regionen und die vier Stadtbezirke haben selbst den Status einer Provinz. Taiwan wird von der VR China als 23. Provinz angesehen, mit der eine Wiedervereinigung angestrebt wird.

DAS WERDEN DER CHINESISCHEN NATION

Nach traditioneller Auffassung – gestützt auf legendäre Berichte – siedelten um das Jahr 3000 v. Chr. in den mittleren Regionen des Gelben Flusses zwei große Volksstämme, die Huang Di und die Yan Di, wobei „Di" ursprünglich wohl der Titel der Stammesfürsten war. Um das 21. Jahrhundert hatten sich diese beiden Volksstämme soweit vermischt, dass sie als Kern einer Nation gelten konnten.

Das Volk der Hua Xia war auf diese Weise entstanden, die von ihm gegründete Dynastie nannte sich Xia, später abgelöst von der Zhou-Dynastie, mit der endgültig die historische Zeit erreicht wurde. In die Endphase der Xia-Dynastie und in die ersten Phasen der Zhou-Dynastie fällt bereits die Entwicklung der chinesischen Schrift.

Die Zhou-Dynastie, verbreitet in Nord- und Zentralchina, zerfiel im Laufe der Zeit in eine Reihe von Einzelstaaten, die sich erbittert bekämpften. Diese Zeit vor der Reichseinigung wird daher auch „Zeit der Streitenden Reiche" in der Geschichtsschreibung genannt. Der Kampf aller gegen alle wird im Jahre 221 v. Chr. vom Herrscher des Qin-Reiches beendet, der mit seiner Militärmacht alle anderen Staaten annektiert und das Reich einigt.

Unter diesem ersten Kaiser Qinshihuangdi sind nunmehr alle chinesischen Länder in einem Staatswesen vereinigt. Seit dieser, wenn auch nur kurzlebigen Dynastie Qin wird das Land China genannt.

LINKE SEITE:
Die chinesische Flagge weht im Hafen von Shanghai.

FOLGENDE DOPPELSEITE:
Die Nanpu Brücke in Shanghai.

Nach dem Sturz dieser auf Gewalt beruhenden Dynastie ging aus den darauf folgenden Wirren die über vierhundert Jahre dauernde Han-Dynastie hervor (206 v. – 220 n. Chr.).

Der Name dieser Dynastie bezeichnet bis zur Gegenwart die eigentliche chinesische Nationalität – im Gegensatz zu allen anderen in China wohnenden nationalen Minderheiten. Alle Stämme und Einzelpersonen jedoch, die im Laufe der Jahrhunderte die chinesische Sprache erlernten, die Sitten, Gebräuche und Glaubensvorstellungen der Han übernahmen, galten dann als sinisiert, d. h. sie wurden ohne Abstriche den Han zugezählt.

„Han" ist demnach im Grunde kein rein rassisches als vielmehr ein mehr kulturelles Merkmal. So haben beispielsweise sehr viele Angehörige des einstigen Eroberervolkes der Mandschuren ihre eigene Sprache und Identität aufgegeben und werden den Han zugerechnet. Auf der anderen Seite spricht man nach wie vor von „Auslandschinesen", so lange die Nachkommen von Auswanderern im Ausland ihre chinesische Sprache und Eigenart bewahrt haben.

RELIGIONEN

Das „Reich der Mitte", wie sich das von Kaisern fortan regierte Staatswesen nun nannte, entwickelte im Laufe vieler Generationen eine universalistische Volksreligion, die in einen philosophischen, vor allem aber in einen populären Daoismus mündete. Gleichzeitig entwickelte der große Weisheitslehrer Konfuzius eine Staats- und Sittenlehre, die schließlich als Staatsdoktrin angenommen wurde und praktisch bis zum Ende des Kaiserreiches 1911 offiziell gegolten hat.

Während der Han-Dynastie war jedoch aus Indien der Buddhismus in China bekannt geworden und konnte sich zu einer stark prägenden Religion entfalten. Allerdings wurde für China der Mahayana-Buddhismus tonangebend, während der ursprüngliche Hinayana-Buddhismus vor allem in südostasiatischen Ländern und auf Sri Lanka verbreitet ist.

Islam, Christentum und Lamaismus (tibetischer Buddhismus) kamen später missionierend ins Land, mehrfach durch Verfolgungen in der Vergangenheit und in neuerer Zeit dezimiert oder unterdrückt. Heute zählt man in der VR China 100 Millionen Buddhisten, 30 Millionen Daoisten, 20 Millionen Muslime, 10 Millionen Protestanten, 4 Millionen Katholiken und 1,3 Millionen Lamaisten. Die Mehrheit der heute lebenden Chinesen bekennt sich zu keinem der bestehenden Glaubenssysteme.

KLIMA

Die riesige Ausdehnung des Landes und seine sehr unterschiedlichen Landschaftsformen und Höhenlagen bringen es mit sich, dass von einem einheitlichen Klima in China nicht gesprochen werden kann.
Die sehr starken Temperaturunterschiede legen es nahe, China in fünf große Klimazonen einzuteilen: kalt, gemäßigt, warm-gemäßigt, subtropisch und tropisch.

Im Norden wehen von Ende September bis Mitte April sehr kalte Winde aus Sibirien und der Mongolei, so dass die Winter in Nordchina stets trocken und oft bitterkalt sind. Die kälteste Gegend ist der Hailar Distrikt in der Inneren Mongolei, wo schon bis minus 51,6° Celsius gemessen wurden. Die Durchschnittstemperatur wird dort im Januar mit minus 27,7° angegeben.

Der Temperaturunterschied zwischen der Stadt Harbin in der Mandschurei und der Hafenstadt Kanton am Südchinesischen Meer beträgt im Winter oft bis zu 30° Celsius. Die heißeste Gegend in China ist dagegen die Turfan-Depression in Ostturkestan (Xinjiang Uygur), wo der Aydingkol-See 154 Meter unter dem Meeresspiegel liegt. Die Temperaturen erreichen im Juli meist 33 bis 40 Grad plus, die höchste Temperatur wurde am 4. Juli 1941 mit 47,6° Celsius gemessen.

Im Süden des Landes bringen im Sommer der Südostmonsun vom Pazifik her feuchtwarme Luft und Regen und der Südwestmonsun vom Indischen Ozean ebenfalls reichlich Niederschläge, so dass 70 Prozent des gesamten Landes in der gemäßigten, warm-gemäßigten, subtropischen und tropischen Zone liegen.

FOLGENDE DOPPELSEITE:
Das an den Berg Hengshan gebaute Kloster Xuankong Si in der Provinz Shanxi ist eine architektonische Meisterleistung.

Terrassierte Reisfelder bei Yuanyang in der Provinz Yunnan.

Während im Nordwesten nur jährlich etwa 50 mm Niederschlag zu verzeichnen ist, fallen im feuchten Südosten oft 1500 mm Regen und machen diese Region zu einer „Heimat von Reis und Fisch". Am trockensten ist es im südlichen Sinkiang, wo nur 10 mm Regen jährlich fallen.

Ohne sommerliches Wetter sind die Provinzen Heilongjiang und die nordöstliche Innere Mongolei, während die Inselprovinz Hainan und die Südprovinz Guangdong dagegen keinen Winter kennen. In der Provinz Anhui sind klare vier Jahreszeiten erkennbar, in Yunnan wiederum herrscht praktisch das ganze Jahr über frühlingshaftes Wetter.

Schneebedeckt durch das ganze Jahr sind viele Teile des westlichen Tibet-Qinghai-Plateaus, die in ihrer Höhenlage nur winterliche Temperaturen kennen. Dieses Plateau umfasst 2,3 Millionen Quadratkilometer, nimmt etwa 20 Prozent der gesamten Fläche Chinas ein und gilt mit seiner Durchschnittshöhe von 4000 Metern zurecht als das „Dach der Welt".

TOPOGRAPHIE

Abgesehen von der staatlichen Verwaltungsgliederung hat man China nach verschiedenen Prinzipien eingeteilt in

a) West- und Ostchina
b) Drei Zonen (nach Höhenlagen)
c) Sechs Großräume

Die erste Einteilung richtet ihr Augenmerk auf die Verteilung der Bevölkerung auf Grund der Landschaftsformen und Klimaverhältnisse. Bei dieser Gliederung steht der relativ dünn besiedelte Westen dem bevölkerungsstarken Osten gegenüber. Im Westen befinden sich vornehmlich die Wüsten, Steppen und Hochplateaus sowie die höchsten Bergwelten des Landes. Ackerland ist wenig vorhanden, Weidewirtschaft herrscht vor.

In den Wüsten unterbrechen einige Oasen das kaum besiedelte Land, das in der „Todeswüste" Takla Makan ohnehin unbewohnbar ist. Im Osten gibt es reichlich Niederschläge, Wasserreis, Weizen und alle anderen Getreidearten, Bodenfrüchte und Obstsorten können angebaut werden. In einigen Provinzen an der Ostküste sind sogar zwei oder gar drei Ernten im Jahr möglich. Hier drängen sich die Menschen in den großen Städten des Landes, hier liegen auch zahlreiche Millionenstädte.

Die zweite Einteilung geht von den Höhenunterschieden aus und teilt China in drei große Zonen ein.

1. Die Hochgebirgslandschaften im Westen mit Plateaus und Hochtälern
2. Die Beckenlandschaften im mittleren Teil des Landes
3. Die Tiefebene mit den Küstenzonen und den vorgelagerten Inseln.

Diese Einteilung berücksichtigt allerdings nicht, dass auch in den zentralen und östlichen Teilen des Landes sich vielfach große Gebirge hinziehen und die Becken einrahmen.

Etwas differenzierter ist die Einteilung Chinas in sechs Großräume, die vom Klima her, von der geographischen Lage, ja sogar von der geschichtlichen Entwicklung her aus jeweils verschiedenen Provinzen gebildet werden:

– Nordostchina (Dongbei)

Dieser Großraum umfasst die einstige Mandschurei mit den Provinzen Liaoning im Süden, Jilin in der Mitte und Heilongjiang im Norden.

– Nordchina (Huabei)

Hier liegen die durch Invasionen der Steppenvölker früher am meisten umkämpften Regionen und Städte des alten China: Beijing, Tianjin, Hebei, Shanxi und die Innere Mongolei.

– Ostchina (Huadong)

Dieser Großraum vereint die an den Küsten des Pazifischen Ozeans liegenden Provinzen und zwei hinter ihnen sich erstreckenden Inland-Provinzen: Shandong, Jiangsu, Shanghai, Zhejiang, Fujian sowie Anhui und Jiangxi.

– Zentral- und Südchina (Zhongnan)

Dieser Großraum verbindet etwas willkürlich die „altehrwürdige" Provinz Henan mit den Kornkammern Hubei und Hunan sowie den Südprovinzen Guangdong und Guangxi und die Inselprovinz Hainan.

– Südwestchina (Xinan)

Die bevölkerungsreiche Provinz Sichuan, die Provinz der vielen Minderheiten, Yunnan, das Hochland Tibet und die etwas abgelegene Provinz Guizhou sind hier zusammengefasst.

– Nordwestchina (Xibei)

Dieser Großraum bündelt die flächengrößte Provinz Chinas, Xinjiang, mit den Hochplateaus der Provinz Qinghai, dem Ningxia-Gebiet und den Lößprovinzen Gansu und Shaanxi.

Da sich in China viele Gebirgsketten über zwei Provinzen hinweg erstrecken und letztlich China ein Land der Berge und Hügel darstellt, müssen die einzelnen Gebirgsformationen für sich betrachtet und dargestellt werden.

DIE GEBIRGE CHINAS

China besitzt vier Gebirgszüge, die länger und zum Teil auch höher sind als die Alpen in Europa: den Himalaya (Nordabhänge und nördliche Vorgebirge), das Kuenlun-Gebirge, den Tienshan und in der Mandschurei den Großen Chingang (chinesisch Hinggan), der sich dort von Nord nach Süd erstreckt. Seitdem Tibet der VR China verwaltungsmäßig angeschlossen ist, gehört beispielsweise auch der Nordabhang des Mount Everest zu China, der Südabhang zu Nepal.

In ähnlicher Weise teilt China mit Indien und Bhutan gewaltige Himalaya-Landschaften, im Westen das Karakorum-Massiv mit Indien (im Kaschmir), den Pamir mit Tadschikistan und Afghanistan sowie den Tienshan mit Kirgisien. Im Südwesten des Landes ziehen sich Bergketten in Nord-Südrichtung hin, die sowohl China als auch Myanmar (Burma) berühren und im Süden besteht die gleiche Situation mit Laos und Vietnam.

Gemeinsame Berggrenzen hat China auch mit Nordkorea, der Russischen Föderation, der Mongolei und Kasachstan. Mit dem 8848 Meter hohen Qomolangma (Mt. Everest) hat China Anteil am höchsten Gipfel der Welt, im Karakorum warten ebenfalls „Achttausender" auf die Gipfelstürmer, im Pamir und im Tienshan steigen die höchsten Spitzen bis zu mehr als 7000 Meter hinan, das innerchinesische Qilian-Gebirge, nahe der Mongolei, kennt Höhen von über 5500 Meter, und der Altai bringt es im chinesisch-russischen Grenzgebiet ebenfalls auf über 4000 Meter.

Die beiden Hauptreligionen Chinas, der Daoismus und der Buddhismus, haben im Laufe der Jahrhunderte insgesamt neun Bergmassive zu „Heiligen Bergen" erkoren, fünf davon sind daoistischen und vier buddhistischen Gottheiten geweiht. Die fünf daoistischen Heiligen Berge sind der Taishan in Shandong, der nördliche Hengshan in Shanxi, der Songshan in Henan, der südliche Hengshan in Hunan und der Huashan in Shaanxi.

Die Buddhisten dagegen pilgern seit Verkündung der Religionsfreiheit in China wieder zu folgenden vier Bergen, die ihnen heilig sind: zum Wutaishan in Shanxi, zum Putuoshan, einem Inselberg im Ostchinesischen Meer (Zhejiang), zum Jiuhuashan in Anhui und zum Emeishan in Sichuan.

Auf diesen von Wallfahrern in allen Jahrhunderten vielbesuchten Bergen haben bis heute erfreulicherweise eine beträchtliche Anzahl von Klöstern, Tempeln und Pagoden die Stürme der Zeiten

überdauert. Die in der Kulturrevolution zerstörten Konvente wurden inzwischen teilweise wieder aufgebaut oder restauriert, vieles allerdings ging für immer verloren.

DIE FLÜSSE CHINAS

China ist ein Land zahlreicher Ströme, Flüsse und Bäche, die in der Mehrzahl von West nach Ost fließen und ihren Lauf im Pazifischen Ozean beenden. Die wichtigsten der großen Ströme in Ostrichtung sind der Jangtse, der Gelbe Fluss, der Perlfluss und der Huai. Einige von ihnen fließen auch nach Süden wie der Yarlungzangbo und der Nujiang. Der Yarlungzangbo durchbricht den Himalaya, ändert seinen Namen in Brahmaputra und mündet in Bangladesch in den Golf von Bengalen. Der Nujiang kommt gleichfalls aus Tibet und strömt durch Myanmar (Burma) in das Andamanische Meer. Der längste aller Flüsse Chinas ist jedoch der Jangtse (Chang Jiang), der in einer Länge von 6300 Kilometer neun Provinzen durcheilt und bei Shanghai ins Ostchinesische Meer mündet. Der Jangtse ist nach dem Amazonas und dem Nil zugleich der drittlängste Fluss der Erde.

Frauen der Miao Volksgruppe in ihren traditionellen Trachten anlässlich der Neujahrsfeiern.

Der Gelbe Fluss, der Huanghe, der in der Provinz Shandong ins Bohai Meer sich ergießt, hat eine Länge von 5464 Kilometern und galt bis zu seiner Bändigung in jüngerer Zeit alle Jahrhunderte als Schicksalsstrom Chinas. Die Wasser dieses Riesenstromes sind gelb, denn er führt ungeheure Mengen gelben Löß mit sich, der am Mündungsdelta abgesetzt wird und China jährlich ein kleines Stück wachsen lässt.

Einer der großen Ströme Asiens ist auch der Amur, der im Chinesischen Heilongjiang (Schwarzdrachenfluss) heißt. Nach einem Lauf von 3420 Kilometern nimmt ihn das Ochotskische Meer gegenüber Sachalin auf. Auf einer sehr langen Strecke bildet er die Grenze zwischen China und der Russischen Föderation.

Der Perlfluss (Zhujiang) ist der größte und wasserreichste Fluss Südchinas, er wird durch den Zusammenfluss dreier Flüsse gebildet (Xijiang, Beijiang und Dongjiang). Der Quellfluss entspringt in Ost-Yunnan. Nach seinem Hauptlauf, dem Xijiang, gerechnet, hat er eine Länge von 2197 Kilometer. Bei Modaomen in Guangdong fließt er ins Südchinesische Meer.

Der Tarim ist einer der merkwürdigsten Flüsse der Welt und zugleich der längste abflusslose Fluss Chinas. Er entspringt im Karakorum, fließt nach Osten durch das nördliche Tarim-Becken, wird von Niederschlägen an seinem Oberlauf, von Schmelzwassern aus den Gletschern des Tienshan gespeist, lagert auf seinem 2137 Kilometer langen Lauf durch die nördlichen Wüstengebiete der Takla Makan viel Schlamm und Sand ab, ändert oft seinen Lauf und versickert schließlich im heißen Wüstensand.

Der Hauptfluss Hinterindiens, der Mekong, der in Vietnam ins Südchinesische Meer mündet, ist ebenfalls chinesischen Ursprungs, wird dort Lancang genannt und windet sich von seiner Quelle am Ober- und Mittellauf durch hohe Berge in Qinghai, Tibet und Yunnan, auch durch die Schluchten des Hengduan-Gebirges und durchbricht dann bei Xishuangbanna die chinesische Grenze. Von seiner Gesamtlänge (4500 km) entfallen auf das chinesische Gebiet immerhin 2153 Kilometer.

Der Huai-Fluss ist zwar nur etwa 1000 Kilometer lang, gilt aber als einer der wichtigsten Flüsse in Mittelchina. Diese Bedeutung beruht auf der Tatsache, dass der Huai im Lauf der Geschichte 250 mal nachgewiesene Überschwemmungen verursachte und neben dem Gelben Fluss der gefürchtetste Wasserlauf Chinas war.
Da durch gewaltige Regulierungsarbeiten nach 1949 der Huai inzwischen „gezähmt" ist, steht nun in seinem Einzugsgebiet eine große Fläche von Ackerland zur Verfügung, das ohne Furcht vor Hochwassern unter den Pflug genommen werden kann. Der Huai entspringt am Tongbai-Gebirge in Henan, fließt dann durch Anhui und beendet seinen Lauf in der Küstenprovinz Jiangsu.

CHINAS SEEN

China ist eines der seenreichsten Länder der Erde. Insgesamt sind über 2800 Seen im ganzen Land verteilt, deren Fläche mehr als einen Quadratkilometer beträgt. Über 130 Seen haben jedoch eine Fläche von mehr als 100 Quadratkilometer. Zusätzlich zu diesen natürlichen Seen hat man in China eine große Anzahl Stauseen angelegt.

Die Besonderheit der chinesischen Seenlandschaft besteht darin, dass die Gesamtfläche aller Seen mehr als 80 000 Quadratkilometer beträgt, jedoch nur 36 000 Quadratkilometer davon Süßwasserseen sind. Die größten Flächen nehmen insgesamt die Salzseen ein, deren Salzreserven auf über 100 Milliarden Tonnen geschätzt werden. Der größte Salzwassersee Chinas ist mit 4583 qkm der Qinghai-See, der größte Süßwassersee mit einer Fläche von 358 qkm ist der Poyang-See in Nord-Jiangxi.

Die Seen Chinas spielen eine bedeutende Rolle in der Fischerei und Fischzucht Chinas, allein im Dongting-See in Nord-Hunan sind 50 verschiedene Fischarten heimisch. Als der schönste See mit großer Wasserfläche (2425 qkm) gilt der Tai-See in Süd-Jiangsu, der wegen seiner schönen Uferlandschaften seit alters ein beliebtes Reiseziel darstellt.

DER GROSSE KANAL (KAISERKANAL)

Mit einer Gesamtlänge von 1794 Kilometern ist der Große Kanal der längste von Menschen geschaffene Wasserlauf der Welt. Beginnend im Süden bei Hangzhou in der Provinz Zhejiang, fließt er durch die Provinzen Jiangsu, Shandong und Hebei, durchströmt die Stadt Tianjin und endet schließlich im Kreis Tongxian im Gebiet von Peking.

Begonnen im 5. Jahrhundert v. Chr. bei Yangzhou, in großem Maße verlängert und vertieft in der Sui-Dynastie (7. Jh. n. Chr.) und Yuan-Dynastie (1279 – 1358), verbindet er die fünf großen Flusssysteme des Haihe, des Huanghe, des Huaihe, des Jangtse und des Qiantang. Für viele Jahrhunderte war der Große Kanal die wichtigste Verkehrsader für den Transport von Süd nach Nord, vor allem für die Reislieferungen der Südprovinzen in die Hauptstadt und für die Verpflegung der großen Truppenkontingente, die im Norden, vor allem an der Großen Mauer, ständig stationiert waren.

Mit der Entwicklung des Seetransports im 19. Jahrhundert und mit dem Aufbau des Eisenbahnwesens im 20. Jahrhundert, verlor dann der Kanal seine Bedeutung, so dass er verschlammte und versandete. Die Wiedereröffnung bestimmter Kanalstrecken für die Binnenschifffahrt erfolgte nach 1949. Die 800 Kilometer lange Strecke von Zhejiang nach Jiangsu ist ganzjährig schon befahrbar, da ständige Ausbaggerungsarbeiten den Kanal freimachen. In Shandong ist allerdings ein größerer Abschnitt noch nicht nutzbar bzw. nur saisonweise schiffbar.

Die sich über zwei Jahrtausende hinziehende kollektive Leistung beim Bau des Großen Kanals ist nur noch mit dem Bau der Großen Mauer zu vergleichen. Bei den Arbeitseinsätzen wurden jeweils Millionen Menschen zwangsverpflichtet und viele gingen an den oft unmenschlichen Strapazen zugrunde.

DIE GROSSE MAUER

Übertroffen wird der Bau des Kaiserkanals nur noch durch die Große Mauer, die im Chinesischen Wanli Chang Cheng genannt wird (Zehntausend Li lange Mauer). Dieses größte Bauwerk der Menschheit ist nach Aussage der amerikanischen Astronauten vom Mond aus sichtbar und hat in der heutigen Ausdehnung eine Länge von 6700 Kilometern. In Wirklichkeit müsste allerdings von mehreren Mauern gesprochen werden, denn es gab in der Vergangenheit bereits andere, längere Mauern im Norden Chinas, die alle vor den Einfällen der Steppenvölker Schutz bieten sollten.

Bereits zwischen dem 8. und 5. Jh. v. Chr. errichteten die verschiedenen chinesischen Fürstentümer und Königreiche Mauern gegeneinander und vor allem gegen die aus dem Norden einfallenden Nomadenstämme. Der erste Kaiser Chinas ließ dann nach der Reichseinigung die bereits bestehenden Mauerabschnitte im Norden miteinander verbinden und die innerchinesischen Mauern abreißen.

Das nunmehr entstandene Kaiserreich war durch diese Grenzbefestigung gut gegen neue Barbareneinfälle geschützt. Diese erste Reichsmauer war länger als alle späteren Mauern und reichte bis in die südliche Mandschurei, war allerdings noch nicht so hoch. Unter der westlichen Han-Dynastie (206 v. – 9 n. Chr.) wurde die Mauer dann verstärkt und nach Westen bis ins heutige Dunhuang verlängert.

Gebaut wurde die Mauer in allen Bauphasen von Zwangsarbeitern, Strafgefangenen, aber auch von regulären Armeeeinheiten. Die Mauer wurde mit Wachttürmen, Forts und Signaltürmen ausgestattet, von denen aus durch Feuer- und Rauchzeichen Signale gegeben werden konnten.

Die erneuten Einfälle von Hunnen, Turkvölkern und anderen Steppenbewohnern machte einen erneuten Ausbau durch die Sui-Dynastie notwendig, die allerdings nun eine neue, weiter südlich verlaufende Mauer aufführte. Der letzte großangelegte Ausbau erfolgte dann unter der Ming-Dynastie (1368 – 1644), die sich gegen einen Einfall der von ihnen vertriebenen Mongolen schützen wollte. Diese Ming-Mauer ist teilweise noch heute erhalten und in einigen Abschnitten für Besucher zugänglich. „Der große Drache taucht seinen Kopf ins Meer, windet sich durchs Land und steckt seinen Schwanz in den Sand", sagen die Chinesen. Damit ist der Verlauf der Mauer vom Meer im Osten bis zur Wüste Gobi im Westen gemeint.

Von der Festung Shanhaiguan am Bohai-Golf zieht sich die Mauer über Berge und Täler durch die Provinz Hebei, berührt Bezirke, die zu den Städten Tientsin und Peking gehören, schlängelt sich durch die Landschaften in Shanxi, durchquert die Innere Mongolei und Ningxia sowie Shaanxi und endet schließlich in einem großen Fort im Westen, wo die Steppenwinde der Gobi wehen.

Diese Ming-Mauer ist unterschiedlich hoch (zwischen 6 und 16 Meter, im Durchschnitt 11 Meter) und oben auf der Mauerkrone 6 bis 7 Meter breit. Ausgestattet mit Brustwehren und Schießscharten, war sie in allen Generationen mit Truppen besetzt. Erst in der Qing-Dynastie, als die Mongolei selbst zum Reich der Mitte gehörte (1644 – 1911), wurde sie überflüssig und verfiel allmählich.
Im Gebirge ist sie meist sehr gut erhalten, wenn auch baufällig und von Moosen und Sträuchern bewachsen. In den wüsten- und steppenartigen Landstrichen hat sie der Wind meist bis auf einen kleinen Erdwall abgetragen. Mehrere gut erhaltene Mauerabschnitte sind inzwischen repariert und für die Besichtigung freigegeben. Sie beeindrucken jeden Besucher nachhaltig.

Die Geschichtsschreibung meldet, dass unzählige Arbeiter beim Bau dieses riesigen Grenzwalls umgekommen sind und viele Soldaten bei den Kämpfen gegen anstürmende Steppenkrieger ihr Leben verloren haben.

NORD-KOREA

Chifeng · Fuxin **Shenyang** Tonghua
Chaoyang **Fushun**
Jinzhou Benxi
Anshan
Chengde Dandong
Zhangjiakou Xuanhua Qinhuangdao Yingkou
Baotou Hohhot Jining Chengde **Pyöngyang**
Wuhai Datong **Beijing** **Tangshan** **Dalian**
(Peking)
Baoding **Tianjin** SÜD-KOREA **Seoul**
Yangquan **Shijiazhuang** **Incheon**
Taiyuan Xintai **Jinan** Zibo Weifang Yantai Weihai **Daegu**
Yan'an Handan Taian **Qingdao** Daejeon
Linfen Anyang Jining **Busan**
Changzhi Xingxian Jining Gwanju
Tongchuan Jiaozuo Kaifeng Zaozhuang
Bapji Weinan **Zhengzhou** Xuzhou Lianyungang *Gelbes*
Xi'an Luoyang Huaibai Qingjian *Meer*
Pingdingshan Benghu Taizhou
Nanyang Huainan Yangzhou Nantong
Shiyan **Hefei** **Nanjing** Wuxi
Xiangfan Xinyang **Anhui (Wan)** Changzhou **Shanghai**
Wanxian Yichang **Wuhan** Anqing Suzhou Jiaxing
Jangtsekiang Shashi Huangshi **Hangzhou** *Ost-
Drei Schluchten Yueyang Jiujiang Shaoxing Ningbo chinesisches
Stausee* Jingdezhen Jinhua *Meer*
Chongqing Changde **Nanchang** Shangrao Wenzhou
Changsha Pingxian
Zunyi Xiangtan Zhuzhou Ji'an Nanping
Guiyang Shaoyang Hengyang Fuzhou Jilong
Duyun Chenzhou Ganzhou **Taibei**
Guilin Quanzhou Taizhong
Liuzhou Shaoguan Xiamen Hualian
Wuzhou Chaozhou Zhangzhou Tainan **TAIWAN**
Nanning **Guangzhou** Shantou **Gaoxiong**
Zhaoqing Shenzhen
Yulin Foshan **Hongkong**
Jiangmen

0   200   400   600 km

ANHUI

Mit 139 800 Quadratkilometern ist Anhui flächenmäßig etwas größer als Griechenland. Die Provinz umfasst 64 Landkreise und 22 Städte und hat insgesamt 60 Millionen Einwohner. Damit gehört sie zu den dichtbevölkerten Provinzen Chinas. Der in ganz China für die Provinz gebräuchliche Name lautet Wan. Der südliche Teil der Provinz wird daher Wannan genannt.

Die Provinz besteht erst seit 1662, als während der Qing-Dynastie die große Provinz Jiangnan in zwei Teile aufgeteilt wurde – in einen Ostteil (Jiangsu) und in einen Westteil (Anhui). Der heutige Provinzname setzt sich aus den ersten Schriftzeichen der beiden Städte Anqing und Huizhou zusammen.

Bis zum Jahre 1949 galt Anhui als die rückständigste Provinz Ostchinas, hat sich aber seither zu einem wichtigen Zentrum der Schwer- und Leichtindustrie entwickelt. Dies lässt sich auch an der Entwicklung der Bevölkerung unschwer ablesen. Von 40 Millionen im Jahre 1973 stieg die Einwohnerzahl bis 2004 auf 60 Millionen an.

In Anhui verläuft die Grenze zwischen Nord- und Südchina entlang des Huai-Flusses, der die Provinz von West nach Ost durchströmt und bis zu dem die Ausläufer des nordchinesischen Lößbodens reichen. Anhui hat gemeinsame Grenzen mit fünf Nachbarprovinzen. Im Nordosten liegt Jiangsu, im Nordwesten Henan, im Südosten Zhejiang, im Süden Jiangxi und im Südwesten Hubei.

Die beiden Schicksalsströme der Provinz waren in der Vergangenheit bis zu ihrer endgültigen Bändigung in jüngster Zeit stets der Huai-Fluss und der Jangtse. Beide kommen aus dem Westen, durchströmen die Provinz und eilen in Jiangsu zum Ostchinesischen Meer. Beide Wasserläufe brachten in vielen Generationen durch ihr Hochwasser immer wieder Not und Verderben über die Bevölkerung. Erst in der zweiten Hälfte des Zwanzigsten Jahrhunderts konnten durch Masseneinsätze die Deiche erhöht, die nötigen Abflusskanäle gegraben und viele Auffangbecken ausgehoben werden.

TOPOGRAPHIE

Die Provinz wird durch die beiden großen Ströme Huai und Jangtse in drei Hauptgebiete auf natürliche Weise unterteilt. Der nördlich gelegene Fluss ist der Huai, während der Jangtse gut 200 Kilometer südlich in gleicher Ostrichtung verläuft. Das Land nördlich des Huai ist eine Schwemmlandebene und wird als Huaibei-Gebiet bezeichnet. Durchweg Flachland, liegt es kaum 50 Meter über dem Meeresspiegel.

Früher bestand diese Ebene ganz aus Trockenfeldern. Inzwischen sind jedoch durch Regulierungsarbeiten sehr viele Bewässerungskanäle angelegt worden, so dass vielerorts Wasserreisanbau möglich ist. Die Hälfte des bewirtschafteten Bodens der Provinz konzentriert sich auf das Huaibei-Gebiet.

Das zweite große Gebiet des Landes nennt sich seiner Lage entsprechend Huainan, d. h. das Land südlich des Huai – es reicht bis zum Jangtse. Die nördliche Ebene setzt sich zwar vor allem im Wes-

Ein Bauer arbeitet mit einem Ochsenpflug auf einem Feld. Dies geschieht im Rahmen eines agrarwissenschaftlichen Versuches nach der üblichen Pflanzperiode. Chinas Wissenschaftler setzen alles daran, die Ernteerträge für die immer weiter wachsende Bevölkerung zu steigern.

ten noch weit in das Huainan-Gebiet fort, aber im Westen erhebt sich bereits ein beachtliches Berggebiet mit Höhen über 1700 Meter, in das auch die Ausläufer des Dabie-Gebirges – aus Hubei kommend – hineinreichen. Im Osten herrscht Hügelland vor, die Bergzüge erreichen dort knapp 500 Meter.

Das dritte große Gebiet ist Wannan, das südlich des Jangtse liegt und die berühmten Berggebiete des Jiuhuashan und des Huangshan umfasst. Dieser Teil der Provinz ist der landschaftlich schönste. Vorherrschend ist die Forstwirtschaft, aber es wird in den Flusstälern auch intensiver Wasserreisanbau betrieben.

Der im nördlichen Teil der Provinz nach Osten fließende Huai wird selbst von mehreren aus Nordost kommenden Nebenflüssen gespeist, im Süden vom Ying He, dann fast parallel dazu weiter nördlich vom Xifei He, dem Guo He, dem Kuai He und dem ganz im Norden fließenden Tuo He. Der Jangtse selbst nimmt einige aus dem südwestlichen Bergland strömende Nebenflüsse auf, gleichfalls aber fließen ihm aus den südöstlichen Bergwelten mehrere Flüsse zu.

Anhui kann als Land von gut einem Dutzend mittelgroßer Seen gelten, von denen der Chao Hu der größte ist, er liegt südöstlich der Hauptstadt Hefei. An der östlichen Spitze dieses Sees liegt die gleichnamige Stadt Chaohu.

Im Südwesten der Provinz, wo der Jangtse aus der Nachbarprovinz einströmt, haben sich mehrere beachtliche Seen gebildet, die einst von den Hochwassern des großen Stromes zurückblieben. Hier wird intensiv Fischfang betrieben.

KLIMA

Anhui liegt geographisch zwischen 114°43'–119°38' östlicher Länge und 29°25'–34°39' nördlicher Breite. Die Provinz hat heiße, feuchte Sommer und kühle, zum Teil recht kalte und trockene Winter. Nördlich des Huai-Flusses herrscht warmes, gemäßigtes und halbfeuchtes Monsunklima vor, während das Gebiet südlich des Huai schon in der subtropischen Zone mit entsprechend feuchten Jahreszeiten liegt. Die durchschnittliche Jahrestemperatur steigert sich von Norden nach Süden von 14° auf 16° Celsius und mehr.

In der Hauptstadt Hefei werden die Temperaturen mit 2,1° im Januar, 15,5° im April, 28,1° im August und 10,6° im November angegeben. Im Berggebiet des Huangshan liegen die höchsten Temperaturen im August bei 17,3° Celsius. Die Niederschlagsmenge nimmt von Norden nach Süden zu, durchschnittlich liegt sie zwischen 750 und 1700 mm im Jahr.

LANDWIRTSCHAFT

Anhui ist eine der wichtigsten Agrarprovinzen Chinas. In der für den Anbau von Wasserreis, Weizen, Mais, Bohnen und Süßkartoffeln sehr günstigen Region gedeihen auch Baumwolle, Tabak, Raps und Gaoliang sehr gut. Man erntet auch verschiedene Teesorten wie etwa den Schwarztee aus Qimen, den grünen Tee aus Tunxi und den ebenfalls grünen Maofeng-Tee aus dem Huangshan. Die Forstwirtschaft hegt Koniferen, Korkeichen, Lackbäume und Bambus. Auf Grund der zahlreichen Seen kann intensive Fischzucht betrieben werden.

Blick auf das Stahlwerk der Maanshan Iron & Steel Co. Ltd.

Ein Arbeiter in einer Fabrik in Tongling, in der Kupfer verarbeitet wird.

INDUSTRIE

Die Industrie profitiert von den reichen Kohlenschätzen und Mineralvorkommen in der Provinz. Die Kohle, die entlang des Huaiflusses gewonnen wird, ist in Shanghai, Jiangsu und Zhejiang heiß begehrt. In den Bergen bei Ma'anshan und im Hügelgebiet von Huainan wird Eisen gefördert. Ferner gibt es zahlreiche Lagerstätten von Kupfer, Mangan, Molybden, Blei, Zink, Phosphor, Aluminium und Gips. Die Eisenhüttenwerke von Ma'anshan sind in China und im Ausland ebenso bekannt wie die Kupferwerke von Tongling und die Kohlebergwerke entlang des Huai.

Maschinenbau, Elektroindustrie, Petrochemie und Textilindustrie haben sich wie die Leichtindustrie gut entwickelt. Sehr große Betriebe stehen für Kunststoffe in Chaohu und für chemische Erzeugnisse in Anqing.

Seit Jahrhunderten schon sind aus Anhui die „Vier Schätze des Studierzimmers" bekannt: Papier zum Malen und Kalligraphieren, feine Pinsel, Tusche und Tuschreibesteine. Ohne diese vier Utensilien ist kein gebildeter Chinese denkbar. Alle vier Kostbarkeiten werden in Anhui hergestellt. Blütenweiß, saugfähig und reißfest ist das in Jingxian produzierte Spezialpapier, das sich besonders für die Tuschmalerei und die Kalligraphie eignet.

Die im Shexian-Distrikt hergestellten Tuschreibesteine sind die begehrtesten in China – und die Fertigung von Tusche und guten Pinseln ist in dieser Provinz seit alters ein Gewerbe, das vom Vater auf den Sohn übertragen wird und für stets gleichbleibende Qualität bürgt.

Die Industrie in Anhui bemühte sich in der jüngsten Vergangenheit mit Erfolg um ausländische Investitionen. Eine Reihe von Joint Ventures konnten begonnen, fortgeführt und erneuert werden. Erreichbar ist Hefei mit dem Flugzeug von Peking aus in zwei Stunden, von Shanghai aus in einer Stunde, von Kanton aus ebenfalls in zwei Stunden. Wichtige regionale Flugplätze bestehen in Anqing, Quhu und Tunxi.

VERKEHRSVERBINDUNGEN

Das Schienen- und Straßennetz von Anhui ist zwar nicht allzu dicht, aber die entscheidenden Regionen sind alle verkehrstechnisch erschlossen. Die Hauptstadt Hefei ist mit Peking, Nanking und Shanghai verbunden. Vom Norden der Provinz führt die Hauptlinie über Hefei bis in den tiefsten Süden.

Züge aus dem Norden kommen von der in der Provinz Jiangsu gelegenen Stadt Xuzhou und fahren via Hefei ins Jangtsegebiet bis nach Nanchang, der Hauptstadt der Provinz Jiangxi. Mehrere Linien durchqueren die westlichen Ebenen von Huaibei, eine andere läuft durch das Hügelland von Huainan, die interessanteste Strecke aber ist die von Wuhu ausgehende Huangshan-Linie, die durch dieses bezaubernde Berggebiet bis zur Porzellanstadt Jingdezhen in Jiangxi führt.

Mehrere andere Landschaften, die vom Zugverkehr nicht berührt werden, sind inzwischen – wie das südwestliche Gebirge – durch gut ausgebaute Höhenstraßen erschlossen. Eine südöstlich verlaufende Bahnlinie zweigt von der nordsüdlichen Hauptstrecke in Bengbu ab und führt über Fengyang, Mingguang und Chuzhou nach Nanking, der Hauptstadt von Jiangsu. Von Wuhu am Ostufer des Jangtse aus kann man mit dem Zug über Xuanzhou und Guangde leicht auch Hangzhou, die Hauptstadt Zhejiangs, erreichen. Das Gesamtschienennetz hat eine Länge von über 1500 Kilometer, das Fernstraßennetz von fast 25 000 Kilometer.

Der Jangtse ist auf seiner ganzen Strecke innerhalb von Anhui mit großen Schiffen befahrbar, der Huai mit Dampfbooten. Die Gesamtlänge der Schifffahrtswege wird in der Provinz mit 10 200 Kilometer angegeben.

GESCHICHTE

Bereits in der Zeit der Shang-Dynastie (1500 – 1050 v. Chr.) gehörte das Gebiet bis zum Jangtse zum chinesischen Herrschaftsbereich. In der Zeit der Streitenden Reiche war es ein Teil des Reiches Chu. Nach der Reichseinigung wurden viele Han-Chinesen in dem noch dünn besiedelten Lande angesiedelt, so dass sich während der Han-Dynastie die Dominanz des Kaiserreiches bis zum Jangtse und darüber hinaus auswirken konnte.

Im Zeitalter der „Drei Reiche" gehörte der nördliche Teil des heutigen Anhui zum Staat Wei, der südliche jedoch zum Staat Wu, so dass gerade in diesem Gebiet gewaltige Kämpfe um die Vorherr-

Ein Stahlarbeiter kühlt sich unter einem Wasserstrahl in Hefei. 2003 hat China 14,75 Mio. Tonnen Koks exportiert.

VORHERIGE DOPPELSEITE UND OBEN:
Der Eqiao Teemarkt in Fangchang ist der größte in ganz China. 35 Mio. Kilogramm getrockneter Tee werden hier jährlich verkauft.

schaft stattfanden. Seit der Tang-Dynastie wurde die Provinz bis in die Neuzeit hinein unter dem Namen Huainan in den Steuerlisten geführt.

In den frühen fünfziger Jahren des 18. Jahrhunderts wechselte der Huanghe seinen Flusslauf, so dass das Bett des Huai an Wasser verlor und die Bauern von Nord-Anhui in eine verzweifelte Lage gerieten. Im Zwanzigsten Jahrhundert brach dann erneut eine riesige Katastrophe über das einerseits von Dürre andererseits von Hochwasser heimgesuchte Land herein.

Beim Überfall der Japaner auf China ließ die chinesische Nationalregierung den Gelben Fluss umleiten, so dass die Deiche in Henan brachen und sich eine riesige Flutwelle in das flache Land ergoss. Dadurch sollte der Vormarsch der japanischen Truppen gestoppt werden. Die riesigen Überschwemmungen reichten bis Anhui und kosteten rund einer Million Menschen das Leben. Die japanischen Truppen aber konnten nicht aufgehalten werden, sie errichteten in Anhui bis 1945 ein Besatzungsregime.

Von 1946–1949 kontrollierten dann wieder die Truppen Nationalchinas die Provinz, die dann unmittelbar danach von der Roten Armee eingenommen wurde. Nach ihrer Gründung startete die VR China eine große Kampagne zur Regulierung von mehreren Flüssen in Ostchina, vor allem auch des Huai. Hunderttausende von Bauern wurden aufgeboten, um Deiche zu bauen, Abflusskanäle zu ziehen, Reservebecken anzulegen und Brunnen zu bohren. Damit wurden viele neue Anbauflächen gewonnen und eine relativ große Sicherheit vor Hochwasserkatastrophen erreicht.

DIE WICHTIGSTEN STÄDTE

Die Hauptstadt der Provinz ist Hefei, die mitten im Zentrum liegt und für den Schienen-, Straßen- und Luftverkehr der wichtigste Knotenpunkt ist. Hefei war 1949 noch eine Stadt des Landhandels mit 50 000 Einwohnern, 1972 zählte es eine halbe Million, und bis zum Jahr 2004 war die Stadt auf 4,2 Millionen angewachsen.

Heute ist Hefei eine hochmoderne Industriestadt mit Eisen- und Stahlwerken, mit Bergwerksbetrieben, Textilfabriken und Textilkombinaten sowie zahlreichen Betrieben der Leichtindustrie. Gegründet wurde die Stadt bereits in der Han-Dynastie. Chinaweit bekannt wurde sie aber erst zur Zeit der Drei Reiche (220–280), als die Stadt zum militärischen Eckpfeiler des Wei-Reiches ausgebaut wurde.

Hier schlugen die Truppen des legendären Cao Cao dank einer genialen Strategie die zahlenmäßig weit überlegene Streitmacht des Wu-Staates. Die vielfach beschriebene Schlacht fand im Jahr 215 statt. Der Ort der vernichtenden Niederlage des Wu-Heeres ist inzwischen zu einem schönen und beliebten Park mit einem großen See umgestaltet worden.

An die Zeit der Nördlichen Song-Dynastie erinnert in Hefei der Tempel Bao Gongsi, der dem An-denken des unbestechlichen Beamten Bao Zheng gewidmet ist. Erbaut wurde der Tempel in der

In Tongling führt die Changjiang-Brücke über den Jangtskiang.

Nur über eine schmale Brücke ist das Dorf Hongcun, das im Jahre 2000 zum Weltkulturerbe ernannt wurde, zu erreichen.

Ming-Dynastie zu Ehren dieses Beamten, der als Vorbild gerechter Amtsführung vom Kaiserhaus herausgestellt wurde. Der Tempel wurde 1882 und 1945 jeweils gründlich erneuert.

In der darauffolgenden Südlichen Song-Dynastie (1127–1279) wurde dann Hefei zum Verteidigungszentrum gegen die vordringenden Jin-Truppen ausgebaut. Hefei fühlt sich seinen historischen Wurzeln zutiefst verpflichtet und hat in seinem Provinzmuseum auf einer Fläche von über 10 000 Quadratmeter viele Zeugnisse aus Kultur und Geschichte der Stadt und der ganzen Provinz gesammelt und präsentiert diese in würdigem Rahmen.

Als besondere Attraktion gelten jene drei Totengewänder, die aus kleinen Jadeplättchen bestehen, die mit Silber- und Golddraht zusammengenäht wurden. Man hat diese Prachtgewänder in den Jahren 1974–77 aus den Gräbern des Cao-Fürstenclans geborgen.

Die Städte im Huaibei-Gebiet (nördlich des Huai) sind nicht zahlreich, sie liegen weit verstreut im fruchtbaren Bauernland und sind hauptsächlich Umschlagplätze für landwirtschaftliche Produkte. Erwähnenswert sind Mengcheng mit einer dreizehnstöckigen Pagode aus der Song-Dynastie und Fuyang als wichtiger Verkehrsknotenpunkt im Westen von Huaibei. Größere Städte von Bedeutung liegen allerdings am Huai selbst, wo auch die bedeutenden Kohlengruben zu finden sind, Huainan und Bengbu sind die wichtigsten davon.

Eine interessante Stadt südwestlich von Huainan ist Shouxian. Sie ist eine jener Städte in China, deren Mauern und Türme am besten erhalten sind. In der Zeit der Streitenden Reiche war Shouxian die Hauptstadt des Reiches Chu und in der Westlichen Han-Dynastie (206 v.–24 n. Chr.) herrschte hier der Fürst von Huainan. Eine Präfektur blieb Shouxian unter vielen folgenden Dynastien, so dass die Stadt auf ein reichhaltiges historisches Erbe zurückblicken kann.

Die bereits in der Tang-Dynastie gut bekannte Stadt Huainan ist heute ein Zentrum des Kohlebergbaus, während Bengbu vor allem verkehrstechnisch wichtig ist. Östlich von Bengbu liegt bei der Stadt Fengyang eine bemerkenswerte Grabanlage: das Fengyang-Mausoleum.

In diesem unterirdischen Palast sind die Eltern und einige Verwandte des ersten Kaisers der Ming-Dynastie bestattet. Die Familie von Zhu Yuanzhang, dem Sieger gegen die Mongolen und Dynastiegründer, stammte aus Fengyang in Anhui und starb dortselbst während einer Hungersnot. Nach der Vertreibung der Mongolen wollte der nun zum Kaiser aufgestiegene Zhu Yuanzhang aus Pietät seinen Eltern gegenüber die Stadt Fengyang zur zweiten Kaiserresidenz ausbauen und umgab sie bereits mit Mauern. Der weitere Ausbau aber unterblieb wegen Geldmangels. Das Mausoleum aber wurde vorschriftsmäßig errichtet, so dass bis heute die Eltern des ersten Ming-Herrschers in heimatlicher Erde ruhen.

Von den Städten im Huainan-Gebiet sind außer der Hauptstadt Hefei und den beiden schon erwähnten Städten Bengbu und Huainan vor allem Chuzhou im Nordosten und Anqing im Südwesten hervorzuheben. Chuzhou ist Ausgangspunkt für daoistische Pilger zum Langya-Berg, während das große Anqing als Wirtschafts- und Kulturzentrum für den gesamten Südwesten zu gelten hat. Anqing liegt am nördlichen Ufer des Jangtse und war einst die Wiege der Tongcheng-Kultur. Erwähnt wurde die Stadt bereits in der Sui-Dynastie (581–618), damals allerdings unter dem Namen

Die Provinzen Anhui und Jiangxi auf einer Karte aus dem Jahre 1655.

Porträt des Künstlers
Huang Binhong (1864–1955).

Tongan. Die Kaiser verschiedener Dynastien etablierten in Anqing Provinzialbehörden, so dass viele Beamte in Anqing ansässig wurden.

Die Huangmei-Oper nahm ihren Ausgang in der Kaiserzeit ebenfalls in Anqing. Im Jahre 974, in der Zeit der Südlichen Song-Dynastie, wurde in Anqing eine der berühmtesten Sakralanlagen am Jangtse errichtet: der Ying Jiang Si, d. h. der „Tempel, der den Fluss begrüßt". Der Tempel ist oft umgebaut und restauriert worden. Überragt wird er von einer siebengeschossigen Steinpagode, in der sich 600 Buddha-Statuen befinden. Zum obersten Stockwerk führen 168 Stufen empor.

Während der Taiping-Rebellion in der Mitte des 19. Jahrhunderts fanden erbitterte Kämpfe um Anqing statt, wobei die schönsten Gebäude zerstört wurden. Die Taiping-Rebellen hielten sich sechs Jahre in Anqing auf, und einer ihrer Anführer residierte auch in der Stadt.

Die Stadt ist heute in Expansion begriffen und zieht sich schon meilenweit entlang des Jangtseufers. Die Städte in Wannan, also in dem Gebiet südlich des Jangtse, sind verhältnismäßig klein, jedoch historisch oftmals sehr bemerkenswert. Hervorzuheben sind Tunxi und Shexian.
Tunxi, am Nordufer des Flusses Xinjiang gelegen, ist einer der Ausgangspunkte zum Besuch des Huangshan. Bekannt schon in der Song-Dynastie als Handelsstadt, war es bereits 1913 Sitz von 30 Teehandelsfirmen und verfügte damals über vier private Banken. Aus dieser Zeit hat sich eine 1,5 Kilometer lange Straße erhalten, rechts und links gesäumt von den Häusern ehemals wohlhabender Kaufleute.

Kleiner als Tunxi, jedoch historisch weit bedeutsamer ist das am Nordufer des Xinjiang gelegene Shexian, das einst Sitz der Behörden für den einstigen Huizhou-Distrikt war. Chinaweit bekannt wurde Shexian durch eine Gruppe sehr reicher Kaufleute, die alle aus dieser Stadt stammten und denen es gelungen war, in den letzten 400 Jahren zunehmend den Handel zu kontrollieren.

Diese Großkaufleute machten ihr Vermögen stets in anderen Provinzen, kehrten jedoch im Alter nach Shexian zurück, wo sie dann ihren Lebensabend verbrachten. Einige ihrer luxuriös ausgestatteten Wohnungen sind heute noch erhalten und sind zu besichtigen. Aus Shexian stammen fünf bedeutende Persönlichkeiten, die in der Politik und Kultur des Landes eine prägende Rolle spielten. Einer von ihnen, der Maler Huang Binhong (1864–1955) hat sogar Weltgeltung erlangt.

DIE BERGWELTEN ANHUIS

Die Berge Anhuis sind in China selbst aber auch inzwischen weltweit bekannt. Seit Jahrhunderten verehren die Daoisten in Anhui bestimmte Heiligtümer, vor allem aber das Sanktuarium auf dem Berg Qiyun in den südlichen Ausläufern des Huangshan. In den Westbergen bei der Stadt Yuexi ist es der Berg Tianzhu, in den östlichen Bergen bei der Stadt Chouzhou der Berg Langya, die große Verehrung genießen.

Den Buddhisten gilt der Jiuhuashan in den Bergen südlich des Jangtse seit alters als einer ihrer vier Heiligen Berge überhaupt, und der Huangshan wird von Chinesen und Ausländern gleichermaßen als schönstes Berggebiet Chinas überhaupt gepriesen.

DER JIUHUASHAN

Einer der heiligen Berge der Chinesen ist der Jiuhuashan.

Der Jiuhuashan in Anhui ist neben dem Wutaishan in Shanxi, dem Putuoshan in Zhejiang und dem Emeishan in Sichuan der vierte Heilige Berg der Buddhisten in China. Das gesamte Bergmassiv ist dem Bodhisattva Dizang geweiht (Sanskritname: Kshitigarbha), dem König der Unterwelt, dem es gegeben ist, die Seelen der Verstorbenen aus ihrem Gefängnis unter der Erde freizulassen, damit sie in friedlichere Gefilde wandern können.

In früheren Zeiten fielen Tausende von Pilgern zwischen September und November in das Gebirge ein und suchten die dort liegenden Klöster auf. Sie alle brachten Opfergaben zu den Altären dieser Klöster und baten um Erlösung für die Seelen ihrer verstorbenen Angehörigen.

In der Blütezeit des Jiuhuashan gab es mehr als 200 Tempel mit mehr als 5000 Mönchen, denen damals Spenden von den Wallfahrern den Lebensunterhalt sicherten. In neuerer Zeit wurde der Jiuhuashan von zwei großen Zerstörungswellen heimgesucht, die vieles von der alten Tempelherrlichkeit vernichtet haben.

Im 19. Jahrhundert drangen die Taiping-Rebellen zu den Klöstern vor, im 20. Jahrhundert die Roten Garden in der Kulturrevolution. Heute sind noch 86 Tempel auf dem Jiuhuashan erhalten, entweder wie durch ein Wunder unversehrt oder inzwischen renoviert. Der größte Tempel dieser Art ist der Qi Yuansi, der in der Ming-Zeit erbaut wurde und auf die Jahre 1522–1566 zurückgeht.

In der Haupthalle Daxiong Dian knien heute wieder die Gläubigen vor den drei großen vergoldeten Buddha-Statuen, die den historischen Buddha sowie den der Vergangenheit und den der Zukunft darstellen. Im Zhantan-Lin (Chandama-Tempel), der aus dem 18. Jahrhundert stammt, blieb ebenfalls eine solche buddhistische Triade erhalten. In der Haupthalle stehen drei riesige Statuen, von denen die mittlere den historischen Buddha und die beiden anderen die Bodhisattvas Guanyin und Dizang darstellen.

Insgesamt blieben 6800 buddhistische Statuen in den Heiligtümern erhalten, die in einem Gebiet verstreut sind, das über 100 Quadratkilometer umfasst. In den größeren und kleineren Klöstern haben sich wieder insgesamt etwa 700 Mönche und Nonnen eingefunden.

Am 30. Tag des 7. Monats nach dem Mondkalender findet heute auf dem Jiuhuashan das althergebrachte große Tempelfest statt, das Pilger und Schaulustige gleichermaßen anzieht.

DER HUANGSHAN

Dichter haben den Huangshan begeistert besungen, Maler haben ihn ergriffen gemalt, die UNESCO hat ihn 1990 in ihre Liste des Welt-Natur- und Kulturerbes aufgenommen und Millionen in- und aus-

ländischer Touristen haben ihn voller Staunen durchwandert. Die Chinesen nennen den Huangshan den „Ersten Berg unter dem Himmel", um damit seine Einzigartigkeit anzudeuten.

Dieses Bergmassiv umfasst eine Fläche von mehr als 1600 Quadratkilometer. Die faszinierendsten Felsgruppen aber liegen im inneren Kerngebiet, das mit seinen 154 Quadratkilometern heute touristisch hervorragend erschlossen ist und dessen spektakulärste Sehenswürdigkeiten mit Bahn, Bus und drei Seilbahnen erreicht werden können.

Die Schönheit des Huangshan liegt letztlich in seinen „vier Wundern", den knorrigen weitausladenden Pferdeschwanzkiefern, den Felsenspitzen mit ihren über einhundert verschiedenen Formen, dem Ozean seiner Nebelschwaden und den heißen Quellen.

Die Kernzone dieser einmaligen Berglandschaft wurde durch Wanderwege und gesicherte Steilpfade so gut zugänglich gemacht, dass rund 400 verschiedene Aussichtspunkte relativ gut erreicht werden können. Für den Wagemutigen stehen jedoch auch kilometerlange schmale Treppen zur Verfügung, die ihn zu den oft fast unerreichbar scheinenden Glanzpunkten führen.

Der Weg geht an bizarren Formationen vorbei, kommt zu Wasserfällen und kleinen Pavillons und führt auch vorbei an überhängenden Felsstürzen und Klippen. Im ganzen Huangshan gibt es einfache Herbergen und gutgeführte Hotels. Da kommt man unvermittelt zum Pfirsichblütengipfel, zum Neundrachen-Wasserfall, zum Kloster der Kiefernschlucht – und eine fast drei Kilometer lange schmale Steintreppe führt zum 1810 Meter hohen „Gipfel der Himmlischen Hauptstadt", dem Tian Da Feng. Eine Reihe von Thermalquellen sprudeln für den Heilsuchenden im Huangshan, das Wasser dieser Thermen weist ganzjährig eine Temperatur von 42° Celsius auf.

UNTEN UND RECHTE SEITE:
Das Huangshan-Gebirge.

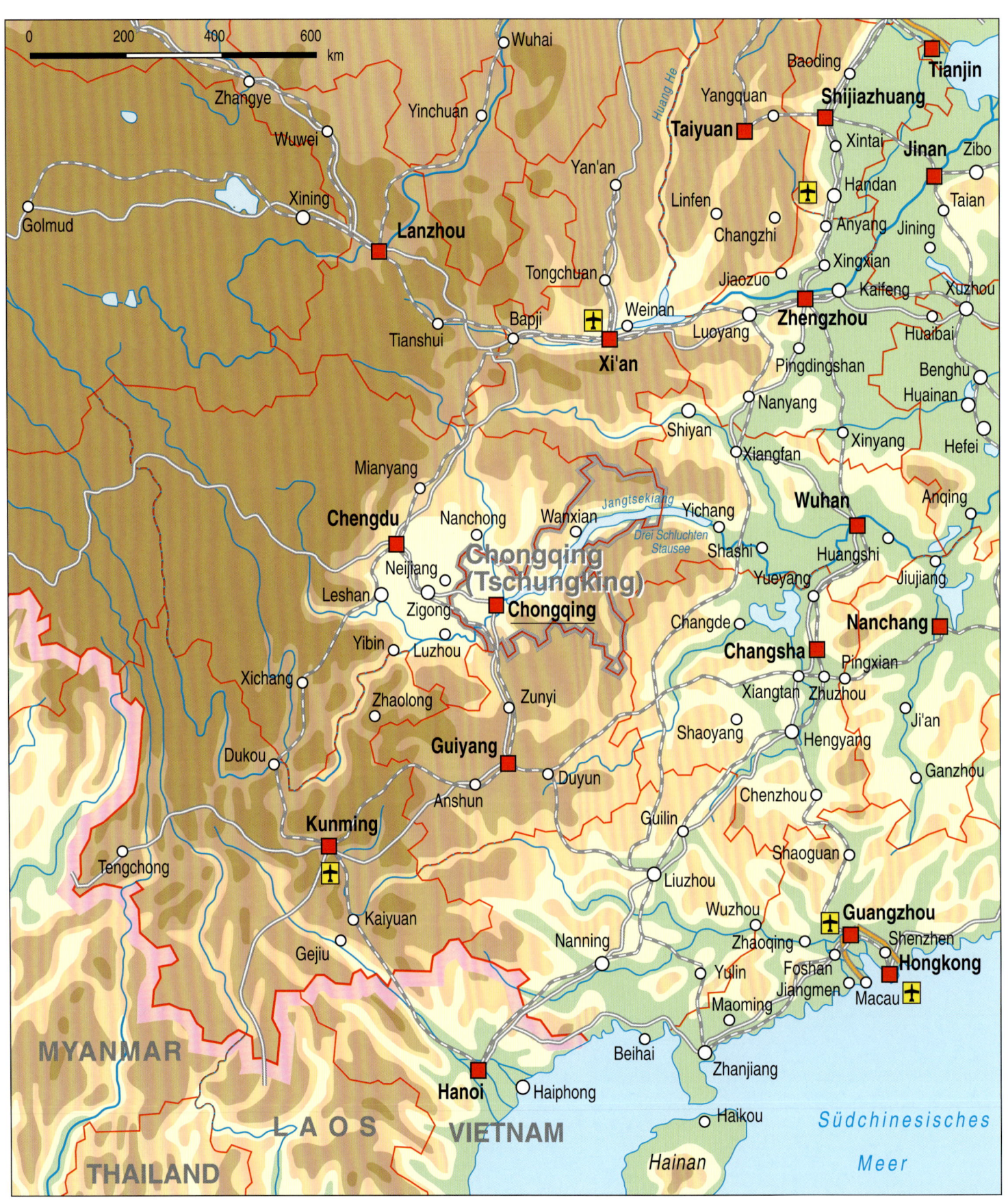

CHONGQING (TSCHUNGKING)
REGIERUNGSUNMITTELBARE STADT
(PROVINZSTATUS)

Am 18. Juni 1997 wurde die im südöstlichen Teil von Sichuan gelegene Stadt Chongqing zur regierungsunmittelbaren Stadt mit Provinzstatus erhoben – neben Peking, Tianjin und Shanghai. Damit hatte die an sich schon riesige Stadt nicht nur eine völlig neue Position in der Verwaltungsstruktur Chinas erreicht, sondern sie erhielt gleichzeitig ein Hinterland fast von der Größe Österreichs, denn dieses neue Gebiet mit 82 000 Quadratkilometern weist nunmehr eine Einwohnerzahl von knapp 31 Millionen auf.

Die gesamte Region, die Stadt und ihr Großraum zusammen, wurden aus der Provinz Sichuan ausgegliedert, das durch diese Maßnahme seinen südöstlichen Teil verlor. Die neue Provinz erstreckt sich beidseitig am Jangtse entlang, greift gleichsam mit einem Arm nach Süden aus und hat Teil an einem Berggebiet, das bis ins südliche Shaanxi hochreicht. Die Kurzbezeichnung für die Stadt und ihr gesamtes Umfeld lautet Yu.

FOLGENDE DOPPELSEITE:
Der Jangtse im
Drei-Schluchten-Gebiet.

Wohnhäuser in Chongqing.

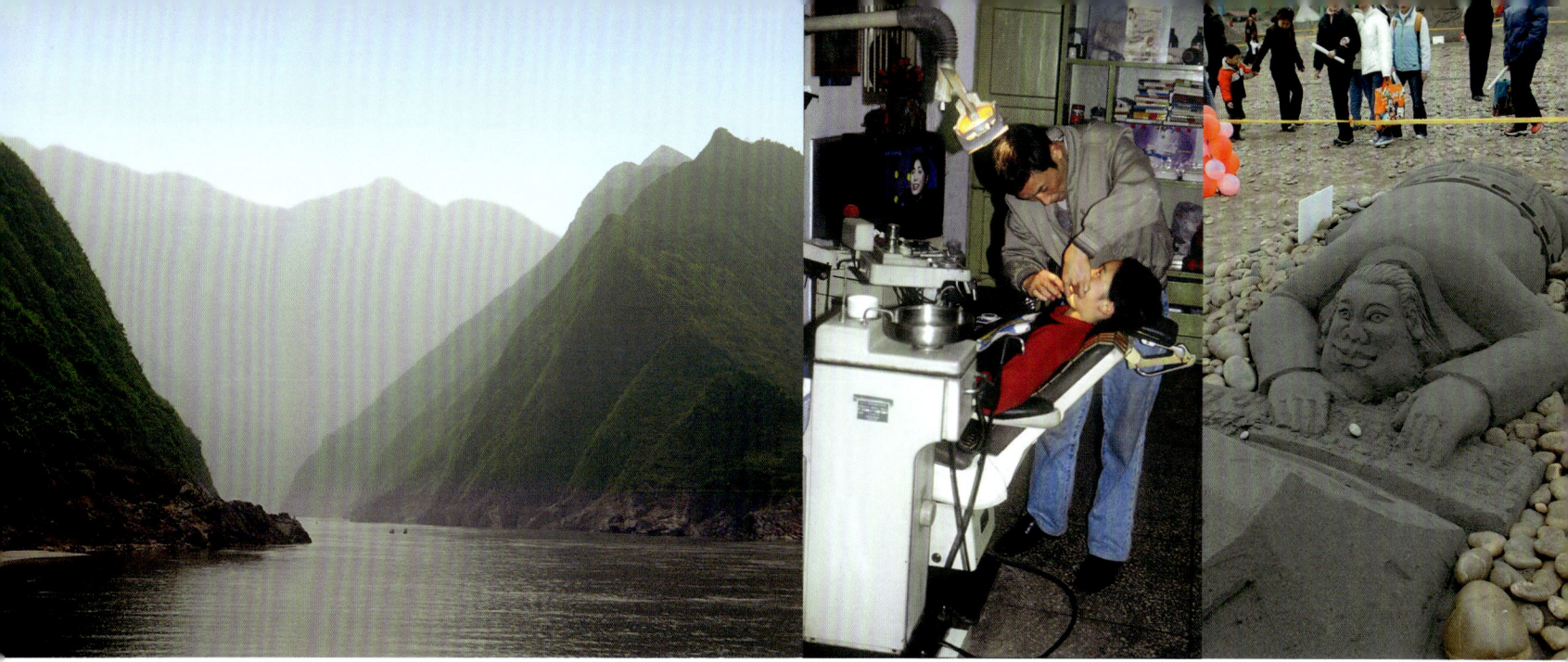

Auf die Stadt Chongqing selbst mit ihren Vorstädten entfallen 15 Millionen Einwohner, auf die 27 Landkreise und die vier größeren Städte Banan, Yubei, Fuling und Wanzhou zusammengenommen 16 Millionen. Mit dieser Ausgliederung aus Sichuan trug man auch dem Umstand Rechnung, diesem Problemgebiet eine eigene Verwaltung zu geben, denn in dieser Region waren und sind unzählige Menschen von der Umsiedlungsaktion betroffen, die durch den Bau des großen Drei-Schluchten-Staudammes ihren Wohnsitz verlassen mussten.

TOPOGRAPHIE

Das Gesamtgebiet ist überwiegend gebirgig, nur die Region westlich der Stadt Chongqing selbst gehört noch zum großen Sichuaner Becken, ist jedoch auch hügelig. Die Metropole Chongqing ist selbst als Stadt der Hügel bekannt, in der man ständig Treppen steigen muss.

Geprägt ist der Großraum auf weite Strecken hin vom Jangtse-Fluss (Changjiang), der von Südosten kommend, in das Gebiet eintritt und in der Stadt Chongqing selbst den von Norden kommenden Jialing-Fluss aufnimmt. Fortan strömt der Jangtse bei seinem Weg nach Osten ausschließlich durch Bergregionen, vorbei an den Städten Changshou, Fuling, Zhongxian, Wanzhou (= Wanxian) und Fengje, hinter der bereits die erste der drei Schluchten beginnt.

Der gewaltige Staudamm selbst liegt zwar in der Nachbarprovinz Hubei, aber betroffen sind vor allem die Uferregionen in Chongqing, aus denen die Menschen in höher gelegene Gebiete umgesiedelt werden müssen oder in ganz anderen Regionen Arbeit, Brot und eine neue Heimat zu suchen haben. Aus den oft sehr abgelegenen Bergländern strömen von beiden Seiten Flüsse und Wildbäche zum Jangtse. Die Menschen, die dort leben, haben keine großen Flächen zur Verfügung, in denen sie Reis oder Getreide anbauen könnten.

KLIMA

Das subtropische Monsunklima bringt viel Feuchtigkeit mit sich und ist durch heiße Sommer und milde Winter gekennzeichnet. Die Niederschläge sind reichlich, selbst in den Bergen der Nordregionen ist die frostfreie Periode sehr lang. In der Stadt Chongqing selbst und im Jangtsetal steigen

LINKE SEITE:
Moderne Einkaufsmöglichkeiten bietet die Hauptstadt Chongqing.

OBEN LINKS:
Die Wu Gorge Schlucht ist eine der legendären Drei-Schluchten.

OBEN MITTE:
Eine typische chinesische Zahnarztpraxis in Chongqing.

OBEN RECHTS:
Über 60 chinesische Bildhauer nehmen am weltgrößten Sandskulpturen-Wettbewerb in der Stadt Chongqing teil.

im Sommer die Temperaturen auf mehr als 40° Celsius an einigen Tagen, so dass diese Gegend zu den heißesten Chinas zählt. Im Durchschnitt werden in den Januartagen 7,5° gemessen, im April 18,4°, im Juni 24,7°, im Juli und August 28,3°, im Oktober 18,4° und im Dezember immer noch 9,1°.

LANDWIRTSCHAFT

In dem durch reichliche Niederschläge gekennzeichneten Gebiet herrschen an sich ideale Wachstumsbedingungen, die aber wegen der gebirgigen Natur des Landes sich nur in den Niederungen voll auswirken können. Mais, Weizen und Zuckerrohr gedeihen prächtig, Geflügel und Schweinezucht werden intensiv betrieben.

In den Bergregionen pflanzt man Teesträucher, Maulbeerbäume, Tongölbäume und legt Plantagen für Orangen und Mandarinen an. Dort, wo die Hügelgebiete des Sichuan-Beckens bis an den Jangtse heranreichen, wird in den flacheren Landschaften auch Baumwolle angebaut.

LINKE SEITE UND VORHERIGE DOPPELSEITE: Wechselhafte, eindrucksvolle Landschaften erlebt der Schiffsreisende auf dem Jangtse.

UNTEN: Auch die quirlige Stadt Feng Du wird in den Fluten des Jangtse versinken, wenn der Fluss endgültig gestaut ist.

Der Huguo Tempel auf dem Gelände der Festung Diaoyu.

INDUSTRIE

Die Industrie des Großraumes Chongqing konzentriert sich hauptsächlich auf die Hauptstadt selbst. Die Werften und Hafenanlagen am Fluss sind seit alters der erste Schwerpunkt bis 1938 gewesen. Nach der Verlegung des Regierungssitzes von Nanjing nach Chongjing durch Chiang Kai-shek nach dem Einmarsch der Japaner in Ostchina, begann der wirtschaftliche Aufschwung, der vor allem nach dem Zweiten Weltkrieg im Aufbau einer leistungsfähigen Schwer- und Leichtindustrie gipfelte. Heute arbeiten über 2000 Betriebe dieser Art in der Stadt, die sich vorgenommen hat, eine Art Shanghai für Südwestchina zu werden.

VERKEHRSVERBINDUNGEN

Hauptverkehrsader in der gesamten Region ist der Jangtse. Von Chongqing aus gehen täglich Schiffe nach Wuhan und Shanghai ab und kommen von dort. Alle Städte am Strom werden durch Binnenschiffe versorgt und regelmäßig angelaufen. Bisher können jedoch nur Schiffe bis zu einer bestimmten Größe den Fluss ungehindert passieren. Wenn jedoch erst der riesige Stausee entstanden sein wird, sollen auch all jene Hochseeschiffe bis Chongqing gelangen können, die den Abmessungen der Schleusentore des Staudamms entsprechen.

Vor allem soll dann das zehn Quadratkilometer große Entwicklungsgebiet im Süden der Stadt von den neu geschaffenen Möglichkeiten profitieren. Eine unvorstellbare Bautätigkeit und viele Joint-ventures mit japanischen Firmen beflügeln immer wieder die in der Stadt herrschende Aufbruch-stimmung.

Mit der Bahn ist Chongqing von Chengdu aus erreichbar, eine Fahrt durch atemberaubend großar-tige Landschaften. Diese Linie läuft dann nach Süden weiter bis Guiyang, der Hauptstadt von Guiz-hou. Ansonsten sind die abgelegeneren Bergregionen nur durch Landstraßen erreichbar. Eine gut ausgebaute Fernstraße führt von Chengdu in Sichuan über Chongqing und Zunyi in Guizhou bis nach Guiyang, vielfach durch Bergwelten.

GESCHICHTE

Bis 1997 teilten die Stadt Chongqing und der heute dazugehörige Großraum als südöstlicher Teil von Sichuan die Geschichte dieser Provinz. Die Stadt Chongqing selbst jedoch blickt auf eine mehr als 3000-jährige Geschichte zurück. Bereits im 13. Jahrhundert v. Chr. war es die Hauptstadt des Ba-Reiches.

Osttor der Festung Diaoyu.

FOLGENDE DOPPELSEITE:
Reliefs in den Höhlen von Dazu.
1999 erklärte die UNESCO sie
zum Weltkulturerbe.

RECHTE SEITE:
In den Fels gearbeitete Budda-
figuren in Diaoyu.

UNTEN:
Treidelpfad entlang des Jangtse
in der Qutang Schlucht.

Die kontinuierlich gewachsene Stadt hieß zur Zeit der Sui-Dynastie (589–618) Yuzhou, in der Nörd-lichen Song-Dynastie (960–1126) dann Gongzhou. Den heutigen Namen bekam die Stadt unter dem Song-Kaiser Guangzong im Jahr 1189. In diesem Jahr bestieg dieser Kaiser den Thron. Bis zu seiner Inthronisierung war er Prinz und Fürst, zuständig für die Region am Jangtse im Südwesten.
Um seine Geburt als Prinz und seine Thronbesteigung gleichermaßen zu feiern, nannte er die Stadt Chongqing „Doppeltes Glück". Die Stadt, die in ihrem Kern auf einer Halbinsel zwischen dem Jangtse und seinem dortselbst in ihn mündenden Nebenfluss Jialing liegt, wuchs im Laufe der Jahrhunderte langsam und war bis in die jüngste Zeit praktisch der Endpunkt der stets gefährlichen Jangtse-Schifffahrt.

Nach der japanischen Invasion war Chongqing provisorische Hauptstadt der Nationalregierung. Nach der Kapitulation Japans fanden im August 1945 die erfolglos verlaufenden Verhandlungen zwi-schen Chiang Kai-shek und Mao Zedong in Chongqing statt. Konsequent wurde die Stadt dann nach 1949 zu einem bedeutenden Industriestandpunkt ausgebaut. Nach der Öffnung des Landes wurde sie zum Endpunkt der berühmten Jangtse-Kreuzfahrten erkoren.
Die Universität und viele Hochschulen der Stadt machen Chongqing auch zum Schwerpunkt für Bil-dung und Forschung. Im Chongqing-Museum wird durch kostbare Exponate die Geschichte Chong-qings von der Bronzezeit bis heute lebendig. Über 100 000 Ausstellungsstücke warten auf den Be-sucher.

RECHTE SEITE:
Figuren in einer Grotte bei Dazu.
Um den Ort Dazu befinden sich
zahlreiche Grotten mit Figuren zu
religiösen und alltäglichen Moti-
ven. Sie sind zwischen dem 9.
und 12. Jahrhundert entstanden.

FOLGENDE DOPPELSEITE:
Teepflücker in Zhenping in der
Nähe von Yunyang.

SEHENSWÜRDIGKEITEN

DAZU GROTTEN

150 Kilometer nordwestlich der Stadt Chongqing liegen
im Hochland die Dazu Grotten, eine buddhistische
Schatzkammer, die an rund 40 Stellen etwa 50 000
Skulpturen enthält, die alle aus dem Stein während der
Tang- und Song-Zeit herausgemeißelt wurden. Eine ko-
lossale 30 Meter lange Figur eines liegenden Buddha er-
staunt ebenso die Besucher wie die 7,6 Meter hohe Figur der tausendarmigen Guanyin. Mit einer rund
200-jährigen Meißelzeit reihen sich die Dazu Grotten
würdig in die Reihe der großen Grottensysteme Chinas
ein.

DIAOYU

Nordwestlich von Chongqing am südlichen Ufer des
Flusses Jialing liegen die Ruinen der Stadt Diaoyu, die
im Jahre 1258 Schauplatz einer der größten Attacken
der mongolischen Armee war und ein Jahr später von
ihnen auch eingenommen wurde. Es war die Zeit der
letzten verzweifelten Kämpfe der Südlichen Song-Dynastie gegen die Invasoren aus dem Norden. In einem
36 Jahre während Kampf um die Stadt Diaoyu rann-
ten die viel zu schwachen Song-Truppen immer wieder
gegen die übermächtige mongolische Festung an.

Diaoyu wurde zum Symbol eines heldenhaften Kamp-
fes von Patrioten, die einem übermächtigen Feind zuletzt unterlagen. Die Ruinen dieses einstigen Schlachtfel-
des werden sorgfältig gepflegt und gelten als nationales
Heldendenkmal.

Yinchuan

Huang He

Baoding
Tianjin
Yangquan
Shijiazhuang
Taiyuan
Xintai
Jinan
Zibo
Weifang
Qingdao
Yan'an
Linfen
Handan
Taian
Changzhi
Anyang
Jining
Zaozhuang
Tongchuan
Jiaozuo
Xingxian
Kaifeng
Huaibai
Xuzhou
Qingjian
Bapji
Weinan
Zhengzhou
Luoyang
Xi'an
Pingdingshan
Benghu
Taizhou
Nanyang
Huainan
Yangzhou
Nantong
Shiyan
Xinyang
Nanjing
Wuxi
Xiangfan
Hefei
Changzhou
Shanghai
Jangtsekiang
Yichang
Wuhan
Anqing
Suzhou
Jiaxing
Drei Schluchten Stausee
Shashi
Huangshi
Hangzhou
Nanchong
Wanxian
Shaoxing
Ningbo
Neijiang
Yueyang
Jiujiang
Jingdezhen
Jinhua
Chongqing
Nanchang
Shangrao
Wenzhou
Luzhou
Changde
Shangrao
Changsha
Pingxian
Nanping
Zunyi
Xiangtan
Zhuzhou
Ji'an
Fujian (Fukien)
Fuzhou
Guiyang
Shaoyang
Hengyang
Jilong
Taibei
Duyun
Ganzhou
Quanzhou
Taizhong
Anshun
Chenzhou
Xiamen
Hualian
Guilin
Zhangzhou
Shaoguan
Chaozhou
Tainan
TAIWAN
Liuzhou
Shantou
Gaoxiong
Wuzhou
Guangzhou
Nanning
Zhaoqing
Shenzhen
Yulin
Foshan
Hongkong
Jiangmen
Macau
Maoming
Beihai
Zhanjiang
Hanoi
Haiphong
Haikou
VIETNAM
Hainan
PHILIPPINEN

Seoul
Incheon
Daejeon
SÜD-KOREA
Gwanju
Yantai
Weihai
Lianyungang
Gelbes Meer
Ost-chinesisches Meer
Südchinesisches Meer

0   200   400   600   km

FUJIAN (FUKIEN)

Die Provinz Fujian befindet sich im südöstlichen Teil Chinas, umfasst 121 400 Quadratkilometer, hat 35 Millionen Einwohner, 60 Landkreise und 23 Städte, darunter die Hauptstadt Fuzhou. Fujian liegt an der Formosastraße gegenüber Taiwan zwischen 115°50'–120°47' östlicher Länge und 23°30'–28°19' nördlicher Breite und hat als Nachbarprovinzen Zhejiang (im Norden), Guangdong (im Süden) und Jiangxi (im Westen). Da die Provinz hauptsächlich aus Bergen und Hügeln besteht, nennt man sie auch „Königreich der Berge südlich des Jangtse".

Fujian ist aber auch bekannt als „Provinz der Auswanderer", denn in den letzten zwei Jahrhunderten verließen schätzungsweise 200 Millionen Menschen von den Häfen Fujians aus China, um sich in den Ländern Südostasiens und sogar in Amerika eine neue Heimat zu suchen. Viele von ihnen kamen aus Fujian selbst, und so kommt es, dass durch die starke Bindung dieser „Auslandschinesen" an die Heimat ihrer Vorväter die Provinz bis zur Gegenwart profitiert, denn durch ihre Investitionen und wirtschaftlichen Engagements tragen sie erheblich zur Entwicklung vieler Regionen bei. Vor allem nach Taiwan gingen im 17. Jahrhundert schon viele Emigranten aus Fujian, so dass der Dialekt von Taiwan bis heute ein Dialekt von Südfujian geblieben ist.

In der volkstümlichen Abkürzung heißt die Provinz Min, gleichlautend mit dem längsten Fluss, der Fujian in einen nördlichen und einen südlichen Teil trennt. Die abgelegenen Berglandschaften führten bis in die jüngste Zeit zu einer starken Isolierung vieler Täler, so dass Fujian auch als „Provinz der hundert Dialekte" bekannt ist.

TOPOGRAPHIE

Berge und Hügel machen 90 Prozent der Gesamtfläche der Provinz aus, die auch höher liegt als alle anderen Küstenprovinzen Chinas. Die Höhe nimmt allerdings in Stufen von Nordosten zur südöstlichen Küste ab. Die meisten Gebirgsketten verlaufen von Nordosten nach Südwesten und erreichen mit ihren höchsten Gipfeln 2300 Meter.

Die wichtigste Bergkette ist der Daiyunshan, der sich wie der Rückenkamm eines langen Drachens in der Mitte der Provinz in Nordsüdrichtung hinzieht. Mit dem Daiyunshan verlaufen in gleicher Richtung im mittleren Teil von Fujian auch die anderen Gebirgsketten fast parallel.

Als schönstes Gebirge gilt der Wuyi-shan, im Nordwesten an der Grenze zu Jiangxi gelegen. Im Umkreis von 60 Kilometern erheben sich dort 36 Gipfel, tun sich Schluchten und Höhlen auf und schlängeln sich schmale Flüsse durch bewaldete Bergformationen.

Im Gebiet des „Flusses der Neun Windungen" gelangt man zu einem der bekanntesten daoistischen Klöster Chinas, dem sogenannten Wuyi-Palast. Gegründet wurde der Konvent bereits um 750 und wurde später zu einer Anlage von mehr als 300 Hallen ausgebaut. Die meisten von ihnen sind den Stürmen der Zeit zum Opfer gefallen. Die heute noch erhaltenen Gebäude stammen aus dem Jahre 1526. Verehrt wird als Hauptgott der „Herr des Wuyi-shan".

FOLGENDE DOPPELSEITE:
Blick über das Naturreservat Wuyi-shan.

An der fünften Windung dieses Flusses befand sich in mehreren Dynastien seit dem 12. Jahrhundert eine der bedeutendsten Lehranstalten Chinas, das sogenannte „Institut der Purpursonne", an dem auch der Philosoph Zhu Xi (1130–1200) etwa zehn Jahre lang lehrte. Die UNESCO hat im Jahre 1999 das gesamte Wuyi-Gebiet in die Liste des Welt-Natur- und Kulturerbes aufgenommen. In der Yuan-Dynastie wurden im Wuyi-Gebiet auch die kaiserlichen Teeplantagen an besonders geschützten Hängen angelegt.

Die Flüsse der Provinz kommen alle von den Bergen und streben zum Meer, sie sind kurz, aber wasserreich, da die Niederschläge beträchtlich sind. Der längste von ihnen ist der Minjiang, dessen Wassermenge sogar größer ist als die des Gelben Flusses, obwohl er nur ein Zehntel des Huanghe-Einzugsgebietes entwässert.

Der Minjiang kommt aus dem Nordosten und durchströmt die Provinz in südöstlicher Richtung, bis er dann bei der Hauptstadt Fuzhou das Meer erreicht. An seinen Ufern liegen die Städte Guangze, Shaowu, Shunchang, Xiqin, Huanglonggang, Minqing, Minhou und Fuzhou selbst.

Die windungsreiche und stark zerklüftete Küste mit ihren vielen Buchten und Halbinseln ergibt staunenswerterweise eine Gesamtlänge von 3300 Kilometern. Vor dieser Küstenlinie liegen mehr als

600 Inseln und Inselgruppen, von denen zwei nach wie vor zu Taiwan gehören. Mehrere Häfen an dieser Küste haben seeschifftiefes Wasser, so dass Hochseeschiffe regelmäßig Shanghai, Kanton und andere Hafenstädte Chinas erreichen können und auch von ausländischen Reedereien bedient werden können.

KLIMA

Das Klima in dieser subtropischen Zone ist warm und feucht. In der Hauptstadt Fuzhou werden im Januar Temperaturen mit 15,5° Celsius angegeben, im Mai mit 22,1°, im Juli mit 28,8° und im November mit 17,5°. Es bestehen jedoch deutliche Klimaunterschiede zwischen dem Norden und dem Süden, zwischen den Tälern und dem Gebirge sowie zwischen dem Binnenland und den Küsten am Meer.

Die jährliche Durchschnittstemperatur steigert sich von Nordwest bis Südost von 17° auf 21° Celsius. Die jährliche Niederschlagsmenge beträgt im Durchschnitt im Nordwesten 1100 mm und im Südosten 2000 mm. Gefürchtet sind die Taifune, die von Juli bis September die Provinz heimsuchen.

LANDWIRTSCHAFT

In dem warmen subtropischen Klima gedeihen Reis, Mais, Zuckerrohr, Tee, Tabak, Bananen, Pampelmusen, Mandarinen, Ananas und Litschis vorzüglich. Die Vegetationszeit ist lang und bei künstlicher Bewässerung können in verschiedenen Flusstälern jährlich zwei Ernten eingebracht werden. Bedeutend ist auch die Fischerei an der insel- und buchtenreichen Küste.

Eine entsprechende Rolle spielt auch die Forstwirtschaft, da der Holzreichtum der Provinz sehr groß ist. Neben den heimischen Pferdeschwanzkiefern und Zedern sind die schnellwüchsigen Eukalyptusbäume – eingeführt aus Australien – für die Sägereien, Papierfabriken und Möbelfirmen von großer Wichtigkeit. Bambus findet sich in allen Teilen der Provinz. Besonders erwähnenswert ist die Teeproduktion. Zu den berühmtesten Sorten gehört der Wuyi-Tee, der Wulong-Tee von Anxi und der Jasmintee von Fuzhou.

INDUSTRIE

Die Industrie der Provinz kann sich auf vielfältige Bodenschätze stützen wie Kupfer, Blei, Mangan und Kohle. Die Leichtindustrie steht noch im Vordergrund, Maschinenbau und Petrochemie sind in der Entwicklung begriffen. Typisch für Fujian sind bis heute seine Papierfabriken und holzverarbeitenden Betriebe. Der Schiffbau ist an der Küste seit alters zuhause, vor allem für kleinere Einheiten der Küsten- und Binnenschifffahrt.

VERKEHRSVERBINDUNGEN

Bis zur Gründung der VR China war das Verkehrswesen von Fujian völlig unterentwickelt, es gab keine Eisenbahn und kaum eine längere gut ausgebaute Landstraße. Die einzige Transportmöglichkeit waren die Binnenschiffe auf den Flüssen und die Küstenschifffahrt auf dem Ostchinesischen Meer (Formosastraße).

OBEN:
Gebündelter Jasmintee.

UNTEN:
Litschi-Früchte.

FOLGENDE DOPPELSEITE:
Schmale Flüsse, Schluchten, bewaldete Bergformationen prägen den Wuyi-shan.

Heute besteht in Fujian ein Eisenbahnnetz von 1000 Kilometern Länge und es führen Landstraßen mit insgesamt 30 000 Kilometer durch das Land. Die wichtigste Bahnlinie führt von Fuzhou aus den Min-Fluss aufwärts quer durch die Provinz bis nach Jiangxi. Von dieser Haupttrasse zweigt eine südliche Linie auf halber Strecke ab und durcheilt in einem großen Bogen die Bergwelten von Mittelfujian bis nach Xiamen an der Küste.

Beim Bau dieser Linien wurden technische Meisterleistungen vollbracht, viele Berge mussten untertunnelt und Talschluchten durch Brücken überwunden werden. Ähnliche Herausforderungen stellten sich den Straßenbauern, die mit ihren oft kühnen Konstruktionen die Provinz erschlossen haben.

Eine malerische Küstenstraße führt vom Süden her über alle wichtigen Hafenstädte bis hinauf in die Provinz Zhejiang. Fast parallel dazu verläuft weit im Inland eine solche Süd-Nord-Route durch die Berge, stets bemüht, den schmalen Flusstälern zu folgen. Von diesen beiden Hauptachsen aus zweigen dann die Querverbindungen ab, die oft bis in die hintersten Winkel dieser Bergprovinz führen. An den innerchinesischen Flugverkehr ist die Hauptstadt Fuzhou angeschlossen und von den Hafenstädten an der Küste verkehren die Hochseeschiffe nicht nur mit den anderen wichtigen Häfen Chinas sondern auch mit vielen „seaports" der Welt.

Auch einer Vielzahl von Tieren bietet das Naturreservat ein zu Hause.

GESCHICHTE

In der Zeit der „Frühlings- und Herbst-Annalen" (770–476 v. Chr.) bestand in Fujian das Königreich von Yue, das dann in der Zeit der „Streitenden Reiche" (475–221) vom Königreich Chu erobert wurde. Später konnte ein Nachkomme der Yue-Dynastie ein neues Königreich gründen und gab ihm den Namen Min-Yue. Der erste Kaiser von China gliederte dann das Min-Yue-Gebiet wieder gewaltsam seinem Reiche ein.

In den folgenden Dynastien konnte bis zur Song-Zeit das Königreich Min immer wieder seine Selbständigkeit erlangen oder zumindest eine weitgehende Autonomie behaupten. Seit dem Jahre 944 jedoch baute die Song-Dynastie das Küstengebiet von Fujian zielbewusst durch Förderung der Häfen zu einem Zentrum des Außenhandels aus, zumal Hafenanlagen innerhalb der vielen Buchten in genügend großer Zahl angelegt werden konnten.

Diese Städte an der Küste kamen bald zu beträchtlichem Wohlstand, vor allem war der Reichtum der Stadt Quanzhou geradezu sprichwörtlich. Der Außenhandel blühte auch in der Zeit der Mongolenherrschaft und im ersten Jahrhundert der Ming-Dynastie. In der Mitte des 15. Jahrhunderts verbot dann das Kaiserhaus auf Grund politischer Fehleinschätzung der Weltlage den gesamten Außenhandel.

Zwangsläufig kehrte Ruhe in die einst so belebten Städte ein. Vierhundert Jahre lang konnte nur bescheidene Küstenschifffahrt betrieben werden. In dieser Zeit suchten immer wieder japanische Piraten die Küste heim und konnten nur mit Mühe abgewehrt werden.

Im 19. Jahrhundert errichteten dann die Engländer auf Grund des von ihnen gewonnenen Opium-Krieges feste Handelsniederlassungen in verschiedenen Küstenstädten, bald folgten mit Konsulaten auch andere europäische Handelsnationen sowie Japan. Für das chinesische Reich hatte die Zeit der Demütigungen begonnen, zumal den Ausländern viele Vorrechte eingeräumt werden mussten.

Die Städte an der Küste von Fujian dagegen profitierten von dieser Lage, denn in ihnen wurden nun wieder viele Waren umgeschlagen, und von ihnen gingen nunmehr auch die vielen Auswandererschiffe ab, die arbeitswillige „Kulis" vor allem nach Südostasien brachten, wo auf riesigen Plantagen viele Arbeitskräfte gebraucht wurden.

Die Zeit der Bürgerkriege nach dem Sturz des Kaiserreiches ging an Fujian relativ gefahrlos vorbei, bis 1937 die Japaner nach China einfielen und auch Fujian von 1940–1945 unter japanischer Besatzung stand. Es folgten dann vier Jahre, in der die Nationalregierung ihre Stellung zu festigen versuchte, was dann 1949 endgültig scheiterte.

Als Chiang Kai-shek das Festland verließ und nach Taiwan flüchtete, krallten sich die Truppen der Guomindang noch auf zwei Inseln fest, die unmittelbar vor der Küste Fujians liegen. Diese beiden Inseln (Quemoy und Madsu) gehören nach wie vor zu Taiwan und sind festungsmäßig ausgebaut.

Der Mönch Shi Liliang demonstriert im Shaolin Tempel in Quanzhou Biqigong-gonfu. Biqigong trainiert nicht nur das Luftanhalten, sondern auch einen starken Nacken.

FOLGENDE DOPPELSEITE:
Frauen der Hui Minderheit flicken Fischernetze.

Nach der Übernahme der Regierungsgewalt durch Mao Zedong wurde alsbald mit dem zügigen Aufbau eines Verkehrsnetzes in Fujian begonnen und 1979 unter Deng Xiaoping im Zuge der Öffnungspolitik die Stadt Fuzhou als eine der ersten Städte mit Sondervollmachten für einen flexiblen Außenhandel ausgestattet.

Innerhalb der ersten zwanzig Jahre der „sozialistischen Marktwirtschaft" stiegen die Städte der Küstenzone von Fujian zu den wohlhabendsten von ganz China auf.

DIE HAUPTSTADT FUZHOU

Die Stadt geht auf die Zeit der ersten vorchristlichen Jahrhunderte zurück, als in der Gegend des heutigen Fuzhou die nichtchinesischen Könige des Reiches Yue residierten. Die Stadt teilte mit der gesamten Provinz die Schicksale der Südostregion, die allmählich in das Reich der Mitte einbezogen wurde, dann und wann noch Autonomie genoss, dann aber endgültig in der Song-Dynastie zu einem wichtigen chinesischen Hafen für den Außenhandel ausgebaut wurde.

Noch heute kann man an verschiedenen Bauten der Stadt diese Förderung durch die Song-Administration ablesen. Die beiden Wahrzeichen der Stadt, die Weiße und die Schwarze Pagode, stammen aus der Zeit der beginnenden Song-Zeit. Ebenfalls aus dem zehnten Jahrhundert sind bis zur Gegenwart – wenn auch umgebaut und renoviert – die wichtigen buddhistischen Klöster Linyansi, Hualingsi und

Die Insel Dongshan.

Chongfusi erhalten geblieben. Auf dem zehn Kilometer von der Stadt entfernten Trommelberg liegt das aus dem Jahr 908 stammende „Kloster der Springenden Quellen", in dem noch 25 Hallen erhalten sind.

Marco Polo, der in der Mongolenzeit Fuzhou besuchte, rühmt die Stadt als „wahrhaften Edelstein", in der es sich gut leben ließe und in die Schiffe aus Indien vielerlei Waren anlanden. In der Ming-Zeit nahm dann das Piratenunwesen stark zu und bedrohte immer wieder die Küstenstädte. Die Militärmachthaber umgaben damals Fuzhou mit einer hohen Mauer und setzten General Qi zur Bekämpfung der vornehmlich japanischen Piraten ein.

Die Erfolge dieses Generals waren so durchschlagend, dass ihm ein Gedenktempel in Fuzhou gewidmet wurde, der auf dem 58 Meter hohen Yushan bis heute erhalten ist. In der Stadt befindet sich auch das Grab des Lin Zexu (1785–1850), jenes Oberkommissars der kaiserlichen Regierung, der zur Unterbindung des britischen Opiumschmuggels nach Kanton entsandt wurde und 1839 rund 20 000 Kisten Opium von britischen Schiffen konfiszierte und verbrennen ließ. Diese Aktion löste den Opium-Krieg aus, den England gewann und der die halbkoloniale Ära Chinas einleitete.

Lin Zexu stammte aus Fuzhou. Die chinesische Regierung musste ihn – pro forma – auf englischen Druck hin nach Ostturkestan verbannen, hat ihn aber bald darauf wieder rehabilitiert und in seiner Heimatstadt beisetzen lassen.

Auf Grund des Vertrages von Nanking, 1842, mussten dann eine Reihe von Vertragshäfen für den Außenhandel in China geöffnet werden, darunter auch Fuzhou, so dass sich viele Ausländer in der Stadt ansiedelten. Im 19. und beginnenden 20. Jahrhundert war dann Fuzhou auch ein Zentrum katholischer und protestantischer Missionsaktivitäten in Ostchina.

Bis 1949 jedoch blieb Fuzhou eine Stadt des Gewerbes und des Handels, nach Gründung der VR China setzte dann die Industrialisierung ein. Fuzhou hat inzwischen 1,3 Millionen Einwohner. Die Stadt liegt zwar in der Ebene am Unterlauf des Min, ihre Hafenbecken aber liegen 25 Kilometer östlich in Maweigang unmittelbar am Meer. Von dort grüßt auf dem Berg Luoxingshan eine 31 Meter hohe Steinpagode die einlaufenden Schiffe schon von weitem.

QUANZHOU

Marco Polo hat die Stadt Quanzhou mit Alexandria verglichen und sie die zweitgrößte Handelsstadt der Welt genannt. Die etwa 150 Kilometer südlich von Fuzhou gelegene Hafenstadt war zumindest der bedeutendste Handelshafen von ganz Asien, denn von hier aus wurden – ganz offiziell – die chinesischen Exportgüter bis nach Indien und Arabien verschifft, mit allen Häfen Südostasiens stand die Stadt ohnehin in Verbindung.

Ausgeführt wurden Seide, Porzellane, Tee, Bronzewaren und Eisenartikel. Importiert wurden vornehmlich Gewürze, Duftstoffe, Elfenbein, Ebenholz, Baumwolle, Gold und edle Steine. Da in vielen Generationen die Einfuhrzölle ein Fünftel des gesamten chinesischen Staatshaushaltes ausmachten, förderten mehrere Dynastien bewusst den Außenhandel, bis dann die Isolationspolitik um 1470 allen Kontakten mit dem Ausland ein Ende setzte.

Gegründet wurde die Stadt schon in der Tang-Dynastie und gehörte zu Beginn der Song-Dynastie (960–1279) bereits zu den vier größten Handelsstädten Chinas. Bald zählte sie eine halbe Million Einwohner und stieg dann zum Haupthafen des Kaiserreiches auf. In der Yuan-Dynastie startete von Quanzhou aus Kublai Khan seine militärischen Angriffsoperationen zur See bis nach Java und Japan.

Damals wohnten Tausende von Moslems aus Arabien und Indien in der Stadt, die auch in der Song-Dynastie den Handel mit ihren Heimatländern abwickelten. Auf den chinesischen Hochseedschunken fuhren als Matrosen auch viele Perser, Inder und Araber. In der Stadt ansässige Werften bauten sowohl seetüchtige Schiffe als auch kleinere Binnenschiffe, mit denen die importierten Waren die Flüsse aufwärts ins Inland transportiert werden konnten. Quanzhous Kaufleute galten bald als die reichsten Chinas.

Die Stadt führte zu ihren Glanzzeiten jedoch noch ihren alten ursprünglichen Namen Zaiton. Der wirtschaftliche Abstieg begann mit der Verkündung der Isolationspolitik in der Mitte des 15. Jahrhunderts, so dass der Hafen bald zur Bedeutungslosigkeit absank und versandete. Viele Menschen fanden in der Stadt keine Arbeit mehr und wanderten aus, so dass viele Auslandschinesen in Quanzhou ihre alte Heimat sehen und den Dialekt der Stadt in vielen Teilen Südostasiens verbreitet haben.

Nicht ohne Grund hat deshalb auch die VR China in Quanzhou die Universität für Auslandschinesen gegründet. Seit 1949 wurden in der Stadt eine Reihe von neuen Unternehmen geschaffen, vornehmlich Textil- und Porzellanfabriken. Durch den Ausbau des Hafens ist es inzwischen wieder möglich geworden, dass Hochseeschiffe wieder in Guanzhou vor Anker gehen können.

Die größte Sehenswürdigkeit von Guanzhou ist zweifellos der Kaiyuan-Tempel, der mit einer Grundfläche von sieben Hektar zu den größten Tempelanlagen Chinas zählt. Gegründet als Lotosblumen-Tempel (Lianhua-si) erhielt er schon einige Generationen nach seiner Gründung vom Tang-Kaiser Xuanzong im Jahre 738 den neuen Namen Kaiyuan, denn unter dieser Regierungsdevise hatte der Kaiser seine Herrschaft begonnen.

Die auf der Mittelachse angeordneten Haupthallen bergen Buddha-Statuen, Lohan-Figuren, Steinsäulen mit Reliefs und eine Sutrenbibliothek von etwa 10 000 Bänden. Als Wahrzeichen der Stadt gelten die alle Hallen überragenden Pagoden aus der Tang- und Song-Dynastie. Damals sollen über 1000 Mönche das Kloster bewohnt haben.

Von historischem Interesse ist auch die aus dem Jahre 1009 stammende Moschee, die für die vielen Moslems gebaut wurde, die zur damaligen Zeit in der Stadt wohnten. Gleichfalls sind die Heiligen Islamischen Gräber auf einem außerhalb des östlichen Stadttores gelegenen Berg zu besichtigen, die von der Anwesenheit muslimischer Kaufleute von der Tang- bis zur Yuan-Dynastie in der Stadt künden.

Der kulturelle Austausch der Stadt mit fernen Ländern ist jedoch am besten auf den Stelen dokumentiert, die man im „Museum für Geschichte des Überseehandels" östlich des Kaiyuan-Tempels studieren kann und auf denen man neben chinesischen auch arabische, persische, altsyrische und lateinische Inschriften finden kann.

Die Stadt ist heute an das innerchinesische Luftverkehrsnetz angeschlossen. 30 Kilometer dem Hafen von Quanzhou vorgelagert, ist das heute kleine Städtchen Anhai, das in alter Zeit eine wichtige Funktion erfüllte und einst ein blühendes Handelszentrum war. Wenn die ganz großen Hochseeschiffe in den Zeiten der Versandung die Einfahrt in den Hafen von Quanzhou nicht wagen wollten, schlug man die Waren in Anhai auf leichtere Boote um.

Die knapp 50 Kilometer nordwestlich von Quanzhou gelegene Stadt Anxi liegt an den Ufern des Xi-xi-Flusses und beherbergt den bedeutendsten Konfuziustempel der Provinz Fujian. Der Tempel (Wenmiao) steht auf dem Areal einer im Jahre 1001 errichteten Konfuzius-Akademie, die für lange Generationen als kaiserlich geförderte Eliteschule gelten konnte.

XIAMEN (AMOY)

An landschaftlicher Schönheit und an kultureller Bedeutung überstrahlt die Halbmillionenstadt Xiamen alle anderen Küstenstädte an der Formosa-Straße (Taiwan-Straße). Im Dialekt von Fujian wird die Stadt Amoy genannt. Die Stadt liegt auf einer Insel an der Mündung des Jiulong (Neundrachenfluss) ins Meer und ist daher ein Hafen, der von Schiffen bis zu 10 000 BRT angelaufen werden kann. Ein fünf Kilometer langer Damm verbindet seit 1956 die Stadt mit dem Festland, somit ist die Stadt per Bahn, Auto und gleichermaßen zu Fuß erreichbar.

Gegründet in der Ming-Dynastie und an ihrem Ende lange von General Zheng Chenggong (Koxinga) gegen die Mandschuren verteidigt, wurde die Stadt nach dem Vertrag von 1842 für den Außenhandel geöffnet, so dass sich viele Europäer in Xiamen und auf der ihr vorgelagerten Insel Gulang ansiedelten.

Heute ist Xiamen, inzwischen Industriestadt geworden, bekannt durch seine fischverarbeitenden Betriebe und seine Chemiefabriken. Die Stadt ist heute die zweitgrößte der Provinz, hat einen Flughafen, eine Universität und mehrere bedeutende kulturelle Einrichtungen wie das 1952 gegründete Anthropologische Museum und den berühmten Botanischen Garten mit seinen mehr als 4000 verschiedenen Pflanzenarten.

Die Provinz Fujian ist allerdings seit gut tausend Jahren noch durch einen Exportartikel in aller Welt bekannt geworden, der bis heute bei allen Porzellanliebhabern einen guten Klang hat: Dehua. Gemeint sind damit die in der Stadt Dehua gefertigten Porzellane, die seit der Song-Zeit als Exportartikel in viele Länder der Erde verschifft wurden. In Europa wurden diese milchweißen oder elfenbeinfarbenen Porzellane als „Blanc de Chine" bekannt.

Die Stadt Dehua liegt 50 Kilometer nördlich von Anxi und besitzt heute noch rund 50 unterschiedlich große Porzellanmanufakturen, in denen neben hochwertigem Geschirr und Vasen aller Art auch Skulpturen aus dem „weißen Gold" gefertigt werden.

LINKE SEITE:
Die eindrucksvolle Skyline der Halbmilllionenstadt Xiamen.

FOLGENDE DOPPELSEITE:
Blick auf die Insel Gulangyu vor der Küste von Xiamen.

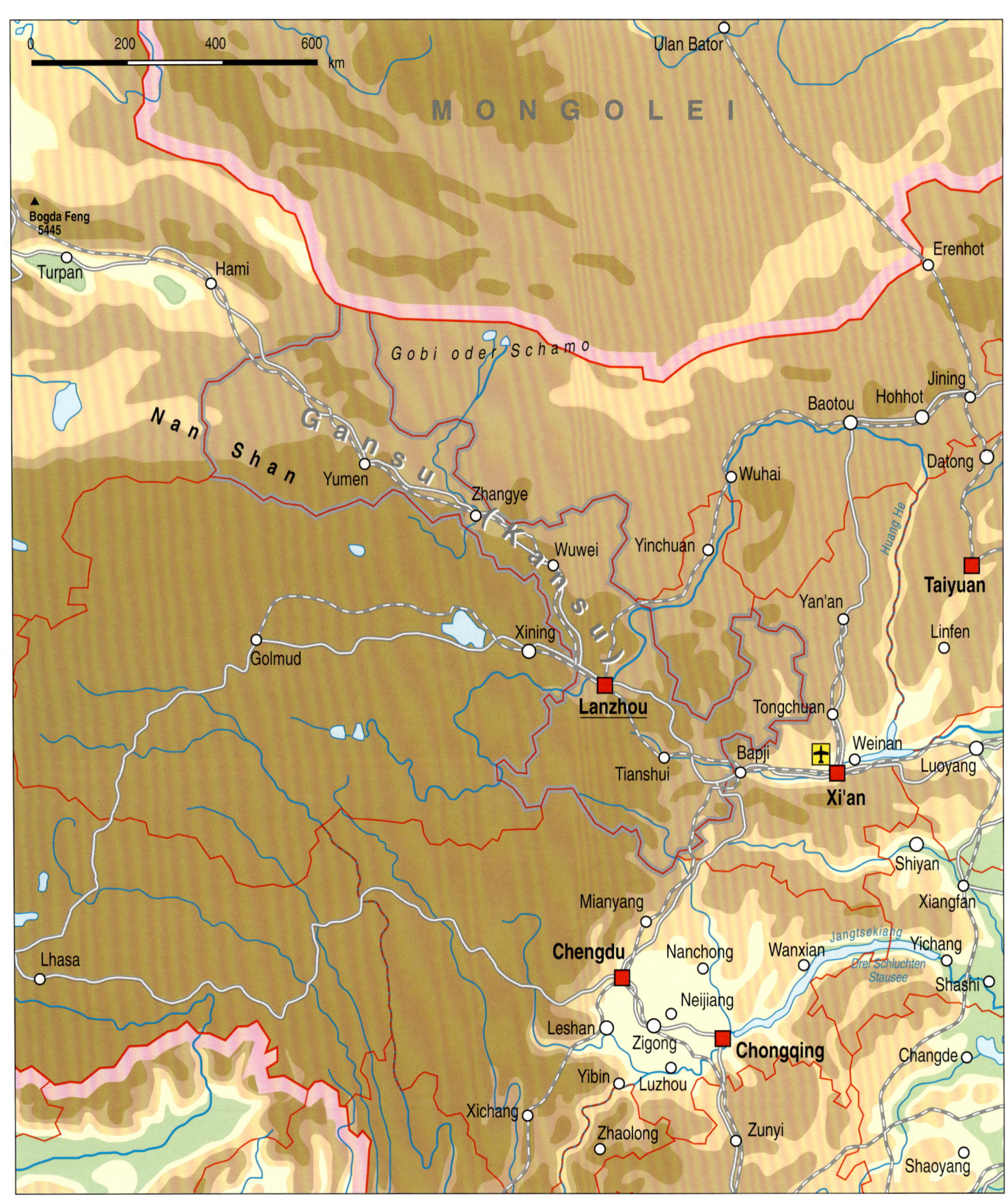

MONGOLEI

▲ Bogda Feng
5445

Turpan

Hami

Gobi oder Schamo

Erenhot

Jining

Baotou   Hohhot

Datong

N a n S h a n   *G a n s u*   Yumen   Wuhai

Zhangye

Wuwei   Yinchuan   Yan'an   Taiyuan

Xining   Linfen

Golmud   Lanzhou   Tongchuan   Weinan   Luoyang

Bapji   Xi'an

Tianshui

Shiyan

Mianyang   Xiangfan

Jangtsekiang   Yichang

Chengdu   Nanchong   Wanxian   *Drei Schluchten Stausee*   Shashi

Lhasa   Neijiang

Leshan   Zigong   Chongqing   Changde

Yibin   Luzhou

Xichang

Zhaolong   Zunyi

Shaoyang

Ulan Bator

Huang He

GANSU (KANSU)

Die Provinz Gansu liegt in Nordwestchina am Oberlauf des Gelben Flusses, gleicht in ihrer Form einer langen Hantel mit zwei Gewichten und erstreckt sich von Südost nach Nordwest. Gelegen auf 93°28' – 108°44' östlicher Länge und 32°36' – 42°48' nördlicher Breite hat sie Anteil an einer trocken-ariden Klimazone im Nordwesten und an einer subtropischen in den Flusstälern des Südens.

Den Namen erhielt die Provinz von den Anfangsschriftzeichen zweier alter Städte, von Ganzhou (heute Zhangye) und von Suzhou (heute Jiuquan). Die abgekürzten Namen lauten Gan oder Long. Die Fläche beträgt 454 000 Quadratkilometer und ist damit etwas größer als Schweden. In der fast 1350 Kilometer langen Provinz liegen 76 Kreise und 14 Städte mit insgesamt 26 Millionen Einwohnern.

In Gansu leben eine Reihe nationaler Minderheiten, die zusammengenommen etwa acht Prozent der Gesamtbevölkerung ausmachen. Die größeren Nationalitäten in Gansu sind die Hui, die Tibeter, Mongolen, Dongxiang, Tu, Yugur und Baoan. Diesen Volksgruppen wurden in Gansu Autonome Bezirke und Autonome Kreise eingerichtet, auch die Kasachen besitzen in dieser Provinz einen Autonomen Kreis.

FOLGENDE DOPPELSEITE:
Das schneebedeckte Qilian-Gebirge.

Der Hauptplatz der Hauptstadt Lanzhou.

Im Autonomen Kreis der Yugur-Nationalität leben auch Gruppen der Tu, beides Völker, die mit den Mongolen verwandt sind. Die Yugur haben rund 10 000 Sprecher und leben im Grenzgebiet zu Qinghai, die Tu dagegen haben 170 000 Angehörige und leben auch in anderen nordwestchinesischen Provinzen. Beide Völker kennen keine eigene Schrift und benutzen vielfach schon die chinesischen Schriftzeichen, oft wird auch schon Chinesisch gesprochen.

Die Grenzen der Provinz haben auf Grund der Länge und Zerklüftung des Gebiets einen enormen Umfang. Eine kleine Strecke grenzt Gansu an die benachbarte Republik Mongolei, vor allem aber an sechs chinesische Provinzen. Die längste Grenze hat Gansu im Westen mit der Provinz Qinghai, eine sehr lange auch mit der Inneren Mongolei im Osten. Im mittelöstlichen Bereich liegt die Nachbarprovinz Ningxia, im südöstlichen Shaanxi, im Süden Sichuan und im Nordwesten Xinjiang.

TOPOGRAPHIE

Das vorherrschende Merkmal dieser vielgestaltigen Provinz ist das Qilian-Gebirge, das sich im Osten an der Grenze zu Qinghai in einer überaus langen Kette hinzieht; es reicht vom Nordwesten weit über 1000 Kilometer hinunter in den Süden der Provinz. Im Norden berührt es sogar die Ausläufer des aus dem Westen kommenden Altun Shan, dessen höchste Spitze auf dem Boden von Gansu 5798 Meter hoch ist. Die meisten Berge des Qilian liegen über 4000 Meter hoch, der höchste Gipfel erreicht 5547 Meter.

Zwischen dieser gewaltigen Kette und den Wüsten, Steppen und zwei parallel laufenden Gebirgszügen (Longshou Shan und Heli Shan) liegt der Hexi-Korridor, ein breites Tal, durch das einst die Karawanen aus China in den Westen zogen (Seidenstraße) und dessen Oasen von den Schmelzwassern der Qilian-Berge gespeist werden. Im Norden liegt eine Hochebene, deren Niveau jedoch kaum unter 600 Meter liegt.
Im Mittelteil und im Süden, wo die Hauptstadt Lanzhou liegt, findet sich ein gewelltes Plateau, das vom Gelben Fluss, vom Wei-Fluss und vom Tao-Fluss durchströmt wird. Hier gibt es viel Löß, vor allem im Einzugsgebiet des Bailong-Flusses ganz im Süden. Jedoch erreichen in den Bergländern des Südens einzelne Gipfel auch bis zu 5020 Meter Höhe wie jener Felsendom zwischen Hezheng und Hezuo südwestlich von Lanzhou.

Die unterschiedlichen Landschaften und Klimaverhältnisse, Höhenlagen und Niederschlagsmengen von Gansu sind auch dadurch bedingt, dass das Lößplateau auf diesem Gebiet mit dem Plateau der Inneren Mongolei und dem Qinghai-Tibet-Plateau zusammenstoßen.

KLIMA

Das Klima dieser von der Trockenzone bis zum subtropischen Feuchtland reichenden Provinz zeigt deutliche Temperaturunterschiede zwischen dem Norden und dem Süden, ist jedoch generell durch ein gemäßigtes Monsunklima mit Übergang zum Kontinentalklima gekennzeichnet.

Wenn das Thermometer in Lanzhou im Juli 15,3° Celsius anzeigt, so ist es in Dunhuang am Rande der Wüste schon 24,7° heiß. Im Winter dagegen kann es in Lanzhou minus 10,4° kalt sein, so erfreut sich Dunhuang immer noch einer erträglichen Temperatur von +0,2°. Die durchschnittliche Jahrestemperatur reicht demnach von 0 bis 15°. Der Jahresniederschlag kann im Nordwesten nur 30 Millimeter betragen, während im Südosten 860 Millimeter gemessen werden. Allgemein ist das Klima in Gansu jedoch durch kalte trockene Winter und durch feuchte und warme Sommer geprägt.

LANDWIRTSCHAFT

Von der nutzbaren Fläche der Provinz entfallen drei Viertel auf die Grassteppe, in der Pferde, Rinder, Schafe und Schweine gehalten werden. Den Rest teilen sich zu gleichen Teilen die Wälder in den Bergen und die Ackerflächen auf dem Lößplateau. Angebaut werden hauptsächlich Weizen, Mais, Hirse, Baumwolle, Leinsamen und Melonen. Die Umgebung von Lanzhou gilt als Obstland.

Yuyea Quelle in der Wüste bei Dunhuang.

FOLGENDE DOPPELSEITE:

Das schneebedeckte Qilian-Gebirge.

Yumenguan Pass.

Auf dem Lößplateau haben seit Jahrhunderten die dort lebenden Bauern eine riesige Terrassenlandschaft geschaffen, die nur mit unendlichem Fleiß instand gehalten werden kann. Der ständig vorhandene Wassermangel zwang die Menschen dazu, ein ausgeklügeltes System von Zisternen, Pumpen und Bewässerungskanälen auch für Dürrezeiten vorzusehen, damit ausreichend Wasser für die Felder bereitgehalten wird.

INDUSTRIE

In der zweiten Hälfte des 20. Jahrhunderts wurden über 60 verschiedene Arten von Bodenschätzen in Gansu entdeckt, so dass die an sich seit jeher arme Provinz einen bedeutenden Aufschwung nehmen konnte. Vor allem die Erschließung der beiden Ölfelder in Yumen und Changqing haben die Entwicklung der Petrochemie vorangetrieben. Im Hexi-Korridor, im Kreis Yongchang, liegt ein großes Nickelvorkommen.

Reich ist auch die Ausbeute an Kupfer, Blei und Zink, gefolgt von Eisen, Chrom, Wolfram, Queck-silber und Antimon. An mehr als 60 Orten wurde Kohle gefunden. Groß sind auch die Vorkommen an Schwefelerz, Kalkstein, Gips, Glaubersalz und Fluorit. Neben der traditionellen Wolltextilindustrie entwickelte sich in Gansu eine bedeutende Buntmetallindustrie. Zementwerke sind in der Provinz in mehreren Bezirken ebenfalls zu finden.

VERKEHRSVERBINDUNGEN

Durch die gesamte Provinz verläuft eine der längsten Bahnstrecken Chinas, es ist die Linie, die von Xian in Shaanxi kommt und über Lanzhou dann durch den Hexi-Korridor bis nach Ürümqi (Urum-qi) in Xinjiang führt. Die Fernstraße folgt ebenfalls dieser Linie. Von Lanzhou aus kann in westlicher Richtung Xining in Qinghai und in nordöstlicher Richtung Baotou in der Inneren Mongolei erreicht werden. Das Eisenbahnnetz beläuft sich auf mehr als 2200 Kilometer, die Landstraßen sind insge-samt 31 188 Kilometer lang.

GESCHICHTE

In der Zeit der Reichseinigung, im 3. Jh. v. Chr., dehnte Kaiser Qinshihuangdi seine Herrschaft auch auf Gansu aus, aber erst in der Han-Zeit trat das Gebiet klarer in das Licht der Geschichte. Man er-kannte die Bedeutung des langen Hexi-Korridors für die Handelsbeziehungen nach Westen und be-gann, zur Sicherung der Karawanenwege Garnisonen in den Oasen einzurichten. Diese allmählich wachsenden Oasenstädte wie Dunhuang und Jiuquan waren lebensfähig, weil von den Bergen der Qilian-Kette genügend Schmelzwasser zu Tal floss, so dass sich kleine Flüsse bilden und Frucht-gärten angelegt werden konnten.

Die Handelskarawanen kamen von der damaligen Hauptstadt in der Nähe des heutigen Xian und zogen über das damals ebenfalls entstandene Lanzhou bis nach Dunhuang, wo sie sich dann ent-scheiden mussten, welchen Weg sie wählen wollten, um weiter in den Westen zu gelangen. Bis Dunhuang konnten sich die Kaufleute im Schutz der chinesischen Garnisonen noch relativ sicher fühlen, danach war jede Karawane auf sich selbst angewiesen.

Der deutsche Asienforscher Freiherr von Richthofen hat diesen Handelsweg im 19. Jahrhundert die „Seidenstraße" genannt, weil neben Porzellan und Tee vor allem Seide in die Länder Zentralasiens, ja selbst ins Römerreich geliefert wurde. Die wichtigsten Stationen auf diesem Weg ins westliche Ausland waren auf der 1500 Kilometer langen Strecke auf dem Gebiet der heutigen Provinz Gansu – von Ost nach West: Tianshui, Longxi, Lanzhou, Tianzhou, Wuwei, Jinchang, Zhangye, Jiuquan, Ji-ayuguan und Dunhuang.

Auf diesem Wege kamen jedoch auch Waren und Fertigungsmethoden, Ideen und Stilrichtungen nach China, vor allem aber der Buddhismus. Diese Fremdreligion fasste zuerst in den Städten an der Seidenstraße Fuß und so verwundert es nicht, dass zahlreiche Grotten und Klöster auf chinesi-schem Boden zuerst im Gebiet der heutigen Provinz Gansu entstehen konnten.

FOLGENDE DOPPELSEITE:
Der Schrein Fu Xi im Tempel von Fu Xi in Tianshui.

Ferdinand von Richthofen in einer Unterhaltung mit Prinz Kung.

Bereits die Kaiser der Han-Dynastie hatten offizielle Handelsmissionen in die westlichen Nachbarstaaten geschickt, aber schon sie hatten sich an der Nordgrenze ihres Reiches gegen die Hunnen zu wehren, spätere Dynastien auch gegen Turkvölker, Mongolen und Tibeter.

Immer wieder war das heutige Gansu umkämpft. In Lanzhou regierte noch in der Qing-Dynastie ein Generalgouverneur, der weitgehende administrative und militärische Vollmachten über ein Gebiet hatte, das noch weit über die heutige Provinz bis nach Qinghai, Shaanxi und Shanxi hinausreichte.

Aus der Lage einer Grenzregion und eines Durchgangslandes wurde Gansu jedoch erst im 20. Jahrhundert befreit, als die Industrialisierung ganz neue Perspektiven für die bis dahin fast ausschließlich ländliche Bevölkerung eröffnete.

STÄDTE UND SEHENSWÜRDIGKEITEN

LANZHOU

Die Provinzhauptstadt Lanzhou liegt am Oberlauf des Gelben Flusses in Mittel-Gansu, besteht aus sechs Stadtbezirken und drei Landkreisen und zählt auf einer Fläche von 14 000 Quadratkilometern im gesamten Großraum 2,4 Millionen Einwohner.

Durch einen modernen Flughafen ist Lanzhou mit allen chinesischen Großstädten verbunden, ist Eisenbahnknotenpunkt West-Chinas und darüber hinaus ein bedeutendes Industriezentrum. Die Institute für Kernforschung in Lanzhou sind führend in der VR China.

Ein eindrucksvolles Gebäude des 1098 gegründeten Klosters Da Fo Si in Zhangye.

Bereits im Jahre 81 v. Chr. als Stadt erwähnt, erhielt die damalige Karawanenstation aber erst im Jahre 581 den Namen Lanzhou. Vom einstigen religiösen Leben zeugt heute noch der 1372 erbaute „Tempel der Ehrfurcht und der Feierlichkeiten" (Chongqing Si), dessen 5 Tonnen schwere Eisenglocke und 5 Meter hohe Buddhafigur aus Bronze noch gut erhalten sind. Im Provinzmuseum von Lanzhou mit seinen vielen Exponaten ist als besondere Attraktion das bronzene „Pferd auf der Schwalbe" zu bestaunen, ein Grabfund aus der Östlichen Han-Dynastie (25–220 n. Chr.)

TIANSHUI

Der Name Tianshui (Himmelswasser) leitet sich von den vielen kristallklaren Quellen ab, die in dieser Stadt entspringen, die an der Bahnstrecke zwischen Xian und Lanzhou liegt. In der Han-Dynastie gegründet, spielte Tianshui in allen Dynastien eine regional bedeutende Rolle als Handelsstadt und Karawanenstation an der Seidenstraße.

Im letzten Drittel des 20. Jahrhunderts entstanden in Tianshui verschiedene Industriebetriebe, darunter Maschinenbau-Unternehmen, Textilfabriken und Werke für die Streichholzherstellung. Eine Besonderheit von Tianshui ist die Lackschnitzerei, deren Werke auch in vielen ausländischen Museen Aufnahme gefunden haben.

Mit der chinesischen Geschichte ist die Stadt Tianshui durch den Gedenkschrein des Fu Xi verbunden. Fu Xi gilt als Urahn des chinesischen Volkes, ja der Menschheit überhaupt, der mit seiner Gemahlin Nu Wa seinen Nachkommen auch alle wichtigen Kulturtechniken wie Feuer anmachen, Kochen, Netze knüpfen, Fische fangen und Krankheiten heilen gelehrt haben soll.

Das göttliche Ehepaar soll zwar einen menschlichen Oberkörper aber einen drachenähnlichen Unterleib gehabt haben. Anderen Legenden zufolge war Fu Xi ein Kulturheros, der vor rund 5000 Jahren gelebt haben soll. Als Geburtsort von Fu Xi gilt Tianshui, wo man seiner in einem ehrwürdigen Schrein gedenkt. In der Kaiserzeit brachte man diesem Ahnherrn der Nation jährlich Opfer dar. Das bis heute erhaltene Heiligtum besteht aus drei Höfen mit Toren, Ehrenbögen, Pavillons, einem Altar und einer 36 Meter hohen Haupthalle, die in klassischer Bautradition 1490 errichtet wurde.

ZHANGYE

Mitten im Hexi-Korridor, etwa 480 Kilometer von Lanzhou entfernt, befindet sich jene schmale Stelle zwischen dem Qilian-Gebirge und der Wüste Gobi, die in vielen Jahrhunderten als Einfallsschneise für die kriegerischen Steppennomaden diente, die im „Reich der Mitte" Beute zu machen versuchten. Diese Stelle trägt den Namen Zhangye, wurde schon in der Han-Zeit zu einer Garnisonsstadt ausgebaut und entwickelte sich später zu einer respektablen Stadt. In der Ming-Zeit saß hier der Kommandant eines Abschnittskommandos der Großen Mauer, die ganz in der Nähe der Stadt verlief.

Im Jahre 1098 gründete man den Da Fo Si (Großer Buddha-Tempel), der eine der längsten (34 m) chinesischen Statuen des liegenden Buddha enthält, die den Eingang des Erleuchteten ins Nirwana symbolisiert. 1507 errichtete man den Trommelturm und 1929 baute man die 50 Meter hohe neungeschossige Zhangye-Pagode aus Holz und Ziegeln.

DIE GROSSEN BUDDHISTISCHEN GROTTEN VON GANSU

DUNHUANG

Unter Dunhuang kann dreierlei verstanden werden:

1. Das alte Dunhuang, das als blühende Stadt in der Han-Zeit existierte und Sitz einer der vier Präfekturen des Hexi-Korridors war. Die Ruinen dieser Stadt (Mauerreste) befinden sich einen halben Kilometer westlich von der jetzigen Kreisstadt Dunhuang.

2. Die Kreisstadt Dunhuang, die heute einen Flughafen besitzt, um die Massen der Touristen bewältigen zu können.

3. Die großen Grotten, die jedoch nicht in Dunhuang selbst liegen, sondern 25 Kilometer südöstlich davon, auch genannt Mogao-Höhlen oder Qian Fo Dong (1000-Buddha-Höhlen).

Aus dem Tal eines kleinen Flusses ragt in dieser Gegend eine 1600 Meter lange Sandsteinwand auf, aus der von frommen Buddhisten in einem Zeitraum von über 1000 Jahren insgesamt 492 Grotten ausgehauen wurden, in denen Wand- und Deckenmalereien mit einer Gesamtfläche von 45 000 Quadratmetern angebracht sind und in denen heute noch 2415 bemalte Skulpturen erhalten sind.

Die ersten Grotten entstanden bereits im Jahre 366, die letzten Malereien wurden im 13. Jahrhundert ausgeführt. Die Grotten von Dunhuang gehören nicht nur zu den bedeutendsten Zeugnissen buddhistischen Kunstschaffens, sie sind darüber hinaus ein kostbarer Schatz der Weltkunst, von der UNESCO inzwischen in die Liste des Weltkulturerbes aufgenommen.

Als herausragende Kultstätte des Buddhismus standen die Grotten mit den dazugehörenden Klöstern voll in Blüte, als der Warenverkehr auf der Seidenstraße noch die Karawanenführer zu frommer Einkehr bewog. Nachdem in der Ming-Dynastie der Seeverkehr den Transport zu Lande ablöste und die Seidenstraße verwaiste, verließen auch die Mönche die nunmehr abgelegene Landschaft, und die Höhlen gerieten in Vergessenheit.

Erst im Jahr 1900 entdeckte wiederum ein Mönch den verlassenen Platz und stieß dann bei der Reinigung einer Grotte auf eine zugemauerte Schatzkammer mit 60 000 Büchern, Malereien, Stickereien und Figuren. Der Mönch meldete den Fund bei den zuständigen Behörden, diese aber zeigten sich desinteressiert und so kamen die meisten dieser Schätze in die Hände europäischer und japanischer Forscher. Diese Gegenstände befinden sich meist in ausländischen Museen, nur ein kleiner Teil in der Nationalbibliothek in Peking.

Erst seit 1961 besteht ein eigenes chinesisches Institut in Dunhuang zur Erhaltung und Erforschung der Höhlen und der Kunstwerke. Verblüffend ist die über die Jahrhunderte nicht verblasste Frische der Farben, was auf die Trockenheit des Wüstenklimas zurückzuführen ist.

Man kann in den Mogao-Höhlen von Dunhuang alle Stilrichtungen der chinesischen Kunst studieren, von den fast rein indischen Bilderzyklen des 4. Jahrhunderts bis zu den zentralasiatisch beeinflussten Fresken aus der Song-Dynastie. Großartig sind die Bilderreihen aus der Tang-Zeit, die ne-

FOLGENDE DOPPELSEITE:
Die Mogao-Höhlen liegen 25 km von der Oasenstadt Dunhuang entfernt.

Ein Blick auf die Buddhastatue der Höhlentempel von Bingling bei Yongijing.

ben ihren künstlerischen Qualitäten auch Zeitdokumente ersten Ranges darstellen, da sie das Leben an der Seidenstraße von damals ganz realistisch schildern.

DIE BINGLING-HÖHLEN

Ein ganz anderes Grottensystem stellen die Bingling-Höhlen am Gelben Fluss südwestlich von Lanzhou dar. Auch sie sind Werke früher buddhistischer Kunst, kennen aber im Gegensatz zu Dunhuang auch Monumentalskulpturen. Die Tempel liegen heute am aufgestauten Huanghe und sind weithin zu erkennen, denn eine 28 Meter hohe Monumentalstatue des Bodhisattva Maitreya grüßt schon aus großer Entfernung. Diese Riesenfigur stammt aus der Tang-Zeit, aber die ersten Reliefs und Wandmalereien wurden schon im 4. Jahrhundert geschaffen.

Auf einer Länge von zwei Kilometern wurden hier zwischen dem Ende des 4. Jahrhunderts und der Song-Dynastie (9. Jh.) insgesamt 183 Höhlen und Nischen aus dem Fels gehauen, in denen sich noch heute 679 steinerne Buddhafiguren, 82 Lehmskulpturen und 900 Quadratmeter Wandmalereien befinden. Seit dem Bau des Stausees schützt eine 200 Meter lange Mauer die Grotten vor den Fluten.

Die frühen Figuren aus der Nördlichen Wei-Dynastie zeigen noch deutlich indische Einflüsse, wie auch die gesamte Grottenkunst aus Indien stammt, wenn sie auch dann in China ihre größten Leistungen hervorbrachte.

DIE GROTTEN VON MAIJI SHAN

Zu diesen erstaunlichen Leistungen gehören auch die Grotten von Maiji Shan, 30 Kilometer südöstlich von Tianshui. Diese Grotten gehören zu den weniger bekannten buddhistischen Sakralstätten in Gansu, enthalten jedoch 7200 Figuren aus Stein und Ton und stammen aus der Zeit der Nördlichen Wei- und der Tang-Dynastie. Die 194 Grotten sind in senkrecht aufragende Felswände des Maiji Shan geschlagen, in denen auch 1300 Quadratmeter Wandmalereien erhalten blieben.

Der Maiji Shan ist ein Berg, der aussieht wie ein Bienenkorb oder auch wie ein Heuhaufen und der wohl die frommen Mönche schon in der Westlichen Wei-Dynastie reizte, ihn in einen Tempel zu verwandeln. Im Jahre 734 zerstörte jedoch ein Erdbeben viele der im zentralen Teil geschaffenen Räume, so dass nur noch die östliche und westliche Grottengruppe erhalten blieben.

Zum Unterschied von allen anderen Grottensystemen wurden jedoch die Nischen und Höhlen bis ins 19. Jahrhundert hinein immer wieder erneuert und erweitert, so dass man heute noch gut erhaltene Tonfiguren bestaunen kann, vor allem auch die 16 Meter hohe Maitreya-Figur aus der Sui-Dynastie.

Die Festung Jiayuguan, die einen Teil der Großen chinesischen Mauer bildet.

JIAYUGUAN –
DAS ENDE DER GROSSEN MAUER

Unter dem Namen Jiayuguan versteht man einerseits die 100 000 Einwohner zählende Industriestadt mit ihren riesigen Stahlfabriken und Petrochemiewerken und andererseits den Jiayu-Pass an der Seidenstraße, der einst der Stadt den Namen gab. An dem seit alters bedeutenden Bergpass wurde in der Ming-Zeit im Jahre 1372 eine Festung erbaut, die mit einer 10 Meter hohen Mauer mit Schießscharten und Brustwehren umgeben ist.

Die Mauer ist 733 Meter lang und umschließt eine Fläche von 33 500 Quadratmetern, so dass im Innern Mannschaftsunterkünfte, Lagerräume, Stallungen, aber auch ein Tempel des Kriegsgottes (Guan Di Miao) untergebracht werden konnten. Ein kolossales Osttor führt in das Innere der Festung, auf den beiden mächtigen Westtoren stehen zwei 17 Meter hohe Pavillons, die ursprünglich als Beobachtungstürme fungierten.

Diese Festung markiert das definitive Ende der in der Ming-Zeit gebauten Mauer, die das Reich vor allem gegen die Einfälle der Mongolen zu schützen hatte. Die Festung ist sehr gut erhalten und Ziel vieler Reisender auf ihrem Weg nach Dunhuang.

KLOSTER LABRANG

Außerhalb des heutigen Territoriums von Tibet gibt es zwei Klöster, die im Rahmen der tibetischen Religion die wichtigsten und größten auf chinesischem Boden sind: Kumbum in Qinghai und Labrang in Gansu. Labrang liegt im Südwesten der Provinz, etwa 260 Kilometer südwestlich von Lanzhou bei der Stadt Xiahe an der Grenze zur Provinz Qinghai.

Gegründet zu Beginn des 18. Jahrhunderts von einem mongolischen Prinzen und zur Klosterstadt des Gelug-Ordens herangewachsen, zählte es 1949 noch 3600 Mönche. In der Kulturrevolution wurde die Mönchsgemeinde praktisch ausgelöscht und das Kloster geschlossen, auch teilweise beschädigt. Nach 1980 kehrten 10 Mönche zurück. Die neu garantierte Religionsfreiheit führte dazu, dass um das Jahr 2000 bereits wieder 500 junge Mönche in der neu besiedelten Klosteranlage (65 Hektar) leben und in einer dortselbst gegründeten Mönchs-Hochschule studieren konnten.

Von den Kunstschätzen des Klosters (Skulpturen, Thangkas, Schnitzereien) sind erfreulicherweise noch viele erhalten geblieben. Das Labrang-Kloster (chines. Labuleng Si) gehört zu den sechs führenden Klöstern der Gelug-Sekte und konnte seine wertvolle Bibliothek von 60 000 tibetischen Werken über die gefährlichen Jahre der Kulturrevolution ebenfalls retten.

OBEN LINKS:
Versammlung zum Morgengebet im Labrang Kloster in Xiahe.

OBEN RECHTS:
Der 16-jährige so genannte „Lebende Buddha" Nao Ricang (rechts) spielt mit einem Mönch des Labrang Klosters Basketball. Die Idee der Reincarnation des „Lebenden Buddhas" ist der Weg des historischen Buddhismus einen Nachfolger für einen toten „Lebenden Buddha" zu suchen.

Yinchuan

Huang He

Baoding
Tianjin
Yangquan
Shijiazhuang
Taiyuan
Yantai
Weihai
Seoul
Incheon
Yan'an
Xintai
Jinan
Zibo
Weifang
SÜD-
KOREA
Daejeon
Linfen
Handan
Qingdao
Gwanju
Changzhi
Anyang
Jining
Taian
Tongchuan
Jiaozuo
Xingxian
Zaozhuang
Lianyungang
Weinan
Luoyang
Kaifeng
Zhengzhou
Xuzhou
Qingjian
Gelbes
Bapji
Huaibai
Meer
Xi'an
Pingdingshan
Benghu
Yangzhou
Taizhou
Nanyang
Huainan
Nantong
Shiyan
Xinyang
Nanjing
Wuxi
Hefei
Changzhou
Shanghai
Xiangfan
Suzhou
Jiaxing
Nanchong
Wanxian
Yichang
Wuhan
Anqing
Hangzhou
Jangtsekiang
Shaoxing
Ningbo
Drei Schluchten
Stausee
Shashi
Huangshi
Ost-
Neijiang
Yueyang
Jiujiang
Jingdezhen
Jinhua
chinesisches
Chongqing
Nanchang
Meer
Luzhou
Changde
Shangrao
Wenzhou
Zunyi
Changsha
Pingxian
Guiyang
Xiangtan
Zhuzhou
Nanping
Anshun
Duyun
Shaoyang
Ji'an
Fuzhou
Hengyang
Jilong
Taibei
Ganzhou
Quanzhou
Guilin
Chenzhou
Xiamen
Taizhong
Liuzhou
Shaoguan
Guangdong
(Kwangtung)
Zhangzhou
Hualian
Wuzhou
Chaozhou
TAIWAN
Nanning
Zhaoqing
Guangzhou
Shantou
Tainan
Yulin
Foshan
Shenzhen
Jiangmen
Hongkong
Gaoxiong
Maoming
Macau
Beihai
Zhanjiang
Südchinesisches
Hanoi
Haiphong
Meer
VIETNAM
Haikou
Hainan
PHILIPPINEN

0   200   400   600
km

108 Guangdong (Kwangtung)

GUANGDONG (KWANGTUNG)

Die am südöstlichen Rand Chinas an den Küsten des Südchinesischen Meeres gelegene Provinz Guangdong umfasst auf einer Fläche von 179 000 Quadratkilometern 79 Landkreise und 54 Städte mit einer Einwohnerzahl von 87 Millionen. Die Kurzform der Provinz lautet Yue. Der buchtenreichen Küstenlinie sind zahlreiche kleinere und größere Insel vorgelagert. Geographisch liegt die Provinz zwischen 108°13'–119°59' östlicher Länge und 13°28'–25°31' nördlicher Breite.

Der Wendekreis des Krebses durchquert die Provinz, sie ist im Norden von Hunan, Jiangxi und Fujian begrenzt, im Westen von Guangxi, im Süden ist das Festland von Hainan nur durch die Qiongzhou-Straße getrennt, und an ihrer östlichen Küste liegen die Sonderverwaltungszonen Hong Kong und Macau. In der zu großen Teilen recht gebirgigen Provinz werden drei Dialekte gesprochen: im Westen und im Zentrum Kantonesisch, im Norden Hakka, im Osten und auf den Inseln der Fujian-Dialekt. Da kleinere Gruppen von den nationalen Minderheiten in der Provinz leben, wurde der Autonome Bezirk der Li- und Miao-Nationalität eingerichtet.

Die Provinzhauptstadt ist Kanton (Guangzhou), die am Perlfluss liegt (Chinesisch: Zhujiang) und mit Hong Kong durch eine Bahnlinie, mit Macau aber durch eine Fernstraße verbunden ist. Das Perlflussdelta gilt als eine der am dichtesten besiedelten Regionen der Welt. Eine große Zahl von Auslandschinesen stammen aus dieser Provinz. Der Öffnungspolitik von Deng Xiaoping bescherte Guangdong fühlbare ökonomische Privilegien, zudem auch die Städte Shenzen, Zhuoqing und Shantou als Sonderwirtschaftsbezirke eingerichtet wurden.

TOPOGRAPHIE

Von der Gesamtfläche der Provinz nehmen das Bergland 33 % ein, das Hügelland 25 % und das Tiefland 19 %. Das gesamte Terrain fällt von Norden nach Süden ab, die Ebenen sind dem Südchinesischen Meer zugewandt. Man kann die Provinz topographisch in vier Bereiche einteilen:

1. Das Bergland von Nord-Guangdong, das fast 2000 Meter hoch ist und dem an der Grenze zu Hunan sich hinziehenden Nanling-Gebirge zuzuordnen ist. Dazu gehören vor allem das Dayu- und das Qitian-Gebirge.

Die Provinzhauptstadt Guangzhou (Kanton).

2. Das Bergland von Nordost-Guangdong und das Hügelland mit der Ebene am Unterlauf des Han-Flusses. In den Bergen des Nordostens erreicht der Tonggu-Shan mit 1560 Metern die höchste Spitze. Hier liegen mehrere Gebirgszüge, die alle etwa 1000 Meter hoch sind, so das Qingyun-, Jiulian-, Luofu-, Lianhua- und das Haian-Gebirge. In den Tälern liegen einige Becken wie das von Xingning und Meixian.

3. Das Berg- und Tafelland von West-Guangdong. Hier liegen das Yunkaidashan-Gebirge und das Yunwu-Gebirge, beide westlich des Perlfluss-Deltas. Daran schließt sich die Leizhou-Halbinsel, die in der Hauptsache eine große Ebene darstellt.

4. Das Perlfluss-Delta, auch genannt Zhujiang-Ebene, die durch die Ablagerungen des großen, wasserreichen Stromes entstanden ist und von einer Unzahl von Flüssen, Bächen und Kanälen durchzogen wird. Zu den wichtigsten Flüssen in diesem sehr fruchtbaren Gebiet zählen der Xijiang, Dongjiang und Beijiang, die durch ihren Zusammenfluss den Zhujiang (Perlfluss) bilden. Die Wassermenge des Zhujiang ist nach dieser Vereinigung achtmal so groß wie die des Gelben Flusses. Die Hochwasserperiode dauert ein halbes Jahr, ist jedoch für die Bewässerung der Reisfelder günstig.

LINKE SEITE:
Ein Beispiel für moderne chinesische Brückenbaukunst in Zhujiang.

FOLGENDE DOPPELSEITE:
Skyline der Provinzhauptstadt Guangzhou.

Reisernte in Zhanjiang auf der Halbinsel Donghai.

KLIMA

Die Provinz liegt überwiegend in der subtropischen Zone, die südlich gelegene Halbinsel Leizhou gehört aber bereits in die Tropen. Nimmt man die nördliche Bergwelt aus, so hat Guangdong allgemein lange Sommer, aber keinen richtigen Winter. Die Temperaturen sind vielfach recht hoch, aber die Meeresbrise bringt etwas Kühlung. Reichliche Niederschläge mit mehr als 1500 Millimeter sind für die Pflanzenwelt ein Segen und bescheren den Bauern meist gute Ernten. Die Regenzeit dauert 160 Tage im Jahr. Im subtropischen Kanton werden im Januar 13,2 Grad Celsius gemessen, im April 22 Grad, im Juli 28,7 Grad und im Oktober immer noch 23,8 Grad.

LANDWIRTSCHAFT

Guangdong gehört zu den wichtigsten Reisanbaugebieten Chinas. Jährlich können zwei bis drei Ernten eingebracht werden. Angebaut werden aber auch Weizen, Mais, Süßkartoffeln, Sorghum, Kassawa, Zuckerrohr, Erdnüsse, Jute, Hanf und Maulbeerbäume. Sehr gut gedeihen in Guangdong Ananas, Bananen, Mandarinen, Litschi, Kokosnüsse, Tee und Zitronengras.

Die Berggebiete sind reich an Kiefern, Zedern und Bambus. Schweine- und Geflügelzucht werden intensiv betrieben. Einer ausgedehnten Meeresfischerei stehen viele Süßwasser-Aquakulturen gegenüber. Zahlreiche Meeresfrüchte werden jedoch inzwischen auch aus kontrollierten Seewasser-Becken gewonnen.

UNTEN RECHTS:
Ein Hausboot auf dem Perlfluss in der Hauptstadt Kanton.

UNTEN LINKS:
Ein thailändischer Krokodiltrainer hält auf der Krokodilfarm in Guangdong seinen Kopf in das Maul eines Krokodils.

INDUSTRIE

Zu den in Guangdong entdeckten 50 Arten von Bodenschätzen gehören als die wichtigsten davon Eisen, Blei, Zink, Wolfram, Zinn, Wismut, Molybdän, Mangan, Schwefeleisen, Kohle, Kalkstein und Schiefer. An der Mündung des Perlflusses wurde 1979 auch Erdöl entdeckt. Die Bohrungen förderten leichtes, schwefelarmes und ertragreiches Öl zutage, das inzwischen ausgebeutet wird.

Stadtansicht von Guangzhou mit dem Perlfluss.

Ansehnliche Mengen von Salz werden an den Küsten gewonnen. Große Buntmetall-Lagerstätten gaben der Metallurgie der Provinz einen bedeutenden Entwicklungsimpuls. Daneben gibt es viele Papierfabriken, Textilbetriebe und Zuckerraffinerien. Aus den Inseln des Südchinesischen Meeres gelangen große Mengen von Guano auf die Felder der Provinz und steigern als hochwertiger Phosphor-Dünger die Hektarerträge.

Die Schwerindustrie, die Metallverarbeitung, der Maschinenbau und der Schiffbau haben in den letzten beiden Jahrzehnten des 20. Jahrhunderts einen bedeutenden Aufschwung genommen. Die Wirtschaft der Provinz verzeichnete vielfach die höchsten Zuwachsraten in China, so dass Guangdong als die reichste von allen in China bereits 1992 gegolten hat.

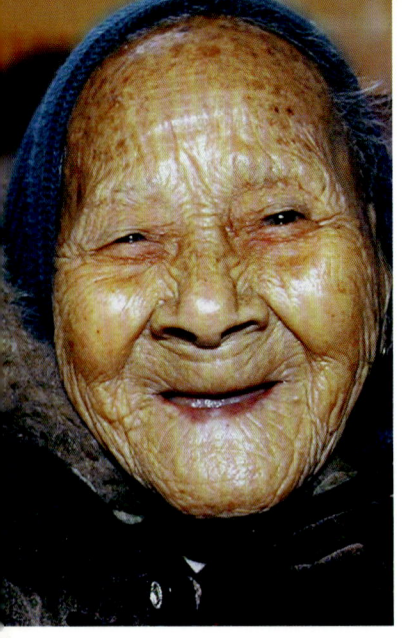

Das letzte Foto von Li Cairong, die am 9. Mai 2005 im Alter von 120 Jahren in Nanhai gestorben ist. Sie war der älteste Mensch der Welt.

VERKEHRSVERBINDUNGEN

Im Verkehrswesen von Guangdong spielt die Binnenschifffahrt die größte Rolle, denn die Gesamtlänge der schiffbaren Flüsse beträgt 16 000 Kilometer. Das gesamte Perlflussdelta stellt ein fächerförmiges Netz von Binnenschifffahrtswegen dar. Gleichzeitig ist das Straßennetz mit einer Gesamtlänge von 31 000 Kilometern in der Lage, alle Landkreise und wichtigen Orte der Provinz verkehrsmäßig zu erfassen.

Weniger gut ausgebaut ist wegen der vielen Gebirgszüge das Eisenbahnnetz der Provinz, aber man kann mit der Bahn bequem nach Hong Kong gelangen, und die große Fernlinie verbindet Kanton mit Peking. Die Hauptstadt Kanton ist durch den Flugverkehr ohnehin mit allen wichtigen Städten verbunden.

Der sehr gut entwickelte Seetransport dient sowohl der Küstenschifffahrt als auch dem Überseeverkehr. Die zwei wichtigsten Häfen sind Kanton und Zhangjiang. Der Hafen Huangpu bei Kanton verfügt über 12 Kais. Die im Süden gelegene Hafenstadt Zhangjiang weist 8 Kais auf. An beiden Häfen können Schiffe mit 10 000 Tonnen anlegen. Insgesamt gibt es an der langen und buchtenreichen Küste jedoch mehr als 100 größere und kleinere Häfen, von denen aus Küstenschifffahrt bis hinauf ins Bohai-Meer betrieben wird.

GESCHICHTE

Ursprünglich war das Gebiet von den Vorfahren der heutigen nationalen Minderheiten Miao, Li, Yao und Zhuang bewohnt. Erst unter dem ersten Kaiser Qin Shihuangdi wurden Teile der heutigen Provinz in das Reich einbezogen. Kaiser Han Wudi (140–86 v. Chr.) unterstellte dann das heutige Guangdong ganz chinesischer Jurisdiktion, obwohl nur eine Besatzungstruppe im Lande stationiert war.

Historische Karte der Provinz, Amsterdam um 1655

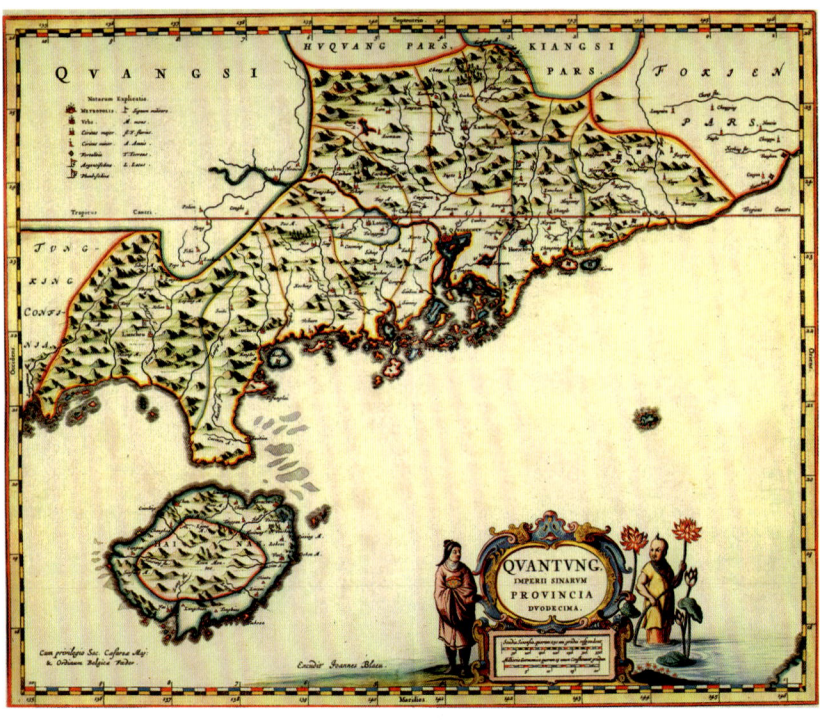

Erst ab dem 6. Jahrhundert wanderten dann Han in größeren Schüben in dieses südliche Gebiet ein. Bereits in der Tang-Zeit wird ausländischer Einfluss durch arabische, persische und indische Kaufleute an den Küsten spürbar, die erste Moschee wird in Kanton gebaut. Eine große Einwanderungswelle von Han-Chinesen kommt dann im 12. Jahrhundert in Gang, als die fremdländischen Jin Nordchina erobern und ein Jahrhundert später ebenfalls, als die Mongolen ihren Siegeszug antraten.

Die Flüchtlinge aus dem Norden lösten eine wirtschaftliche Dynamik im Süden aus, die wesentlich zur Entwicklung aller Landesteile beitrug. Vor allem Kanton wuchs damals zu einer Stadt von mehreren Hun-

derttausend Einwohnern heran. 1553 geriet Macau unter portugiesischen Einfluss, 1840–1842 kommt Hong Kong unter britische Verwaltung und 1898 setzen sich die Franzosen in Kanton fest.

Nach dem Sieg der Engländer in den beiden Opiumkriegen gerieten allmählich eine Reihe von Handelsplätzen an der Küste sowie einige wichtige Flusshäfen immer mehr unter ausländische Kontrolle. In der Zeit von 1937–1945 eroberten die Japaner das Land, auch Hong Kong wurde erobert und musste von den Engländern aufgegeben werden.

Nach der Kapitulation Japans konnten die Nationalisten das Gebiet nur bis 1949 halten, dann mussten sie den Kommunisten weichen. Nach den recht schwierigen Jahren der Mao-Zeit erfolgte dann im Zuge der Öffnungspolitik Deng Xiaopings ein rasanter wirtschaftlicher Aufschwung der Provinz, der bis heute anhält.

Die Sun Yatsen Universität in Guangzhou.

FOLGENDE DOPPELSEITE:
Die Gedenkhalle Sun Yatsens in Zhongshan.

STÄDTE

KANTON (GUANGZHOU)

Auf einer Fläche von 1345 Quadratkilometern leben im Großraum Kanton (Guangzhou) sieben Millionen Einwohner in der Stadt und in den sechs eingemeindeten Landkreisen. Die Messestadt Kanton ist heute das wichtigste Zentrum auf dem Festland in Südchina und eine dynamische Hafen-, Handels- und Industriestadt.

Das Sun-Yat-sen-Mausoleum in Nanjing. Der Politiker wurde am 12. November 1866 in Singshan geboren und starb am 12. März 1925 in Peking.

RECHTE SEITE:
Im 1600 Jahre alten daoistischen San Yuan Tempel versuchen anlässlich des Neujahr-Festes Menschen Räucherstäbchen zu stechen.

FOLGENDE DOPPELSEITE:
Nachtaufnahme einer der vielen Brücken in Guangzhou.

Das kulturelle Leben Kantons ist durch die international renommierte Sun-Yatsen-Universität, durch ihre Opernhäuser und ein begeisterungsfähiges Publikum geprägt. Die Entfernung von Peking beträgt 2313 Kilometer, nach Shanghai 1811 Kilometer, nach Hong Kong kann man schnell und bequem mit Flugzeug, Bahn, Katamaran oder Bus gelangen.

Die wechselvolle Geschichte der Stadt spiegelt sich in den vielen historischen Bauten und Denkmälern wider. Diese Monumente reichen vom sogenannten Königsgrab-Museum mit Relikten aus der Westlichen Han-Dynastie (206 v.–24 n. Chr.) bis zur Sun-Yatsen-Gedächtnishalle, die 1931 im traditionellen Stil errichtet wurde.

Von den einst so berühmten Klöstern der Stadt ist vor allem der „Tempel der Sechs Banyan-Bäume" zu nennen, der aus dem Jahre 537 stammt und dessen 58 Meter hohe Pagode ein Wahrzeichen der Stadt ist. Auf ein noch höheres Alter blickt der „Tempel des Lichts und der Kindesliebe" zurück, er soll bereits in der Zeit der Westlichen Jin-Dynastie (265–316) von einem einstigen königlichen Palast in ein Kloster umgewandelt worden sein.

Das größte christliche Gotteshaus steht ebenfalls in Kanton, es ist die „Kathedrale des Heiligen Herzens", deren Kirchturm 58 Meter hoch ist. Erbaut 1888 von einem französischen Architekten, dient

sie heute den Katholiken Kantons als Zentralkirche. Nach dem seit der Mao-
Zeit bis heute gültigen Gesetz dürfen die Katholiken Chinas jedoch keinen
Kontakt mit dem Vatikan unterhalten.

Die Rückwendung des gegenwärtigen China von den schrecklichen Jahren
der Kulturrevolution zur großen kulturellen Vergangenheit Chinas ist am besten am Ahnenschrein der Familie Chen abzulesen. Dieser 1890 vom Chen-
Clan erbaute Schrein mit vielen Kleinodien und Skulpturen wurde von den
Roten Garden schwer beschädigt, aber 1984 vorbildlich restauriert.

FOSHAN

Etwa 20 Kilometer südöstlich von Kanton liegt das meistbesuchte Ausflugsziel von der Hauptstadt aus, die früher und noch heute als Zentrum der Fi-
gurenkeramik bekannte Stadt Foshan. Der Besucher strebt jedoch zwei
Tempeln zu, die recht unterschiedlich in ihrer Ausrichtung sind. Einmal ist
dies das „Kloster der Menschlichkeit und Langlebigkeit", in dem heute das
Institut für Volkskunst untergebracht ist. Hier entstehen seit mehr als drei
Jahrzehnten wundervolle Gegenstände des chinesischen Kunsthandwerks,
vor allem hauchdünne Scherenschnitte.

Zum anderen ist es der Ahnentempel der Stadt, der aus der Nördlichen
Song-Dynastie stammt und durch seine Dachdekorationen bekannt ist. Man
hat diesen Tempel mit seinen rund 2000 allegorischen Figuren in den letzten beiden Dynastien mehrfach erweitert und verziert. Die daoistische Anlage besitzt auch ein dreistufiges Ehrentor und einen Theaterhof mit vergoldeten Holzschnitzereien.

SHAOGUAN

Die weit im Norden der Provinz im Bergland liegende Stadt Shaoguan, am
Ufer des Beijiang gelegen, stammt aus dem 1. Jahrhundert v. Chr. und war
schon immer ein Mittelpunkt für Warentransporte. Seit dem Bau der Eisenbahnlinie Peking/Kanton kreuzen sich in der Stadt die Bahn und wichtige
Landstraßen, die in alle vier Richtungen führen. Seit den fünfziger Jahren
des Zwanzigsten Jahrhunderts ist Shaoguan das Zentrum der Schwerindustrie von Nord-Guangdong.

Wichtig ist die Stadt auch als Ausgangspunkt für einen Besuch des großartigen Tempels Nanhua Si, der nur 20 Kilometer entfernt liegt und gut erhalten ist. In dieser aus dem Jahre 504 stammenden Anlage finden sich in
der imposanten Haupthalle die vergoldeten Statuen der drei Buddhas (Vergangenheit, Gegenwart, Zukunft) und in fünf Reihen an den Wänden die
bis zum Dachfenster reichenden Figuren der 500 Luohan.

SHANTOU (SWATOW)

Die an der Küste des Südchinesischen Meeres im Osten der Provinz gelegene Stadt Shantou war seit Mitte des 19. Jahrhunderts in aller Welt als Swatow bekannt, da von ihr aus ein florierender Überseehandel betrieben wurde. Am Südrand des Hanjiang-Deltas gelegen galt die Stadt als ein Tor nach Ost-Guangdong und nach Südwest-Fujian.

Durch den Vertrag von Tianjin sicherten sich die Europäer bereits 1858 Handelsprivilegien und Niederlassungsrechte in der Stadt, und England eröffnete 1861 ein eigenes Konsulat. Vom Hafen dieser Stadt aus verschifften europäische Reeder viele Tausende von Chinesen nach Südostasien und Amerika, wo sie als Kulis Arbeit suchten oder sich ganz dort niederlassen wollten. In den Jahren 1920–1937 war Shantou (Swatow) ein wichtiger Exporthafen für Tabak, Indigo, Tee und Zuckerrohr.

ZHAOQING

Die Stadt Zhaoqing liegt westlich von Kanton am Nordufer des Xijiang und ist heute ein Mittelpunkt des Landhandels und der Leichtindustrie. Vom Binnenhafen Zhaoqing aus wird der Handel mit dem benachbarten Autonomen Gebiet Guangxi abgewickelt. Die Stadt stammt bereits aus dem 1. vorchristlichen Jahrhundert und galt stets als Zentrum eines wohlhabenden Bauernlandes am westlichen Rande des Perlflussdeltas.

Arbeiterinnen in der Xinmao Science and Technology Ltd. in Shenzhen. Xinmao ist Hersteller von Platinen für Elite Computer System in Taiwan. 10 200 Angestellte produzieren 3 Millionen Platinen jährlich.

Im nördlichen Vorort der Stadt erheben sich die „Sieben-Sterne-Felsen", der schönste landschaftliche Anziehungspunkt der Provinz. Sieben Felsspitzen erheben sich aus dem Xinghu, dem Sternensee, angeordnet wie die Sterne des Großen Bären. Die Felsen bestehen aus verkarstetem Urgestein, in dem sich viele Höhlen gebildet haben. Im Inneren des Steinkammerfelsens strömt ein unterirdischer Fluss, der mit Booten befahren werden kann. Die bei den Felsen errichteten Pavillons und Brücken bieten einen märchenhaften Anblick.

SHENZHEN

In den Jahren nach der Verkündung der Öffnungspolitik wurde im Norden von Hong Kong, aber auf dem Boden der Provinz Guangdong, eine Stadt buchstäblich aus dem Boden gestampft, die heute drei Millionen Einwohner zählt: Shenzhen. Diese jüngste der chinesischen Millionenstädte ist gleichzeitig eine ihrer modernsten, denn hier sollte die gesamte Welt, vor allem aber die Investoren aus Hong Kong, die Vorzüge einer Sonderwirtschaftszone kennen lernen können.

Das Experiment gelang, es kamen Investoren aus Singapur, Japan und vor allem aus Hong Kong, die vom Billiglohnland VR China zu profitieren trachten. Auf einem Territorium von gut 2000 Quadratkilometern konnte sich eine privilegierte Industrielandschaft entwickeln, die relativ unbürokratisch bereits ihrem südlichen Vorbild Hong Kong auf handelstechnischem Gebiet nacheifert und die auch dem Touristen alle Annehmlichkeiten bietet, wie er sie sich nur wünschen mag. Ein Wildlife-Zoo ist ebenso eingerichtet wie ein Folklore-Zentrum, das alle Trachten und Gebräuche des alten China in Nachahmungen traditioneller Bauten aller Dynastien demonstriert.

Ähnliches gilt auch für die Stadt Zhuhai nördlich von Macau, die ebenfalls zu den Sonderwirtschaftszonen gehört, die auf Weisung von Deng Xiaoping eingerichtet wurde. Diese Stadt liegt westlich vor der Mündung des Perlflusses und verwaltet ein Seegebiet von 6000 Quadratkilometern, zu dem 145 Inseln gehören. In Zhuhai kommen die botanisch interessierten Besucher auf ihre Kosten, denn der neu angelegte Yuanmingyuan-Garten bietet für sie viele Überraschungen.

Alle zwei Jahre wird in Zhuhai eine „Internationale Air Expo" abgehalten, die viele Besucher aus aller Welt anzieht. Mit dem etwa 100 Kilometer nördlich gelegenen Kanton ist Zhuhai durch eine Autobahn verbunden. In der Stadt selbst arbeiten inzwischen Brauereien, Elektrofirmen und Uhrenfabriken als Jointventure-Betriebe.

CHAOZHOU

Chaozhou ist die Stadt der Künste, der Musik, der Oper, des Kunsthandwerks und der Kochkunste in Guangdong. Im Osten der Provinz am Han-Fluss gelegen, ist Chaozhou auch eine Stadt, die von vielen Auslandschinesen besucht wird, denn von ihr aus traten die Vorfahren vieler Chinesen einst ihre Reise ins Ungewisse an. Erhalten sind in der Stadt, die inzwischen über eine halbe Million Einwohner zählt, der berühmte Kaiyuan-Tempel und der Tempel für Han Yu, der einst diesem Literaten aus der Zeit der Song-Dynastie als Gedächtnishalle gewidmet wurde.

Zhangye

Yinchuan

Wuwei

Xining

Lanzhou

Zhangye

Taiyuan

Baoding

Tianjin

Yangquan

Shijiazhuang

Xintai

Jinan

Zibo

Weifang

Yantai

Qingdao

Lianyungang

Yan'an

Linfen

Changzhi

Handan

Anyang

Jining

Taian

Zaozhuang

Tongchuan

Jiaozuo

Xingxian

Kaifeng

Xuzhou

Qingjian

Bapji

Weinan

Zhengzhou

Huaibai

Xi'an

Luoyang

Pingdingshan

Benghu

Huainan

Yangzhou

Taizhou

Nanyang

Nanjing

Changzhou

Suzhou

Shiyan

Xinyang

Hefei

Hangzhou

Xiangfan

Anqing

Chengdu

Nanchong

Wanxian

Jangtsekiang

Yichang

Wuhan

Drei Schluchten Stausee

Shashi

Huangshi

Neijiang

Jiujiang

Jingdezhen

Jinhua

Leshan

Chongqing

Yueyang

Nanchang

Shangrao

Yibin

Luzhou

Changde

Changsha

Pingxian

Xichang

Zunyi

Xiangtan

Zhuzhou

Ji'an

Nanping

Shaoyang

Ganzhou

Fuzhou

Dukou

Guiyang

Hengyang

Anshun

Duyun

Chenzhou

Quanzhou

Kunming

Guilin

Xiamen

Shaoguan

Zhangzhou

Kaiyuan

Liuzhou

G u a n g x i

Wuzhou

Chaozhou

Gejiu

Nanning

Zhaoqing

Guangzhou

Shenzhen

Shantou

Yulin

Foshan

Hongkong

Jiangmen

Macau

Maoming

Beihai

Zhanjiang

Südchinesisches

Meer

Hanoi

Haiphong

L A O S

VIETNAM

Haikou

Hainan

0   200   400   600

km

GUANGXI
AUTONOMES GEBIET GUANGXI
DER ZHUANG-NATIONALITÄT
(PROVINZSTATUS)

FOLGENDE DOPPELSEITE:
Blick über die malerische Landschaft in Guilin mit ihren bizzaren Bergformationen. Das Gebiet
ist eine typische Karstgegend.
Erdbewegungen hoben Kalk-
schichten hervor, die im Laufe
von Jahrmillionen durch Wind
und Wasser zu erstaunlichen Bergen und unterirdischen Höhlen
geformt wurden.

Das Gebiet ist in China entweder unter Guangxi oder unter der landläufigen Kurzform Gui bekannt.
Im Osten grenzt es an Guangdong, im Norden an Hunan und Guizhou, im Westen an Yunnan, im
Südwesten an Vietnam und ganz im Süden an die Bucht von Beibu, die selbst ein Teil des Golfes
von Tongking darstellt. Auf einer Fläche von 230 000 Quadratkilometern leben in diesem Gebiet
heute 45 Millionen Menschen, darunter die große nationale Minderheit der Zhuang.

Die als intelligent und lebhaft geltenden Zhuang sind zwar über mehrere südchinesische Provinzen
verteilt, aber von den insgesamt 18 Millionen Zhuang leben 90 Prozent in Guangxi, weshalb das
ganze Gebiet zur Autonomen Region erklärt und nach ihnen auch benannt wurde. Die Hauptstadt
ist Nanning, sie befindet sich im Westen der ganzen Region, die zu großen Teilen ein Gebirgsland
ist. Das Gesamtgebiet liegt in Südchina zwischen 104°29' – 112°03' östlicher Länge und 20°54' -
26°23' nördlicher Breite.

Ein kleiner Junge saugt den Saft
aus einem Stängel Zuckerrohr.

Bauern treiben ihr Vieh durch den Fluss Lijiang.

Neben den Zhuang finden sich in den vielen Bergdörfern auch noch eine Reihe anderer Volksgruppen, so die Yao, Miao, Dong, Maonan, Hui, Jing, Yi, Shui und Gelao. Von den 45 Millionen Einwohnern insgesamt halten zwar die Han-Chinesen mit 28 Millionen die Spitzenstellung, aber neben den Zhuang gibt es in den 81 Landkreisen und den 19 Städten des Gebiets auch 1,5 Millionen Yao, der Rest verteilt sich auf die anderen Minderheiten.

Die Zhuang-Sprache ist dem Thailändischen verwandt und gehört zum Zhuang-Dai-Sprachzweig in der Zhuang-Dong-Sprachgruppe der sinotibetischen Sprachfamilie. Eine eigene Zhuang-Schrift besteht seit 1955 auf der Grundlage des lateinischen Alphabets. Die Yao-Sprache dagegen gehört in der gleichen Sprachfamilie jedoch zur Miao-Yao-Sprachgruppe. Eine eigene Yao-Schrift gibt es jedoch nicht. Die Yao gehören zu den mittelgroßen Minderheiten in China, aber von ihren 300 000 Angehörigen leben die meisten in der Nachbarprovinz Guizhou und nur ein kleinerer Teil in Guangxi. Ähnliches gilt von den anderen Nationalitäten, die oftmals auch in einer Reihe anderer Provinzen wohnen, teilweise auch in autonomen Bezirken oder Landkreisen.

TOPOGRAPHIE

Die Landschaft um Guilin am Li-Fluss hat wegen ihrer Schönheit Weltgeltung erlangt, aber letztlich sind viele Flusstäler in diesem Gebiet von ähnlich bezaubernder Art, denn die Berge bestehen zumeist aus Kalkstein, der bizarre Formen durch Wind und Wasser angenommen hat. Man spricht zwar topographisch vom Guangxi-Becken, jedoch auch dieses wellige Beckenland wird von einer Bergkette durchschnitten, dem Dayao-Gebirge. Genauer gesagt ist ganz Guangxi ein Bergland, das eine flachere Senke einschließt.

Im Norden verlaufen die Gebirge Juwandashan, Damiao und Tianping. Die höchsten Spitzen erreichen Höhen bis über 2100 Meter. Im Nordostteil liegen die Ausläufer des Nanling-Gebirgslandes. Parallel von Nordost nach Südwest verlaufen die Gebirgszüge Yuecheng, Haiyang, Dupang und Mengzhu. Dazwischen liegen malerische Täler, in denen vor allem Obst angebaut wird. Der Nordwestteil dagegen gehört zum Yunnan-Guizhou-Plateau. Im Süden umgeben das Becken der Yunkaidashan, der Liuwandashan, der Shiwandashan und das Daqing-Bergland. Im Süden gehen dann die Berge in breite Hügellandschaften über, aber im Durchschnitt erreichen die Berge von Guangxi Höhen von 1000–1500 Metern.

Das Gebiet ist wasserreich, denn zahlreiche Flüsse durchströmen die Talebenen, fast alle gehören sie zum Zhujiang-Flusssystem, Nanning selbst liegt am Yongjiang. Am berühmtesten ist der Lijiang, dessentwegen Millionen Touristen jährlich nach China kommen, um eine Bootsfahrt auf ihm zu unternehmen.

FOLGENDE DOPPELSEITE:
Kormoranfischer auf dem Fluss Lijiang.

Landkarte der südchinesischen Provinz Guangxi, Kupferstich, Amsterdam um 1655

KLIMA

Die Mitte des Autonomen Gebietes wird vom Wendekreis des Krebses durchkreuzt, das Klima ist daher subtropisch mit langen Sommern, warmen Wintern und reichlichen Niederschlägen. Die durchschnittliche Jahrestemperatur beträgt im Süden 23° Celsius, im Norden 17°. Der durchschnittliche Jahresniederschlag bewegt sich zwischen 1250 und 2700 Millimeter.

In der Hauptstadt Nanning steigt das Thermometer von 12,9 Grad im Januar auf 22 Grad im April und auf 28,3 Grad im August, sinkt jedoch im Oktober erst auf 23,3 Grad, bis es im Dezember dann nur noch 14,1 Grad anzeigt. Im Sommer und Herbst fegen oft Stürme und Taifune vom Bohai-Golf heran und können noch weit im Inneren des Landes großen Schaden anrichten.

Malerische Landschaft in Guilin.

LANDWIRTSCHAFT

Die Natur meint es gut mit den Bauern in Guangxi, es können jährlich zwei bis drei Ernten eingebracht werden. Der Wasserreis steht an erster Stelle, dann folgen Mais, Weizen, Süßkartoffeln und Bohnen. An Industriepflanzen werden Ramie, Jute, Raps, Tabak, Erdnüsse und Zuckerrohr angebaut. Sisalhanf und Gummibäume wachsen prächtig, aber auch Ananas, Pampelmusen und Litschi-Früchte. Anis, Zimt und Fenchelöl werden in bedeutenden Mengen gewonnen.

Die Holzwirtschaft wirft gute Gewinne ab, da Guangxi auch größere Waldbestände aufweist. An der Küste im Süden wird intensiv Fischfang betrieben, denn im Beibu-Golf gibt es zahlreiche Fischarten. Bekannt ist auch die Perlenzucht von Hepu, der Ort der sogenannten Süd-Perlen.

INDUSTRIE

Die Vorkommen von Zinn, Mangan, Bauxit und Bergkristall gaben den Anstoß zur Entwicklung einer breiter gefächerten Industrie seit der Mitte des 20. Jahrhunderts. Erdöl wurde unter dem Meeresboden im Beibu-Golf entdeckt. In anderen Gegenden fand man Kohle, Erdgas und Eisen. Die wichtigsten Industriezweige stützen sich auf die in der Region geförderten Bodenschätze, aber hinzugekommen ist auch der Maschinenbau, die Elektroindustrie, ferner Zementfabriken und viele Betriebe der Nahrungsmittelindustrie.

VERKEHRSVERBINDUNGEN

Das Gebiet wird hauptsächlich durch Landstraßen erschlossen, die eine Gesamtlänge von 30 000 Kilometern aufweisen. Auf diese Weise sind alle größeren Orte mit Omnibussen erreichbar. Mitten durch die Provinz verläuft die Haupteisenbahnlinie, die von Hunan kommt und über Guilin und Liuzhou nach Nanning führt und dann nach Yunnan weiterläuft.

In Nanning kreuzt sie sich mit einer Linie, die von Beihai ihren Anfang nimmt, das westliche Bergland durcheilt und in Guizhou endet. Eine andere Linie kommt von Zhanjiang an der Küste von Guandong und läuft in einem Bogen über Yulin und Litang nach Nanning. Die meisten Gebiete sind auch mit Flussschiffen erreichbar, denn das Flusssystem des Zhujiang durchströmt etwa 85 Prozent der Gesamtfläche von Guangxi. Die Hauptflüsse sind der Hongshui, der Nanpan, der Qianjiang und der Xunjiang.

Die Länge der Binnenschifffahrtswege im Gesamtgebiet beträgt 5666 Kilometer. Mit dem Ausland ist Guangxi über den Hauptseehafen Beihai verbunden. Dem innerchinesischen Luftverkehr sind die Flughäfen von Nanning, Liuzhou, Beihai und Guilin angeschlossen.

GESCHICHTE

Das Gebiet war bereits zur Zeit der Zhou-Dynastie von den Zhuang besiedelt, die schon damals Wasserreisanbau betrieben. In der Zeit der Reichseinigung durch Qinshihuangdi wurde der östliche Teil der Region erobert, aber bald danach gelang es einem chinesischen General mit Hilfe der Zhu-

Eine Frau aus dem Volk der Miao hat sich für die Feiern zum Jahreswechsel gechmückt.

FOLGENDE DOPPELSEITEN:
Fischer sitzen am Abend auf ihren Bambusflößen auf dem Fluss Lijiang und warten auf ihren Fang.

In der Region Longsheng gibt es über 66 qkm Reisfelder im Terrassenanbau.

ang, einen vom chinesischen Reich unabhängigen Staat zu gründen, der den Namen Nanyue erhielt. Dies geschah durchaus mit völliger Zustimmung der Zhuang. Als die Han-Kaiser das Gebiet wieder erobert hatten, strömten aus Hunan und Jiangxi größere Gruppen der Yao nach Guangxi ein, die bald mit den dort stationierten chinesischen Militäreinheiten in heftige Kämpfe gerieten. Dieser Gegensatz blieb bis zum Untergang der Tang-Dynastie ständig erhalten.

Eine Brücke im Renmin Park in Nanning.

Im 10. Jahrhundert entstand dann der unabhängige Staat der „Südlichen Han", der von den Song-Herrschern dann wieder dem Reich eingegliedert wurde. Separationsversuche aber gab es jedoch auch in den nachfolgenden Dynastien. Die blutigste Schlacht zwischen Chinesen und Yao-Kriegern ereignete sich 1465 bei Guiping in der Ming-Dynastie.

Im 19. Jahrhundert nahm der Taiping-Aufstand in dem Dorf Djintiän seinen Anfang, als die Aufständischen von diesem bei Guiping gelegenen Ort ihren Vernichtungsfeldzug nach Norden begannen, der rund 20 Millionen Menschen das Leben kostete. Zahlreiche Zhuang hatten sich damals den Rebellen angeschlossen.

Nach der Niederschlagung der Taiping-Rebellion versuchten England und Frankreich ihren Einflussbereich auf Guangxi auszuweiten. Die Engländer erreichten die Öffnung der Märkte für ihren Außenhandel in Longzhou, Wuzhou und Nanning. Die Franzosen versuchten dagegen mit einer von Vietnam aus operierenden Kolonialarmee Teile von Guangxi unmittelbar unter ihre Kontrolle zu bringen.

In den Jahren 1870–1885 unterstützten nunmehr viele Zhuang-Soldaten die Qing-Truppen gegen die Franzosen. Am Zhennan-Pass konnte 1885 der Vormarsch der Franzosen erfolgreich gestoppt

werden. Damit war der Verbleib des gesamten Gebietes im Kaiserreich China und später in der Republik China für immer gesichert. 1930 errichtete der damalige Politkommissar Deng Xiaoping in der Region sogar die ersten revolutionären Zellen und konnte dadurch viele Zhuang bewegen, beim Langen Marsch der Roten Armee nach Norden mitzumarschieren.

Im Jahre 1958 wurde dann in Anbetracht der größten in China lebenden Minderheit das Autonome Gebiet Guangxi der Zhuang-Nationalität geschaffen. 1979 war Guangxi Aufmarschgebiet für den zwar kurzen aber blutigen Krieg gegen Vietnam.

STÄDTE IN GUANGXI

NANNING

Die Hauptstadt Nanning liegt im Südwesten der Region am Nordufer des Yongjiang und ist durch Eisenbahnlinien mit den wichtigsten Seehäfen und den Hauptstädten der Nachbarprovinzen verbunden. Die Stadt hat mit ihrem Großraum, den sie verwaltet 4,5 Millionen Einwohner und ist politisches, wirtschaftliches und kulturelles Zentrum des Autonomen Gebiets.

Mao Tsetung, Deng Xiaoping und Jiang Zemin auf einem riesigen Plakat in Nanning.

FOLGENDE DOPPELSEITE:
Blick über die malerische Landschaft in Guilin mit ihren bizzaren Bergformationen. Das Gebiet ist eine typische Karstgegend. Erdbewegungen hoben Kalkschichten hervor, die im Laufe von Jahrmillionen durch Wind und Wasser zu erstaunlichen Bergen und unterirdischen Höhlen geformt wurden.

In dem bereits 1952 gegründeten Nationalitäteninstitut werden Angehörige von zwölf Minderheiten zu Lehrern ausgebildet. Das in Nanning 1954 eröffnete Museum bietet mit seinen reichhaltigen Beständen einen sehr guten Einblick in die kulturelle Entwicklung der in diesem Gebiet lebenden nichtchinesischen Völkerschaften.

Nanning ist auch die Pflegestätte des Puppenspiels und der Oper. Im Gegensatz zur allseits bekannten Peking-Oper werden in Nanning die farbenprächtigen Gui-, Zhuang- und Caidiao-Opern aufgeführt. In neuester Zeit hat Nanning ihren Namen als Stadt der Blumen stark gefestigt, denn immergrüne Bäume, Sträucher und eine reichhaltige Blumenpracht ziehen Botaniker und Blumenfreunde von weither an.

Stadtcharakter gewann Nanning erst in der Yuan-Dynastie, war aber vorher schon lange Zeit eine bedeutende Siedlung der Zhuang. Für die Chinesen diente Nanning seit der Tang-Zeit als wichtige Militärbasis. Die industrielle Entwicklung setzte dann erst in der Mitte des 20. Jahrhunderts in vollem Umfang ein.

Ein Bauer mit seiner Kuh im ländlich geprägten Yangshuo.

LIUZHOU

Die am Liu-Fluss gelegene Stadt Liuzhou hat 600 000 Einwohner und gilt als größte Industriestadt von Guangxi. Gleichzeitig ist sie Binnenhafen und Eisenbahnknotenpunkt. Von der südlich gelegenen Hauptstadt Nanning ist sie 255 Kilometer und von dem nördlichen Guilin 130 Kilometer entfernt. Besiedelt war das Gebiet schon seit 15 000 Jahren von den Vorfahren der heutigen Zhuang, aber eine städtische Entwicklung setzte erst nach der chinesischen Besetzung des Gebietes ein. In der Tang-Dynastie erhielt die Stadt dann ihren heutigen Namen.

GUILIN

Die im Nordosten des Autonomen Gebietes liegende Stadt Guilin hat im Stadtkern 290 000 Einwohner zu verzeichnen, in ihrem Großraum jedoch 685 000. Guilin ist weltbekannt wegen ihrer Lage am Li-Fluss, der nach Süden fließt und von bizarren Kalkstein-Felsnadeln gesäumt ist. Diese Landschaft gilt den Chinesen als „schönste Landschaft auf Erden" und viele Dichter haben sie im Laufe vieler Jahrhunderte besungen und unzählige Maler haben sie in ihren Tuschmalereien verewigt.

Meist unternehmen die Besucher dieses wahrhaft paradiesischen Gebiets eine Fahrt auf dem Li-Fluss bis ins 80 Kilometer südlich gelegene Yangshuo, vorbei an unzähligen Felsspitzen, Wasserflächen, stillen Dörfern, Fischerbooten und Anglern an den Ufern. Diese Fahrt auf dem Fluss gehört für die meisten Touristen zu den Höhepunkten einer China-Reise.

Diese typische Karstlandschaft entstand, als vor gut 300 Millionen Jahren das gesamte Gebiet von einem Meer überflutet war, das dann eine dicke Kalkschicht hinterließ, die später durch Bewegungen im Erdinnern hochgedrückt wurde. Wind und Wasser haben dann im Laufe der Jahrtausende diese Landschaft geformt und buchstäblich Abertausende von Felsnadeln und kegelförmige Berge geschaffen, die sich dann meist spärlich an ihren steilen Abhängen begrünten und dadurch zum Reiz dieser einmaligen Landschaft beitrugen.

Dabei entstanden unzählige Höhlen und auch unterirdische Flüsse. Einige dieser oft sehr geräumigen Höhlen wie die 240 Meter tiefe Rohrflötenhöhle im Nordwesten von Guilin sind zur Besichtigung zugänglich. Die Stadt Guilin selbst ist bereits eine Gründung der Qin-Truppen, als der erste Kaiser von China hier schon eine Garnison einrichten ließ. In der Stadt blühten dann stets Handel und Handwerk.

In der Zeit der Ming-Dynastie war Guilin Sitz der Präfektur des ganzen Gebiets, unter den Mandschuren sogar Hauptstadt von Guangxi. Nach dem Sturz der Mandschu-Dynastie löste im Jahre 1912 Nanning dann Guilin als Hauptstadt ab. 1936–1949 war Guilin wieder Sitz der Provinzregierung, aber dann wurde endgültig Nanning der Vorzug gegeben.

Im chinesisch-japanischen Krieg blieb Guilin von einer japanischen Besetzung verschont, so dass viele Intellektuelle und national gesinnte Flüchtlinge aus dem Osten der Republik Zuflucht in Guilin suchten. Heute gehört Guilin zu den wichtigsten Touristen-Zielen Chinas.

FOLGENDE DOPPELSEITE:
Traumhafte Flusslandschaft.

Zhangye
Yinchuan
Wuwei
Xining
Lanzhou
Zhangye

Baoding
Tianjin
Yangquan
Shijiazhuang
Taiyuan
Xintai
Jinan
Zibo
Weifang
Yantai
Qingdao
Linfen
Handan
Jining
Taian
Changzhi
Anyang
Zaozhuang
Lianyungang
Tongchuan
Jiaozuo
Xingxian
Bapji
Weinan
Kaifeng
Xuzhou
Qingjian
Xi'an
Luoyang
Zhengzhou
Huaibai
Taizhou
Pingdingshan
Benghu
Yangzhou
Nanyang
Huainan
Nanjing
Shiyan
Xinyang
Hefei
Changzhou
Suzhou
Xiangfan
Anqing
Hangzhou
Chengdu
Nanchong
Wanxian
Jangtsekiang
Yichang
Wuhan
Drei Schluchten
Stausee
Shashi
Huangshi
Jiujiang
Jinhua
Neijiang
Yueyang
Jingdezhen
Leshan
Chongqing
Changde
Nanchang
Shangrao
Yibin
Luzhou
Changsha
Pingxian
Xichang
Guizhou
(Kweitschou)
Zunyi
Xiangtan
Zhuzhou
Ji'an
Nanping
Dukou
Guiyang
Shaoyang
Hengyang
Fuzhou
Anshun
Duyun
Chenzhou
Ganzhou
Kunming
Guilin
Quanzhou
Xiamen
Kaiyuan
Liuzhou
Shaoguan
Zhangzhou
Gejiu
Wuzhou
Chaozhou
Nanning
Zhaoqing
Guangzhou
Shantou
Yulin
Foshan
Shenzhen
Jiangmen
Hongkong
Maoming
Macau
Beihai
Zhanjiang
Südchinesisches
Hanoi
Haiphong
Meer
LAOS
VIETNAM
Haikou
Hainan

0   200   400   600
km

Huang He

GUIZHOU (KWEITSCHOU)

Die Provinz Guizhou im Südwesten Chinas liegt zwischen 103°37' und 109°32' östlicher Länge und 24°37' und 29°13' nördlicher Breite. Die Fläche beträgt 176 000 Quadratkilometer und die Einwohnerzahl 36 Millionen. Die Kurzform der Provinz lautet Qian. Im Westen grenzt Guizhou an Yunnan, im Osten an Hunan, im Süden an Guangxi und im Norden an Sichuan.

Die Hauptstadt ist Guiyang, die etwa in der Mitte der Provinz liegt. Guizhou ist eine multiethnische Provinz, denn hier leben die nationalen Minderheiten der Dong, Hui, Yao, Zhuang, Buyi und Miao. Die Dong, die auch in Hunan und Guangxi vertreten sind, gehören der Zhuang-Dong Sprachgruppe in der sinotibetischen Sprachfamilie an, besitzen seit 1958 eine eigene Schrift auf der Grundlage der lateinischen Buchstaben und sind durch ihre mehrstöckigen Häuser und ihre hohen, viereckigen Trommeltürme bekannt. Ein archaischer Götter- und Geisterglaube verbindet sich bei ihnen mit einem ausgedehnten Ahnenkult.

Die über das ganze Gebiet von China verteilten Hui sind Mohammedaner, zumeist Nachkommen zentralasiatischer Muslime, die jedoch alle Chinesisch sprechen. Der Islam war es schließlich, der zur Bildung dieser Nationalität geführt hat. Das Hauptsiedlungsgebiet der Hui liegt jedoch nicht in Guizhou, sondern im „Autonomen Gebiet der Hui-Nationalität in Ningxia".

Die Yao findet man in sechs Provinzen des südlichen China. Diese Minderheit bevorzugt schon seit alter Zeit Gegenden mit Bergen und Wäldern als Wohngebiete, da sie neben der Landwirtschaft vor allem Jagd und Forstwirtschaft betreibt. Eine eigene Schrift besitzen die Yao nicht. Die Yao-Sprache

Ein Mann aus dem Volk der Miao-Minderheit schlägt eine bronzene Trommel. Es leben ca. 9 Millionen Miaos in China und 12 Millionen weltweit.

Mitglieder der Dong-Minderheit bei einem Festessen während einer Hochzeit.

FOLGENDE DOPPELSEITE:
Stadtansicht von Guiyang.

gehört der sinotibetischen Sprachfamilie an. Wo immer die Yao sehr konzentriert in einer Landschaft zusammenleben, wurden für sie viele der sogenannten Yao-Nationalitäten-Gemeinden eingerichtet.

Die Zhuang, die zur größten nationalen Minderheit in China zählen, leben vorwiegend im „Autonomen Gebiet der Zhuang-Nationalität Guangxi", siedeln jedoch zu einem kleineren Teil auch in Guizhou.

Die Buyi (oder Bouyei) wohnen vornehmlich in autonomen Bezirken und Kreisen in Guizhou und gehören mit 2,2 Millionen Angehörigen zu den größeren Nationalitäten in China. Die Buyi gelten als kreativ, sangesfreudig und Meister in Batikarbeiten. Seit 1952 besitzen sie – auf der Grundlage der lateinischen Buchstaben – eine eigene Schrift. In den Tälern bauen sie hauptsächlich Wasserreis, Weizen und Mais an, in den dichten Bergwäldern gehen sie auf die Jagd.

Die Miao zählen mit über 5 Millionen Angehörigen zu den großen nationalen Minderheiten Chinas und sind über 8 Provinzen verteilt. Viele Miao sprechen inzwischen Chinesisch. Die Miao-Sprache selbst ist in drei große Dialekte aufgespalten, sie gehört der Miao-Yao-Sprachgruppe der sinotibetischen Sprachfamilie an. Die Miao betreiben Reisanbau, Schafzucht und legen vielfach Baumwollkulturen an.

Trotz der Völkervielfalt in Guizhou (mit insgesamt 7 Millionen Menschen der nationalen Minderheiten) sind die Han-Chinesen dennoch in der überwiegenden Mehrzahl, denn die Provinz gehörte schon seit der Song-Dynastie zum Reich der Mitte. Neben den bereits erwähnten Minderheiten sind auch noch die Yi, Gelo, Shui und Mulao vertreten, die jedoch zahlreicher in Guangxi vertreten sind.

LINKE SEITE:
Der Jiaxin-Pavillion in Guiyang.

Gäste einer Hochzeit tragen Geschenke zur Feier.

OBEN UND RECHTE SEITE:
Künstler aus Tunbao in Xixiu
führen eine Oper auf.

TOPOGRAPHIE

Die Provinz ist zu 85 Prozent von Gebirgen durchzogen und wird in ihrer Gesamtheit das „Guizhou-Plateau" genannt. Das Terrain fällt von Westen nach Osten hin deutlich ab. Im westlichen Teil des Plateaus sind die Berge fast alle 1000–2000 Meter hoch, erreichen dann aber im Osten, Norden und Süden nur noch etwa 600 Meter. Faltungen, Verwerfungen, Erosionen und Zerklüftungen haben im Laufe der Jahrhunderte eine sehr komplexe Struktur dieser Landschaft geschaffen, so dass sich ständig Berge, Täler, Becken und Hügel abwechseln.

Ein Netz von ober- und unterirdischen Flüssen durchzieht die Provinz und da in vielen Gebieten Kalkgestein vorherrscht, sind zahlreiche Höhlen entstanden. Die Miaoling-Bergkette, die Wasserscheide zwischen dem Jangtse- und dem Zhujiang-Flusssystem zieht sich halbkreisförmig südlich von der Stadt Duyun hin und umfasst sie wie eine Mondsichel.

Das hohe Wuling-Gebirge dagegen zieht sich weit nordöstlich von Guiyang bis nach Hunan hinüber, während der ebenso hohe Wumengshan sich im Westen an der Grenze zu Yunnan bis zu 2854 Meter aufgipfelt. Das Dalu-Gebirge im Nordwesten berührt schon die Grenzen des Großraums

Chongqing und liegt zwischen den Flüssen Chishui und Wujiang, der als der größte Nebenfluss des Jangtse gilt. Der Hongshui im Südwesten bildet auf eine weite Strecke in den Bergen die Provinzgrenze zu Guangxi.

KLIMA

In Guizhou herrscht typisches Monsunklima mit warmen Sommern und milden Wintern. Auf diesem subtropisch-feuchten Plateau gibt es keine scharfen Kontraste zwischen den Jahreszeiten. In der ganzen Provinz sind nur wenige Tage im Jahr wolkenlos. Das Gebiet um die Hauptstadt Guiyang hat durchschnittlich 220 Wolkentage im Jahr. Die vielen Wolken und die unzähligen Hügel und Berge haben zu einem Sprichwort Anlass gegeben, das in ganz China zitiert wird, wenn von Guizhou die Rede ist: „Der Himmel ist nie drei Tage klar und die Erde nirgends drei Fuß eben."

Die Temperaturen liegen im Januar bei 4 °C, im Juli bei 24 °C. Die durchschnittliche Jahrestemperatur beträgt 15–17 °C. Die Niederschläge sind reichlich, sie reichen von 1000–1500 Millimeter im Jahr.

LANDWIRTSCHAFT

Das Klima von Guizhou ist geradezu wachstumsfördernd, es können zwei Ernten im Jahr einge-bracht werden. Angebaut werden vor allem Reis, Weizen, Mais, Raps, Erdnüsse, Zuckerrohr, Kar-toffeln, Tabak, Tee und Bastfaserpflanzen. Die Seidenraupenzucht ist weithin verbreitet. In Guizhou wachsen Lackbäume, Tongölbäume, Korkeichen und Spießtannen.

INDUSTRIE

In Guizhou findet man fünfzig Arten von Bodenschätzen. In der ganz im Osten liegenden Region um die Stadt Tongren liegen die bedeutendsten Quecksilbervorkommen Chinas. Mangan, Phosphor, Aluminium, Blei und Zink können ebenso gefördert werden wie Kohle. Der Bergbau, die Metallur-gie, die Kohleindustrie spielen daher eine wichtige Rolle. Die Berge und Wälder liefern wichtige Rohstoffe für die Baustoffindustrie und die Papierherstellung. Bekannt ist der Schnaps aus Guizhou, es ist der hochprozentige Maotai, der aus Weizen und Sorghum hergestellt wird.

VERKEHRSVERBINDUNGEN

Die bergige Provinz wird nur von zwei großen Bahnlinien, aber von zahlreichen Landstraßen er-schlossen. Eine Eisenbahnlinie kommt aus dem Norden von Chongqing, erreicht über Zunyi die Pro-vinzhauptstadt Guiyang und beschreibt im zentralen und südlichen Teil der Provinz einen großen Bogen, bevor sie die Grenze von Guangxi überquert.

Diese Nord-Süd-Strecke wird in Guiyang gekreuzt von der langen Ost-West-Strecke, die von Kun-ming in Yunnan kommt und über Liupanshui, Anschun, Guiyang und Zhengyuan nach Hunan strebt. Dieses Streckennetz hat innerhalb der Provinz eine Gesamtlänge von 1391 Kilometern. Die weitverzweigten Landstraßen jedoch erreichen eine Gesamtlänge von 30 000 Kilometern. Schiffbar sind der Unterlauf des Wujiang und des Chishui.

Arbeiter einer Kohlegrube in Pingba transportieren mit Lastpferden die geförderte Kohle ab. Von den zahlreichen Kohle-gruben in der Region, sind viele in Privatbesitz. Arbeitsschutzmaß-nahmen werden oft nicht einge-halten. 100 kg Kohle werden für 0,75 bis 0,95 EUR verkauft. Ein Arbeiter erhält durchschnitt-lich 3,76 EUR pro Tag.

GESCHICHTE

Das Gebiet war ursprünglich von nichtchinesischen Völkern, vor allem von den Miao, bewohnt. Die Einbezie-hung in das chinesische Kaiserreich vollzog sich langsam und mit Unter-brechungen. Während der Periode der Drei Reiche war die Region ein Teil des Königreiches Shu-Nan. Die Song-Dynastie bemühte sich, das Land fest-er an das Reich zu binden, aber erst in der Yuan-Dynastie wurde eine Straße von den Zentralprovinzen bis nach Guizhou und Yunnan gelegt. Nun be-gann eine Einwanderungsbewegung

LINKS, UNTEN:
Arbeiter einer Kohlegrube in Pingba wiegen am Ausgang eines Schachts die nach oben beförderte Kohle. Im Vordergrund ist eine primitive Leiter zu sehen, über die die Minenarbeiter die Kohle in Körben auf dem Rücken nach oben tragen.

aus Hunan, Jiangxi und Sichuan von Han-Chinesen in das bisher unerschlossene Gebiet. Im Jahre 1413 wurde offiziell die Provinz Guizhou gegründet. In der Qing-Dynastie versuchte die Zentralregierung die lokalen Stammesführer zu entmachten, was zu Unruhen und Auflehnungen bis zum Sturz des Kaiserhauses 1911 führte.

FOLGENDE DOPPELSEITE:
Der Wasserfall von Huangguoshu.

Zur Beruhigung der Situation trug nach 1949 die Einrichtung nationaler Bezirke, Kreise und Gemeinden bei, in denen die Minderheiten eine gewisse Autonomie genießen, gleichzeitig aber auch die wirtschaftliche Belebung und Aufwärtsentwicklung fördern.

STÄDTE IN GUIZHOU

GUIYANG

Die Provinzhauptstadt Guiyang, auch Zhu genannt, liegt in der Mitte des großen Plateaus auf einer Höhe von 1070 Meter ü. d. M. und hat eine Einwohnerzahl von 3,5 Millionen. Gebaut an den Ufern des Nanming He, eines Nebenflusses des Wujiang, stellt die Stadt einen bedeutenden Verkehrsknotenpunkt sowie ein wichtiges Industriezentrum dar. Von Chongqing und Kunming ist die Stadt leicht mit der Bahn erreichbar, von allen anderen wichtigen chinesischen Städten mit dem Flugzeug.

Nachweisbar ist der Ort als Militärstützpunkt schon seit der Han-Dynastie, den man dann tausend Jahre später in der Mongolenzeit unter dem Namen Xingui weiter ausbaute. In der Ming-Dynastie war Xingui bereits zur Stadt herangewachsen und wurde von einer Mauer umgeben. Erst in der Qing-Zeit wurde dann die Stadt Sitz der Präfektur Guiyang. Nach dem Sturz des Kaiserreiches erhob man dann die Stadt unter dem bisherigen Präfekturnamen Guiyang zur Hauptstadt der Provinz Guizhou.

Die stürmische Industrialisierung nach 1949 ging in der Stadt mit einer rasanten Bevölkerungszunahme einher. Guiyang entwickelte sich zu einem großen Verwaltungs- und Bildungszentrum und zum Sitz wichtiger Industrieunternehmen. Vertreten sind hauptsächlich Aluminiumwerke, Betriebe für Grubenausrüstung, Waggon-, Textil- und Chemiefabriken,

RECHTE SEITE:
Der Wasserfall von
Huangguoshu.

Glasbläsereien und Konservenfabriken. Seit 1960 existiert bereits ein großes Eisen- und Stahlkombinat in Guiyang. Von den Bildungseinrichtungen sind die Universität Guizhou, die medizinische und die pädagogische Hochschule die wichtigsten.

Guiyang ist im Besitz der größten städtischen Parkanlage Chinas. Im Nordwesten der Stadt erhebt sich inmitten dieses 300 Hektar großen Mini-Naturparks der 1300 Meter hohe Qianlingshan. Der Park wurde aus diesem Grunde „Qianlingshan Gongyuan" getauft. Eine Quelle, ein See, Pavillons, Spazierpfade, bewaldete Hügel, rund 1500 Spezies höherer Pflanzen, viele Vogelarten, zehn Gruppen von Rhesusaffen und der herrliche Blick auf die Stadt vom Westgipfel des Berges machen diese Landschaft zu einem Paradies.

Auf dem Weg zum Gipfel kommt man auch zum „Tempel des Großen Glücks" (Hong Fu Si), einem 1672 erbauten buddhistischen Kloster mit mehreren Hallen, das heute das wichtigste buddhistische Zentrum der Provinz darstellt.

ZUNYI

Die zweitgrößte Stadt Guizhous ist Zunyi, 125 Kilometer nördlich der Hauptstadt an der Bahnlinie nach Chongqing gelegen. Im Januar 1935 hielten die Kommunisten, die sich auf dem „Langen Marsch" nach Norden befanden in Zunyi eine Konferenz ab, bei der Mao Zedong an die Spitze der Partei gelangte. Aus diesem Grunde ist das damalige Versammlungshaus des Politbüros in der Altstadt zu einem Museum umgewandelt und zum Rang einer nationalen Gedenkstätte erhoben worden.

Die Stadt Zunyi selbst erhielt ihren Namen bereits im Jahre 642, war jedoch bis in die jüngste Zeit nur ein kleiner Marktort. Nach 1949 entwickelte sich Zunyi zu einem Industriezentrum mit Getreidemühlen, Papierfabriken, Seidenspinnereien, Maschinenbauunternehmen und mit chemischer sowie eisenverarbeitender Industrie.

NATURWUNDER IN GUIZHOU

DER WASSERFALL HUANGGUOSHU

Etwa 150 Kilometer südwestlich von Guiyang liegt der Huangguoshu, der größte Wasserfall Chinas. Auf einer Strecke von gut zwei Kilometern hat der Baishui-Fluss neun steile Gesteinsstufen durch ebenso viele Wasserfälle zu überwinden. Die Sturztiefe beträgt über 60 Meter und die Breite 80 Meter. Die Wucht des niederstürzenden Wasser ist so gewaltig, dass eine Gischt von 90 Metern Höhe aufsteigt. Hinter den herabstürzenden Wassermassen liegt in der Felswand eine 134 Meter tiefe Höhle verborgen.

DIE KALKSTEINHÖHLE

Im Süden der Stadt Guiyang liegt die 600 Meter lange „Höhle des Weißen Drachen" (Bai Long Dong), die vor etwa zwei Millionen Jahren entstand und eindrucksvolle Stalagmiten und Stalaktiten enthält. Die Höhle wurde erst 1965 entdeckt und wird als „Unterirdischer Garten" bezeichnet. Man kann diese Höhle als signifikantes Beispiel für alle Höhlenbildungen dieser Art in Guizhou betrachten.

Zhangye

Yinchuan

Wuwei

Xining

Xinjin

Lanzhou

Baoding

Tianjin

Yangquan

Shijiazhuang

Taiyuan

Yantai

Xintai

Jinan

Zibo

Weifang

Yan'an

Handan

Taian

Qingdao

Linfen

Anyang

Jining

Changzhi

Xingxian

Zaozhuang

Tongchuan

Jiaozuo

Kaifeng

Lianyungang

Bapji

Weinan

Zhengzhou

Xuzhou

Qingjian

Xi'an

Luoyang

Huaibai

Pingdingshan

Benghu

Taizhou

Nanyang

Huainan

Yangzhou

Nanjing

Shiyan

Xinyang

Hefei

Changzhou

Suzhou

Xiangfan

Jangtsekiang

Yichang

Wuhan

Anqing

Hangzhou

Chengdu

Nanchong

Wanxian

Drei Schluchten
Stausee

Shashi

Huangshi

Jiujiang

Jinhua

Neijiang

Yueyang

Nanchang

Jingdezhen

Leshan

Chongqing

Changde

Pingxian

Shangrao

Yibin

Luzhou

Changsha

Nanping

Xichang

Xiangtan

Zhuzhou

Ji'an

Fuzhou

Zunyi

Shaoyang

Hengyang

Ganzhou

Dukou

Guiyang

Duyun

Quanzhou

Anshun

Chenzhou

Xiamen

Kunming

Guilin

Shaoguan

Zhangzhou

Chaozhou

Kaiyuan

Liuzhou

Shantou

Gejiu

Wuzhou

Guangzhou

Nanning

Zhaoqing

Shenzhen

VIETNAM

Yulin

Foshan

Hongkong

Jiangmen

Macau

Maoming

L A O S

Beihai

Zhanjiang

Südchinesisches

Hanoi

Haiphong

Meer

Haikou

Hainan

0   200   400   600

Hainan

km

HAINAN

Die jüngste Provinz Chinas ist die Tropeninsel Hainan, 48 Kilometer von der Küste der Provinz Guangdong entfernt, nur durch die Hainan-Straße von der Halbinsel Leizhou getrennt. Eine eigene Provinz ist die Insel erst seit 1988, vorher war sie ein Teil von Guangdong. Zugleich erhob man sie zur Sonderwirtschaftszone, um den Handel zu fördern und ausländische Investitionen zu erleichtern.

Auf einer Fläche von 34 000 Quadratkilometern leben heute rund 7,8 Millionen Menschen, die meisten von ihnen Han, gleichzeitig aber auch eine Million Li, 60 000 Miao und 5000 muslimische Hui. Die Kurzform für die Provinz lautet Qiong. Die Hauptstadt der Inselprovinz ist Haikou mit mehr als einer halben Million Einwohnern.

TOPOGRAPHIE

Hainan ist vom Südchinesischen Meer umgeben, die Ostküste liegt bereits auf der Höhe der Nordinsel der Philippinen, die Westküste wird von den Wellen des Golfes von Tonking bespült. Diese südliche Großinsel Chinas liegt geographisch zwischen 108°34' und 111°02' östlicher Länge und 18°16' und 20°13' nördlicher Breite. Die Ausdehnung beträgt 260 Kilometer in Ost-West-Richtung und 210 Kilometer in Nord-Süd-Richtung.

FOLGENDE DOPPELSEITE:
Haikou in der Provinz Hainan ist die südlichste Provinzhauptstadt Chinas.

Die Hauptstadt Haikou.

Die Insel ist zu zwei Dritteln eben, weist jedoch im Innern imposante Gebirgszüge auf, die von Nordosten nach Südwesten verlaufen. Höchster Gipfel ist der Wuzhi Shan mit 1867 Metern, nördlich der Stadt Tongshi gelegen. Die im Norden befindliche Perlenküste (Zhuya) gab früher sogar der ganzen Insel den Namen, man sprach damals allgemein von Zhuya.

Hainan ist auch Ausgangspunkt zu den vier Inselgruppen im Südchinesischen Meer, die noch viel weiter südlich liegen. Diese kleinen Korallen-Inseln (Xisha, Zhongsha, Dongsha und Nansha) sind chinesisches Hoheitsgebiet, sie sind von vielen winzigen Eilanden und Riffen umgeben, gelten als gute Fischgründe und als wichtige Lieferanten von Guano.

Weibliche Golfcaddies warten mit Ausrüstung auf dem Golfplatz in Wanning auf Spieler. Neun neue Golfplätze wurden in Chinas kleinster Provinz in den letzten Jahren eröffnet, um den Tourismus, der 15 % der Einnahmen ausmacht, anzukurbeln. Die Caddies sind zumeist Fischerfrauen aus der Region, die damit rund 120 EUR pro Monat zum Familien-Budget beitragen.

RECHTE SEITE:
Der Leuchtturm in Haikou.

FOLGENDE DOPPELSEITE:
Der Wuzi Shan ist der höchste Berg der Insel.

Hainan („im Süden des Meeres") hat eine Küstenlinie von 1440 Kilometern, bietet lange Sandstrände und wird bereits seit 1988 zu einem Touristen-Magneten, vor allem für Bade-Urlauber ausgebaut.

KLIMA

Das tropische Monsunklima der Insel beschert allen Landesteilen Temperaturen, die im Norden meist ein bis vier Grad Celsius niedriger liegen als im Süden. Wenn es in der ganz im Norden gelegenen Hauptstadt Haikou im Januar 17,2° warm ist, so steigt das Thermometer in der ganz im Süden gelegenen Stadt Sanya meist auf 21,2°. Im Juli ist der Unterschied jedoch nur ganz minimal, im Oktober aber beträgt er 1,3°.

Die Niederschläge sind sehr reichlich, sie erreichen im Jahresdurchschnitt 2000 Millimeter. Gefährlich sind jedoch die immer wieder auftretenden Taifune, die beispielsweise 1973 mit Windstärke 12 an der Ostküste bei Qionghai ein ganzes Dorf völlig hinwegfegten und vom Erdboden verschwinden ließen.

VERKEHRSVERBINDUNGEN

Mit dem Schiff ist die Insel leicht von den Hafenstädten der beiden südlichen Provinzen Guangdong und Guangxi aus erreichbar. Die Flughäfen Haikou und Sanya werden von den innerchinesischen Fluglinien bedient. Eine Eisenbahn gibt es in Hainan jedoch nur im tiefen Süden. Die Linie führt von Sanya entlang der Küste bis Dongfang und biegt dann nach Nordosten ab. Endstation ist Changjiang in der Nähe des Süßwasser-Reservoirs Shilu. Ein weit größeres Reservoir liegt jedoch südlich der Stadt Danzhou am Fuße der Berge (Songtao-Reservoir).

Die wichtigsten Städte wie Wanning und Dongfang, Baimajing und Xinying, die alle an den Küsten liegen, sind entweder durch Schnellstraßen mit den beiden Großstädten Haikou und Sanya verbunden oder werden von Küstenschiffen angefahren. Die an sich zahlreichen Flüsse der Insel sind allerdings zu klein, um auf ihnen Binnenschifffahrt betreiben zu können.

LANDWIRTSCHAFT

Ein Salzfarmer schöpft Salz aus Salzwasserschalen in Yangpu. Die Schalen sind bereits über 1000 Jahre alt.

Das tropische Klima macht die Insel zu einem Zauberreich der Flora und Fauna. Die Botaniker zählten auf der Insel 2800 verschiedene Pflanzenarten und allein 4000 unterschiedliche Insekten. Die Wildtiere haben sich inzwischen jedoch in den dichten Regenwald des inneren Berglandes zurückgezogen.

Die Landwirtschaft, die in den Ebenen betrieben wird, fährt im Jahr zwei Ernten ein. Da praktisch alles wächst, was Wärme gebrauchen kann, werden Zuckerrohr, Baumwolle, Tee, Tabak, Ananas, Kokosnüsse, Kaffee, Grapefruits und andere Südfrüchte ebenso angebaut wie in den Plantagen Gummibäume, Ebenholz, Rosenholz und Aloebäume. In den fruchtbaren Schwemmlandgebieten sind Reisfelder vorherrschend. An den Küsten werden Fischfang und Fischzucht betrieben.

Bis in die Mitte des 20. Jahrhunderts war ein Drittel von Hainan von tropischem Regenwald bedeckt. Um Anbauflächen zu gewinnen, wurde dieser Dschungel bis auf 2400 Quadratkilometer abgeholzt. Heute versucht man, durch Aufforstung den Schaden wieder gutzumachen.

Ein Mangrovenwald auf Hainan.

Industrie ist auf Hainan außer den fischverarbeitenden Betrieben und den Konservenfabriken noch nicht vorhanden. Die Ölbohrungen im Südchinesischen Meer könnten in Zukunft allerdings diese Situation schnell verändern. Reiche Bodenschätze sind auf der Insel ebenfalls vorhanden, so dass der wirtschaftlichen Entwicklung der Provinz gute Chancen eingeräumt werden. Aufgenommen wurde bisher nur die Förderung von Kohle und von Buntmetallvorkommen. Aktuell hat der Ausbau der Infrastruktur eindeutigen Vorrang, erzwungen auch durch den rasanten Anstieg des Fremdenverkehrs.

GESCHICHTE

Als die Ureinwohner der Insel gelten die Li, die heute als nationale Minderheit auf Hainan mit rund einer Million die zweitstärkste Bevölkerungsgruppe nach den Han-Chinesen selbst sind. Die Li wanderten allerdings im ersten vorchristlichen Jahrtausend selbst vom Festland her ein, bald gefolgt von den Miao. Die Li-Sprache gehört zum Li-Sprachzweig der Zhuang-Dong-Sprachgruppe in der sino-tibetischen Sprachfamilie.

Bis 1957 besaßen die Li keine eigene Schrift, dann aber wurde auf der Grundlage der lateinischen Buchstaben für diese Nationalität eine Li-Schrift geschaffen. Die Li betätigten sich als Fischer und

Pflanzer, wurden jedoch bald von den nachdrängenden Chinesen gezwungen, sich immer mehr ins Innere der Insel zurückzuziehen.

Bereits zur Zeit der Tang-Dynastie war die Zentralgewalt des Reiches der Mitte auch auf Hainan ausgeweitet worden, so dass auf der Insel 72 Kreise eingerichtet werden konnten, die der Steuergesetzgebung des Kaisers unterstanden. Wohl rebellierten die Li immer wieder gegen die chinesische „Besatzung" und gegen die von ihr eingesetzten Feudalherren, aber langsam arrangierten sie sich zwangsläufig und nahmen teilweise auch die chinesische Sprache an.

Im dritten Jahrhundert n. Chr., als das Reich geteilt war, griff der große, im Südosten liegende Staat Wu mit einer starken Flotte sowohl Taiwan als auch Hainan an und eroberte die Tropeninsel. Später konnte die Tang-Dynastie wieder die Herrschaft über Hainan erneuern. Die Insel diente damals jedoch als Verbannungsort für Beamte, die in Ungnade gefallen waren.

Niemand wollte freiwillig auf dieses damals ärmliche Eiland ziehen. Li Deyu, ein verbannter Minister der Tang-Dynastie, bezeichnete Hainan sogar als das „Tor zur Hölle". In der Song-Zeit gehörte der Dichter Su Shi (Su Dongpo, 1036–1101) zu den prominentesten Verbannten. Immer wieder wurden in diesen Jahrhunderten die Küstenorte der Insel von iranischen und arabischen Piraten geplündert. Zeitweilig errichteten sie sogar auf Hainan ihre Stützpunkte.

Areca-Palmen auf Hainan.

LINKE SEITE:
Ein Sandstrand auf Hainan.

In der Ming-Dynastie wurde die Insel durch Hai Rui bekannt, einen dort 1514 geborenen Mandarin, der als Vorbild für Unbestechlichkeit und Rechtschaffenheit galt und von dem man sagte, er habe seine Meinung auch unerschrocken vor dem Kaiser geäußert. Das Grab dieses unerschrockenen Mannes wird heute noch im Dorf Bingyu nahe der Hauptstadt Haikou gezeigt und gepflegt.

In der Qing-Dynastie verblieb die Insel im Windschatten der Provinz Guangdong, von der sie ein Teil war. So blieb es auch in der Zeit der Republik. Am 10. Februar 1939 griffen japanische Truppen massiv die Insel Hainan an und errichteten bis zur Niederlage 1945 eine Schreckensherrschaft. Bereits während der Besatzungszeit aber hatten sich Aufständische in einem „Selbständigen Bataillon" gesammelt und konnten den Japanern schon vor deren Kapitulation große Gebiete der Insel entreißen. In den Jahren 1946–1949 aber tobte dann wieder ein heftiger Kampf auf Hainan zwischen den Truppen Chiang Kai-sheks und der Roten Armee.

Nach 1949 verblieb die Insel wiederum als südlicher Vorposten im Rahmen der Provinzverwaltung von Guangdong. Im Februar 1978 eskalierte der Konflikt zwischen der VR China und dem damals moskauhörigen Vietnam, so dass eine Verfolgung der in Vietnam lebenden Chinesen einsetzte und 250 000 dieser Menschen nach Hainan flohen. Sie kamen als „Boatpeople" auf die Insel und fanden dort Zuflucht.

China marschierte in einer Strafaktion daraufhin im Februar 1979 in Vietnam ein und zog sich nach verlustreichen Kämpfen jedoch wieder zurück. Aufgrund der andauernden Spannungen zwischen den beiden kommunistischen Ländern verlegte die VR China 300 000 Mann ihrer Streitkräfte nach Hainan und baute zwei der Seehäfen Hainans an der Westküste zu Marinestützpunkten aus. 1988 wurde dann Hainan der Status einer Provinz verliehen und die Insel gleichzeitig zur Sonderwirtschaftszone erklärt.

WICHTIGE STÄDTE

HAIKOU

Die Provinzhauptstadt Haikou mit über 500 000 Einwohnern liegt ganz im Norden der Insel an der Mündung des Nandu-Flusses in die Hainan-Straße, die mit einer Breite von 48 Kilometern die Provinz von Guangdong trennt. Die Bauten der Stadt tragen unverkennbar einen leicht portugiesischen Einfluss, wohl zurückzuführen auf die Verbindung der Insel mit Macau und den Siedlungen an der Malacca-Straße.

OBEN LINKS:
Die 108 m hohe Statue der buddhistischen Göttin der Gnade in der Stadt Sanya. In einer Stunde verbraucht die Beleuchtung Strom für rund 23 000 US $.

OBEN RECHTS:
Die Bucht von Yalong nahe Sanya.

RECHTE SEITE:
Innenreum im Wu Gong Si-Tempel.

FOLGENDE DOPPELSEITE:
Sonnenuntergang

Strand bei Haikou.

Wenn auch keine bedeutenden Kulturdenkmäler in Haikou zu besichtigen sind, so gibt sich die Stadt dennoch sehr geschichtsbewusst, denn man verehrt in dem 1889 erbauten „Tempel der fünf Würdenträger" (Wu Gong Si) fünf berühmte Persönlichkeiten der chinesischen Geschichte, die alle in der Tang- und Song-Zeit wegen ihrer Kritik am Kaiser nach Hainan verbannt worden waren. Der Tempel liegt etwa vier Kilometer südlich vor der Stadt. Östlich davon gedenkt man im Tempel des Su Shi jenem in Ungnade gefallenen Poeten, der in der Ming-Zeit lebte und 4000 Gedichte hinterließ. Nach seiner Rehabilitation 1617 wurde ihm dieser Memorialtempel errichtet.

SANYA

Die ständig wachsende Stadt Sanya mit knapp einer halben Million Einwohner liegt ganz im Süden der Insel, 224 Kilometer von Haikou entfernt. Die Stadt ist auf drei Seiten von Bergen umgeben und kann als einzige Stadt der Welt mit einem 180 Kilometer langen weißen Sandstrand locken. Die Wassertemperatur beträgt fast konstant das ganze Jahr über 26° Celsius.

Dadonghai nennt sich der Badestrand der Stadt Sanya selbst, die mit modernsten Hotels, Angeboten für Wassersport aller Art und mit Ausflügen ins Landesinnere um Touristen aus aller Welt wirbt.

Ulan Bator

MONGOLEI

Jiamusi

Qiqihar

Daqing · Suihua · Harbin · Jixi

Horqin Youyi Qianqi

Baicheng · Mudanjiang

Changchun · Jilin

Tongliao · Siping · Liaoyuan · Yanji

Chifeng · Fuxin · Shenyang · Tonghua

Jining · Zhangjiakou · Chengde · Chaoyang · Jinzhou · Fushun · Benxi · Anshan · **NORD-KOREA**

Baotou · Hohhot · Xuanhua · Yingkou · Dandong

Hebei (Hopei, Hopeh)

Wuhai · Datong · Beijing (Peking) · Qinhuangdao · Pyöngyang · Seoul

Baoding · Tangshan · Dalian · Incheon

Yangquan · Tianjin · Yantai · Weihai · Daejeon · Daegu

Shijiazhuang · **SÜD-KOREA** · Busan

Taiyuan · Xintai · Jinan · Zibo · Weifang · Qingdao · Gwanju

Yan'an · Linfen · Handan · Taian · **Gelbes Meer**

Changzhi · Anyang · Jining · Zaozhuang · Lianyungang

Tongchuan · Xingxian · Jiaozuo · Kaifeng · Xuzhou · Qingjian

Baoji · Weinan · Zhengzhou · Huaibai · Benghu

Xi'an · Luoyang · Taizhou · Nantong

Nanyang · Xinyang · Huainan · Yangzhou · Wuxi · Shanghai

Shiyan · Xiangfan · Hefei · Nanjing · Changzhou · Suzhou · Jiaxing

Wanxian · Yichang · Wuhan · Anqing · Hangzhou · Shaoxing · Ningbo

Jangtsekiang · Drei Schluchten Stausee · Shashi · Huangshi · Jiujiang · Jinhua

Chongqing · Changde · Yueyang · Jingdezhen · Shangrao · Wenzhou

Changsha · Nanchang · **Ost-chinesisches Meer**

Pingxian

0 200 400 600 km

HEBEI (HOPEI, HOPEH)

Die nordchinesische Provinz Hebei liegt am Golf von Bohai zwischen 113°27'–119°53' östlicher Länge und 36°04'–42°37' nördlicher Breite. Der Name Hebei bedeutet „Nördlich des Flusses", damit ist der Gelbe Fluss gemeint, der weiter südlich in der Provinz Shandong zum Bohai-Golf strömt. Hebei umschließt von drei Seiten die regierungsunmittelbaren Städte Peking und Tientsin (Tianjin) und hat eine Küstenlinie von etwa 500 Kilometer, die sich auf Abschnitte an der Liaodong-Bucht und an der Bohai-Bucht verteilt.

Im Nordwesten grenzt Hebei an die Innere Mongolei, im Norden an Liaoning, im Westen an Shanxi und im Südosten an Shandong. Auf einer Fläche von 187 000 Quadratkilometern leben 67,4 Millionen Einwohner in 34 Städten und 138 Landkreisen. Die Hauptstadt Shizijiazhuang ist die siebtgrößte Stadt Chinas und hat mit ihren eingemeindeten Gebieten 8,6 Millionen Einwohner. Aus älterer Zeit blieb für Hebei die Kurzform Ji bis heute erhalten.

TOPOGRAPHIE

Etwa 40 Prozent der Gesamtfläche Hebeis ist Ebene, während rund 60 Prozent auf die vielen Berge entfallen, die im Norden und Westen sich erstrecken und hufeisenförmig die Enklaven Beijing und Tianjin umgeben. Topographisch kann Hebei in vier Gebiete eingeteilt werden:

FOLGENDE DOPPELSEITE:
In Panjiakou und Xifengkou verläuft die Große Mauer Unterwasser.

Die Große Mauer bei Gubeikou.

1. Die Zhangbei-Hochebene, im Nordwesten der Provinz an der Grenze zur Inneren Mongolei gelegen, ein Land der großen Viehherden. Die Stadt Zhangbei hat diesem ausgezeichneten Weideland den Namen gegeben, sie liegt am Südrand dieses Gebiets, das früher ausschließlich von Hirtennomaden durchzogen wurde.

2. Das Nord-Hebei-Gebirgsland, zu dem vor allem die Yanshan-Berge gehören, die Gipfel von mehr als 1000 Meter Höhe aufweisen. In diesem Bergland liegen drei wichtige Pässe: der Xifengkou, der Gubeikou und der nahe am Meer gelegene Shanhaiguan, der den Beginn der Großen Mauer im Osten markiert und als „Erster Pass unter dem Himmel" jegliche Invasion aus dem Norden abhalten sollte. In diesem Abschnitt reichen die Berge fast ans Meer.

Die Yanshan Berge in der Nähe des Miyun Reservoirs.

3. Das West-Hebei-Gebirgsland, zu dem auch ein Teil des Taihang-Gebirges gehört, das sich an der Grenze der Provinz Shanxi hinzieht. In diesen westlichen Bergregionen liegt auch der „Kleine Wutaishan", der immerhin eine Höhe von 2870 Meter erreicht und als der höchste Berg von Hebei gilt.

4. Die Hebei-Tiefebene, die im Südosten liegt und zur Nordchinesischen Tiefebene zählt. Durch dieses Schwemmland strömt der Haihe nach Osten und der Kaiserkanal nach Norden. An ihrem Ostrand liegt auch die Provinzhauptstadt Shijiazhuang. Der Haihe ist der wichtigste Fluss der Provinz, sein Einzugsgebiet entwässert etwa zwei Drittel von ihr, da ihm fünf Nebenflüsse ihr Wasser zuleiten.

Die Große Mauer durchzieht das Bergland der Provinz im Norden über eine Länge von mehr als fünfhundert Kilometer, nur unterbrochen durch das Teilstück, das auf dem Gebiet Pekings liegt, in dem sich auch die von Touristen meist besuchten Stellen befinden. Den spektakulärsten Anblick bietet die Große Mauer jedoch bei Jinshanling in den Bergen von Hebei, wo eine markante Strecke ebenfalls für die Besichtigung freigegeben ist.

KLIMA

In Hebei herrscht ein gemäßigtes Kontinentalklima, das durch trockene und windige Frühjahrsmonate, feuchtwarme Sommer und strenge, kalte Wintermonate gekennzeichnet ist. Im Juli und August können sehr ergiebige Regenfälle niedergehen, die jedoch unregelmäßig auftreten und durch Dürreperioden unterbrochen werden können. Zwischen dem Süden und dem Norden bestehen große Temperaturunterschiede, im Jahresmittel liegen sie zwischen 4° und minus 18° Celsius.

Ist es in der Hauptstadt – im Süden – im Januar –2,2°, so kann es in den Bergen bei Chengde schon längst –9,2° kalt sein. Wenn im April in Shijiazhuang das Thermometer schon 14,8° anzeigt, ist es in den Bergen erst 11,5°. Im November kann es im Süden noch 5,9° warm sein, im Norden schon 0,4° kalt. Allerdings gibt es 120–220 frostfreie Tage im Jahr, auch hier sind der Norden und der Süden der Provinz von der Natur recht unterschiedlich bedacht. Der Jahresniederschlag beträgt im Durchschnitt 400–800 mm.

LANDWIRTSCHAFT

Die Ebene im Stromgebiet litt in allen Jahrhunderten unter den Überschwemmungen durch den Haihe-Fluss, der auch Unmengen von Schlamm mit sich führte, da die Waldgebiete durch ständige Abholzung der Erosion ausgesetzt waren. Erst durch die Regulierung des Haihe-Wassersystems konnten die Landwirte aufatmen und regelmäßige Ernten einfahren.

Der Schwemmlandboden ist an sich sehr fruchtbar. Wenn keine Dürreperiode eintritt, können sogar drei Getreideernten in zwei Jahren eingebracht werden. Neben Weizen gedeihen Mais, Hirse, Sorghum, Baumwolle, Erdnüsse, Sojabohnen, Sesam, Kastanien, Weintrauben, Datteln und fast alle Obstsorten. In den Berggebieten hat man aufgeforstet, so dass die Waldflache wieder erweitert werden konnte. Baumwolle aus Hebei ist in ganz China begehrt.

LINKE SEITE:
Die Große Mauer bei Jinshanling.

FOLGENDE DOPPELSEITE:
Der steinerne Torbogen vor dem Xiao Mausoleum des Kaisers Shunzi (1644–1661) der kaiserlichen Grabstätten der Qing-Dynastie (1644–1911) in Zunhu.

Umzug.

INDUSTRIE

Auf der Grundlage reicher Rohstoffvorkommen konnte sich in Hebei eine vielseitige Industrie entwickeln, die noch im Wachsen begriffen ist. Große Lagerstätten von Kohle, Eisenerz, Erdöl, Kupfer, Blei und Zink werden in vielen Bergwerksbetrieben gefördert und oft in unmittelbarer Nachbarschaft weiterverarbeitet.

Bekannt sind die Kohlenbergwerke von Tangshan und Kailuan, das Ölfeld von Renqiu und das große Textil- und Färberei-Kombinat von Shijiazhuang. An der Küste des Bohai-Meeres wird Salz gewonnen. Die größte Salzfarm liegt im Changlu-Gebiet am Strand von Hebei.

Tempelrestauration in Chengde.

VERKEHRSVERBINDUNGEN

Die Tatsache, dass Peking und Tientsin mit Ausnahme der Küsten ganz von Hebei umgeben sind, hat sich auf die Verkehrsverbindungen der Provinz schon seit dem 19. Jahrhundert sehr positiv ausgewirkt. In alle Landesteile führen Eisenbahnen oder Landstraßen, von allen Provinzen südlich der Großen Mauer hat Hebei das dichteste Verkehrsnetz.

Die Bahnlinien haben zusammengenommen eine Länge von 2582 Kilometern, die Länge der Landstraßen beträgt 41298 Kilometer. Mit Fernzügen sind sowohl die mandschurischen Großstädte als auch Shanghai, Kanton, Taiyuan und Baotou in der Inneren Mongolei erreichbar, wo der Anschluss an die große Westlinie bis Urumqi gegeben ist.

Eine Landkarte der Provinz Hopei/Hebei aus dem Jahre 1655.

Der Haihe und seine Nebenflüsse sind schiffbar und an der Küste besitzt Hebei mit dem Qinhuangdao-Port einen natürlichen eisfreien Hafen mit über einem Dutzend Kaianlagen am seeschifftiefen Wasser. Die Besiedelung des Gebietes lässt sich bis in die Altsteinzeit zurückverfolgen, denn der Pekingmensch lebte bereits in dieser Region. In der Neusteinzeit blühten im heutigen Hebei die Cishan- und die Yangshao-Kultur. Um 5000 v. Chr. – so ergaben die Ausgrabungen – wurde bereits in diesem Landstrich einfache Landwirtschaft betrieben.

Kinder genießen das Bad in einem Fluss.

In der Frühlings- und Herbstperiode bestanden im heutigen Hebei die Herzogtümer Yan und Zhao. Die heutige Kurzbezeichnung „Ji" für die Provinz geht höchstwahrscheinlich bis in die Han-Zeit zurück, weil die Präfektur Jizhou den größten Teil der heutigen Landkreise Hebeis umfasste. Allerdings spielte – politisch gesehen – das gesamte Gebiet nur eine untergeordnete Rolle als Grenzregion, bis im 11. Jahrhundert die aus dem Norden vorgedrungene Liao-Dynastie, die Jin-Dynastie und die Mongolen ihre Herrschaftszentren in diesem Territorium errichteten.

Nun wurde schlagartig diese Region zum Zentrum des Reiches. Nach Kubilai Khan hielten auch die Ming- und Qing-Kaiser an Peking als Mittelpunkt des Reiches fest. Dies wirkte sich höchst positiv auf das ganze Gebiet aus, das damals allerdings den Namen Chihli trug (1421–1928).

Der verstärkte Ausbau der Großen Mauer in der Ming-Zeit, der Bau der riesigen Mausoleen in dieser und der nachfolgenden Dynastie, all dies trug wesentlich zur Belebung des Handels und Handwerks in der Provinz bei. Ähnliche Wirkungen gingen von der Errichtung der kaiserlichen Sommerresidenz in Chengde unter den Qing-Kaisern aus.

Die Besetzung des Gebietes im Zweiten Weltkrieg durch die Japaner und die Kämpfe der Roten Armee gegen die Truppen der Guomindang in den dreißiger und vierziger Jahren des 20. Jahrhunderts brachte zwar einige Zerstörungen mit sich, änderte jedoch an der Bedeutung der Provinz als wichtiges Umfeld für Peking wenig. In den fünfziger Jahren wurden dann die früheren Provinzen Chahar und Rehe (Jehol) im Norden aufgelöst und Hebei zugeschlagen, was einen enormen Zugewinn an Territorium mit sich brachte.

Der Sitz der Landeshauptstadt wurde mehrfach verlegt (Baoding und Tientsin hatten diesen Status zeitweilig inne), seit 1968 jedoch wurde als endgültiger Sitz der Provinzbehörden Shijiazhuang festgelegt. In Hebei leben zwei nationale Minderheiten, vornehmlich die Mandschus mit fast 1,8 Millionen und die Hui mit über einer halben Million. Während die Mandschuren sich weitgehend in Sprache und Sitte den Chinesen angepasst haben, wurden für die muslimischen Hui eigens zwei autonome Kreise eingerichtet.

Die kaiserliche Sommervilla
in Chengde.

DIE GROSSEN STÄDTE

SHIJIAZHUANG

Die Provinzhauptstadt Shijiazhuang ist die einzige Stadt auf der Welt, die sich seit dem Jahre 1900 von einem Dorf mit knapp 600 Einwohnern zu einer Riesenmetropole von bald neun Millionen Bürgern entwickelt hat. Dieser einmalige Aufstieg ist letztlich der Eisenbahn zu verdanken. Als die Bahnlinie Beijing/Wuhan im Jahre 1905 gebaut wurde und sich diese Nord-Süd-Linie mit der Strecke Taiyuan/Jinan in Shijiazhuang kreuzte, entwickelte sich die Ortschaft zuerst zu einer großen Arbeitersiedlung, dann zur Stadt, bald zu einem Zentrum der Leichtindustrie, schließlich zur Großstadt, die zwar im Kerngebiet nur eine Million Einwohner zählt, aber mit ihren eingemeindeten Umland-Kreisen heute über 8,6 Millionen Bürger registrieren kann.

Inzwischen ist Shijiazhuang auch eines der großen Baumwollzentren Chinas geworden, da die Baumwollfelder Hebeis jedes Jahr mit guten Ernten für Nachschub sorgen. Historische Sehenswürdigkeiten sind aus diesen Gründen in der Provinzhauptstadt nicht zu erwarten. Knapp 20 Kilometer von der Stadt entfernt jedoch trifft man im Norden auf den „Tempel des Üppigen Gedeihens" (Long Xing Si) aus dem 10. Jahrhundert, der in seiner „Halle des Großen Mitleids" eine 22 Meter hohe Guanyin-Statue aus Bronze besitzt und eine drehbare Bibliothek aus dem 11. Jahrhundert sein eigen nennt. Das Kloster hat die chaotischen Jahre der Kulturrevolution wie durch ein Wunder praktisch unversehrt überstanden.

HANDAN

Die heutige Großstadt Handan mit rund 400 000 Einwohnern und vielen Textilbetrieben, blickt auf eine lange Geschichte zurück. An der Bahnlinie Shijiazhuang/Wuhan ganz im Süden von Hebei gelegen, ist sie auch ein Kreuzungspunkt für die von Jinan kommende Linie, die nach Shanxi führt.

Handan war schon während der Shang-Dynastie besiedelt und war von 386–228 v. Chr. Hauptstadt des Staates Zhao und ein reiches Handelszentrum. In den Kämpfen der Aufständischen gegen die Qin-Dynastie wurde die Stadt zerstört, aber in der Han-Zeit wieder aufgebaut. Die Ruinen der einstigen Zhao-Residenz sind inzwischen freigelegt, vor allem die 19 Meter hohe Drachenterrasse, auf der sich einst der Palast des Herrschers erhob.

Aus der Tang-Zeit ist der 10 Kilometer nördlich von Handan liegende Tempel Lüweng erhalten, dessen heutige Hallen jedoch aus der Ming-Zeit stammen. Südwestlich von Handan liegen auf dem Berg Shigu Shan die sogenannten Echo-Steingrotten (Xiangtang Shiku), die bereits im 6. Jahrhundert unter Kaiser Gao Yang der Nördlichen Wei-Dynastie ausgehoben wurden und bei denen bis in die Ming-Dynastie hinein insgesamt 3000 buddhistische Skulpturen aus dem Stein herausgemeißelt wurden. Die Reliefs zählen zu den Meisterwerken der Steinmetzkunst in China und befinden sich in einem nördlichen und einem südlichen Abschnitt am Berg, 15 Kilometer voneinander entfernt. Bei den südlichen Grotten liegt ein kleines ehemaliges Kloster aus neuerer Zeit, von dem nur noch eine neungeschossige Pagode erhalten ist.

FOLGENDE DOPPELSEITE:
Das unterirdische Yu Mausoleum des Kaisers Qianlong (1735–1796).

Eine mit Ornamenten verzierte Statue, ein Huabiao, im östlichen Teil der kaiserlichen Grabstätten der Qing-Dynastie in Zunhu.

QINHUANGDAO

Die Hafenstadt Qinhuangdao am Bohai-Meer besitzt einen Tiefseehafen, der von Schiffen bis zu 10 000 Tonnen angelaufen werden kann. Da eine Bahnlinie von Tangshan unmittelbar zum Hafen führt, kann die dort abgebaute Kohle von Qinhuangdao aus rasch verschifft werden. Diese Tatsache gibt der Stadt ein wirtschaftliches Gewicht, das sich auch dadurch ausdrückt, dass sich eine Reihe modernster Industriebetriebe inzwischen angesiedelt hat.

In der neueren Geschichte wurde Qinhuangdao durch mehrere Ereignisse bekannt. 1898 öffnete die chinesische Regierung auf den Druck der europäischen Mächte hin den Hafen für den ausländischen Handel. Im Jahre 1900 ging das Vereinigte Expeditionskorps zur Bekämpfung des Boxeraufstandes in Qinhuangdao an Land. Kurz danach folgten viele Chinesen dem Ruf der African Colonization Company, um als billige Arbeitskräfte in den südafrikanischen Goldminen zu arbeiten. Ganze Schiffsladungen dieser „Kulis" gingen von Qinhuangdao damals nach Südafrika ab.

Im Süden von Qinhuangdao liegt Chinas beliebtester Ferien- und Kurort Beidaihe mit seinem berühmten 10 Kilometer langen Sandstrand an der Küste des Bohai-Meeres. Bereits zur Kaiserzeit ent-

Chinesische Urlauber erholen sich am Strand von Beidaihe am Gelben Meer. Der Ort ist zum Teil für privilegierte Parteifunktionäre reserviert.

standen an diesem durch ein sehr mildes Klima ausgezeichneten Küstenstrich Villen und Gärten. Heute stehen den Besuchern aus dem In- und Ausland mehr als 3000 Hotels, Pensionen, Sanatorien und Gästehäuser zur Verfügung.

Nördlich von Qinhuangdao liegt der einst so wichtige Pass Shan Hai Guan, der zu einer der mächtigsten Festungsanlagen Chinas in der Ming-Zeit ausgebaut worden war. Wenige Kilometer südwestlich dieser Festung erreicht die Große Mauer das Meer. „Hier taucht der Kopf des Alten Drachen ins Wasser", lautet eine alte Redewendung, denn die Chinesische Mauer ist auch als Lao Long (Alter Drache) seit alters bekannt.

TANGSHAN

Die Stadt Tangshan, in der nordöstlichen Ebene von Hebei gelegen, umfasst heute mit den eingemeindeten Gebieten eine Fläche von 13 472 Quadratkilometern und eine innerstädtische Bevölkerung von über 1,5 Millionen. Tangshan liegt in einer Landschaft voller Bodenschätze, es werden Eisen, Gold, Marmor, vor allem aber Kohle abgebaut. Eine leistungsfähige Industrie ist in ständigem Wachstum begriffen und die Stadt gehört zu den drei größten Porzellanzentren Chinas.

Diese Stadt jedoch wurde am 28. Juli 1976 von einer der größten nationalen Naturkatastrophen Chinas betroffen. In den frühen Morgenstunden dieses Schicksalstages ereignete sich ein Erdbeben, das die Stärke 11 auf der Richterskala anzeigte und das die Stadt in wenigen Minuten in eine Ruine verwandelte.

Am Abend des gleichen Tages wiederholte sich das Beben, so dass von der damaligen Bevölkerung von einer Million insgesamt 242 000 Menschen ums Leben kamen und 80 000 schwer verletzt nur geborgen werden konnten. Am gleichen Tag behinderten auch noch gewaltige Regenfälle die Rettungsarbeiten. Allen Aufzeichnungen zufolge war dies das stärkste Beben, das China jemals betroffen hat, mindestens nach der Zahl der Opfer gerechnet.

Das Wunder war der Neuaufbau der Stadt innerhalb von 10 Jahren. Die Regierung stellte für den Wiederaufbau genügend Mittel bereit, so dass die neuerrichteten Wohnblocks mit drei und fünf Stockwerken alle nach den neuen Baubestimmungen geplant und gebaut werden konnten. Die neue Bauweise garantiert eine weitgehende, wenn auch keine absolute Sicherheit.

CHENGDE

Die heute über 200 000 Einwohner zählende Stadt Chengde in den nordöstlichen Bergwelten von Hebei ist in aller Welt bekannt geworden, weil in ihrer Gemarkung die ehemalige kaiserliche Bergresidenz der Qing-Dynastie liegt, die allerdings bis zur Mitte des 20. Jahrhunderts den Namen Jehol trug.

163 Kilometer von Peking und 210 Kilometer von Tientsin entfernt, in einem geschützten Becken inmitten beeindruckender Berge gelegen, stellt dieses Ensemble von Palästen, Klöstern, Hallen, Pavillons und Parkanlagen eine einmalige Konzentration von Naturschönheiten und Kulturschätzen dar, die 1994 die UNESCO in die Liste des Weltkulturerbes aufgenommen hat.

Bei einer seiner Inspektionsreisen entdeckte Kaiser Kangxi diesen herrlichen Landstrich und befahl 1703, mit dem Bau einer großen Sommerresidenz zu beginnen. Vollendet wurde die Anlage jedoch erst unter Kaiser Qianlong 1790. Die Residenz umfasst auf einer Fläche von 560 Hektar insgesamt 110 Gebäude und ist von einer 10 Kilometer langen Mauer umgeben.

Die eigentlichen Palastbauten machen in dem ganzen Areal allerdings nur einen geringen Teil aus, die größte Fläche nimmt ein parkartiger Landschaftsgarten mit Teichen und bewaldeten Hügeln ein. Wenn die Sommerhitze in der Verbotenen Stadt zu Peking und im nahen Gelände zu stark wurde, zog sich der Kaiser mit dem gesamten Hofstaat ins Gebirge zum Bishu Shanzhuang, dem Bergschloss, zurück.

Im Laufe der Jahre entwickelte sich die Bergresidenz zum zweiten politischen Zentrum des Reiches, da die Kaiser oft den ganzen Sommer über in Jehol (Chengde) zu verweilen beliebten. Als allerdings 1820 der Jiaqing-Kaiser in seiner Sommerfrische vom Blitz erschlagen wurde, deutete der Hof dies als schlechtes Omen, verließ die Residenz in den Bergen mit dem ganzen Tross und kam nie mehr wieder.

Lediglich im Jahre 1860 suchte Kaiser Xianfeng noch für einige Zeit Schutz vor den englisch-französischen Truppen, die in Peking eingedrungen waren. Die Anlagen blieben für Generationen verlassen zurück, notdürftig nur gewartet. Seit den achtziger Jahren des 20. Jahrhunderts sind sie nunmehr allgemein zugänglich und werden inzwischen von sehr vielen Gästen aus dem In- und Ausland besucht.

Die kunstvollen Bauten mit ihren Schätzen im Innern werden jedoch noch übertroffen von den sogenannten „Acht Äußeren Tempeln", d. h. von klösterlichen Anlagen, die sich im Osten und Norden um die Bergresidenz gruppieren. Alle liegen sie verstreut auf den nahen Hügeln und bieten meist schon von der Ferne einen imposanten Anblick.

Der Baustil dieser Klöster ist meist tibetisch, da vor allem Kaiser Qianlong sich als Schutzherr auch des Lamaismus zu erweisen bestrebt war. So ließ er beispielsweise den 1766 erbauten Putuozongsheng Miao nach dem Vorbild des Potala in Lhasa erbauen. Dieser größte der acht Tempelanlagen wird daher auch „Kleiner Potala" genannt – gedacht als Aufenthaltsort für hohe tibetische Kleriker, die den Kaiser in seiner Sommerresidenz besuchen wollten.

In der Kulturrevolution hat dieser Tempel, wie auch die anderen, stark gelitten, die Renovierungen in den letzten beiden Jahrzehnten haben jedoch die ärgsten Schäden inzwischen beseitigt. Östlich vom Kleinen Potala liegt der Xumi Fushou Miao, der aus dem Jahre 1780 stammt und dem Kloster Tashilhunpo in Shigatse nachgebildet ist. Dieser Tempel diente einst dem 13. Panchen Lama als Wohnsitz während seines Besuches in Jehol.

In chinesisch-tibetischer Kompositarchitektur ist dagegen der Puning Si (Tempel des Universalen Friedens) erbaut, dessen 22 Meter hohe Statue der Göttin der Barmherzigkeit (Guanyin) jeden Betrachter in ihren Bann schlägt. Dieses Meisterwerk aus Holz wird überwölbt von dem Dach der 37 Meter hohen Haupthalle, erbaut 1755 von Kaiser Qianlong zum Dank für die Befriedung der nordwestlichen Grenzgebiete.

Einem lamaistischen Kloster aus dem Ili-Gebiet ist dagegen der An Yuan Miao 1764 nachgebaut, der die kurz unterworfenen Dsungaren versöhnen sollte. Die Inschriften auf den Stelen in diesem Tempel sind in Chinesisch, Mongolisch, Tibetisch und Mandschurisch in den Stein gemeißelt.

Die anderen vier Klöster sind alle von jeweils ganz verschiedenem Charakter, aus unterschiedlichen Anlässen gebaut, jedoch alle im Laufe des 18. Jahrhunderts entstanden. Das Ensemble dieser acht Tempel ist einzigartig in China, für den Kunsthistoriker halten sie viele Überraschungen bereit und regen zu vergleichenden Studien an.

DIE OSTGRÄBER DER QING-KAISER

Die berühmte Nekropole der Qing-Kaiser, Dongling, schlichtweg genannt die „Östlichen Gräber" enthält die Mausoleen von fünf Kaisern, fünfzehn Kaiserinnen, 136 Konkubinen und einer Prinzessin der Qing-Dynastie (1644–1911). Die Anlage befindet sich im Kreis Zunhua, 125 Kilometer östlich von Peking und umfasst die gewaltige Fläche von 2500 Quadratkilometer.

Hier ruhen der erste Kaiser der Qing-Dynastie, Shunzhi (1644–1661), der mächtige Kangxi (1661–1722), der kunstsinnige und erfolgreiche Qianlong (1735–1796), die Kaiser Xianfeng (1850–1861) und Tongzhi (1861–1875) sowie die Kaiserinwitwe Cixi (1835–1908).

Die Gräber von Qianlong und Cixi wurden nach dem Sturz des Kaiserreiches geplündert und völlig ausgeraubt, die kunstvoll gestalteten unterirdischen Paläste blieben erfreulicherweise erhalten. Diese Mausoleen sind heute allgemein zugänglich. Als man die Gräber von drei Kaiserinnen öffnete, musste man feststellen, dass auch sie längst ausgeraubt waren. Ein Besuch in der weit ausgedehnten Nekropole ist jedoch ein beeindruckendes Erlebnis, weil die dazugehörenden Tore, Türme, Hallen und der Seelenweg mit allen Skulpturen unversehrt geblieben sind.

DIE WESTGRÄBER DER QING-KAISER

Das Gebiet der Westgräber der Qing-Kaiser umfasst nur etwa 100 Quadratkilometer, liegt im Kreis Yixian und ist von einer 21 Kilometer langen Mauer umschlossen. Begraben sind in den Westgräbern (Qing Xi Ling) vier Kaiser, drei Kaiserinnen sowie mehrere Prinzessinnen, Konkubinen und einige Adelige.

Die Architektur der dazugehörigen Hallen und Tempel spiegelt in den Westgräbern hervorragend den Stil der Qing-Zeit wider. Die Grabanlage ist weit weniger besucht als die Ostgräber, ist jedoch über das 15 Kilometer entfernte Yixian erreichbar.

0   200   400   600
km

Ulan Bator

M O N G O L E I

Jiamusi

Qiqihar

Horqin Youyi
Qianqi

Daqing   Suihua   Jixi

Harbin

Baicheng   Mudanjiang

Changchun   Jilin

Tongliao   Siping   Liaoyuan   Yanji

Chifeng   Fuxin   Shenyang   Fushun   Tonghua   NORD-
KOREA
Chaoyang   Benxi
Jinzhou   Anshan

Jining   Zhangjiakou   Chengde   Yingkou   Dandong

Baotou   Hohhot   Xuanhua   Qinhuangdao   Pyöngyang

Datong   Beijing
(Peking)   Tangshan   Dalian   Seoul

Wuhai   Baoding   Tianjin   Incheon

Yangquan   Shijiazhuang   Yantai   Weihai   Daejeon   Daegu

Taiyuan   SÜD-
KOREA   Busan

Heilongjiang
(Heilungkiang)   Xintai   Jinan   Zibo   Weifang

Yan'an   Handan   Qingdao   Gwanju

Linfen   Anyang   Taian
Changzhi   Jining

Tongchuan   Xingxian   Zaozhuang   Gelbes

Jiaozuo   Kaifeng   Lianyungang   Meer

Bapji   Weinan   Zhengzhou   Xuzhou

Luoyang   Huaibai   Qingjian

Xi'an   Benghu   Taizhou

Nanyang   Huainan   Yangzhou   Nantong

Shiyan   Xinyang   Hefei   Nanjing   Changzhou   Wuxi   Shanghai

Xiangfan   Suzhou   Jiaxing

Wuhan   Anqing   Hangzhou

Jangtsekiang   Yichang   Shaoxing   Ningbo

Wanxian   Drei Schluchten
Stausee   Shashi   Huangshi   Jiujiang   Jinhua   Ost-

Yueyang   Jingdezhen   chinesisches

Chongqing   Changde   Nanchang   Shangrao   Meer

Changsha   Pingxian   Wenzhou

204 Heilongjiang (Heilungkiang)

HEILONGJIANG
(HEILUNGKIANG)

Die nördlichste Provinz Chinas ist mit einer Fläche von 469 000 Quadratkilometern größer als Schweden. In den 66 Kreisen und 31 Städten dieser Provinz wohnen 37 Millionen Menschen, von denen 1,5 Millionen nationalen Minderheiten angehören.

Die Provinz liegt zwischen 121°13'–135°06' östlicher Länge und 43°26'–53°34' nördlicher Breite. Im Norden und Nordwesten sowie im Osten wird sie von der Russischen Föderation begrenzt, im Westen von der Inneren Mongolei und im Süden von der Provinz Jilin. Die Kurzform der Provinz lautet Hei. Die Provinzhauptstadt ist Harbin mit 9,1 Millionen Einwohnern. Grenzfluss zu Russland ist der große sibirische Amur, der im Chinesischen Heilongjiang (Schwarzdrachenfluss) heißt – und nach ihm ist die Provinz genannt.

Von den vielen Angehörigen der nationalen Minderheiten sind als Einheimische, gewissermaßen als „Ureinwohner" des Gebiets die Orotschen, die Hezhe und die Dahuren anzusehen. Die Orotschen (Oroken, Oroqen) mit einer Bevölkerung von nur 5000 Sprechern, sind erst seit etwa 1955 sesshaft geworden, vorher waren sie nomadisierende Fischer und Jäger, die nördlich des Amur lebten. In der

Wälder am Amur, den die Chinesen auch Heilongjiang nennen.

Mitte des 17. Jahrhunderts wichen sie vor den russischen Invasoren nach Süden aus und siedelten sich in den Wäldern des Großen und Kleinen Hinggan an, heute leben sie daher in den beiden Gebieten Heilongjiang und Innere Mongolei.

In der Qing-Dynastie waren sie dann dem chinesischen Kaiser tributpflichtig und gerieten 1931–1945 unter japanische Kontrolle. Innerhalb der altaischen Sprachfamilie gehört ihre Sprache zum tungusischen Zweig der mandschurisch-tungusischen Sprachgruppe. Nach Gründung der Volksrepublik China wurden den Orotschen in der Inneren Mongolei und in Heilongjiang Autonome Gebiete zugeteilt.

Die Hezhe bilden die kleinste der nationalen Minderheiten in ganz China mit nur 2000 Sprechern. Andere Namen dieses Völkchens sind Nanai, Nabei oder Naniao. Seit alters liegen ihre Siedlungsgebiete an den Ufern des Amur, des Ussuri und des Sungari (Songhua). Fischerei und Jagd sind die Grundlagen ihrer naturnahen Wirtschaftsweise. Die Sprache der Hezhe gehört dem mandschurischen Zweig der mandschurisch-tungusischen Sprachen innerhalb der altaischen Sprachfamilie an. Da eine eigene Schrift nicht vorhanden ist, wird mehr und mehr die von der Jugend in der Schule erlernte chinesische Schrift übernommen.

Die Dahuren (Tahur, Dahor, Daur) sind dagegen eine relativ große nationale Minderheit mit rund 100 000 Angehörigen, die als Nachkommen der Khitan gelten. Vor der russischen Invasion lebten sie am Amur, zogen sich dann aber in südlichere Siedlungsgebiete am Nenjiang zurück. Die Berührung mit den Mandschuren und Han-Chinesen begünstigte den wirtschaftlichen Aufschwung in den von ihnen bewohnten Regionen, in denen sie einen recht ertragreichen Ackerbau betreiben. Neben Jagd und Fischfang sind sie auch zu intensiver Viehzucht übergegangen und gelten in den Bergwäldern als erfahrene Holzfäller.

Zu den kleineren Nationalitäten in Heilongjiang zählen die Ewenken (auch Solonen oder Kamunikan), deren Schicksal einen Teil der bewegten Geschichte der nordöstlichen Grenzgebiete Chinas widerspiegelt. Die Ewenken waren ursprünglich am fernen Baikalsee ansässig, im Herrschaftsgebiet mongolischer Khane. Nach der Eroberung Chinas durch die Mandschuren und der Einbeziehung der Mongolei in das Qing-Reich, wurden die Ewenken in ihre heutigen Wohngebiete in Heilongjiang und in der Inneren Mongolei deportiert.

Ziel dieser Deportation war einzig und allein, Soldaten und Grenzlandbauern gegen die zaristische Invasion in diesen Gebieten zu gewinnen. Alle wehrfähigen Ewenken wurden als Grenzsoldaten der aus dem Norden bedrohten Qing-Dynastie eingesetzt. Ausgestattet mit entsprechenden Ländereien zum Unterhalt ihrer Familien, betrieben sie bald erfolgreich Schaf- und Pferdezucht, so dass sie nach dem Sturz des Kaiserreiches als Landwirte mit Erfahrung galten. Ewenken-Rinder sind heute auf dem Weltmarkt sehr gefragt. Die Sprache der Ewenken gehört zum tungusischen Zweig der mandschurisch-tungusischen Sprachgruppe innerhalb der altaischen Sprachfamilie.

Bemerkenswert an der Provinz Heilongjiang ist neben ihrem Waldreichtum vor allem die Tatsache, dass weite Strecken ihrer Grenzen von Flüssen gebildet werden. So ist der Heilongjiang auf einer staunenswerten Länge von 2965 Kilometern die definitive Grenze zur Russischen Föderation. Ganz

Die russisch-orthodoxe Kirche St. Sophia in Harbin.

Die Ebenen von Sanjiang.

oben im Norden, bei Mohe, der nördlichsten Stadt Chinas, fließen der Ergun und der Shilka-Fluss zusammen.

Von dieser Stelle ab heißt der riesige Strom Heilongjiang (Schwarzdrachenfluss). Die schwarze Humuserde der dichtbewaldeten Gegenden färbt sein Wasser dunkel – daher sein Name. Nach einem unendlich langen Lauf durch die sibirischen Wälder bildet er bis nach Chabarowsk die Grenze. Dort im russischen Gebiet fließen der Heilongjiang und der Ussuri (chines. Wusuli) zusammen.

Der Wusuli kommt aus dem Süden und bildet seinerseits die östliche Grenze Chinas zu jenem Teil Russlands, an dessen südlicher Spitze Wladiwostok liegt. Anders wiederum verhält es sich mit dem Nenjiang. Er ist auf eine weite Strecke hin der Grenzfluss im Westen zur benachbarten Inneren Mongolei und weiter südlich sogar noch zu Jilin.

TOPOGRAPHIE
Man kann die Provinz in vier klar abgegrenzte Regionen einteilen.

1. Der hohe Norden
   Im Yilehuli-Gebirge und im Kleinen Hingqan sind die Berge kuppelförmig, die Täler breit und

eben. Hier war früher vulkanisches Gebiet. Der höchste Berg ist dort der Fengshui Shan mit 1398 Metern, die meisten Berge sind ebenfalls mehr als 1000 Meter hoch. Begrenzt wird das Bergland im Norden durch den Amur.

Unberührter Wald in Daxinganling.

2. Die Songnen-Ebene

Diese in Mittel-Heilongjiang gelegene Ebene wurde erst durch Ablagerungen des Nenjiang und des Songhua gebildet und ist mit ihren Schwarzerdeböden das wichtigste Agrargebiet der Provinz.

3. Das Südost-Bergland

Dieses südlich des Songhua gelegene Bergland wird vom Mudan-Fluss durchströmt, der bei Yidang in den Songhua mündet. Die Provinzhauptstadt Harbin liegt exakt am Westrand dieses waldreichen Berglandes, das mit dem Datudingzi Shan (1690) seinen höchsten Gipfel erreicht. Das Gebiet ist durch Eisenbahn und Fernstraßen durchaus gut erschlossen und weist fünf mittelgroße Städte auf: Mudanjiang im Süden, Jixi und Qitaihe im Osten, sowie Jiamusi und Shuangyashan im Nordosten.

4. Die Sanjiang-Ebene

Diese im Nordostrand der Provinz liegende Ebene entstand durch Ablagerungen der drei Flüsse Amur, Sungari und Ussuri, ist tiefgelegen und mit Marschen und Sümpfen durchsetzt. Man hat die-

FOLGENDE DOPPELSEITE:
Das Zhalong Vogelschutzgebiet bei Qiqihar.

Schier endlose Ebenen.

ses weite Ödland in jüngster Zeit zu einem großen Teil in ein ertragreiches Getreide-Anbaugebiet umgewandelt. Selbst hier aber macht sich der stetig steigende Wassermangel in bestimmten Monaten bemerkbar, da der Sungari immer weniger Wasser führt.

KLIMA

Das kaltgemäßigte Klima von Heilongjiang kennt nur sehr harte Winter, die als die längsten von China gelten. Die Flüsse sind fast sechs Monate vereist, die frostfreie Periode beträgt nur 120 Tage im Jahr. In den Ebenen liegen die jährlichen Durchschnittstemperaturen im Januar bei −20° Celsius, im Gebirge bei −30°. An einem Tag im Februar 1969 sank das Thermometer auf −52,3°.

Die Sommer sind warm und regenreich, die Sonnenscheindauer ist zur Freude der Bauern in den Sommermonaten recht lang. In einigen Gegenden im äußersten Nordwesten gibt es jedoch fast gar keinen Sommer. In der Hauptstadt Harbin ist es im Juli am wärmsten mit 21,7°, kühlt jedoch im Oktober schon auf 6,1° ab und fällt im November auf −8,2° Celsius. Der durchschnittliche Jahresniederschlag beträgt etwa 550 Millimeter.

An sich ist Heilongjiang jedoch eine wasserreiche Provinz, soweit die Wüstenwinde von der Mongolei nicht Dürren verursachen. Fünf große Flusssysteme bestimmen den Wasserhaushalt: der Heilongjiang im Norden, der Nenjiang im Westen und Süden, der Songhua (Sungari) im Zentralbereich, der Suifenhe im Südosten und der Ussuri (Wusuli) im Osten.

Der Suifenhe wird vom Kleinen Suifen und vom Großen Suifen gebildet, die bei Daohe zusammenfließen und als großer Strom den Weg nach Osten einschlagen. Der breite Fluss mündet dann auf russischem Gebiet nördlich von Wladiwostok in das Japanische Meer. Gefährlich sind die sporadisch auftretenden Überschwemmungen des Songhua. Bei der großen Flut von 1998 verloren 500 000 Menschen ihre Unterkunft.

LANDWIRTSCHAFT

Die „große nördliche Wildnis" von einst wurde in den letzten fünfzig Jahren in eine weithin sich erstreckende Kornkammer umgewandelt, denn überall findet sich fruchtbare Schwarzerde, die den Anbau von Mais, Weizen, Hirse, Sojabohnen, Sorghum, Zuckerrüben, Flachs und Sonnenblumen gestattet. Die Waldgebiete der Provinz machen 49 Prozent der Gesamtfläche aus und stehen mit ihren Holzvorräten an der Spitze des ganzen Landes. In den dichten Wäldern werden Zobel, Wiesel und Ottern gefangen sowie Hirschgeweihsprossen und Moschus gewonnen.

INDUSTRIE

Das Erdöl nimmt unter den Bodenschätzen des Landes die erste Stelle ein. Um das große Ölfeld Daqing hat sich mittlerweile eine bedeutende Stadt entwickelt, die als Motor der Erdölindustrie Chinas gelten kann. Die Reserven an Erdöl von mehr als 2,5 Milliarden Tonnen sind die größten des Landes überhaupt. Groß sind auch die Vorkommen an Kohle, Kupfer, Aluminium, Blei, Zink, Silber, Molybdän, Wismut und Kobalt. Auf Grund dieser günstigen Voraussetzungen haben sich die Chemie- und Erdölindustrie, der Maschinenbau, die Holz- und Papierindustrie ebenso gut entwickelt wie die Leinenspinnerei und die Zuckerfabriken.

VERKEHRSVERBINDUNGEN

Das Verkehrswesen von Heilongjiang ist relativ gut entwickelt, das Eisenbahnnetz hat eine Länge von 5513 Kilometern und das weitverzweigte Netz der Landstraßen 46 000 Kilometer. Sogar das südöstliche Berggebiet ist durch die Bahn bestens erschlossen. Knotenpunkt von Bahn, Straße und

Eine mit Holz beladene Dampflok erkämpft sich im Schneesturm ihren Weg.

Binnenschifffahrtswegen ist Harbin, das an die transsibirische Eisenbahn angeschlossen ist. Bereits 1896 erreichten die Russen vom chinesischen Kaiserreich die Konzession für den Bau einer Trasse der Transsib durch die Mandschurei nach Wladiwostok. In Harbin überquert diese Bahn den Sungari und hat eine Abzweigung nach Peking.

GESCHICHTE

Bis ins 19. Jahrhundert hinein war Heilongjiang ein Steppen- und Waldgebiet, ein Land der Jäger, Hirtennomaden und Fischer. Erst mit dem Bau der Eisenbahn durch die Russen in den Jahren 1896–1903 wurde das Gebiet jäh aus seiner Ruhe und Abgelegenheit gerissen. Von 1900–1905 hielten sogar russische Truppen weite Teile der Region besetzt, dann blieb es bis 1931 unter chinesischer Kontrolle.

Von 1931–1945 waren die Japaner die Besatzungsmacht, dann ein Jahr die Sowjettruppen, die alle Industrieanlagen abmontierten. Die Guomindang konnte sich im Amurgebiet nicht entfalten, so dass bereits 1946 die Kommunisten das Gebiet besetzten. Nach 1949 setzte dann eine starke Einwanderung nach Heiliogjiang ein, das zu den wichtigsten Erschließungsgebieten Chinas in der Mao-Zeit zählte.

Erdölfelder von Daqing.

DIE STÄDTE

DIE PROVINZHAUPTSTADT HARBIN

Die heute 9,1 Millionen Einwohner zählende Stadt liegt am Mittellauf des Songhua (Sungari) inmitten einer Kornkammer am westlichen Rand der Bergwelt des Südostens. Bis zum späten 19. Jahrhundert war hier nur ein kleines Dorf zu finden, das dann durch den russischen Eisenbahnbau zu einer Stadt heranwuchs. Das Gebiet war seit alters von Mandschuren besiedelt, die dem Fischfang nachgingen.

Harbin bedeutet in der Sprache der Mandschuren „Platz zum Trocknen der Fische". Die Stadt entwickelte sich in zwei Jahrzehnten zu einem „Moskau des Ostens", in dem nach der Oktoberrevolution Hunderttausende russischer Flüchtlinge Zuflucht suchten. Zahlreiche russische Kirchen mit ihren Zwiebeltürmen wurden nun in Harbin gebaut und die Stadt erhielt zunehmend einen europäischen, ja sogar internationalen Zuschnitt, denn viele ausländische Firmen errichteten in Harbin in der Folgezeit ihre Niederlassungen.

Dampflokomotiven werden immer noch gerne eingesetzt.

In den Jahren vor der japanischen Besatzungszeit war Harbin sogar die größte russische Stadt außerhalb der Sowjetunion. Noch heute zeugen rund 30 russisch-orthodoxe Kirchen in Harbin von der einstigen Dominanz. Nach 1946 kehrten dann die meisten Flüchtlinge auf Grund eines Amnestie-Angebots in die Sowjetunion zurück.

Harbin entwickelte sich nach der Gründung der VR China bald zu einer bedeutenden Industriestadt, einem wichtigen Verkehrsknotenpunkt und zu einem bemerkenswerten Bildungszentrum in Nordostchina. Die Stadt ist eine Metropole des Wintersports und in der Zeit des chinesischen Neujahrsfestes jährlich das Eldorado der Hobby-Künstler, die aus Eisblöcken kunstvolle Skulpturen herausmeißeln und oft ganze Palastbauten aus Eis erstehen lassen.

Harbin, berühmt für seine winterlichen Attraktionen, zieht jedes Jahr tausende von Zuschauern an.

Das Provinzmuseum Heilongjiang verfügt über 130 000 Ausstellungsstücke, die lückenlos die geschichtliche Entwicklung der ganzen Region aufzeigen. Im Hinblick auf die in Sibirien vorkommenden Tierarten bietet es das beste

Die „Große Halle" in Chinas
erstem Eishotel.

UNTEN UND RECHTE SEITE:
Besucher des 21. Internationalen
Eis- und Schneefestivals in
Harbin bewundern bei Tempera-
turen um minus 20° Eispaläste
und Skulpturen.

FOLGENDE DOPPELSEITE:
Das Zhalong Vogelschutzgebiet
bei Qiqihar.

Anschauungsmaterial, zu dem auch das Fossil eines Mammuts gehört, das 1974 im Kreis Zhaoyang
ausgegraben wurde.

Von den beiden im 20. Jahrhundert erbauten Tempeln kann gesagt werden, dass sie den klassisch
chinesischen Baustil lupenrein bewahrt haben. Ganz in buddhistischer Tradition ist der „Tempel des
Paradieses" (Ji Le Si) im Jahre 1924 errichtet worden, der auf einem Gelände von 26 000 Quadratmetern vier große Hallen, eine Pagode und sehr wert-
volle Statuen enthält. Der 1926 gebaute Konfuzius-
tempel (Wenmiao) enthält in der Haupthalle Statuen
von Konfuzius und von wichtigen konfuzianischen
Gelehrten.

QIQIHAR

Aus einer einst kleinen Stadt im Westen der Provinz,
rund 330 Kilometer nordöstlich von Harbin, entwickelte sich im Laufe des 20. Jahrhunderts eine urbane
Riesensiedlung, die über eine Million Einwohner
zählt. Heute baut man hier Lokomotiven und fertigt

Bergwerksausrüstungen sowie Handwerkszeug. Qiqihar ist groß geworden durch den Bahn- und Straßenbau und durch die großen Erschließungsprojekte, die von den vielen Einwanderern in die einst unerschlossene Region vorangetrieben wurden.

Um die Moschee und den buddhistischen Tempel der Stadt gruppiert sich der Kern der älteren Viertel. Im Long-Sha-Park werden im Winter, wie in Harbin, kunstvolle Eisskulpturen gefertigt. In der Nähe von Qiqihar liegt ein bei den Ornithologen der Welt gut bekanntes Vogelschutzgebiet, in dem neben anderen seltenen Vogelarten auch Mandschurenkraniche und Rotkronenkraniche siedeln.

MUDANJIANG

250 Kilometer südöstlich von Harbin in der südöstlichen Bergwelt liegt am gleichnamigen Fluss die Stadt Mudanjiang mit 700 000 Einwohnern. Die Stadt liegt nördlich des Kreises Ningan, in dem die Palastruinen und Fundamente des Reiches Moho liegen. Dieses älteste aller tungusischen Reiche bestand von 698 bis 926. Auf diesem Gelände wurde in der Qing-Zeit südwestlich des Städtchens Bohai das „Kloster des Gedeihens" gegründet, das vier große Hallen aufweist und die 6 Meter hohe Steinlampenpagode aus der Tang-Zeit, die zu den bedeutendsten Steinbauten Chinas zählt

Chifeng · · Fuxin **Shenyang** ■ **Fushun** · Tonghua

Chaoyang · · Jinzhou · Benxi

NORD-KOREA

Jining · Zhangjiakou · Xuanhua · Chengde · Qinhuangdao · Yingkou · Dandong

Baotou · Hohhot · Xuanhua

Beijing (Peking) ✈ · **Tangshan** · ■ **Dalian** ■ **Pyöngyang**

Wuhai · Datong · Baoding · **Tianjin**

Yangquan · **Shijiazhuang** · Yantai · Weihai · **Seoul** ■

Taiyuan · Xintai · **Jinan** · Zibo · Weifang · **Incheon** ■

Yan'an · Handan · Taian · **Qingdao** ■ · Daejeon · **Daegu** ■

Linfen · Anyang · Jining · **SÜD-KOREA** · **Busan** ■

Changzhi · Xingxian · Zaozhuang · Gwanju

Tongchuan · Jiaozuo · Kaifeng · Lianyungang

Bapji · Weinan · **Zhengzhou** ■ · Xuzhou · Qingjian · *Gelbes Meer*

Xi'an ✈ · Luoyang · Huaibai

Henan (Honan) · Benghu · Yangzhou · Taizhou

Nanyang · Huainan · **Nanjing** · Nantong

Shiyan · Xinyang · Hefei · Changzhou · Wuxi ✈

Jangtsekiang · Xiangfan · · Suzhou ✈ **Shanghai** ■

Yichang · **Wuhan** · Anqing · **Hangzhou** ■ · Jiaxing

Drei Schluchten Stausee · Shashi · Huangshi · Shaoxing · Ningbo

Chongqing ■ · Yueyang · Jiujiang · Jingdezhen · Jinhua · *Ost-chinesisches Meer*

Changde · **Nanchang** ■ · Shangrao · Wenzhou

Changsha ■ · Pingxian

Zunyi · Xiangtan · Zhuzhou · Ji'an · Nanping

Guiyang ■ · Shaoyang · Hengyang · Ganzhou · **Fuzhou** ■ · Jilong

Duyun · Chenzhou · Shaoguan · Nanping · Quanzhou ✈ · **Taibei** ✈

Guilin · Shaoguan · Chaozhou · **Gaoxiong** ■ · Xiamen · Taizhong · Hualian

Liuzhou · Wuzhou · **Guangzhou** ✈ · Shenzhen · **TAIWAN**

Nanning · Zhaoqing · Foshan · **Hongkong** ✈ · Tainan

Yulin · Jiangmen · Shantou

0   200   400   600 km

HENAN (HONAN)

Die mit 93 Millionen Menschen bevölkerungsstärkste Provinz Chinas erhielt ihren Namen vom Gelben Fluss, denn der größte Teil von Henan liegt südlich (nan) des großen Stromes (he) an dessen Unterlauf auf 110°22' – 116°38' östlicher Länge und 31°23' – 36°22' nördlicher Breite. Sechs Nachbarprovinzen umgeben Henan: im Norden Hebei und Shandong, im Nordwesten Shanxi, im Westen Shaanxi, im Süden Hubei und im Osten Anhui. Auf einer Gesamtfläche vom 167 000 Quadratkilometern liegen 38 Städte und 112 Landkreise.

Die Abbreviatur für Henan lautet Yu, der alte Name aber war Zhongzhou, weil die Provinz damals wie eine Herzkammer inmitten der neun Präfekturen Chinas lag. Aus dieser Bezeichnung leitete sich dann Zhongguo ab (Reich der Mitte), ein Name, der später auf ganz China überging. Die Hauptstadt ist Zhengzhou seit 1954, bis dahin waren Luoyang und Kaifeng stets die politischen, ökonomischen und kulturellen Zentren des Gebietes.

Die Industriestadt Zhengzhou hat heute mit dem eingemeindeten Umland eine Bevölkerungszahl von 5,9 Millionen Einwohnern. Abgesehen von den regierungsunmittelbaren Städten hat Henan die dichteste Bevölkerung mit 554 Menschen pro Quadratkilometer.

Kaifeng (mit heute 4,3 Millionen Einwohnern) war eine der alten Hauptstädte Chinas.

TOPOGRAPHIE

Man kann Henan in drei klar unterscheidbare Landschaften einteilen. Im Osten dehnt sich eine große, sehr fruchtbare Ebene aus, die selbst Teil der Nordchinesischen Tiefebene ist. Dieses Flachland reicht überall bis an die von Norden nach Süden führende Eisenbahnlinie heran, an manchen Stellen jedoch erstreckt sie sich darüber hinaus noch weiter nach Westen.

Dann beginnt das Hügel- und Bergland Henans, zu dem auch der Songshan, einer der fünf Heiligen Berge Chinas gehört. Hier liegen die Gebirgszüge des Taihang-Shan, des Funiu Shan, des Xionger Shan, des Waifang Shan und des Xiaoshan. Die Hauptstadt Zhengzhou liegt nordöstlich des 1440 Meter hohen Song Shan.

In den Bergwelten an der Grenze zur Provinz Hubei liegt das wichtige Danjiangkou-Reservoir, das von mehreren Gebirgsflüssen gespeist wird. Das dritte Gebiet ist kleiner, es liegt südlich der Stadt Nanyang und erhielt daher den Namen Nanyang-Becken, das auch südlich in die Provinz Hubei hineinreicht. Insgesamt machen in der Provinz die Ebenen 56 Prozent der Fläche aus, das Gebirgsland 26 Prozent und das Hügelland 18 Prozent.

Durchzogen wird Henan von einer Reihe von Flüssen, von denen der Huanghe (Gelber Fluss) auf einer Länge von 700 Kilometern den Norden der Provinz durcheilt und dabei über weite Strecken hin seenartige Ausbuchtungen bildet. In der Vergangenheit brachte der „Schicksalsstrom" Chinas fast in jedem Jahr gewaltige Hochwasser mit sich, 21-mal veränderte er sogar seinen Lauf in den letzten 2000 Jahren, so dass zahlreiche Katastrophen die Folge waren.

Der Song Shan, einer der heiligen Berge Chinas.

Durch den angeschwemmten Löß trat der Fluss vielfach über seine Ufer, nur hohe Dämme konnten ihn dann in seinem Bett halten. Auf diese Weise liegt in Henan auf einer beträchtlichen Länge das Flussbett höher als das umliegende Land. Die Zähmung des Gelben Flusses wurde neben vielen Dammbauten vor allem durch das Wasserbau-Projekt „Sanmen-Schlucht" eingeleitet, das im Norden der Provinz im Bergland errichtet wurde.

Im Süden durchfließt der Huaihe die Ebene auf einem Abschnitt von 300 Kilometern, bevor er im Osten dann die Nachbarprovinz Anhui erreicht. Da ihm viele Bäche und Nebenflüsse zuströmen, entwässert er ein ausgedehntes Einzugsgebiet.

Wassermassen werden aus dem Xiaolangdi Stausee in den Gelben Fluss entlassen. Ca. 2900 m³ pro Sekunde werden für ungefähr 20 Tage abgelassen, um den angesammelten Sand im Fluss ins Meer zu spülen.

VERKEHRSVERBINDUNGEN

In der Provinz herrscht der Landverkehr vor, das Straßennetz hat eine Gesamtlänge von 50 000 Kilometern, das allerdings noch nicht alle abgelegeneren Landesteile bislang erschließen konnte. In der Hauptstadt Zhengzhou treffen sich die wichtigsten Fernlinien der Eisenbahn, von Peking kommend der Zug nach Kanton und Shanghai auf der Ost-West-Strecke der Fernzug nach Ürümqi in Xinjiang.

Kaifeng und Luoyang liegen an dieser Ost-West-Transversale. Eine wichtige Verbindung führt auch von Luohe nach Westen über Pingdingshan nach Baofeng. Dort verzweigt sich die Strecke. Eine Nordlinie führt nach Shanxi und eine Südlinie über Nanyang nach Hubei.

Eine artistisch anmutende Leistung vollbringt dieser Chinese, der aufgestapelte Korbstühle per Fahrrad durch die Straßen von Zhengzhou transportiert. Noch immer ist das Fahrrad wichtigstes Fortbewegungs- und Transportmittel.

DAS KLIMA

Das Klima von Henan ist kontinental geprägt. Auf windige Frühjahrsmonate folgen heiße, regenreiche Sommer und kalte, trockene Winter. Allerdings erheben sich im Frühjahr durch die starken Winde immer wieder heftige Sandstürme, die der Landwirtschaft schweren Schaden zufügen, da sie von langen Trockenperioden begleitet werden. Auf starke Wolkenbrüche im Hochsommer folgen oftmals auch acht völlig regenlose oder regenarme Monate.

Die mittleren Jahrestemperaturen betragen 15° bis 19° Celsius, die jedoch von Norden nach Süden zunehmen. Im Winter beträgt die Temperatur im Norden durchschnittlich 2° unter Null, im Süden 2° über Null. In den Ebenen steigt das Thermometer meist auf 28° Celsius. Der mittlere Jahresniederschlag von 600 bis 900 mm nimmt von Norden nach Süden ebenfalls zu.

Da die frostfreie Periode sechs bis acht Monate im Jahr beträgt, ist das Klima trotz gewisser Widrigkeiten im Frühjahr für die Landwirtschaft günstig. Oft können zwei Ernten pro Jahr eingebracht werden, bei künstlicher Bewässerung sogar drei.

LANDWIRTSCHAFT

Der Boden Henans ist äußerst fruchtbar, da mächtige Lößablagerungen seit alters vorherrschend sind, vor allem im Osten, wo das Land flach ist. In dieser wichtigen Kornkammer Mittelchinas gedeihen Weizen, Mais, Sojabohnen, Sorghum, Süßkartoffeln, Erdnüsse, Sesam, Raps, Walnüsse und viel Obst. Henan gilt als wichtigster Weizenproduzent Chinas.

Angebaut werden auch Baumwolle, Jute und Tabak. Die auch in Europa weithin bekannte „Honan-Seide" weist auf die seit zwei Jahrtausenden betriebene Seidenraupenzucht hin, eine wichtige Stellung nimmt auch die Teeproduktion ein.

Maisernte auf einem Feld bei Xinxiang.

INDUSTRIE

Die Industrie in Henan kann auf reiche Bodenschätze zurückgreifen. Die Kohlevorkommen der Provinz werden auf 60 Milliarden Tonnen geschätzt. Die wichtigsten Bergwerke befinden sich in Hehi, Pingdingshan, Jiaozuo, Yima und Yongcheng. Große Lagerstätten von Erdöl und Erdgas wurden in zwei sehr weit voneinander entfernten Landschaften entdeckt, einmal hoch im Norden östlich der Stadt Puyang und dann genau entgegengesetzt im Süden im Nanyang-Becken.

Henan besitzt gut ein Dutzend große Bauxitvorkommen, fördert Molybdänerz, Silber, Gold, Eisenerz, Titanerz, Dolomit, Porphyr, Soda, Graphit, Talkum und Schwefel, so dass eine sehr vielseitige Industrie aufgebaut werden konnte. Es bestehen auch Fabriken für Kugellager, Bergwerksmaschinen, Traktoren, Kunstdünger und Aluminium. Zahlreich sind auch die Spinnereien und Webereien für Seidenstoffe. 80 Prozent aller Industriebetriebe arbeiteten 1996 bereits auf privater Basis.

Bauern tragen riesige, mit Gas gefüllte Plastiktüten nach Hause. Gestohlen haben sie das Gas bei den nahe gelegenen Ölfeldern.

GESCHICHTE

Von allen Provinzen Chinas ist Henan die geschichtsträchtigste, denn hier hatten 19 Dynastien ihre Residenz, hier liegen 28 000 archäologische Ausgrabungsstellen, von hier aus ergingen die wichtigsten Impulse zur Entwicklung der chinesischen Kultur. In dieser Provinz soll der göttliche Ahnherr der Chinesen, Fuxi, begraben sein und die Geburtsstätte des legendären Gelben Kaisers wird hier gezeigt.

FOLGENDE DOPPELSEITE:
Der „Tempel des weißen Pferdes" in der ältesten der sechs Kaiserstädte, Luoyang.

Zwei Kilometer von der Stadt Anyang entfernt fand man jene beschrifteten Schildkrötenpanzer und Orakelknochen, die den Ursprung der chinesischen Schrift in Henan belegen. Die 1928 ausgegrabene Stadt Yin war 273 Jahre lang nach traditioneller Überlieferung die Hauptstadt der Shang-Dynastie. Vom 8. bis 3. Jahrhundert v. Chr. war Luoyang die Residenz der Zhou-Herrscher.

Die vielen Jadefunde in Henan führten zu Grabungen in der Ortschaft Yangshao Cun und zur Entdeckung der Yangshao-Kultur, die bereits im Neolithikum eine bedeutende Höhe in der Produktion von bemalter Keramik erkennen lässt. Der noch heute gebräuchliche Kurzname der Provinz, Yun, geht selbst bis in die Zhou-Zeit zurück, als die Provinz noch Yazhou genannt wurde.

Die Entwicklung der Provinz in geschichtlicher Zeit ist untrennbar mit den Städten Luoyang und Kaifeng verbunden, da dort eine Reihe von Dynastien ihre Residenzen aufgeschlagen haben. Die damit verbunden Glanzzeiten gingen eindeutig für das Gebiet durch die Invasion der Jurchen (Nüzhen) im 12. Jahrhundert und durch die der Mongolen ein Jahrhundert später zu Ende.

Der politische Schwerpunkt verlagerte sich zuerst nach Hangzhou und dann nach Peking. Das in den Schatten der großen politischen Veränderungen geratene Henan wurde zur Heimstätte von Geheimgesellschaften, von Rebellengruppen und aufständischen Sekten, denn durch die ständigen Überschwemmungen in dieser Provinz wurden in den vergangenen Jahrhunderten die sozialen Probleme am drängendsten, die aber von Seiten des Kaiserhofes keine endgültige Lösung erfahren konnten.

Die eigentliche Katastrophe für Henan aber brachte erst das Jahr 1938, als Chiang Kai-shek den Deich am Gelben Fluss sprengen ließ, um den Vormarsch der Japaner aufzuhalten. Fast eine Million Menschen ertranken und bei der großen Hungersnot von 1944 starben noch einmal fast drei Millionen Bewohner von Henan.

Erst die Zähmung des Huanghe nach 1949 brachte die Wende zum Besseren, als der große Staudamm an der Sanmen-Schlucht errichtet und die Dammbauten durch Masseneinsätze so intensiviert wurden, dass der Strom keine überraschenden Fluten mehr über die Ebenen schicken konnte.

DIE GROSSEN STÄDTE HENANS

DIE PROVINZHAUPTSTADT ZHENGZHOU

Zwischen den alten Kaiserstädten Luoyang und Kaifeng gelegen, zwar im Norden der Provinz, jedoch südlich des Gelben Flusses, ist Zhengzhou heute ein wichtiger Verkehrsknotenpunkt und ein bedeutendes Wirtschafts- und Industriezentrum Chinas. Vor allem die Textilindustrie hat sich in der Stadt stürmisch entwickelt.

Mit einer Fläche von 80 Quadratkilometern und einer Einwohnerzahl von 1,8 Millionen, weist die Stadt auch bedeutende Unternehmen der Maschinenbauindustrie, der Metallverarbeitung sowie der Chemie- und Nahrungsmittelindustrie auf. Die Siedlungsgeschichte der Stadt lässt sich bis in die neolithische Zeit zurückverfolgen, denn es wurden eine Reihe von Zeugnissen der Yangshao- und der Longshan-Kultur in der Umgebung von Zhengzhou gefunden.

FOLGENDE DOPPELSEITE:
Die Grotten von Longmen in Luoyang mit den in Fels gemeißelten buddhistischen Höhlentempeln und Skulpturen sind Zeugnisse aus der späten Epoche der nördlichen Wei-Dynastie bis zur Tang-Dynastie (493–907). Die Grotten wurden im Jahre 2000 von der UNESCO zum Weltkulturerbe ernannt.

In der Shang-Dynastie wurden in diesem Gebiet bereits kunstvolle Bronzekessel gegossen. Man spricht daher bei der Datierung von Ritualgefäßen dieser Art sogar von der Zhengzhou-Periode, die ins 16.–14. Jh. v. Chr. datiert wird. Der Name der Stadt war bereits im Jahre 605, in der Zeit der Sui-Dynastie, gebräuchlich. Aus der Han-Zeit sind etwa 30 Kilometer südwestlich der Stadt zwei Gräber gut erhalten, die sowohl Wandmalereien als auch Reliefs in bestem Zustand zeigen.

Im Historischen Museum der Provinz kann die Geschichte der gesamten Region erkundet werden und in dem neu erbauten Huang He Bowuguan (Museum des Gelben Flusses) ist dargestellt, dass der Riesenstrom seinen Lauf in historischer Zeit mehr als zwanzig Mal verändert hat und die Dämme vor 1949 eintausendfünfhundert Mal gebrochen sind.

ANYANG

Anyang liegt ganz im Norden der Provinz, nicht allzu weit von der Grenze zu Hebei entfernt an der Bahnlinie Peking/Zhengzhou/Kanton. Heute ist Anyang eine stürmisch sich entwickelnde Industriestadt mit einer halben Million Einwohner, die auch als Handels- und Landwirtschaftszentrum große Bedeutung erlangt hat.

Der Historiker verbindet mit dem Namen Anyang die Entdeckung jener Orakelinschriften auf Schildkrötenpanzern und Schulterknochen, die zur Entzifferung der ersten Charaktere der chinesischen Schrift geführt haben.

Die ehemalige Hauptstadt Yin der Shang-Dynastie lag ebenfalls in der Umgebung von Anyang. Erbaut um 1380 v. Chr., zerstörten die Truppen der Zhou die Stadt im Jahre 1111 v. Chr., sie hatte eine Flächenausdehnung von 24 Quadratkilometer. Bei den Ausgrabungen, die 1928 begannen, wurden aus der einstigen Königsstadt viele Gegenstände aus Jade, Bronze, Keramik und Elfenbein gefunden. Ein eigens errichtetes „Museum der Shang-Ruinen" gibt in Anyang genaue Kunde von den Lebensverhältnissen der Zeit vor dreitausendzweihundert Jahren.

LUOYANG

Die älteste der sechs alten großen Kaiserstädte Chinas liegt am Ufer des Luohe und erhielt nach diesem Fluss ihren Namen. Luoyangs günstige Lage südlich des Gelben Flusses in fruchtbarem Gebiet mit hervorragenden klimatischen Bedingungen ließen schon um 4000 v. Chr. viele bäuerliche Siedlungen und die Yangshao-Kultur in diesem auch strategisch wichtigen Gebiet entstehen.

Im Verlauf von über 1200 Jahren diente die schon in neolithischer Zeit entstandene Stadt insgesamt 13 Dynastien als Regierungssitz, darunter der Xia-, Shang-, Westlichen Zhou-, Östlichen Han-, Sui- und Tang-Dynastie. Die erste kaiserliche Dynastie wurde in der Stadt bereits zur Han-Zeit gegründet.

Aus der Zeit der Drei Reiche (220–280) findet man 8 Kilometer südlich der Stadt das Grab des Generals Guan Yu mit dem Guan-Lin-Tempel. Dieser berühmte General des Reiches Shu wurde im Jahre 1594 vom Kaiserhof offiziell aus patriotischen Gründen zum Kriegsgott erhoben und vom Militär

zum Schutzpatron erklärt. In der Sui-Dynastie (581–618) zählte Luoyang bereits eine Million Einwohner. In der Tang-Zeit ließen sich viele Gelehrte und Künstler in der Stadt nieder, darunter auch
die drei großen Dichter Li Bai (Li Tai-po), Du Fu und Bai Juyi.

Große Handelswege nahmen auch in Luoyang ihren Ausgang und mündeten im Westen dann in die
Seidenstraße ein. Die bisherigen Ausgrabungen in der Umgebung von Luoyang brachten seit 1954
bisher mehr als 6000 neolithische Siedlungsplätze und über 10 000 Gräber zutage. Viele der dort gefundenen Grabbeigaben werden im Stadtmuseum präsentiert. In der nördlichen Vorstadt wurde ein
eigenes „Museum der Mausoleen" eingerichtet, in dem 25 antike Gräber in Originalgröße präsentiert
werden, so wie sie im Ausgrabungsfeld Mangshan zutage kamen.

In der Tang-Dynastie ließ Chinas einzige Kaiserin, Wu Zetian (690–705) zahlreiche Paläste in der
Stadt bauen und Gärten anlegen. Nach dem Fall dieser Dynastie jedoch konnte die Stadt nie wieder ihre alte Bedeutung und ihren Glanz zurückgewinnen. Sie stand nunmehr im Schatten der neu-
en Residenzen Kaifeng, Hangzhou und Peking.

Nach 1949 begann der Aufstieg Luoyangs zur Industriestadt mit rund 900 000 Einwohnern, mit Ku-
gellagerfabriken, Traktorenwerken und mit Unternehmen des Bergmaschinenbaus. Geblieben sind
der Stadt aus ihrer Glanzzeit jedoch zahlreiche Sehenswürdigkeiten, vor allem die Longmen-Grotten, die etwa 12 Kilometer südlich der Stadt liegen. Dort fließt der Yihe-Fluss in nördliche Richtung
durch das Drachentor (Longmen), wonach diese Steinhöhlen ihren Namen erhalten haben.

Am westlichen Ufer dieses Flusses erhebt sich der Westberg (Xishan) und am Ostufer der Dongshan. In beide langgestreckten Bergketten wurden im Verlaufe von mehr als 400 Jahren insgesamt
1352 Höhlen gegraben und 750 Nischen angelegt. 97 000 Skulpturen, 3680 Inschriften und 39 Pagoden fanden darin ihren Platz. Die ältesten Grotten stammen aus der Zeit der Nördlichen Wei-Dynastie (386–534), die schönsten jedoch aus der Tang-Dynastie (618–907).

Die größte und repräsentativste Grotte Longmens, bekannt unter dem Namen Fengxian Si, wurde
zwischen 672 und 676 geschaffen. Diese riesige Anlage hat in ihrem Zentrum eine 17 Meter hohe sitzende Buddhafigur, deren Ohren allein schon zwei Meter lang sind. Assistiert wird der Erleuchtete
von zweien seiner Schüler, je einem Bodhisattva und einem Himmelskönig sowie einem Wächter.

Das hoheitsvolle Gesicht des Buddha soll dem Antlitz der Auftraggeberin, der späteren Kaiserin Wu
Zetian, nachempfunden sein. Dieses beeindruckende Freilichtmuseum buddhistischer Kunst ist seit
der Öffnungspolitik wieder Pilgerziel und Touristenmagnet zugleich. Östlich der Stadt liegen zwei
weitere wichtige historische Anziehungspunkte. Zum einen der „Tempel des Weißen Pferdes" und
zum anderen die Ausgrabungen der alten Hauptstadt.

Der „Tempel des Weißen Pferdes" (Baima Si), auch „Schimmeltempel" genannt, befindet sich 10 Kilometer östlich von Luoyang. Dieser erste buddhistische Tempel Chinas entstand im Jahre 68 n. Chr.,
wurde jedoch mehrere Male erneuert. Die Gründungslegende erzählt, dass zwei indische Mönche,
auf zwei Schimmeln reitend, heilige buddhistische Schriften nach China gebracht hätten. Dort, wo
die Pferde anhielten, hätten die Mönche den Grundstein zu dem Kloster gelegt. Die noch heute er-

haltenen Hallen stammen aus der Ming-Zeit, die im östlichen Teil des Tempels aufragende Pagode allerdings aus dem Jahre 1175.

KAIFENG

Kaifeng gehört ebenfalls zu den sechs alten Kaiserstädten Chinas und kann auf eine große Glanzperiode in der Geschichte zurückblicken. Im Osten der Provinz nur wenige Kilometer südlich des Gelben Flusses gelegen und 80 Kilometer von Zhengzhou entfernt, ist es heute eine Stadt von 620 000 Einwohnern, die jedoch nach der Eingemeindung von fünf Landkreisen eine Fläche von 6444 Quadratkilometern mit 3,7 Millionen Menschen aufweist.

Die Stadt war immer schon ein bedeutendes Handelszentrum und ein Zentrum des Handwerks, in neuerer Zeit aber kamen dann Düngemittelfabriken, Maschinenbauindustrie, Chemiebetriebe und Elektronik-Unternehmen dazu.

In der Zeit der Streitenden Reiche war die Stadt unter dem Namen Daliang 140 Jahre Hauptstadt des Wei-Staates, bis dann die Truppen des Qin-Reiches 225 v. Chr. die Stadt zerstörten. Lange Zeit danach von nur noch lokaler Bedeutung, gelang der Stadt ein Wiederaufstieg, als unter der Sui-Dynastie der Große Kanal quer durch Mittelchina bis in diese Gegend geleitet wurde.

Die Dynastie der Späteren Liang erhob die Stadt dann unter dem Namen Dongdu zu ihrer Hauptstadt (907–923). Im Jahre 936 nahmen auch die Späteren Jin für neun Jahre ihren Sitz in Dongjing, wie sie die Stadt nunmehr nannten (936–946). Unter diesem Namen blieb die Stadt dann Residenz der Späteren Han, der Späteren Zhou und der Nördlichen Song. Diese letztere Dynastie baute von 960–1126 die Stadt zu einer glanzvollen Metropole aus.

Dann kam das abrupte Ende durch den Ansturm der tungusischen Nüzhen, die schließlich die Stadt eroberten. Einmal noch wurde dann von 1214–1234 die Stadt unter dem Namen Bianjing zur Hauptstadt der Kin-Tataren (1214–1234) erhoben, dann war es endgültig mit der Herrlichkeit vorbei.

Als die ehemalige Kaiserstadt dann nur noch von der Erinnerung zehren konnte, wurde ihr Name aus der Frühlings- und Herbstperiode wieder aufgegriffen: Kaifeng, ein Name, der sinnbildlich die Erweiterung eines Gebietes bedeuten soll. In der Nördlichen Song-Dynastie war die Stadt auf 1,5 Millionen Einwohner angewachsen, sie galt als eine der glanzvollsten Städte Asiens, ihr Luxus war sprichwörtlich, sie war eine Stadt der Paläste mit einer Stadtmauer, die 25 Kilometer lang war.

Der Abstieg war bitter, dazu kamen die Überschwemmungen, die durch den Gelben Fluss immer wieder verursacht wurden. Das Vordringen der Mandschuren im Jahre 1644 veranlasste die Ming-Loyalisten, die Deiche des großen Stromes zu durchstechen, um sie zu stoppen. Bei dieser Katastrophe ohne Vorwarnung kamen 300 000 Menschen ums Leben, sie wiederholte sich 1938, als Chiang Kai-shek die Deiche wegen der japanischen Invasoren sprengen ließ und über eine Million Menschen umkamen. Die Stadt und ihr Umland erholten sich danach nur ganz langsam. Kaifeng blieb wenigstens noch Hauptstadt der Provinz Henan, aber 1954 wurde diese Funktion auf Zhengzhou übertragen.

Geblieben sind der Stadt aus ihrer großen Vergangenheit eine Reihe von Denkmälern und Sehenswürdigkeiten wie der Tempel Xiangguo Si, der im Süden der Altstadt liegt und einer der berühmtesten Tempel Chinas ist. Erbaut im Jahre 555 entwickelte sich der Xiangguo Si zu einem bedeutenden buddhistischen Tempelkloster, seine heutigen Gebäude aber stammen aus dem Jahre 1766. Bekannt ist auch die sogenannte Eisenpagode, eine 54,66 Meter hohe dreizehnstöckige Pagode, deren Wände mit eisenfarbigen Keramikziegeln geschmückt sind. Der aus dem 13. Jahrhundert stammende Tempel Yan Qing mit seiner reichgeschmückten sechseckigen Pagode ist ein daoistisches Sakralgebäude, das dem mythischen König Yu gewidmet ist, dem Bezwinger der Fluten in grauer Vorzeit. Der Tempel erinnerte noch bis in die jüngste Zeit an die ständige Bedrohung, die durch den Gelben Fluss gegeben war und so oft schon seine Wasser in die Stadt ergossen hatte.

LINKE SEITE:
Eine goldene Statue in einer Pagode der historischen Hauptstadt Kaifeng.

Der Pagodenwald in der Nähe des Shaolin Klosters.

OBEN LINKS:
Das Observatorium
von Dengfeng.

OBEN RECHTS:
Junge Shao-Lin Kung Fu Schüler
üben auf einem Sandplatz
in Shao-Lin mit Schwertern in
der Hand den traditionellen
Kampfsport.

RECHTE SEITE:
Der Glockenturm des Xianggua
Tempels.

DER SONG SHAN
SCHATZKAMMER DER KULTURDENKMÄLER

Von den mythenumwobenen Heiligen Bergen Chinas liegt der Song Shan genau in der Mitte, er ist jedoch kein Berg, sondern ein etwa 60 Kilometer langer Gebirgszug mit 72 Gipfeln, geteilt in einen östlichen Strang, den Taishi Shan und in einen westlichen, den Shaoshi Shan. Die höchste Höhe beim östlichen Gebirgszug wird mit 1440 Meter angegeben, der westliche hat einen Gipfel mit 1405 Meter aufzuweisen.

Mitten in diesem Gebirge liegt die Kreisstadt Dengfeng, von der aus alle Sehenswürdigkeiten des gesamten Gebiets am leichtesten zu erreichen sind. Der Song Shan gilt seit alters als eine „Schatz-kammer der Kulturdenkmäler", denn sowohl in den Tälern als auch auf den Abhängen finden sich eine Unzahl von Klöstern, Tempeln, Pagoden, Stelen und Pavillons, die von Daoisten und Buddhi-sten gleichermaßen besucht werden.

International bekannt wurde das Shao-Lin-Kloster als Heimstätte des Kampfboxens Kung Fu, be-gründet von dem indischen Mönch Bodhidharma (chinesisch: Damo), der um 527 nach Shao Lin kam. Das Kloster war bereits 495 in der Nördlichen Wei-Dynastie erbaut worden, wurde aber erst

Kung Fu Training

RECHTE SEITE:
Das Shao-Lin Koster, die Heimat des Kung Fu.

Die 4-jährige Li Huamei streckt ihr Bein mit Hilfe eines anderen kleinen Mädchens in die Höhe. Kung Fu wird in China schon die Kleinsten gelehrt.

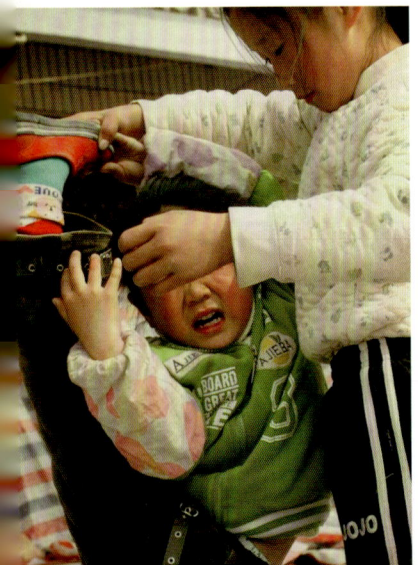

weithin bekannt, als von Damo in diesem Kloster der Chan-Buddhismus entwickelt wurde.

Diese Form der Lehre gelangte später unter dem japanischen Namen Zen zu internationaler Bedeutung. Die Tang-Kaiser bildeten dann aus den Mönchen dieses Klosters ihre Leibwache und verhalfen durch großzügige Spenden dem Kloster zu einer Blütezeit, so dass bald bis zu tausend Mönche Shao Lin bevölkerten. Trotz der kampferprobten Mönche wurde Shao Lin mehrfach zerstört, aber immer wieder aufgebaut. Die heutigen Bauten stammen aus der Ming-Zeit und der Qing-Epoche.

Einen halben Kilometer westlich davon liegt Chinas größter Pagodenwald, ein Friedhof, in dem berühmte Äbte und gelehrte Mönche begraben liegen. 220 Pagoden hat man zu ihren Ehren dort gebaut, die alle bis heute erhalten sind. Shao Lin ist heute zwar nach wie vor ein Kloster, gleichzeitig aber inzwischen eine internationale Ausbildungsstätte in der traditionellen chinesischen Kampfkunst, in der auch längst junge Männer ausgebildet werden, die nie vorhaben, in den Mönchsstand zu treten. Shao Lin liegt 15 Kilometer nordwestlich der Kreisstadt Dengfeng und etwa 80 Kilometer südwestlich von Zhengzhou.

Das größte Kloster auf dem Song Shan aber ist der Tempel Zhongyue Miao, der nur 4 Kilometer von Dengfeng entfernt unterhalb des Gipfels Huangtai Feng liegt. Die Mittelachse dieses größten Klosters der Provinz Henan erstreckt sich über eine Länge von 650 Metern. Zahlreiche Hallen und Tore sind, in elf Höfe unterteilt, innerhalb des Zhongyue Miao zu sehen, die in ihrer heutigen Form alle aus der Qing-Zeit stammen.

Westlich vom Kloster befindet sich in etwa 5 Kilometer Entfernung die sogenannte Songyang-Schule, eine der acht großen Schulen der Song-Dynastie. In dieser Anstalt wurde die Elite des Song-Reiches herangebildet. Man wandelte auf Grund kaiserlicher Weisung im Jahre 1035 den Songyang-Tempel der Nördlichen Wei-Dynastie in eine Schule für Hochbegabte um.

Yinchuan

Huang He

Baoding

Tianjin

Seoul

Incheon

Yangquan

Shijiazhuang

Yantai

Weihai

Daejeon

SÜD-KOREA

Taiyuan

Xintai

Jinan

Zibo

Weifang

Yan'an

Handan

Qingdao

Gwanju

Linfen

Anyang

Taian

Changzhi

Jining

Tongchuan

Xingxian

Zaozhuang

Gelbes

Jiaozuo

Kaifeng

Lianyungang

Meer

Bapji

Weinan

Zhengzhou

Xuzhou

Qingjian

Luoyang

Huaibai

Taizhou

Xi'an

Pingdingshan

Benghu

Yangzhou

Nantong

Nanyang

Huainan

Nanjing

Wuxi

Shanghai

Shiyan

Xinyang

Hefei

Changzhou

Ost-

Jangtsekiang

Yichang

Wuhan

Anqing

Suzhou

Jiaxing

chinesisches

Nanchong

Wanxian

Drei Schluchten Stausee

Hangzhou

Shaoxing

Ningbo

Meer

Neijiang

Shashi

Huangshi

Yueyang

Jiujiang

Jingdezhen

Jinhua

Chongqing

Changde

Nanchang

Luzhou

Changsha

Pingxian

Shangrao

Wenzhou

Zunyi

Xiangtan

Zhuzhou

Ji'an

Nanping

Guiyang

Shaoyang

Hengyang

Fuzhou

Jilong

Taibei

Duyun

Chenzhou

Ganzhou

Anshun

Quanzhou

Taizhong

Guilin

Xiamen

Hualian

Shaoguan

Zhangzhou

TAIWAN

Liuzhou

Chaozhou

Tainan

Wuzhou

Guangzhou

Shantou

Gaoxiong

Nanning

Zhaoqing

Shenzhen

Foshan

Hongkong

Yulin

Jiangmen

Macau

Maoming

Beihai

Zhanjiang

Südchinesisches

Hanoi

Haiphong

Meer

Haikou

VIETNAM

Hainan

0   200   400   600

km

PHILIPPINEN

HONG KONG
Sonderverwaltungszone

Am äußersten Zipfel des chinesischen Festlandes zwischen 113°02'–114°30' östlicher Länge und 22°09'–22°37' nördlicher Breite gelegen, grenzt Hong Kong an die Provinz Guangdong und an das Südchinesische Meer – unmittelbar südlich des nördlichen Wendekreises. Das gesamte Gebiet besteht aus der Insel Hong Kong Island, dem gegenüberliegenden Kowloon, den sich weit nach Norden hin erstreckenden New Territories und 235 Inseln.

FOLGENDE DOPPELSEITE:
Das Po Lin Kloster wurde 1927 eingeweiht und ist ein Ort der Ruhe und Besinnung im hektischen Hong Kong.

Die Skyline Hong Kongs bietet, besonders vom Wasser aus gesehen, einen imposanten Anblick .

OBEN LINKS:
Hausboote und Dschunken im
Hafen von Aberdeen.

OBEN RECHTS:
Für ganze Familien bieten die
vielen Hausboote im Hafen von
Aberdeen ein zu Hause.

Nach 156 Jahren englischer Herrschaft wird das Gebiet nunmehr seit dem 1. Juli 1997 als Sonderverwaltungszone von der VR China geführt. Nach den Vereinbarungen mit Großbritannien bleibt das
bisherige wirtschaftliche und soziale System für 50 Jahre erhalten und schließt auch die eigenständige Mitgliedschaft in vielen internationalen Organisationen mit ein.

Hong Kong zählt auf einer Fläche von 1098 Quadratkilometern 6,8 Millionen Einwohner, von denen 95 Prozent Chinesen sind. Der Rest verteilt sich auf Filipinos, Indonesier, Briten, Inder, Japaner
und Sonstige. Die Amtssprachen sind Englisch und Chinesisch. Allerdings sprechen von den Chinesen nur etwa 1 Prozent Hochchinesisch (Putonghua), rund 90 Prozent sprechen Kantonesisch, der
Rest andere chinesische Dialekte.

Im Parlament von Hong Kong sind acht Parteien vertreten. Von den 60 Mitgliedern werden 24 direkt gewählt, 36 von einem Wahlausschuss und von Standesorganisationen ernannt. Im Volkskongress der VR China sind 36 dieser Parlamentarier vertreten. Oberster Verwaltungschef wurde 1997
Tung Cheehwa. Als Währung gilt nach wie vor der frei konvertierbare Hong-Kong-Dollar.

TOPOGRAPHIE

Das Gebiet von Hong Kong liegt an der südchinesischen Küste im Bereich des breiten Kantondel-
tas, das der Perlfluss (Zhujiang) auf einer Front von 30 Kilometern bildet. Die Hauptmasse der
Sonderverwaltungszone wird von einer vielfach zerklüfteten Halbinsel gebildet, die durch zahlreiche Buchten gekennzeichnet ist und die Anlage von Hafenplätzen gestattet. Am südlichen Ende dieser Halbinsel liegt das dichtbevölkerte Kowloon, das pro Quadratkilometer eine Einwohnerzahl von
45 000 Menschen aufweist. Kowloon gegenüber liegt – jenseits von Victoria Harbour – das eigentliche Herz des ganzen Gebiets: die Insel Hong Kong Island. Hier erhebt sich der Victoria Peak, dessen 550 Meter hoher Gipfel mit einer Seilbahn auch zu erreichen ist.

RECHTS:
Der sitzende Buddha im Kloster
Po Lin ist die weltgrößte
sitzende Buddha-Figur.

Taxistand vor der Bank of China.

Die größte der umliegenden Inseln ist Lantau, auf der sich der Lantau Peak zu einer Höhe von 993 Metern erhebt. Auf Lantau befindet sich seit mehreren Jahren der neue, hochmoderne Flughafen Chek Lap Kok, der den alten, in der Stadt liegenden, „gefährlichen" Kai Tak Airport ablöste. Durch eine meisterhafte Brückenkonstruktion ist Lantau seither auch mit dem Festland per Autobahn verbunden.

Causeway Bay: Taxireparatur.

Das gesamte Gebiet von Hong Kong, auch die nach Norden hin sich ausbreitenden New Territories, ist einschließlich aller Inseln gebirgiger Natur. Da viele der supermodernen Hochhäuser auf Hong Kong Island am Hang oder sogar auf den Hügeln selbst liegen, bietet die Stadt am Victoria Harbour eine der spektakulärsten Silhouetten der Welt.

KLIMA

Das ausgeprägt subtropische Klima beschert Hong Kong einen sonnigen Frühling, einen heißen und feuchten Sommer, einen kurzen Herbst und einen stets trockenen, etwas kühleren Winter. An sonnigen Wintertagen werden jedoch oft noch über 20° Celsius gemessen, das Thermometer fällt auch im Winter kaum unter 10° C. Im Sommer liegen die Temperaturen meist zwischen 25° und 31° Celsius.

Die hohe Luftfeuchtigkeit von meist 90 % macht das Klima zu dieser Jahreszeit oft äußerst drückend. Die meisten Niederschläge fallen im Frühjahr und Sommer. Vielfach gehen heftige Schauer nieder. Zwischen Juli und Oktober wird Hong Kong oft von Taifunen heimgesucht, die beträchtlichen Schaden anrichten können.

Panda Bär im Ocean Park, eine gelungene Kombination aus zoologischem Garten und Vergnügungspark in Aberdeen.

LANDWIRTSCHAFT

Von der Gesamtfläche Hong Kongs sind 90 Prozent landwirtschaftlich genutztes Gebiet. Obwohl im Mittelpunkt des internationalen Interesses die große Handels- und Hafenstadt steht, ist vor allem das Hinterland der New Territories bäuerliches Land, das für die Versorgung der Stadt von eminenter Wichtigkeit ist. Neben Schweine- und Geflügelzucht werden Reis, Weizen, Mais, Süßkartoffeln und vor allem Gemüse angebaut. Die Fischerei spielt eine bedeutende Rolle, die Fischer fahren mit ihren schnellen Schiffen oft weit hinaus zu Fanggründen ins Südchinesische Meer.

INDUSTRIE

Hong Kong ist in erster Linie eine Handelsstadt, die zwar nur 0,1 Prozent der Weltbevölkerung aufweist, jedoch ein Prozent des gesamten Welthandels auf sich vereinen kann. Gleichzeitig ist die Stadt das drittgrößte Finanzzentrum der Welt und eine hochmoderne Hafenstadt, von der aus 1500 Schiffe auf den Weltmeeren für Reeder aus Hong Kong unterwegs sind.

Die Hong Kong Star Ferry fährt zwischen Hong Kong Island und Kowloon. Die Überfahrt dauert ca. 7 Minuten.

Fischrestaurants am Ufer von Lamma Island bieten kulinarische Köstlichkeiten.

Minibusse sind typische Verkehrsmittel in den New Territories.

In der Zeit nach dem Zweiten Weltkrieg entwickelte sich Hong Kong dann auch noch zu einem dynamischen Industriestandort, der Firmen der Textilindustrie, der Elektroindustrie, Elektronik, Leicht- und Konsumgüterindustrie in großer Vielfalt angezogen hat. Die Containeranlagen Hong Kongs gelten als die drittgrößten der Welt und sorgen für einen schnellen Zufluss der Rohstoffe und einen zügigen Abfluss der Produkte. Nicht zu vergessen sind die Werften der Stadt, die durch ihren Standortvorteil für Reparaturarbeiten von vielen Reedern genutzt werden.

VERKEHRSWESEN

1998 wurde der 73 Jahre alte Flughafen Kai Tak am Rand der dichtbevölkerten Innenstadt durch den 35 Kilometer außerhalb auf der Insel Lantau liegenden Airport Chek Lap Kok abgelöst. Die Insel selbst wurde durch mehrere hochmoderne Brückenkonstruktionen mit dem Festland verbunden. Damit und mit den Hafenanlagen ist eine optimale Anbindung an die Weltwirtschaft und an das Mutterland gewährleistet. Nach Kanton fahren täglich Schnellzüge aber auch entlang der Küste Luftkissenboote, Katamaranschiffe und Tragflügelboote.

Das Hinterland ist durch gute Straßen erschlossen. Der innerstädtische Verkehr wird mit Bussen, Taxen, Sampans, Schnellbooten und Lastschiffen abgewickelt. Hong Kong Island ist mit Kowloon durch einen unterirdischen Straßentunnel verbunden – oder man fährt mit den ständig verkehren-

den Fähren über den Meeresarm. Die in den siebziger Jahren des 20. Jahrhunderts erbaute Satellitenstadt Sha Tin im Ostteil der New Territories (mit über 500 000 Einwohnern) erreicht man am schnellsten mit der Eisenbahn vom Bahnhof Kowloon aus.

Blick vom Victoria Peak auf die Mid-Levels.

GESCHICHTE

Die dramatische Erfolgsgeschichte Hong Kongs beginnt zwar erst im 18. Jahrhundert, aber besiedelt war die Gegend schon um 3000 v. Chr. Hong Kong heißt „Duftender Hafen", damit meinte man damals ein kleines Fischernest an einer geschützten Bucht. Bis in die neuere Zeit verharrte der Ort unbeachtet am Rande des Perlflussdeltas.

Im Jahre 1829 verbot der chinesische Kaiser erstmals den von den Briten betriebenen Opiumhandel und erneuerte das ursprüngliche Einfuhrverbot von 1796. Da die Sucht sich jedoch auf Seiten der Chinesen nicht mehr eindämmen ließ und die Briten an diesem Handel enorm verdienten, kam es 1840–1842 zum Ersten Opiumkrieg, den die Engländer gewannen und China zwang, die von den Siegern besetzte Insel Hong Kong an England abzutreten.

Nach dem Zweiten Opiumkrieg (1856–1858) musste China dann auch das heutige Kowloon an das wiederum siegreiche England ausliefern. 1898 erwarben dann die Briten durch einen Pachtvertrag

für 99 Jahre die noch viel größeren New Territories mit vielen umliegenden Inseln. Damit hatte London sich einen Platz gesichert, der als Ausfuhrhafen für Tee und als Einfuhrhafen für Opium bereits damals alle Voraussetzung dafür bot, neben dem weit im Süden liegenden Singapur zu einer Drehscheibe des Handels in ganz Fernost werden zu können.

Von Hong Kong gingen alsbald auch schon Auswandererschiffe nach Südostasien und Amerika ab. Mit Shanghai wetteiferte Hong Kong in den Jahren vor und nach dem Ersten Weltkrieg, die Stadt des schnellen Geldes und der Glücksritter zu sein. Letztlich aber war es die hart und unermüdlich arbeitende Bevölkerung der Stadt, die bis zur Eroberung durch die Japaner Hong Kongs Wohlstand begründete.

Die japanische Besatzung 1941–45 war zwar eine Zeit der Lähmung, machte aber nach der Kapitulation Japans dann schnell einer Zeit des Wiederaufstiegs Platz. Die „große Zeit" Hong Kongs

UNTEN LINKS:
Aquarium-Fische auf dem Fischmarkt in Kowloon.

UNTEN MITTE:
Gebratene Enten auf einem Markt in Wan Chai.

UNTEN RECHTS:
Vogelmarkt in Kowloon.

brach jedoch erst in der zweiten Hälfte des 20. Jahrhunderts an, als nach der Ausrufung der VR China viele Fachkräfte und Finanzleute aus Shanghai nach Hong Kong flüchteten und der spätere Aufbau einer leistungsstarken Textil- und Bekleidungsindustrie gelang.

1831 lebten in Hong Kong knapp 33 000 Menschen, 1931 schon 879 000, aber im Jahre 2001 waren es schon fast 7 Millionen. Da nun aufgrund des Pachtvertrages die New Territories 1997 ohnehin an China zurückgegeben werden mussten, eröffnete Großbritannien Verhandlungen bereits 1982 über die Zukunft von Hong Kong insgesamt, die bereits 1984 erfolgreich abgeschlossen werden konnten.

Am 30. Juni 1997 endete die Vorherrschaft Großbritanniens und die Kronkolonie Hong Kong fiel an die VR China zurück. Der Vertrag zwischen London und Peking sichert der Stadt ihre Vorrechte als Sonderverwaltungszone auf weitere 50 Jahre.

SEHENSWÜRDIGKEITEN

Für jeden Besucher, der auf Hong Kong Island vom Victoria Peak aus nach Kowloon hinüberschaut, öffnet sich ein atemberaubender Blick. Zu seinen Füßen gleichsam liegt der Meeresarm (Victoria Harbour), der die Insel vom Festland trennt. Unmittelbar unter ihm liegt der Central District mit seinen Bürohochhäusern, Banken, Hotels und Handelshäusern, das Hong Kong der Wolkenkratzer, auf der gegenüberliegenden Seite das quirlige Kowloon, das die höchste Einwohnerdichte der Welt aufweist. Beide Stadtlandschaften Hong Kongs sind für sich genommen schon ein Museum – aber das lebendigste, das man sich vorstellen kann.

Auf Hong Kong Island finden sich aber auch der Zoologische und der Botanische Garten, der Ocean-Park mit seinen Aquarien, der Hong Kong-Park mit seinen Gewächs- und Vogelhäusern, der alte Fischerort Aberdeen mit seinem Dschunkenhafen und einige bemerkenswerte Museen wie das Tee-Museum und das Museum der englischsprachigen University of Hong Kong.

OBEN LINKS:
Obstmarkt im Western District.

OBEN MITTE:
Jademarkt in Kowloon.

OBEN RECHTS:
Blumenmarkt in Kowloon.

FOLGENDE DOPPELSEITE:
Der Ortsteil Wan Chai mit dem Festland im Hintergrund.

In Kowloon empfängt den Besucher nicht weit von der Anlegestelle der Fähren das neue Kultur-zentrum mit Kunstmuseum, Theater, Space-Museum, Planetarium und Science-Museum. Beim aus-gedehnten Kowloon-Park liegt das Museum of History mit vielen Exponaten zur Stadtgeschichte. Im Stadtviertel Yan Ma Tei wird im großen Tin Hau-Tempel die Schutzgöttin der Seefahrer verehrt, die sehenswerte Anlage mit ihren fünf Hallen stammt aus dem Jahre 1876.

Einer der jüngsten Tempel von Kowloon ist dagegen der 1973 eingeweihte Sakralbau, in dem der daoistische Gott Wong Tai Sin gegen Krankheiten angerufen wird. Jährlich suchen über drei Millio-nen Gläubige hier Hilfe und Heilung. In den New Territories entstand ebenfalls erst 1950 der Tempel der 10 000 Buddhas auf einem 320 Meter hohen Hügel. Man findet ihn in der pulsierenden Satellitenstadt Sha Tin. Die Anlage besteht aus einem unteren und einem oberen Tempel und ent-hält 12 800 Figuren. In diesem Stadtteil ist auch die erlesene Kunstgalerie der Chinesischen Univer-sität beheimatet.

Der äußerste Westen der New Territories wird von dem 583 Meter hohen Castle Peak beherrscht, an dessen Hang das buddhistische Kloster Po Toi mit interessanten Baulichkeiten zu finden ist. Die weltgrößte Statue Buddhas im Lotossitz findet sich allerdings auf der Insel Lantau und zwar im mitt-leren Inselwesten im Kloster Po Lin, das 800 Meter über dem Meeresspiegel liegt. Der 1921 begon-nene riesige „Lantau-Buddha" hat vom Sockel an gemessen eine Höhe von 34 Metern und wiegt 250 Tonnen.

Kloster Po Lin.

Der Durchmesser am Grundriss von 52 Metern gibt eine Ahnung von der Mächtigkeit dieser Figur, die aus 10 Millimeter dicken Bronzeplatten gefertigt wurde und einen Hohlraum von 1000 Kubikmetern umschließt. Der einmalige Glanz dieser Statue wird durch die Gold-Quecksilber-Legierung hervorgerufen, mit der ihre Oberfläche beschichtet wurde.

Beeindruckende Brückenkonstruktionen verbinden die Insel mit dem Festland.
Die im Hintergrund sichtbare Brücke Tsing Ma ist die wichtigste Verbindung zur Insel Lantau.

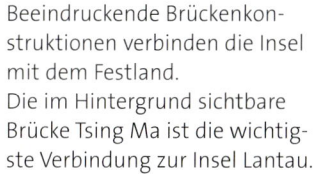

Der Ching Chung Koon Tempel in den New Territories.

HUBEI

Die am Mittellauf des Jangtse gelegene Provinz Hubei hat ihren Namen von ihrer Lage, er bedeutet „Nördlich des Sees", womit der Dongting See gemeint ist. Im landläufigen Sprachgebrauch wird Hubei jedoch nur „E" genannt. Dieses kürzeste aller Provinz-Kürzel geht auf den Namen Ezhou zurück, der von der Tang- bis zum Ende der Song-Dynastie die große Präfektur bezeichnete, zu der das heutige Hubei damals gehörte.

Die Provinz mit ihrer fühlbaren West-Ost-Ausrichtung liegt zwischen 108°21'–116°07' östlicher Länge und 29°01'–33°16' nördlicher Breite und umfasst 186 000 Quadratkilometer. Damit gehört Hubei zu den mittelgroßen Provinzen Chinas. In den 36 Städten und 67 Landkreisen leben 60 Millionen Einwohner, überwiegend Han-Chinesen und kleinere Gruppen der Tujia- und Miao-Nationalität. Hubei ist von sechs Nachbarprovinzen umgeben. Im Norden liegt Henan, im Nordwesten Shaanxi, im Westen Sichuan, im Süden Hunan, im Südosten Jiangxi und im Osten Anhui. Die Hauptstadt ist Wuhan mit 9 Millionen Einwohnern im Großraum und 4 Millionen davon in der Innenstadt.

TOPOGRAPHIE

Obwohl auch Hubei wie viele Provinzen Chinas ein Gebirgsland ist, steht doch die wasserreiche und feuchte Tiefebene in der Mitte und im Süden stets bei jeder Betrachtung im Vordergrund, denn hier liegen die vielen Seen, das große Reisanbaugebiet und vor allem die Riesenstadt Wuhan.

Diese Ebene ist nach Süden hin offen und schließt sich an die Dongting-See-Ebene von Hunan an. Im Westen, Osten und Norden jedoch erheben sich die Berge, die in der Shengnong-Spitze im Westen mit 3053 Metern ihre größte Höhe erreichen. Die Bergwelten im Westen sind dicht bewaldet und werden wegen ihrer vielfältigen Pflanzen- und Tierwelt auch als „Grüne Schatzkammer" bezeichnet.

Dieses Gebiet wird vom Jangtse durchflossen, der im Wushan-Gebirge die drei berühmten Schluchten bildet, die nunmehr durch den Bau des großen Staudamms und den entstehenden Stausee für immer verändert werden. Weiter nördlicher im Westen erheben sich das Wudang-Gebirge und die Jingshan-Kette und im Norden hat die Provinz einigen Anteil an der Bergwelt des Dabieshan, die weit nach Anhui hineinreicht.

Hubei kann sich rühmen, die meisten Seen in China zu besitzen, die alle im Laufe der Jahrhunderte durch die vielen Windungen des Jangtse entstanden sind. Die größten dieser Seen sind der Honghu im Süden der Ebene, der Liangzihu südöstlich von Wuhan sowie der Changhu weiter westlich bei Shashi. Dazu kommen mehr als tausend größere und kleinere Flüsse, vor allem der Hanshui, der aus dem Nordwesten kommt und bei Wuhan in den Jangtse mündet.

FOLGENDE DOPPELSEITE:
Der Dongting See bei Wuhan.

Wasserpflanzen auf dem Honghu-See.

KLIMA

Die Provinz hat subtropisches Monsunklima, jedoch mit großen Unterschieden zwischen dem Bergland im Westen und der großen Ebene am Mittellauf des Jangtse. Die vier Jahreszeiten sind klar ausgeprägt, die Winter kurz und kalt, die Sommer feucht und heiß.

Im Gebiet von Wuhan werden im Sommer oft bis zu 40° Celsius erreicht, weshalb diese Region auch zu den heißesten von ganz China gezählt wird. Die mittlere Jahrestemperatur liegt auf Grund der großen Schwankungen jedoch nur bei 15° bis 17° Celsius, denn man misst beispielsweise in Wuhan im Januar 3,2°, im April 16,3°, im Juli 28,7°, im September 23,2° und im November 11,2° Celsius. Der mittlere Jahresniederschlag liegt im Nordwesten bei 800 Millimeter, im Südosten jedoch bei 1500 Millimeter. Der meiste Regen fällt im Frühling und Frühsommer.

VERKEHRSVERBINDUNGEN

Hauptverkehrsader der Provinz ist der Jangtse, auf dem bei hohem Wasserstand 10 000-Tonnen-Schiffe ab Wuhan flussabwärts fahren und kleinere Binnenschiffe flussaufwärts bis nach Sichuan kommen können. Mittlere Flussschiffe verkehren auch auf dem Hanshui, er ist der zweitwichtigste Schifffahrtsweg Hubeis.

Die Provinz ist durch das Eisenbahnnetz mit den nördlichen und südlichen Landesteilen gut verbunden, Wuhan liegt selbst an der Fernstrecke Peking - Kanton. Die Landstraßen sind gut ausgebaut und erschließen auch die abgelegeneren Berggebiete vor allem im Südwesten. Eine Autobahn führt von Yichang aus über Wuhan durch das Jangtsetal weiter nach Osten bis nach Anhui.

LANDWIRTSCHAFT, FORSTWIRTSCHAFT, FISCHEREI

Chinesischer Stör.

Das Klima begünstigt den Anbau von Wasserreis, Weizen, Baumwolle, Ölpflanzen, Tee, Sorghum, Raps, Bohnen und Sesam. In großen Plantagen werden Orangen und Mandarinen geerntet. Im Nebenerwerb befassen sich viele Bauern mit der Zucht von Seidenraupen, da Maulbeerbäume in Hubei gut gedeihen.

Die weiten Waldgebiete von Westhubei liefern der Forstwirtschaft hohe Holzerträge. Neben Kiefern finden sich in Hubei Tongölbäume, Lackbäume, Ölkamelien und die seltene Wasserpinie. Die Fischerei spielt in Hubei eine bedeutende Rolle, in den Seen und Flüssen leben viele Süßwasserfische, die in der Provinz in großen Zuchtbecken auch für den Versand vorbereitet werden.

Im Jangtse kommt bei Yichang auch der Chinesische Stör vor, der eine Länge von vier Metern und ein Gewicht von 500 Kilogramm erreichen kann.

INDUSTRIE

Die Industrie der Provinz stützt sich auf große Vorkommen von Eisenerz, das im Südosten, in Daye, abgebaut wird. Ferner werden Kupfer, Phosphor, Gips und Steinsalze in großem Maße gewonnen. Das Eisen- und Stahlkombinat Wuhan ist das modernste des Landes. Einen wichtigen Platz nehmen auch der Maschinenbau, die Energiewirtschaft und die Textilindustrie ein.

GESCHICHTE

Während der Zhou-Dynastie gehörte Hubei zum Königreich Chu, das dann vom ersten chinesischen Kaiser unterworfen und dem Reich eingegliedert wurde. In allen Dynastien spielte dann das Gebiet am Mittellauf des Jangtse eine verkehrstechnisch eminent wichtige Rolle, war aber verwaltungsmäßig in verschiedene Einheiten aufgeteilt.

Im 13. Jahrhundert wurde es mit der Nachbarprovinz Hunan zur großen Provinz Huguang zusammengeschlossen. Die Regierung der Qing-Dynastie schuf dann 1664 die heutigen Provinzen südlich und nördlich des Dongting-Sees und gab ihnen ihre heutigen Namen Hunan und Hubei.

Beim Taiping-Aufstand in der Mitte des 19. Jahrhunderts wurden Teile der Provinz von den Rebellen stark in Mitleidenschaft gezogen. Auf den Druck der westlichen Nationen musste China ab 1860 die Städte Hankou, Yichang und Sashi als Handelsplätze für Ausländer öffnen.

Das Signal für die Revolution 1911 ging von dieser Provinz aus, da der Aufstand der Soldaten in Wuchang den Startschuss für den Sturz der Mandschu-Dynastie gab. Am 17. Oktober schlugen bei Hankou die Aufständischen die erste siegreiche Schlacht gegen die kaiserlichen Truppen.

FOLGENDE DOPPELSEITE:
Die Hauptstadt Wuhan.

Eine Allee außerhalb von Wuhan, nahe Maos Sommerresidenz.

RECHTE SEITE:
Das Jiali Plaza in Wuhan.

FOLGENDE DOPPELSEITE:
Der Gelbkranichturm
und Wuhan.

STÄDTE IN HUBEI

WUHAN

Die Stadt Wuhan besteht unter diesem Namen erst seit 1927, denn damals wurden die drei Städte Wuchang, Hankou und Hanyang zu einer Einheit zusammengeschlossen. Der Name der neugebildeten Großstadt setzt sich daher aus den Silben Wu (von Wuchang) und han (von Hankou und Hanyang zusammen.

Die ehemaligen Städtenamen sind als Bezeichnungen der Stadtteile jedoch nach wie vor gebräuchlich. Hankou und Hanyang liegen am Westufer des Jangtse, nur getrennt durch den Hanfluss, der hier in den großen Strom mündet. Wuchang liegt am Ostufer – diesen beiden Städten gegenüber. Diese drei Stadtteile sind seit der Fertigstellung der großen Jangtsebrücke im Jahre 1957 miteinander verbunden.

Die Brücke dient sowohl dem Zug- als auch dem Straßenverkehr, ist 1670 Meter lang und 80 Meter hoch. Damit wurde gleichzeitig für Autos und Eisenbahnen der nördliche Teil Chinas mit dem südlichen verbunden, während früher stets mit Fähren übergesetzt werden musste.

Die Stadt Wuhan hat mit den eingemeindeten Gebieten im Großraum 9 Millionen Einwohner und ist Hauptstadt der Provinz. Schifffahrtslinien verbinden die Stadt sowohl mit Chongqing (Tschungking) als auch mit Nanking und Shanghai. Die Fernzüge fahren nach Peking und Kanton, an das innerchinesische Flugnetz ist die Stadt ebenfalls angeschlossen.

Bis zum Zusammenschluss 1927 gingen die drei Städte eigene Wege. Wuchang, die älteste der drei urbanen Siedlungen, war schon zur Zeit der Han-Dynastie eine befestigte Stadt und in der Yuan- und Ming-Dynastie Hauptstadt der großen Provinz Huguang. Im Jahr 1911 brach mit der Revolte der Soldaten in Wuchang das Ende der Qing-Dynastie an, heute ist der Stadtteil Wuchang der politische und kulturelle Mittelpunkt der Riesenstadt.

Hanyang, eine Gründung der Sui-Zeit, die kleinste der drei Städte, war als Alterssitz für pensionierte Beamte in ganz China bekannt. 1894 jedoch wurde noch am Ende des Kaiserreiches Hanyang als Sitz des ersten modernen Eisen- und Stahlwerks in China auserkoren. Auf diesem Gelände wurde 1958 dann das große Stahlkombinat eröffnet, das später vollautomatisiert wurde.

Hankou dagegen war noch bis 1858 ein kleines Fischerdorf, wurde jedoch von den westlichen Ländern dazu ausersehen, eine große Handelskonzession aufzunehmen, die dann zwischen den einzelnen europäischen Staaten aufgeteilt wurde. Aus diesem Grund entwickelte sich Hankou zu einem führenden Handelszentrum.

Die Stadt Wuhan ist seit dem Zusammenschluss 1927 zum wichtigsten Zentrum für den Handel in Zentralchina und zu einer der bedeutendsten Industriestädte des ganzen Landes aufgestiegen.

Die in Wuhan erhaltenen Sehenswürdigkeiten (Tempel, Pagoden, Pavillons, Gärten und Hallen) finden ihre Krönung im „Gelben Kranichturm", der nach mehrfacher Zerstörung 1985 nach dem ur-

sprünglichen Plan wiedererrichtet wurde. Der fünfstöckige 51 Meter hohe Turm erhebt sich majestätisch auf dem Schlangenberg. Von dem Turm aus kann man die Stadt, den Fluss und die lange Brücke ohne Schwierigkeit überblicken.

Die Geschichte der Provinz wird lebendig im Hubei-Museum, das über 200 000 Ausstellungsstücke bereithält, die vom Neolithikum bis zur Gegenwart die Entwicklung der Provinz und ihrer Bewohner dokumentieren. Das 1978 aus einem Grab der Zhou-Dynastie geborgene Glockenspiel hat Weltberühmtheit erlangt.

Dieses riesige Musikinstrument gab man dem Marquis Yi von Zeng im Jahre 433 v. Chr. mit ins Grab, es besteht aus 19 kleinen und 46 mittleren und großen Glocken. Die größte Glocke davon wiegt 203 Kilogramm. Dazu kam noch ein Spiel, bestehend aus 32 Klingsteinen, einer großen Trommel und einer Mundorgel.

LINKE SEITE:
Der Gelbkranichturm bei Nacht.

FOLGENDE DOPPELSEITE:
Der Dongting See bei Wuhan.

Die Qingchuan Brücke in Wuhan.

Zwei Jinshau-Hoch-
geschwindigkeitsboote.

Von den zahlreichen Tempeln, die zur Kaiserzeit noch in den drei Städten vorhanden waren, existieren die meisten nicht mehr, aber der aus dem Jahre 1895 stammende Guiyuan Si hat die Stürme der Zeit überdauert. Dieser in Hanyang gelegene Tempel mit seinen 14 großen Gebäuden (Hallen, Pavillons, Türmen) war zur Ming-Zeit noch ein Palastgarten, der zu einem Tempel umgestaltet wurde.

Die heutige Anlage beeindruckt vor allem durch die große Buddha-Skulptur in der Halle Daxiong Baodian und durch die 500 Lohan-Figuren in der Halle Luchan Tang. Eine kostbare Sammlung heiliger Sutras beherbergt der Pavillon Cangjing Ge.

XIANGFAN

Die jüngste Stadt der Provinz ist das erst 1950 gegründete Xiangfan, entstanden aus den Kreisstädten Xiangyang und Fancheng. Die Stadt liegt im Nordwesten Hubeis und ist in diesem Gebiet der wichtigste Knotenpunkt der sich kreuzenden Eisenbahnlinien und Fernstraßen.

In der Stadt und in ihrem unmittelbaren Umkreis stehen zwei interessante Tempel, zwar nicht sehr alt, aber bemerkenswert. Der eine, der Mi Gong Ci, ist dem Andenken eines berühmten Kalligraphen aus der Song-Zeit gewidmet, und der andere, Guang De Si, besticht durch seine 17 Meter hohe Rundpagode, die aus Holz und Ziegeln errichtet ist und aus dem Jahre 1494 stammt.

SHASHI

Die über 200 000 Einwohner zählende Stadt Shashi liegt am Nordufer des Jangtse etwa 200 Kilometer westlich der Provinzhauptstadt Wuhan und ist durch einen im Jahre 535 gegründeten Tempel weit über die Provinzgrenzen hinaus bekannt geworden, weil als seine größten Kostbarkeiten zwei kunstvolle Jadebuddhas aus der Ming-Zeit gelten. Dieser Tempel, Zhang Hua Si, ist daher das Ziel sowohl buddhistischer Pilger als auch von Kunstfreunden.

YICHANG

Die alte Hafenstadt Yichang am nördlichen Ufer des Jangtse ist in jüngster Zeit vor allem durch die Nähe zu dem großen Stauwerk Gezhouba bekannt geworden. Die Stadt blickt jedoch schon auf eine lange Geschichte zurück, denn sie war immer wieder umkämpft, weil sie als das Tor galt, das den Weg ins reiche Sichuan freigibt.

Bereits 1877 erzwangen die westlichen Mächte auch die Öffnung der Stadt für den Handel mit dem Ausland. Im Chinesisch-Japanischen Krieg wurde Yichang von den Japanern weitgehend zerstört. Seit dem Wiederaufbau konnte sich Yichang ihren Ruf als Hafenstadt für die Jangtse-Schifffahrt zurückholen, erlangte jedoch nicht mehr ihre einstige Bedeutung.

Das Jingzhou Museum.

Das unmittelbar bei Yichang gelegene Gezhouba-Wasserregulierungs-Projekt kann als Vorläufer des großen Drei-Schluchten-Dammes gelten, der weiter westlich den gewaltigen Strom staut. Der 2561 Meter lange Damm von Gezhouba hat eine Höhe von 70 Metern, er wurde bereits 1986 fertiggestellt.

Das Projekt dient der Regulierung bei Hochwasser, indem es durch 27 Überlaufrohre den Fluten freie Bahn geben kann. Zwei Kraftwerke mit insgesamt 21 Turbinen erzeugen mehr als 2700 Megawatt. Schiffe bis zu 10 000 t können in drei Schleusen binnen 15 Minuten den Höhenunterschied überwinden.

Der Traum jedoch, den Jangtse für immer zu bändigen und endgültig die Hochwassergefahr zu bannen, war durch den Gezhouba-Damm nicht zu verwirklichen. Der Drei-Schluchten-Damm sollte diesen Traum Wirklichkeit werden lassen.

JINGZHOU

Die noch heute von einer hohen und starken Mauer umgebene Stadt Jingzhou liegt im Westen der großen Ebene am Nordufer des Jangtse an der großen Kreuzung der Nord-Süd-Fernstraßen, die von hier aus in alle Richtungen führen. Bereits in der Zhou-Dynastie lag in unmittelbarer Nähe des heutigen Jingzhou die Stadt Jinan, die 20 Generationen lang die Hauptstadt des Staates Chu war. Jingzhou selbst war dann lange Jahrhunderte eine strategisch wichtige Stadt, die dann mit einer 9,3 Kilometer langen Mauer umgeben wurde.

Das Jingzhou-Museum wartet mit über 100 000 Gegenständen aus der Geschichte der Stadt und ihrer weiteren Umgebung auf, vor allem besitzt es die größten Bestände an alten kostbaren Seidenstoffen, die China überhaupt zu bieten hat.

DIE HEILIGTÜMER DES WUDANG-SHAN

So abgelegen die Klosterwelten des Wudang-Shan auch sein mögen, so einzigartig in ihrer Vielfalt und Kostbarkeit sind sie gleichwohl. Das Wudang-Shan-Massiv ist über 400 Kilometer lang, weist 72 Gipfel auf, von denen der Tianzhu Feng mit 1612 Metern der höchste ist und gilt als das höchste Heiligtum des Daoismus in Hubei und als Landschaft der Sehnsucht für alle Daoisten in China. In diesem „Paradies" in Nordwest-Hubei liegen 40 Tempel, 72 Grotten, 12 Pavillons und 39 Brücken, die alle mehr oder weniger gut erhalten sind und ungezählte Kostbarkeiten enthalten.

Die Neigung der Daoisten, sich in stille Bergwelten zurückzuziehen, um Zwiesprache mit der unberührten Natur zu halten, führte schon in der Tang- und Song-Zeit viele Mönche, Einsiedler und auch Gelehrte und Künstler in diese herrliche Bergwelt, wo sie im Laufe der Zeit einen Kranz von Klöstern errichteten, diese mit Pfaden und Brücken verbanden und mit vielen Statuen und Malereien schmückten. Am Ende der Yuan-Zeit wurden bei den Kämpfen gegen die Mongolen die meisten dieser Klöster zerstört.

Nach der Festigung der Ming-Dynastie gab dann 1412 der Yongle-Kaiser den Auftrag, die zerstörte Klosterlandschaft in ihrem einstigen Glanz wiederauferstehen zu lassen. Die besten Baumeister des

Landes wurden mit 300 000 Arbeitskräften aufgeboten, die in sechs Jahren diesen gewaltigen Bauauftrag zur vollsten Zufriedenheit des Hofes ausführten. In den Jahren 1552–1554 entstanden noch weitere Bauten.

Mit dieser Maßnahme dokumentierte das Kaiserhaus zugleich, dass es nach der Vertreibung der Mongolen den Schutz der eigenen angestammten Religion wieder kraft eigenen Rechts zu übernehmen imstande sei. Von den Wudang-Klöstern gingen in ihrer Glanzzeit auch viele Lehrer des chinesischen Kampfsports hervor, ursprünglich gedacht als Mittel der Selbstverteidigung der Mönche. Man erreicht das Kerngebiet des Wudang-Shan per Bahn oder mit dem Auto, die Bergkette liegt südlich des großen Dangjiangkou-Reservoirs an der Strecke Xiangfan – Shiyan.

Tempel in den Wudang-Bergen.

RECHTE SEITE:
Ein Schiff passiert die fünfstufige
Schleuse, die Schiffe vom Jangtse
in den Stausee des Drei-Schluch-
ten-Damms in Yichang bringt.

DREI-SCHLUCHTEN-DAMM

Das gigantische Projekt, das sich China im 20. Jahrhundert vorgenommen hat, und das im ersten Jahrzehnt des 21. Jahrhunderts vollendet werden soll, ist zweifellos der Drei-Schluchten-Damm. Dieses mit großen Hoffnungen begonnene und mit erheblichen Befürchtungen begleitete Unternehmen findet auf dem Boden der Provinz Hubei statt und zwar in ihrem westlichen Teil bei den Schluchten des Jangtse. Zwar liegen die Schluchten über das Gebiet der Provinzen Sichuan und Hubei verteilt, der Damm aber staut den Fluss im Gebiet von Hubei.

Das umstrittene Projekt soll bis zum Jahr 2010 fertiggestellt sein und den Fluss zu einem See von 600 Kilometern Länge aufstauen. Die Hochwassergefahr soll dadurch für alle Zeiten endgültig gebannt, die Bewässerung trockener Landstriche garantiert und eine jährliche Stromproduktion von 85 Milliarden Kilowattstunden erreicht werden. Die Verbesserung der Schifffahrt auf dem zum See gewordenen Strom – zwischen Yichang und Chongqing – sei dann ebenfalls die Folge.

Die Befürchtungen gehen dahin, dass bei einem Erdbeben der Damm brechen, der See verschlammen, die Turbinen wegen „Verstopfung" ausfallen und die Umweltschäden irreparabel sein könnten. Endgültig versinken im Wasser 13 Großstädte, 140 kleinere Städte, 1352 Dörfer, 657 Fabriken und 1200 historische Denkmäler. 1,3 Millionen Menschen müssen umgesiedelt werden, müssen in höher gelegene Retortenstädte umziehen oder in anderen Landesteilen unterkommen.

Im Jahre 1992 beschloss der Nationale Volkskongress in Peking mit 1767 Ja-Stimmen bei über 660 Enthaltungen und 177 Nein-Stimmen das Riesenprojekt, das nach dem Bau der Mauer und der Aushebung des Kaiserkanals das größte Bauprojekt der chinesischen Geschichte genannt werden muss.
Unermessliche Erdbewegungen sind bei dem Bau nötig geworden, 11 Millionen Tonnen Zement wurden verbaut und 1,8 Millionen Tonnen Stahl mussten herangeschafft werden. Der 2335 Meter lange Damm soll mit einer Höhe von 185 Metern den Fluten standhalten. Die eingebauten Turbinen sollen dann so viel Strom liefern wie 26 Kohlekraftwerke zusammen.

Die Wasser des Stausees werden nach dem Jahre 2009 auf 135 Meter über dem Meeresspiegel angestiegen sein. Entsprechende Schleusen werden die Durchfahrt von Seeschiffen bis zu 10 000 Tonnen ermöglichen. Die atemberaubende Schönheit der Drei-Schluchten wird dann der Vergangenheit angehören. Der Stausee selbst wird sich hauptsächlich in der Provinz Sichuan befinden, in Hubei aber werden die Menschen ein Bauwerk bestaunen können, das seinesgleichen auf diesem Planeten vorher nie gesehen hat.

Yinchuan

Huang He

Baoding
Tianjin

Yangquan
Shijiazhuang
Xintai
Jinan Zibo Weifang

Yantai Weihai

Incheon **Seoul**

**SÜD-
KOREA**

Daejeon

Taiyuan

Yan'an

Linfen

Changzhi

Handan

Anyang
Xingxian

Jining
Qingdao

Taian

Zaozhuang

Gwanju

*Gelbes
Meer*

Tongchuan

Jiaozuo

Kaifeng

Zhengzhou

Luoyang

Bapji Weinan

Xi'an

Pingdingshan

Nanyang

Xuzhou

Huaibai

Qingjian

Lianyungang

Shiyan

Xinyang

Benghu

Huainan

Yangzhou Taizhou

Nantong

Xiangfan

Hefei

Nanjing

Changzhou Wuxi

Shanghai

Jangtsekiang
*Drei Schluchten
Stausee*

Yichang

Wuhan

Anqing

Suzhou Jiaxing

Nanchong Wanxian

Shashi

Huangshi

Hangzhou

Shaoxing Ningbo

Yueyang

Jiujiang

Jingdezhen

Jinhua

*Ost-
chinesisches
Meer*

Chongqing

Changde

Changsha

Nanchang

Neijiang

Luzhou

Xiangtan Pingxian

H u n a n

Zhuzhou

Shangrao

Shangbao

Wenzhou

Zunyi

Shaoyang

Hengyang

Ji'an

Nanping

Guiyang

Duyun

Chenzhou

Ganzhou

Fuzhou

Jilong
Taibei

Anshun

Guilin

Quanzhou

Taizhong

Liuzhou

Shaoguan

Xiamen

Hualian

Nanning

Wuzhou

Guangzhou
Shenzhen

Zhaoqing

Yulin

Foshan
Jiangmen

Hongkong

Chaozhou

Shantou

Zhangzhou

Tainan

TAIWAN

Gaoxiong

Maoming

Macao

Beihai

Zhanjiang

Hanoi Haiphong

Haikou

VIETNAM

*Südchinesisches
Meer*

Hainan

0   200   400   600
km

PHILIPPINEN

HUNAN

Hunan bedeutet „Südlich des Sees" womit der Dongting-See gemeint ist, der im Norden der Provinz liegt und als zweitgrößter Süßwassersee Chinas gilt. Gebräuchlich ist für die Provinz jedoch auch der Name Xiang, zurückzuführen auf den Fluss Xiang Jiang, der die Provinz von Süd nach Nord durchfließt und in den großen See mündet. Mit einer Fläche von 211 700 Quadratkilometern ist Hunan so groß wie Ungarn und Bulgarien zusammengenommen, und mit einer Einwohnerzahl von 65 Millionen gehört Hunan zu den dichtbevölkerten Provinzen Chinas, sie liegt zwischen 108°04'–114°13' östlicher Länge und 24°38'–30°08' nördlicher Breite.

Die Nachbarprovinzen sind Jiangxi im Osten, Guizhou im Westen, Hubei im Norden, Guangxi im Südwesten und Guangdong im Südosten. Der Dongting-See hat für ganz Zentralchina eine außerordentlich wichtige Bedeutung, denn er nimmt bei Hochwasser etwa 40 Prozent der Fluten des Jangtse auf und kann sie danach mühelos über viele Wasserläufe und Kanäle wieder in den großen Strom abgeben.

Die Provinz ist jedoch selbst sehr wasserreich, denn 5300 verschiedene Flüsse und Kanäle durchziehen das Land, die letztlich alle dem Dongting-See zueilen. Gleichzeitig ist Hunan jedoch wie viele Provinzen Chinas ein Bergland, meist mit Höhen über 1000 Meter.

TOPOGRAPHIE

Man teilt auf Grund der Bodenbeschaffenheit die Provinz in fünf Teilgebiete ein:

1. Die Dongting-See-Ebene
2. Das Hügelland von Mittel-Hunan
3. Das Nanlin-Gebirgsland
4. Das Gebirgsland von Ost-Hunan
5. Das Gebirgsland von West-Hunan

Die Dongting-See-Ebene liegt im Nordosten der Provinz. Mit dem See, den vielen Flüssen und Seen stellt sie ein Becken dar, das von drei Seiten durch Berge begrenzt ist. Der südliche Teil dieser Ebene ist das große Reisanbaugebiet der Provinz, der nördliche Teil gehört der Nachbarprovinz Hubei an.

Die Ausdehnung der Wasserfläche des Sees verändert sich jährlich sehr stark. Da der See mit dem Jangtse in Verbindung steht, fließt in der Trockenheit von Oktober bis April weit mehr Wasser aus dem See in den Fluss, als ihm zugeführt wird. Dann verkleinert sich die Fläche um ein Drittel.
In der Hochwasserzeit sorgt dann der Fluss wieder für den notwendigen Ausgleich. Der See stellt keine in sich geschlossene Wasserfläche dar, sondern hat viele Buchten, Verzweigungen, Ausläufer, Halbinseln und Inseln, Seitenarme und Altwasser, so dass in mehreren ufernahen Flächen eine Kette von Lotosteichen entstehen konnte, in denen zur Sommerzeit die Lotossamen gesammelt werden. Auf der hügeligen Insel Jun Shan wird auf terrassenförmig angelegten Teeplantagen der bekannte Silbernadel-Tee geerntet.

FOLGENDE DOPPELSEITE:

Eine Bootsfahrt über den Baofeng-See im Wulingyuan Landschaftspark. Die einzigartige Landschaft mit ihren Sandsteinfelsen, Höhlen und Seen wurde 1992 von der UNESCO in die Liste des Weltkulturerbes aufgenommen.

Das Hügelland von Mittel-Hunan ist durch viele Hügel gekennzeichnet, zwischen denen sich Mulden und Becken ausbreiten. Zwischen der Stadt Xiangtau und der Stadt Hengyang entlang des Xiang-Flusses gelegen, gehört es mit dem breiten Hengyang-Becken ebenfalls zu den großen Reisgebieten der Provinz. Hier liegt auch, westlich des Flusses, der Hengshan, einer der fünf Heiligen Berge der Daoisten.

Diese rund 80 Kilometer lange Bergkette erreicht mit ihrem höchsten Gipfel 1290 Meter Höhe und ist seit alters das Pilgerziel vieler Daoisten und Buddhisten, denn auf den Bergen befinden sich Klöster beider Religionen. Das im Süden gelegene Tempelkloster des Südberges (Nan Yue Miao) gehört mit einer Fläche von fast 10 Hektar zu den größten Klöstern Chinas überhaupt. Gegründet 725, mehrfach renoviert, überrascht es mit einer Haupthalle, deren Dach von 72 Säulen getragen wird, welche die 72 Gipfel des Hengshan symbolisieren.

Der ebenfalls in der Tang-Zeit gegründete Zhu Sheng-Tempel befindet sich östlich des Nan Yue Miao und stellt eine weitere große Sakralanlage des Heiligen Berges dar. In erreichbarer Nähe liegt auch der alte Tempel Fangguang Si, der aus dem Jahre 503 stammt und der Nantai Si, der in den Jahren 561–565 errichtet wurde.

Die ursprünglichen Bauten dieser Klöster sind von den Kaisern der Qing-Dynastie generös restauriert worden, da die Mandschus auf diese Weise ihre religiöse Toleranz und ihre Fürsorge für die kulturellen Denkmäler des alten China zum Ausdruck bringen wollten. Viele Kaiser, Dichter und Denker haben in den vergangenen Jahrhunderten dem Hengshan ihre Reverenz erwiesen, haben Kalligraphien auf Stelen hinterlassen und zur Verschönerung der Tempel beigetragen.

Der Hengshan gehört mit seinen vielen Sehenswürdigkeiten zweifellos zu den Berggebieten Chinas, die das große Kulturerbe am unversehrtesten bewahren konnten. Von den vielen Tempelklöstern des gesamten Gebietes haben 14 relativ unversehrt auch die Stürme der Kulturrevolution überstanden.

Das dritte Teilgebiet der großen Provinz ist das Nanling-Gebirgsland, das sich entlang der südlichen Grenze erstreckt und die Wasserscheide zwischen dem Jangtse und dem Zhu-Fluss bildet. In diesen Bergen entspringen auch die wichtigsten Quellflüsse des Xiangjiang und in diesem Gebiet liegt auch der 2009 Meter hohe Jiucai-Gipfel. Die wichtigste Stadt dieser Region ist Chenzhou, ein Knotenpunkt der Eisenbahnlinie nach Changsha und wichtiger Fernstraßen.

Das nördlich davon gelegene Gebirgsland von Ost-Hunan bildet die Wasserscheide zwischen dem Flusssystem des Xiang und des Gan in Jiangxi. In diesen östlichen Bergen befindet sich auch 15 Kilometer südlich der Stadt Janling das Mausoleum des legendären Urkaisers Yan, den die Chinesen als jenen Kulturheros verehren, der ihnen die Landwirtschaft und den Ackerbau beigebracht hat. Die im Jahre 1988 großzügig rekonstruierte Anlage im Stil eines majestätischen Kaiserpalastes ist jedes Jahr Schauplatz einer feierlichen Zeremonie, die dem verehrten Vorfahren des chinesischen Volkes gilt und ein Teil des Bemühens der Regierung in Peking ist, das historische Bewusstsein der Nation wiederzubeleben und wach zu halten.

Das Gebirgsland in West-Hunan umfasst den größten Teil der Fläche der ganzen Provinz, hier zieht sich das mehr als 300 Kilometer lange Xuefeng-Gebirge von Südwest nach Nordost durch das Land und noch viel weiter westlich – fast parallel dazu – das Wuling-Gebirge. In diesen meist über 1000 Meter hohen bewaldeten Bergen liegt auch das langgestreckte Fengtan-Reservoir, das einem von West nach Ost sich erstreckenden Bergsee gleicht, der durch den Yuanjiang mit dem Dongting-See verbunden ist.

Die UNESCO hat im Wuling-Gebirge den Nationalen Waldpark von Zhangjiajie zum Naturerbe der Menschheit erklärt und in ihre Liste aufgenommen, denn in diesem 500 Quadratkilometer großen Berggebiet findet sich eine fast unübertroffene Fülle von seltenen Felsformationen, Wildbächen, Höhlen, wenig bekannten Baumarten und Karstlandschaften.

An den Osthängen der Wuling-Berge liegen auch die Siedlungen der Tujia und Miao, zweier nationaler Minderheiten, die in einem Autonomen Bezirk zusammengefasst sind und mit den anderen vier nichtchinesischen Nationalitäten der Hui, Zhuang, Dong und Yao zu jenen 10 Prozent der Bevölkerung Hunans zählen, die nicht der Han-Nationalität angehören.

Im äußersten Westen dieses reizvollen Berglandes liegt Fenghuang (Phönix), eine alte Stadt, die aus der Ming- und Qing-Dynastie ganze Straßenzüge weit ihre eleganten Häuser bewahren konnten, die noch im klassischen Stil gebaut sind.

KLIMA

Das Klima von Hunan ist subtropisch-warm, aber sehr vom Monsun beeinflusst, es kennt heiße Sommer und kurze, kalte Winter. Die vier Jahreszeiten sind klar unterschieden. Die mittlere Jahrestemperatur liegt bei 16 bis 18 Grad Celsius. Die Landschaften um Changsha und Hengyang gehören in den feuchtheißen Sommern sogar zu den „Glutöfen" Chinas. 260–300 Tage im Jahr sind frostfrei.

Niederschläge gibt es reichlich. Die jährliche Niederschlagsmenge beträgt 1300 bis 1700 mm, die Hauptregenzeit liegt zwischen April und Juni. In Changsha werden im Januar meist 4,8 Grad Celsius, im April 16,9°, im August 28,7° und im November 12,5° gemessen.

LAND- UND FORSTWIRTSCHAFT

Hunan ist noch weitgehend von der Landwirtschaft geprägt und stellt eines der wichtigsten chinesischen Hauptanbaugebiete für Wasserreis dar, dessen Erträge mehr als 80 Prozent der gesamten Getreideerträge ausmachen. Danach steht der Weizen an vorderster Stelle, es folgen Mais, Sojabohnen, Sorghum, Baumwolle, Bastfaserpflanzen, Ramie und Tee. Gefragt sind auch die Orangen und Mandarinen sowie die Lotossamen und Lotoswurzeln der Provinz.

Schweinezucht wird in großem Stil betrieben. Aus dem Dongting-See und aus den vielen Flüssen und Kanälen der Provinz kommen ganzjährig vielerlei Süßwasserfische in den Handel. Das waldreiche Land liefert an die holzverarbeitende Industrie Kiefern, Spießtannen, Fichten, Zedern und Ahornbäume.

INDUSTRIE

Hunan ist reich an Bodenschätzen und wird daher auch „Heimat der Buntmetalle" genannt. Besonders wichtig unter den insgesamt 69 verschiedenen Vorkommen sind die Lagerstätten von Wolfram, Wismut, Antimon, Realgar und Fluorit, die an erster Stelle in China stehen, dann folgen Blei, Zink, Zinn, Kupfer, Schwefel, Phosphor, Quecksilber und Kohle. Diamanten werden ebenfalls gefördert.

Eine Kette von Industriebetrieben beschäftigt sich daher mit der Förderung und Verhüttung dieser Rohstoffe. Nach wie vor ist die Holzverarbeitungsindustrie und Kunstdüngerherstellung überregional bedeutsam. In der Leichtindustrie der Provinz sind Erzeugnisse der Keramik-Manufakturen und Stickereien, der Bambusflechtereien und Möbelwerkstätten bedeutsam.

VERKEHRSVERBINDUNGEN

Die Provinz ist durch Eisenbahnlinien und Landstraßen, vor allem aber durch die Binnenschifffahrt gut erschlossen. Die Gesamtlänge der Eisenbahnlinien beträgt über 2500 km, der Landstraßen fast 55 000 km und die Gesamtlänge aller Binnenschifffahrtswege sogar 100 000 km. Die beiden Hauptlinien der Eisenbahn verbinden die Hauptstadt Changsha mit Peking und Kanton und mit den Nachbarprovinzen Jiangxi und Guizhou.

Eine Linie führt von Genzhou tief in das Bergland des Südens, eine andere verläuft durch das Wu-ling-Gebirge im Westen. Andere Nebenlinien und ein Netz von Fernstraßen verbinden auch entlegenere Gebiete. Schiffbar sind insgesamt mehr als 240 Flüsse in der Provinz, in erster Linie der Xin-jiang, der aus dem fernen Westen kommende Yuanjiang und der Zishui-Fluss, der von den Wassern des Zhefu-Reservoirs gespeist wird und am Ostrand des Xuefeng-Gebirges entlang nach Norden strömt.

Alle diese Flüsse münden in den Dongting-See und alle sind sie daher mit dem Jangtse indirekt verbunden. Auf diese Weise können auf Schiffen letztlich alle Güter aus Hunan auch importiert und exportiert werden.

GESCHICHTE

Ursprünglich wohnten im Gebiet des heutigen Hunan hauptsächlich Volksstämme der Miao und Yao, die heute nur noch einen geringen Teil der Bevölkerung ausmachen. In der Zeit der Streitenden Reiche (475–221 v. Chr.) gehörte das Gebiet zum Königreich Chu, dann der Qin- und schließlich der Han-Dynastie. In dieser Zeit wanderten sehr viele Han-Chinesen in das noch nicht so dicht besiedelte Gebiet ein.

1970 entdeckte man in einem östlichen Vorort von Changsha drei riesige Han-Gräber, aus denen mehr als 3000 außergewöhnlich gut erhaltene Kunstgegenstände geborgen werden konnten, die von dem hohen Entwicklungsstand des Kunsthandwerks in dieser Zeit Zeugnis ablegen. 1996 fand man dann auf dem Gebiet der einstigen Präfektur Changsha insgesamt 170 000 Bambustäfelchen, alle beschrieben mit Texten aus der Verwaltungspraxis der Zeit des 3. Jahrhunderts n. Chr., als das Königreich Wu sich das heutige Hunan untertänig gemacht hatte.

Bereits in der Zeit der Yuan-Dynastie überwog der Anteil der Han-Chinesen beträchtlich die Anzahl der ursprünglich in diesem Land ansässigen Nicht-Han-Völkerschaften. In der Yuan- und auch in der Ming-Dynastie waren die Provinzen Hunan und Hubei zu einer einzigen großen Provinz zusammengefasst, die den Namen Huguang trug.

Nachtaufnahme eines Pavillons in der Provinzhauptstadt Changsha.

Damals ging schon das Sprichwort: „Wenn in Huguang die Ernte gut ausfällt, dann geht es dem ganzen Reiche gut." Der Reis wurde in großen Konvois über den Jangtse und den Kaiserkanal in den Norden verschifft und diente sowohl der Versorgung der Hauptstadt als auch der Verproviantierung der an der Mauer stationierten Heeresabteilungen.

Die Provinzen wurden erst in der Qing-Zeit geteilt (1664), und erst seit dieser Zeit gibt es die Provinz Hunan. Geschichtliche Bedeutung erlangte die Provinz dann erst wieder im 20. Jahrhundert durch Mao Zedong, der in dem Dorf Shaoshan, etwa 100 Kilometer südwestlich von Changsha geboren wurde und dessen Elternhaus dann in der Zeit nach dem Sieg der Kommunisten 1949 zu einem nationalen Wallfahrtsort erhoben wurde, das viele Millionen Menschen besuchten. Nach dem Tode des großen „Vorsitzenden" wurde das Anwesen als Mao-Zedong-Museum weitergeführt.

WICHTIGE STÄDTE

Das Tian Han Grand Theater in Changsha.

CHANGSHA

Changsha, die Hauptstadt der Provinz, liegt am Nordufer des Xiang-Flusses 70 Kilometer südlich des Dongting-Sees, zählt im Kernbereich zwei Millionen Einwohner und mit den eingemeindeten Vororten und Landkreisen sogar 6,3 Millionen. Dieser Großraum hat sich längst auch auf das Südufer des Flusses ausgebreitet.

Die Geschichte der Stadt reicht bis in die Frühlings- und Herbstperiode (770–476 v. Chr.) zurück. Damals war die Stadt unter dem Namen Qingyang als Zentrum des Kunsthandwerks, vor allem der Metallverarbeitung bekannt. In der Zeit der Reichseinigung (221 v. Chr.) zählte die Stadt zu den bedeutendsten urbanen Zentren Chinas und erhielt damals auch seinen heutigen Namen.

Während der Song-Dynastie wurde Changsha zum Bildungszentrum ausgebaut, die Yue Lu-Akademie am Osthang des Yuelu-Berges wurde 976 errichtet und errang sich den Ruf als einer der wichtigsten Akademien des Reiches.

Als 1664 die Qing-Dynastie dann die Verwaltung des Staates neu ordnete und Hunan als Provinz entstand, wurde Changsha zur Hauptstadt erhoben. 1904 musste auf Weisung der Westmächte der Handelshafen der Stadt für Ausländer geöffnet werden. Mao Zedong studierte von 1911 bis 1923 in Changsha an der Pädagogischen Schule und unterrichtete auch kurze Zeit in der Stadt.

Im Chinesisch-Japanischen Krieg (1937–1945) wurde Changsha schwer zerstört und erstand als wichtiges Industriezentrum neu erst nach 1949. Bisher überwiegt die Leicht- und Aluminium-industrie. Die Lage der Stadt am Xiangjiang begünstigte ihren Aufstieg als wichtiges Handelszentrum für die Provinz insgesamt und als regionalen Umschlagsplatz für Reis, Baumwolle und Holz.

Von den einst in der Stadt erhaltenen Tempeln haben zwei die Zerstörungen im Verlaufe des Krieges und der Kulturrevolution teilweise überdauert. Zum einen ist dies der Tempel Kaifu Si aus dem Jahre 907 mit drei Hallen und zum anderen das Haupttor und ein Pavillon des aus dem Jahre 268 stammenden Tempels Lushan Si.

Einen hervorragenden Überblick über die Geschichte der Stadt und der ganzen Provinz vermittelt das 1956 erbaute Provinzmuseum, das vor allem die spektakulären Funde aus dem Fürstengrab bei Mawangdui präsentiert, insgesamt über 3000 kostbare Gegenstände aus der Westlichen Han-Dynastie (202 v.–9 n. Chr.).

YUEYANG

Die 230 000 Einwohner zählende Stadt Yueyang liegt im Nordosten der Provinz am Ostufer des Dongting-Sees und ist als einer der wichtigen Umschlagsplätze für landwirtschaftliche Produkte bekannt.

Während der Han-Dynastie trug die Stadt den Namen Baling, unter den Sui-Kaisern nannte man sie Yuezhou und war damals Hauptsitz der Behörden von einem der größten chinesischen Bezirke. 1898 musste der Hafen wegen seiner Bedeutung für den Handel auf Druck der Westmächte für Europäer und Amerikaner geöffnet werden.

Bekannt und auch unter Kunsthistorikern berühmt ist die Stadt jedoch wegen des Yueyang-Turms, der einer der schönsten Turmbauten in Südchina ist und sich am Ufer des Dongting-Sees erhebt. Das dreigeschossige Gebäude erhebt sich 20 Meter hoch über dem Gewässer, in allen Generationen besungen von Dichtern und verewigt von berühmten Malern.

Der von Pavillons umgebene Turm wird von 40 Säulen getragen und erhält sein unverwechselbares Aussehen durch sein geschwungenes Dach. Auf einen Bau aus der Tang-Zeit zurückgehend, wurde dieses rechteckige Turmgebäude aus edlen Hölzern bis zur Gegenwart immer wieder renoviert.

FOLGENDE DOPPELSEITE:
Beeindruckende Felsformationen
im Wulingyuan Park.

XIANGTAN

Etwa 81 Kilometer südlich von Changsha liegt am Xiangfluss die bedeutende Hafenstadt Xiangtan, die als Zentrum einer bedeutenden Lebensmittelindustrie sich ebenfalls einen Namen gemacht hat. In dieser Stadt von rund 350 000 Einwohnern ist als Hauptsehenswürdigkeit ein Sakralbezirk aus dem 17. Jahrhundert erhalten, der dem Kriegsgott Guandi geweiht ist.

Neben der Tempelhalle stehen der Glocken- und Trommelturm, ein Tor und ein Pavillon, in der Halle eine Statue des Gottes selbst. Diese Gottheit ist niemand anders als der berühmte General Guan Yu, der als treuer Kampfgefährte seines Fürsten und späteren Königs Liu Bei 220 n. Chr. sein Leben opferte und daher im Jahre 1594 zum Kriegsgott erhoben wurde.

LILING

Die „Porzellanstadt" Liling liegt nicht weit von der Provinzgrenze zu Jiangxi im Westen südöstlich der Stadt Zhuzhou an einem wichtigen Knotenpunkt der Eisenbahn und der Fernstraßen des westlichen Berglandes. Während der Yongzheng-Periode (1723–1736) wurde in der Nähe der Stadt Kaolin gefunden und damals schon eine Manufaktur gegründet, die Blau-Weiß-Porzellan herstellte. Nach einem bescheidenen Aufstieg des kleinen Töpferzentrums und einem Stillstand zwischen 1930 und 1956, begann man mit der Produktion dann neu und konnte 1962 bereits 60 Öfen betreiben.

In der Zwischenzeit hat sich Liling als Stadt des Porzellans einen internationalen Ruf erworben und arbeitet sowohl für den heimischen Markt als auch für den Export.

HENGYANG

In der Stadt Hengyang am Xiangfluss teilen sich sowohl die Bahnlinien als auch die Landstraßen. Wer von Changsha mit dem Zug anreist, kann entweder nach Westen in die Provinz Guangxi weiterfahren oder aber die südliche Route nach Guangdong nehmen. Vor der gleichen Entscheidung steht der Autofahrer, denn die Landstraße folgt dem Streckenverlauf der Bahn in beiden Richtungen. Hengyang ist im Süden der Provinz eine bedeutende Stadt mit chemischer Industrie, Maschinenfabriken, Papierfabriken und Firmen der Textilindustrie. Viele Produkte der regionalen Landwirtschafsbetriebe werden in den Lebensmittelfabriken von Hengyang weiterverarbeitet.

CHANGDE

Am westlichen Ende der weitverzweigten Seenplatte des Dongting liegt die Stadt Changde am Ufer des Yuan-Flusses, der in der Nähe in den Dongting-See mündet. Diese Lage begünstigte die Stadt schon seit ihrer Gründung in der Han-Dynastie, als bis aus Sichuan und aus Guizhou auf dem Wasserwege mit Flussschiffen Waren herangeschafft wurden. Holz wurde auch auf dem Yuanjiang in die Stadt geflößt. Changde ist heute ein Zentrum der Textil- und Lederindustrie und nach wie vor ein großer Umschlagsplatz für ländliche Produkte aller Art.

YIYANG

Eine verkehrstechnisch sehr günstige Lage hat die Stadt Yiyang südöstlich von Changde, denn sie liegt am Zishui-Fluss, an der Bahnlinie, der alten Landstraße und der Autobahn, die von Changde nach Changsha laufen. Die Naturprodukte des fruchtbaren Zishui-Tales werden fast alle in Yiyang verarbeitet.

SHAOYANG

In der Mitte der Provinz liegt die rührige Landhandelsstadt Shaoyang am Oberlauf des Zishui-Flusses. Zwar ist die Stadt nicht an das Eisenbahnnetz angeschlossen, aber es ist ein Knotenpunkt der großen Fernstraße, die nach Guizhou im Westen und nach Xiangtang im Nordosten führt und die sich mit der Nord-Süd-Strecke Changde-Yongzhou kreuzt.

HONGJIANG

In den Bergregionen des Südwestens liegt am südlichen Ufer des Flusses Yuanjiang (oder auch Yuanshui) die Stadt Hongjiang. Angeschlossen an die Bahnlinie der westlichen Nord-Südstrecke und der ähnlich verlaufenden Fernstraße, ist Hongjiang ein wichtiger Platz des Holzhandels und der Holzverarbeitung. In der Umgebung der Stadt haben Gruppen der nationalen Minderheiten der Miao und der Dong jeweils einen autonomen Bezirk.

RUSSISCHE FÖDERATION

Angarsk ○ Irkutsk
○
Tschita
○

Manzhouli ○
Hailar ○

Qiqihar ■

Ulan Bator ○

Horqin Youyi
Qianqi ○

Baicheng ○

MONGOLEI

Tongliao ○

Erenhot ○

Chifeng ○
Fuxin ○
Shenyang ■

Gobi oder Schamo

Chaoyang ○
Jinzhou ○

Chengde ○

Yingkou ○

Nei Mongol (Innere Mongolei)

Jining ○
Zhangjiakou ○
Xuanhua ○

Qinhuangdao ○

Hohhot ○
**Beijing
(Peking)** ■ ✈

Baotou ○
Datong ○

Tangshan ■
✈
Dalian ■

Wuhai ○

Baoding ○
Tianjin ■

Zhangye ○

Yangquan ○
Shijiazhuang ■

Yantai ○

Yinchuan ○

Taiyuan ■
Xintai ○
Jinan ■
Zibo ○
Weifang ○

Wuwei ○

Yan'an ○
✈
Handan ○
Taian ○

Xining ○

Linfen ○

Anyang ○
Jining ○

Qingdao ■

Changzhi ○

Xingxian ○
Zaozhuang ○

Lianyungang ○

Lanzhou ■

Tongchuan ○

Jiaozuo ○
Kaifeng ○

Xuzhou ○

Bapji ○
✈
Weinan ○
Zhengzhou ■
Qingjian ○

Tianshui ○
Luoyang ○
Huaibai ○

Xi'an ■
Pingdingshan ○
Benghu ○
Taizhou ○

Nanyang ○
Yangzhou ○

Huang He

0 200 400 600 km

INNERE MONGOLEI
AUTONOMES GEBIET INNERE MONGOLEI (PROVINZSTATUS)

Die Innere Mongolei erreicht mit einer Fläche von 1 183 000 Quadratkilometern mehr als die dreifache Größe Deutschlands. Das Gebiet wird meist in China Neimenggu oder Nei Monggol genannt, in der Kurzform nur Meng. Die Grenzen dieses gewaltigen Gebiets zur Russischen Föderation und zur Republik Mongolei betragen im Norden allein 4221 Kilometer. Im Nordosten grenzt die Innere Mongolei an Jilin, im Westen an Ningxia, im Süden an Shaanxi, Shanxi und Hebei und im Osten an Liaoning. Im Durchschnitt ist die Provinz aber nur 400 Kilometer breit, in der Länge zieht sie sich von Südwest nach Nordost ausgedehnt hin.

Die geographische Lage umfasst 29 Längen- und 16 Breitengrade, das Gebiet liegt zwischen 97°12'–126°04' östlicher Länge und 37°24'–53°23' nördlicher Breite. Von den 24 Millionen Einwohnern sind die meisten Han-Chinesen, nur 13 Prozent sind noch Mongolen. Allerdings leben auch sehr viele andere nationale Minderheiten in der Provinz, von denen allerdings nur die Dahuren und die Orotschen als eingesessene Völkerschaften neben den Mongolen betrachtet werden können.

Flüsse durchziehen traumhafte Waldlandschaften im Hinggan-Gebirge.

Verwaltungsmäßig ist das Land in Bünde, Banner, Kreise und Städte eingeteilt. Die Provinz gleicht in ihrer Form einer leicht gekrümmten Mondsichel, zieht sich von Nordost nach Südwest hin, ist 2500 Kilometer lang und 400 Kilometer breit. Die Hauptstadt ist Hohot mit einer Million Einwohnern, die größte Stadt ist allerdings das stark industrialisierte Baotou mit 1,5 Millionen.

TOPOGRAPHIE

Das Plateau der Inneren Mongolei wird im Nordosten vom Großen Hinggan-Gebirge schräg durchzogen, einem riesigen Waldgebiet, das allein 176 000 Quadratkilometer Forsten aufweist. Im Süden liegt nördlich der beiden großen Städte das Yinshan-Gebirge. Die vielgestaltige Innere Mongolei kann in acht verschiedenartige Teile aufgegliedert werden:

1. Das Große Hinggan-Gebirge
   Diese wälderreiche Gebirgskette erstreckt sich über den ganzen Nordosten der Provinz, ist meist 1000 bis 2000 Meter hoch und erreicht ganz im Süden mit dem Huanggangliang (2029 Meter) seine höchste Spitze.

2. Das Hulun-Buir-Plateau
   Westlich des Großen Hinggan gelegen, besitzt dieses Plateau weite, zum Weiden günstige Grassteppen und liegt durchweg etwa 1000 Meter über dem Meeresspiegel. Benannt ist dieses Land der Herden und Hirten nach zwei großen, dort liegenden Seen, dem Hulun Nur und dem Buir Nur.

3. Das Plateau zwischen Erenhot, Xilinhot und Hohhot, das auch die Hunshandak-Wüste einschließt.

4. Die Songliao-Ebene östlich des Großen Hinggan, durchzogen von weiten Sumpfgebieten.

5. Die Hetao-Ebene zwischen dem Yinshan-Gebirge und dem Gelben Fluss. Diese wahre „Kornkammer" der Provinz ist dicht bevölkert, weist unzählige Kanäle auf, die ihr Wasser aus dem großen Strom beziehen und ist intensiv bewirtschaftet.

6. Das Ordos-Plateau, das mit Salz- und Sodaseen bedeckt ist, rund 1000 Meter hoch liegt und die beiden Wüsten Hobq und Mu Us einschließt.

7. Die Tenggeri-Wüste westlich des Gelben Flusses und östlich der Gansu-Provinzgrenze.

8. Die Badan-Jaran-Wüste ganz im Westen der Inneren Mongolei zwischen Gansu und der Republik Mongolei.

Zu weitaus größten Teilen bestimmen somit Wüsten, Steppen, Weideflächen und Wälder das Gesicht der Landschaft.

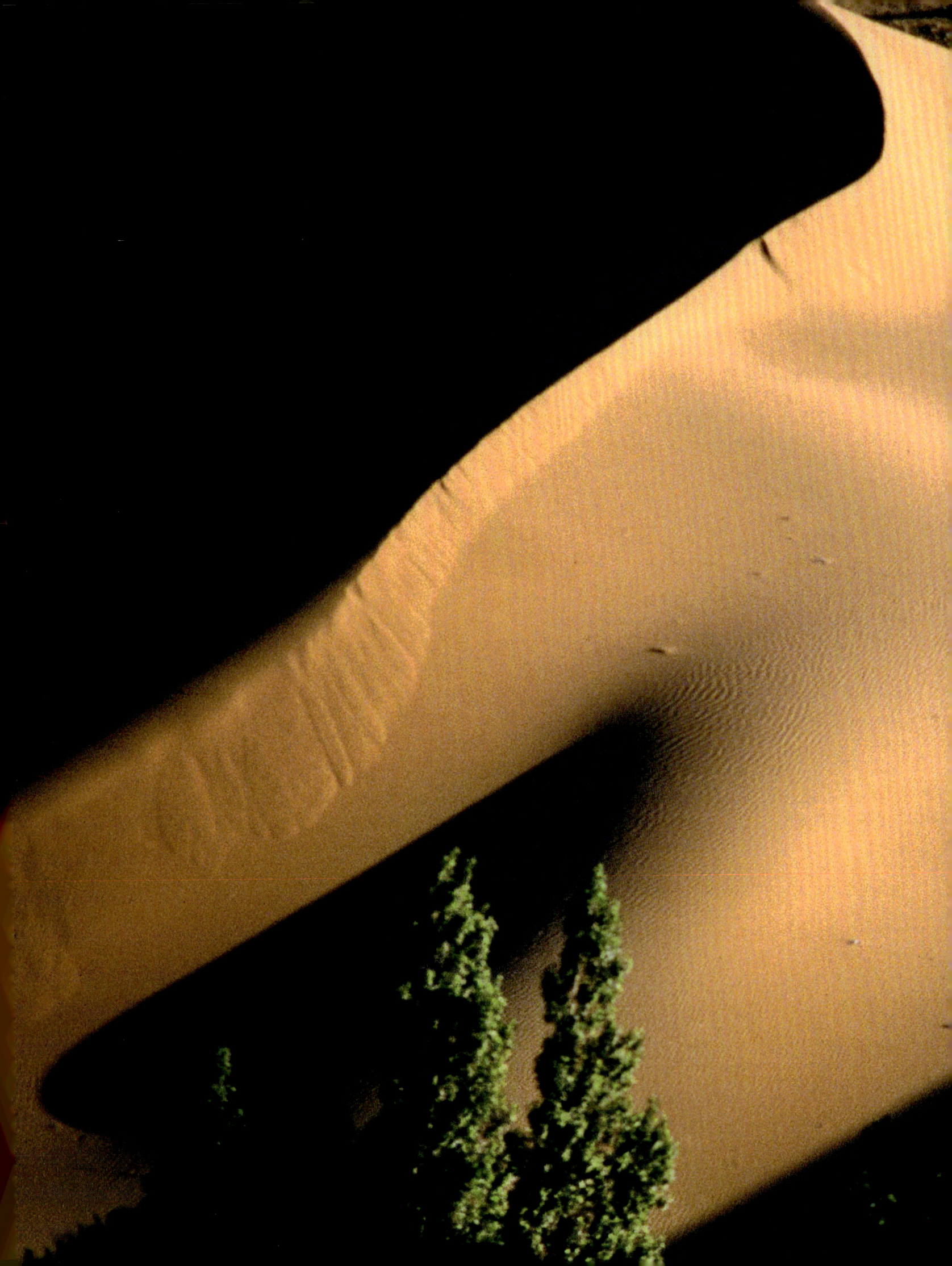

KLIMA

Die Innere Mongolei weist in ihrem mittleren und südlichen Teil ein extremes Kontinentalklima auf, während es im Nordosten, im Großen Hinggan-Gebirge, relativ feucht ist. Die langgezogene Provinz kennt in der Hauptsache Winter mit strenger Kälte und häufigen Schneestürmen und heiße, jedoch sehr kurze Sommer. Nur drei bis fünf Sommermonate sind frostfrei. In den Monaten Juli und August fallen auch die meisten Niederschläge, durchschnittlich im Jahr 150 bis 500 Millimeter.

Die langen Wintermonate mit ihrem klirrenden Frost bringen es mit sich, dass die durchschnittliche Jahrestemperatur nur mit –10° Celsius angegeben werden kann. Vom Nordosten bis zum Südwesten lassen sich Übergänge vom halbfeuchten zum halbtrockenen und dann zum trockenen Klima feststellen.

LANDWIRTSCHAFT

Die Innere Mongolei ist mit ihrer gewaltigen Grassteppe eines der wichtigsten Viehzuchtzentren Chinas. Hier ist die Heimat der Steppenpferde, Feinwollschafe und Sanherinder. Wo Ackerbau möglich ist, werden Weizen, Hafer, Hirse, Mais, Sorghum, Kartoffeln, Sojabohnen, Raps, Rizinus, Zuckerrüben, Leinsamen und auch Reis angebaut. Man schätzt den Holzvorrat in den Forstgebieten des Großen Hinggan auf ein Sechstel von ganz China.

LINKE SEITE:
Pferdehirte mit auf der Xilinhot-Steppe grasenden Pferden.

FOLGENDE DOPPELSEITE:
Wüste Gobi.

Eine Schafherde weidet in der Steppe nahe Keshiketengqi.

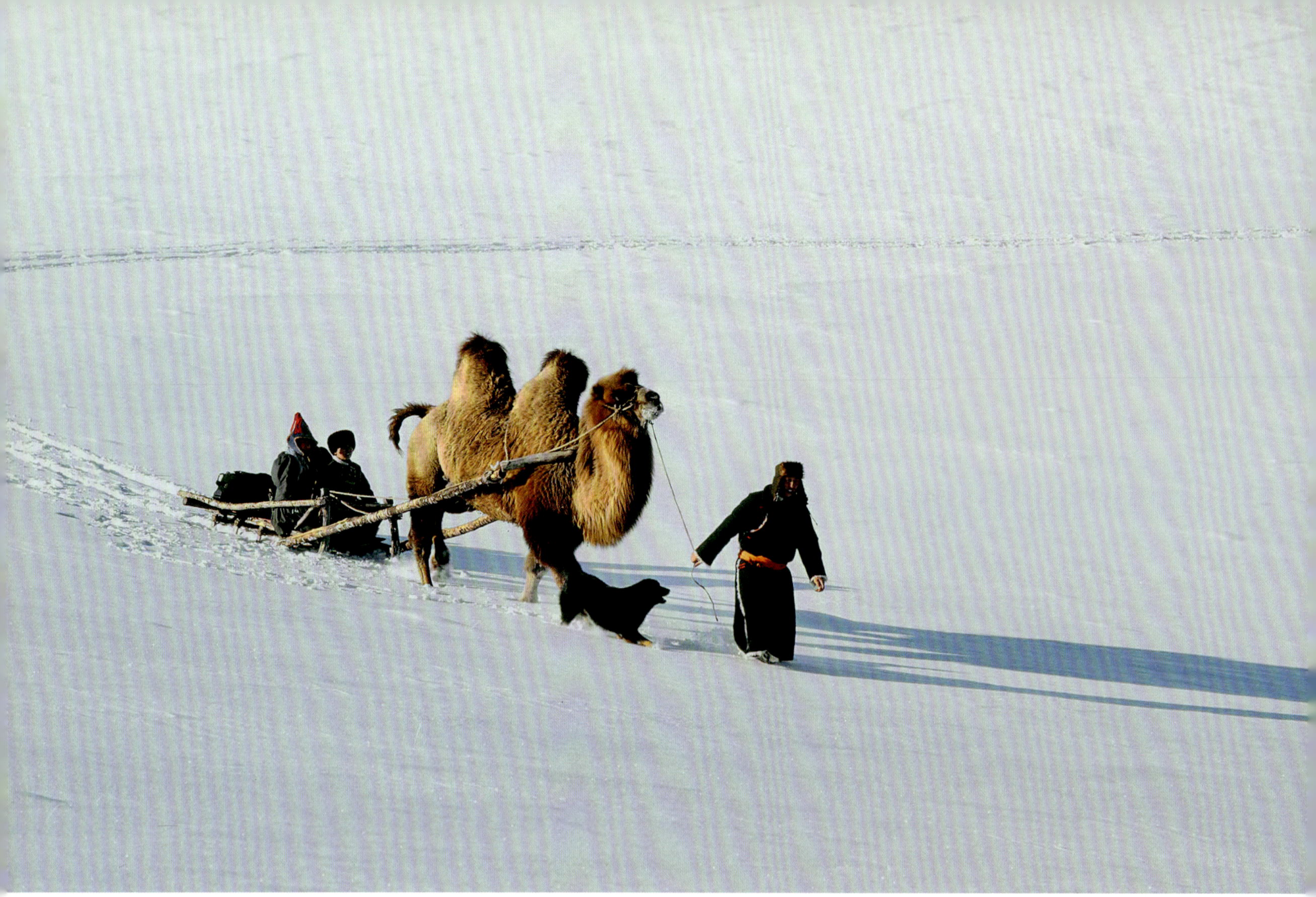

Kamele werden auch im Schnee als zuverlässige Lasttiere geschätzt.

Ein Kamel steht im Kinofilm „Die Geschichte vom weinenden Kamel“ in der Wüste Gobi. (Szenenfoto von 2002). Der Dokumentarfilm von Luigi Falorni und Byambasuren Davaa wurde 2005 für einen Oscar nominiert.

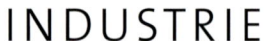

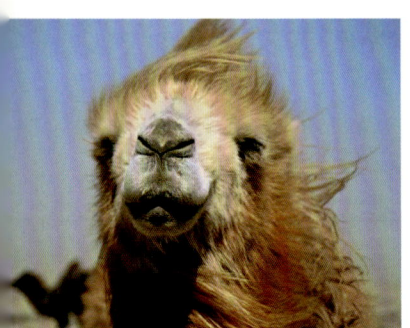

INDUSTRIE

Die Industrieunternehmen des Landes finden in der Inneren Mongolei beste Voraussetzungen, denn an mehr als 500 Stellen gibt es insgesamt über 60 Sorten Mineralien. Die Kohlevorkommen sind die zweitgrößten Chinas, die Lagerstätten von seltenen Erden und natürlichem Soda sogar die größten. Kohle kommt an mehr als 180 Stellen vor. Groß sind auch die Bodenschätze an Eisen, Kupfer, Blei, Zink, Gold, Chrom, Glimmer, Salz und Glaubersalz.

Die ersten Werke für die Gewinnung von Eisen und Edelerde arbeiten schon seit langem in der Provinz und schufen die Voraussetzungen dafür, dass die Innere Mongolei heute einer der wichtigsten Produzenten für Eisen, Stahl und Kohle ist.

VERKEHRSVERBINDUNGEN

Mit der Eisenbahn kann man von Baotou aus sowohl Beijing im Osten als auch Lanzhou im Westen erreichen. Eine Linie führt über Erenhot in die Mongolische Republik und eine andere – oben im Norden – über Manzhouli – in die Russische Föderation. Dabei handelt es sich um die Fernstrecke, die letztlich Peking mit Moskau verbindet und über Harbin und Qiqihar läuft. In den weniger gut erschlossenen Landesteilen wird der Transport vielfach noch mit Pferdefuhrwerken und auf Kamelen abgewickelt, soweit nicht Landstraßen diese Aufgabe übernehmen können.

GESCHICHTE

Bereits vor 60 000 bis 30 000 Jahren lebte im Süden der Inneren Mongolei der Ordos-Mensch, ein Homo sapiens der Altsteinzeit, der Steinwerkzeuge gebrauchte und Mammute, Wollhaarnashörner und Antilopen jagte. Im 10. Jahrhundert v. Chr. sind dann Stämme der Xiongnu nachweisbar, Vorläufer der späteren Hunnen, die sich im 5. vorchristlichen Jahrhundert zu einer Bedrohung für den chinesischen Siedlungsraum entwickelten.

Schon vor der Reichseinigung bauten dann die chinesischen Teilstaaten Mauern gegen die immer wieder aus dem Norden hereinbrechenden Nomaden. Kaiser Wudi in der Han-Dynastie besetzte dann aus Sicherheitsgründen die heutige Innere Mongolei, vor allem auch zum Schutz der neugeöffneten Handelswege nach Westen.

Im 5. Jahrhundert n. Chr. besetzten Turkvölker das Land, dann kamen tungusische Stämme, schließlich die Mongolen, die das Land nicht nur eroberten sondern auch besiedelten. In der Yuan-Dynastie war das gesamte mongolische Gebiet ohnehin das Heimatland der herrschenden Dynastie in China.

In der Zeit der Ming-Dynastie lag die Innere Mongolei wieder außerhalb des Reiches der Mitte, erst in der Qing-Dynastie wurde sowohl die Innere als auch die Äußere Mongolei wieder der Befehlsgewalt der chinesischen Kaiser unterstellt. Nach dem Sturz der letzten Dynastie 1911 machte sich die Äußere Mongolei frei und geriet bald in den sowjetischen Einflussbereich. Die Innere Mongolei dagegen unterstand den im Norden herrschenden Militärmachthabern und geriet 1931 unter die Kontrolle der Japaner.

LINKS:
Autos gibt es nicht viele in der Inneren Mongolei. Pferde und Kamele dienen als Transportmittel.

FOLGENDE DOPPELSEITE:
Reiter treiben in der Steppe Bashang eine Pferdeherde vor sich her.

Erst nach der japanischen Kapitulation konnte China wieder die Verwaltung der Provinz übernehmen. Die Militärmachthaber hatten zwischen 1911 und 1931 das Land in vier Provinzen aufgeteilt: Jehol, Suiyuan, Chahar und Ningxia. Nach der Machtübernahme der Kommunisten legte man diese Gebiete sukzessive wieder zusammen, dann verkleinerte man das Gebiet in der Zeit von 1966–1979 wiederum auf fast ein Drittel, da man in Peking Angst vor separatistischen Bestrebungen hatte.

Seit dem Beginn der Öffnungspolitik hat die Innere Mongolei vor allem industriell einen großen Aufschwung genommen. Die in mehreren Phasen abgelaufenen Einwanderungswellen von Han-Chi-

Xilitu Zhao Si Tempel
(Lamatempel).

nesen haben dazu geführt, dass die Mongolen selbst längst keine dominierende Rolle in dem nach ihnen benannten Land mehr spielen.

Die wiederbelebten Lamaserien in Hohhot und an anderen Plätzen allerdings zeigen jedoch, dass der ursprünglich bei den Mongolen tiefverwurzelte Lamaismus die Zeit der kommunistischen Herrschaft durchaus überstanden hat.

HOHHOT

Die Provinzhauptstadt Hohhot (Hohot, Huehot, Huhehaote) liegt auf dem mongolischen Hochplateau südlich des Daqing-Gebirges im Zentrum der Inneren Mongolei. Nach bedeutenden Eingemeindungen zählt die Stadt in ihrem Großraum 1,3 Millionen Einwohner und stellt heute eine bedeutende Industrie-, Handels- und Universitätsstadt dar. Hohhot (=Grüne Stadt) ist sowohl mit Ulan Bator und Moskau als auch mit Peking durch die Bahn und mit vielen chinesischen Metropolen durch den Flugverkehr verbunden.

Gegründet wurde die Stadt erst 1581 von Altan Khan, dem Führer der Ostmongolen, der sie Kuku Khoto (Blaue Stadt) nannte. Altan Khan ist in der Religionsgeschichte Asiens dadurch bekannt, dass er die Mongolen zum tibetischen Buddhismus des Gelug-Ordens bekehrte. Die Stadt Kuku Khoto blieb dann lange Zeit eine rein mongolische Siedlung.

Als nun jedoch im 18. Jahrhundert chinesische Truppen der Qing-Dynastie in der Mongolei einmarschierten, gründete man 4 Kilometer entfernt aus strategischen Gründen eine chinesische Stadt. Allmählich wuchsen die beiden Städte zusammen. Der mongolische Stadtteil entwickelte sich zu einem Zentrum des Landhandels, der chinesische zum Sitz der Verwaltung und der Industrie.

Sehenswert sind in Hohhot der Fünf-Pagoden-Tempel, der Lamatempel Xilitu Zhao, das Kloster Dazhao und die Große Moschee. Der Fünf-Pagoden-Tempel, erbaut 1732, stellt ein imposantes 16 Meter hohes Bauwerk dar, das auf einem hohen Sockelturm vier kleinere und eine höhere mittlere Pagode trägt. In die gegliederten Sockelwände hat man 1560 Buddhafiguren gemeißelt, was dem Heiligtum auch den Namen „Tausend-Buddha-Tempel" eingebracht hat.

Der Lamatempel Xilitu Zhao stellt ein ausgezeichnetes Beispiel lamaistischer Baukunst dar. Die Anlage zählt fünf Höfe und Hallen sowie eine 15 Meter hohe Pagode, die als die schönste der Inneren Mongolei gilt. Das Kloster Dazhao ist wie die Stadt selbst eine Gründung des Mongolenfürsten Altan Khan und stammt aus den Jahren 1567–1572. Bei den Gläubigen ist dieses Kloster unter dem Namen Silberbuddha-Tempel bekannt, da in ihm eine silberne Figur von Buddha aufbewahrt wird.

Die Moschee Qingzhen Dasi, am Nordtor der Altstadt gelegen, stammt aus dem 18. Jahrhundert und ist mit ihrer Heiligen Halle der zentrale Ort des Gebets für alle Muslime der Stadt und des Umlandes.

Innenaufnahme des Dazhao Tempels in Hohhot mit dem berühmten silbernen Buddha.

FOLGENDE DOPPELSEITEN:
Grabhügel der Wang Zhaojun bei Hohhot.

GRAB DER WANG ZHAOJUN

Ein hervorragendes Beispiel des chinesischen Grabkultes, aber auch der Apotheose einer Frieden stiftenden Persönlichkeit ist das Grab der Wang Zhaojun. Neun Kilometer südlich von Hohhot erhebt sich ein 33 Meter hoher Grabhügel, in dem die Konkubine eines Kaisers der Westlichen Han-Dynastie bestattet wurde. Wang Zhaojun war eine außergewöhnlich schöne junge Frau, die als Konkubine am chinesischen Kaiserhof lebte. In dieser Zeit jedoch wurde ein neuer Einfall der Hunnen befürchtet, so dass nach einem diplomatischen Ausgleich gesucht wurde.

Man verheiratete im Jahre 33 v. Chr. die schöne Wang Zhaojun kurzerhand mit dem Fürsten der Xiongnu (Hunnen), um den Frieden zwischen beiden Völkern zu befestigen. Der Fürst starb nach zwei Jahren und die Witwe musste die Ehefrau seines Nachfolgers werden, wie es die Stammesgesetze der Hunnen vorsahen.

Das Schicksal der schönen Konkubine wurde in China in vielen Erzählungen und Theaterstücken aufgegriffen, man feierte diese Frau als patriotisches Opfer für den Frieden. Nach ihrem Tod wurde sie bald als Göttin verehrt und man bat sie um Kindersegen. Den Grabhügel zieren ein Pavillon oben auf der Spitze und unten eine Ehrentreppe.

BAOTOU

Die größte Industriestadt der Inneren Mongolei ist Baotou, 140 Kilometer westlich von Hohhot auf einer Höhe von 1700 Metern am Gelben Fluss gelegen. Besiedelt ist das Gebiet um Baotou zwar schon seit der Tang-Dynastie, aber erst in der Qing-Dynastie gewann die Stadt den Ruf eines wichtigen Handelsplatzes. Mit dem Bau der Eisenbahn nach Lanzhou in den fünfziger Jahren des 20. Jahrhunderts begann der industrielle Aufstieg. Baotou wurde eine Eisen- und Stahlstadt großen Zuschnitts.

Baotou selbst bietet außer einem Tempel aus der Qing-Dynastie keine Sehenswürdigkeiten, jedoch liegt 70 Kilometer südöstlich der Stadt das berühmte Kloster Wudang Zhao (Weidenbaum-Kloster), das in der Regierungszeit von Kaiser Kangxi (1661–1722) gegründet wurde. Das Kloster zählte in seinen besten Zeiten über 1000 lamaistische Mönche und konnte auf einer Fläche von 20 Hektar viele Bauten mit insgesamt 2500 Räumen aufweisen.

Das Kloster wurde in der Kulturrevolution zwar nicht zerstört, aber völlig entvölkert, so dass es dem Niedergang geweiht war. Nach bedeutenden Restaurierungen in den letzten beiden Jahrzehnten des 20. Jahrhunderts stellt das Weidenbaum-Kloster heute wieder eine der interessantesten Sakralanlagen im tibetischen Stil in der Inneren Mongolei dar.

MAUSOLEUM DES DSCHINGIS KHAN

Im Jahre 1227 starb während eines Feldzugs gegen die Westlichen Xia der große Eroberer Dschingis Khan eines natürlichen Todes. Nach ältesten Berichten bestattete man ihn – nach dem Brauch der damaligen Zeit bei den Mongolen – an einem unbekannten Ort in der Steppe. Eine andere Version besagt, der Herrscher habe einen schönen Platz für seine letzte Ruhestätte selbst ausgesucht. An diesem Platz, südwestlich von Hohhot im Banner Yijin Horo Qi steht heute sein Mausoleum, das aus einer Haupt- und zwei Nebenhallen besteht. Die drei achteckigen Gebäude tragen jeweils ein Kuppeldach, das an eine Jurte erinnert. In der Haupthalle steht eine 5 Meter hohe Statue von Dschingis Khan. Im hinteren Teil dieser Halle stehen die Sarkophage des Herrschers, seiner drei Frauen und weiterer Verwandter.

Ob die Gebeine des Mongolenherrschers und seiner Anverwandten in diesen Särgen tatsächlich ruhen, bleibt dem frommen Glauben überlassen, denn man hatte ein symbolisches Grab schon früher auf dem Altay errichtet, dieses aber noch dreimal verlegt, bis es am heutigen Platz repräsentativ aufgebaut wurde. Die Verlegung der Sarkophage von der letzten Zwischenstation in der Provinz Qinghai an den heutigen Ort erfolgte aus Rücksicht auf die Mongolen in der Inneren Mongolei.

Grasland.

FOLGENDE DOPPELSEITE:
Das Mausoleum des Dschingis Khan liegt inmitten der Ordos-Prärie. Es ist in der Form eines fliegenden Adlers gebaut und besteht aus drei Hallen im Jurtenstil mit gelben Wänden, roten Toren und Fenstern sowie glänzenden Kuppeln.

Chifeng
Fuxin
Shenyang ■
Tonghua
■ **Fushun**

NORD-KOREA

Chaoyang
Benxi

Jinzhou
■ **Anshan**

Jining
Zhangjiakou
Yingkou
Dandong

Baotou
Hohhot
Xuanhua

Wuhai
Datong
Chengde
Qinhuangdao

Pyöngyang ■

✈ **Beijing (Peking)**
✈ **Dalian**

Seoul ■

Baoding
■ **Tangshan**
Yantai
Weihai

Incheon ■

Yangquan
■ **Tianjin**

Huang He
Yan'an
Shijiazhuang ■
Xintai
Zibo
Weifang

Daegu ■

Taiyuan ■
Jinan ■
Daejeon

SÜD-KOREA

Linfen
✈ Handan
Taian
■ **Qingdao**

Busan ■

Changzhi
Anyang
Jining
Gwanju

Tongchuan
Xingxian
Zaozhuang

Jiaozuo
Kaifeng
Lianyungang

Gelbes Meer

Bapji
✈ Weinan
Zhengzhou ■
Xuzhou
Jiangsu (Kiangsu)

Luoyang
Huaibai
Qingjian

Xi'an ■
Benghu
Taizhou

Nanyang
Yangzhou
Nantong

Shiyan
Huainan
Nanjing ■

Xiangfan
Xinyang
Hefei
Changzhou
Wuxi
✈ **Shanghai**

Jangtsekiang
Wuhan ■
Anqing
Suzhou

Yichang
✈ **Hangzhou**
Jiaxing

Drei Schluchten Stausee
Huangshi
Shaoxing
Ningbo

Wanxian
Shashi
Jiujiang
Jingdezhen

Yueyang

Ost-chinesisches Meer

Chongqing ■
Changde
Nanchang ■
Shangrao
Wenzhou

Changsha ■
Pingxian

Zunyi
Xiangtan
Zhuzhou
Ji'an

Nanping

Guiyang ■
Shaoyang
Hengyang

Duyun
Ganzhou

Fuzhou ■

Guilin
Chenzhou
Jilong
✈ **Taibei**

Shaoguan
✈ Quanzhou
Taizhong

Liuzhou
✈ Xiamen
Hualian

Wuzhou
Zhangzhou

Chaozhou

TAIWAN

Nanning
Guangzhou ✈
Shantou
Tainan

Zhaoqing
Shenzhen
Gaoxiong ■

Yulin
Foshan
Hongkong ■ ✈

Jiangmen

0   200   400   600
km

JIANGSU (KIANGSU)

Die Provinz Jiangsu liegt in der Mitte des Küstengebietes am Gelben Meer am Unterlauf des Jangtse zwischen 116°21'–121°54' östlicher Länge und 30°46'–35°08' nördlicher Breite. Auf einer Fläche von 103 000 Quadratkilometern leben heute 75 Millionen Einwohner in 44 Städten und 64 Landkreisen. Bezogen auf die Fläche gehört Jiangsu zu den Provinzen mit der größten Bevölkerungsdichte. Provinzhauptstadt ist Nanjing (Nanking), gefolgt von drei weiteren Millionenstädten Wuxi, Suzhou und Xushou.

Im Norden grenzt die Provinz an Shandong, im Westen an Anhui, im Süden an Zhejiang und Shanghai und im Osten an das Gelbe Meer. Die Abkürzung Su ist landläufig für die ganze Provinz gebräuchlich. Die Provinz besteht erst seit 1667, als der Hof unter dem Kangxi-Kaiser der Qing-Dynastie das Reich neu ordnete und den Namen aus den beiden Anfangssilben der Präfekturen Jiangning und Suzhou bildete, die damals in dem Gebiet lagen.

Jiangsu ist eine wohlhabende Provinz mit warmem Klima, einer intensiven Landwirtschaft und modernen Industriebetrieben, die sich zudem auf mehrere Arten von Bodenschätzen stützen können, die in der Provinz selbst ausgebeutet werden.

Herbststimmung am Hong Ze See.

Blick auf die im Bau befindliche
dritte Jangtsebrücke in Nanjing.

TOPOGRAPHIE

Jiangsu ist topographisch die niedrigste und flachste Provinz Chinas und stellt eine ausgedehnte Ebene mit zahlreichen Seen, Flüssen und Kanälen dar. Die Wasserfläche macht 18 Prozent der Gesamtfläche der Provinz aus. Die meisten Gegenden liegen niedriger als 50 Meter über dem Meeresspiegel, so dass Erhebungen von weniger als 500 Metern schon als Gebirge angesehen werden. Solche Hügel aber sind nur im Südwesten und im Nordwesten der Provinz zu finden.

Ganz anders verhält es sich mit den Seen, die Provinz verfügt über drei sehr große Seen, im Süden liegt der Tai Hu, im Mittelwesten der Gaoyou Hu und im Nordwesten der Hongze Hu. Insgesamt gibt es jedoch in der Provinz über 200 größere und kleinere Seen.

In Jiangsu liegt gleichzeitig der wichtigste Teil des Jangtse-Deltas, dessen äußerster Mündungsbereich jedoch schon zu Shanghai gehört. Der Jangtse windet sich, vom westlich gelegenen Anhui kommend, in einem großen Bogen durch den Süden der Provinz und bildet dort die tiefgelegene, fruchtbare Schwemmlandebene. Im Norden verursachte der Huai-Fluss ähnlich große Überschwemmungen wie der Jangtse bis in die Mitte des 20. Jahrhunderts.

Durch große Regulierungsarbeiten und Wasserbauprojekte konnte die Hochwassergefahr inzwischen gebannt werden, da der Huai nunmehr in den Hongze Hu, von dort in den Gaoyou Hu und dann südlich in den Jangtse geleitet wird. Gleichzeitig wird das Wasser des Huai auch über zwei Kanäle durch die nördlichen Teile der Provinz zum Gelben Meer geführt. Die Seen, die Flüsse und auch die zahllosen Kanäle machen Jiangsu zur wasserreichsten Provinz Chinas.

Küssend tragen zwei Fische der Art „Küssender Gurami" in einem Aquarium in Nanjing Rivalitäten aus. Die sich küssenden Fische werden in China gerne am Valentinstag verschenkt.

KLIMA

Das Wetter in der Provinz ist sehr unterschiedlich, da sich in dem von Nord nach Süd sich erstreckenden Gebiet die Zone des Übergangs vom warm-gemäßigten zum subtropischen Klima bemerkbar macht. Der Norden ist merklich kühler als der feuchtgemäßigte Süden. Die jährliche Niederschlagsmenge nimmt von Südosten nach Nordwesten deutlich ab (von 1200 Millimeter bis 800 Millimeter).

Die durchschnittliche Jahrestemperatur beträgt im Norden 13 Grad, im Süden 16 Grad Celsius. Die Stadt Nanking gilt im Sommer als einer der „Glutöfen" Chinas, denn in der Hauptstadt herrschen von Juni bis September stets Temperaturen zwischen 24,6 und 22,4 Grad, wobei im Juli meist 27,9 und im August 27,4 Grad gemessen werden.

Das Kaisergrab im Ming Xiaoling Museum in Nanjing. Die Grabanlage am Fuß des Zijin-Bergs im Osten der Stadt wurde für den ersten Ming Kaiser Zhu Yuanzhang (gestorben 1398) errichtet.

Eine Besonderheit von Jiangsu ist der sogenannte „Pflaumenregen", denn zwischen Frühling und Sommer herrscht zur Zeit der Pflaumenreife oft ein Dauernieselregen. Gefährlich für die Provinz ist oftmals der frühe Herbst, wenn Taifune mit starken Regenfällen die Küstengebiete heimsuchen.

LANDWIRTSCHAFT

Die Provinz gilt als „Heimat von Reis und Fisch". Die Bodennutzung ist nirgendwo so sorgfältig und intensiv wie in diesem Landstrich, es können zwei bis drei Ernten im Jahr eingebracht werden. Das Klima ist für die Landwirtschaft optimal. Ein Drittel der zur Verfügung stehenden Fläche wird für den Wasserreisanbau genutzt, dann folgen Weizen, Mais, Sojabohnen, Raps, Erdnüsse, Tee, Obst und die für die Seidengewinnung wichtigen Maulbeerbaumkulturen.

Die Provinz gilt auch als Hauptlieferant von Süßwasserfischen, die nicht nur in den vielen Seen und Flüssen gefangen sondern auch in unzähligen künstlich angelegten Teichen gezüchtet werden. Die Küstenfischerei ist ebenfalls beachtlich, so dass die Küche der Provinz vornehmlich darauf ausgerichtet ist.

INDUSTRIE

Die Provinz ist flächendeckend industrialisiert. Neben einer gut entwickelten Schwerindustrie dominieren jedoch die Unternehmen der Leichtindustrie, der Textilindustrie und der Nahrungsmittelindustrie. Elektronik, Apparate- und Instrumentenbau sind vertreten, die Energiewirtschaft und die Chemiewerke der Provinz beschäftigen viele Angestellte und Arbeiter.

Nach wie vor nehmen die Seidenspinnereien einen bedeutenden Platz ein, sie sind vor allem in Suzhou und Wuxi zu finden. Das Kunsthandwerk ist in Jiangsu seit alters gut vertreten, selbst im Ausland sind Lackarbeiten aus Jangzhou, Tonfiguren aus Wuxi, Tonwaren aus Yixing und Stickereien aus Suzhou sowie Brokate aus Nanking sehr gefragt. Die Provinz verfügt auch über einige Bodenschätze wie Eisen, Phosphor, Tonerde und Kohle, jedoch nicht in größeren Lagerstätten.

VERKEHRSVERBINDUNGEN

Die Fertigstellung der Jangtse-Brücke in Nanking 1968 schuf eine neue Verkehrssituation in China. Seither laufen die Fernzüge von Peking nach Shanghai durch die Provinz. Die lange Ost-West-Strecke führt sogar von Lianyunggang am Gelben Meer bis nach Lanzhou in Gansu. Durch die Provinz selbst läuft ein Netz von Landstraßen, deren Gesamtlänge 14 000 Kilometer beträgt. Die Binnenschifffahrt ist in Jiangsu naturgemäß gut entwickelt, auch der Seeschifffahrt kommt eine gewisse Bedeutung zu. Nanking und Zhenjiang sind gut ausgebaute, große Flusshäfen am Jangtse.

GESCHICHTE

Bis zum 6. vorchristlichen Jahrhundert gehörte das Gebiet der heutigen Provinz zum Staate Wu. Danach waren einzelne Teile der Provinz in den folgenden Dynastien unterschiedlichen Verwaltungseinheiten zugewiesen und teilten deren Schicksal. In der Song-Zeit erfuhr dann vor allem der Süden einen beachtlichen wirtschaftlichen Impuls durch die Verlegung der Hauptstadt in das nicht allzu weit entfernte Hangzhou. Da die Steppenvölker den Norden Chinas erobert hatten, entwickelte sich das heutige Süd-Jiangsu sogar zu einem wirtschaftlichen, kulturellen und politischen Zentrum der Südlichen Song-Dynastie.

In der Mongolenzeit und in der Ming-Dynastie blühten dann Handel und Handwerk nach wie vor. 1687 wurde dann in der Qing-Dynastie die heutige Provinz gegründet. Bis 1853 floss der Gelbe Fluss allerdings noch durch Jiangsu durch die Provinz und mündete bis zu seiner Laufänderung an der Küste der Provinz ins Gelbe Meer. Dies bedeutete in vielen Jahren immer wieder Überschwemmungen und nachfolgende Ernteausfälle in der Landwirtschaft, zumal auch der Huai und der Jangtse ihre Wassermassen in solchen Hochwasserjahren ansteigen ließen.

In den Jahren 1839–1842 erschienen zum ersten Mal die Engländer im Jangtse-Delta und trotzten später dem Kaiserreich einige Handelsprivilegien ab. 1937–1945 war Jiangsu japanisch besetzt und hatte – vor allem in Nanking – einen hohen Blutzoll zu entrichten. Der große Aufstieg kam dann nach der japanischen Kapitulation. Die Nationalregierung hatte zwar in Nanking schon vor der japanischen Invasion ihren Regierungssitz errichtet, musste aber während des Bürgerkrieges die Stadt wieder räu-

Zwei vieräugige Goldfische bei einer Goldfischschau in Nanjiang. Die zwei zusätzlichen Blasen auf den Köpfen der Fische machen sie zu einer Seltenheit, die einen Preis von 120 000 US $ erzielen können.

men, so dass die gesamte Provinz bereits im April 1949 in den Händen der Kommunisten war. Nach der Verkündung der Öffnungspolitik durch Deng Xiaoping setzte die Provinz zu einem wirtschaftlichen Höhenflug an, der vor allem in einer rasanten Industrialisierung seinen Ausdruck fand. Der hohe Bildungsstand der Bevölkerung und das leistungsfähige Schulwesen der Provinz waren hierfür eine wichtige Voraussetzung.

STÄDTE IN JIANGSU

DIE PROVINZHAUPTSTADT NANJING (NANKING)

Nach der Größe der Bevölkerung (5,2 Millionen) steht Nanking zwar erst an 22. Stelle in China, aber es hat dafür mit dem Vorzug aufzuwarten, dass es zu den wichtigen Kaiser- und Residenzstädten zu zählen ist, von denen einst das Reich der Mitte regiert wurde. Das Gebiet ist nachweislich seit 6000 Jahren besiedelt, die Stadtgründung selbst wird ins 8. Jh. v. Chr. datiert.

In den nachfolgenden Jahrhunderten diente die Stadt unter verschiedenen Namen insgesamt zehn Dynastien als Hauptstadt und Regierungssitz. Diese Dynastien waren oft kurzlebiger Art, auch die mächtige Ming-Dynastie verlegte schließlich ihren Sitz nach drei Generationen aus strategischen Gründen endgültig nach Peking.

Die Taiping-Rebellen riefen in der Mitte des 19. Jahrhunderts in ihr das „Königreich des Himmlischen Friedens" aus, scheiterten damals aber ebenso wie später Chiang Kai-shek mit seiner Guomindang im 20. Jahrhundert. Die Nationalregierung, die 1928 in Nanking errichtet worden war, wurde durch die japanischen Invasoren 1937 zur Flucht ins Inland gezwungen. Innerhalb weniger Tage richteten dann die Japaner in der Stadt ein Blutbad an, das 100 000 Menschen das Leben kostete. Dieses „Massaker von Nanking" ist bis heute ein unbewältigtes Kapitel in den chinesisch-japanischen Beziehungen. Nach dem Sieg der Kommunisten wurde Nanking 1952 Provinzhauptstadt.

Inzwischen ist die Stadt zum industriellen, wirtschaftlichen und kulturellen Zentrum der Provinz herangewachsen, in der fast alle Branchen vom Kohlebergbau bis zur Autoindustrie und vom Schiffbau bis zur Petrochemie vertreten sind. Die 1902 gegründete Nanking-Universität gehört längst zu den Spitzen-Hochschulen des Landes.

Das größte aller erhaltenen historischen Denkmäler ist die 33 Kilometer lange Stadtmauer, die 1366 errichtet wurde und zu den längsten der Welt überhaupt zählt. Der Stolz der heutigen Bewohner ist die 1968 fertiggestellte, 1577 Meter lange Jangtse-Brücke, die als zweispurige Eisenbahn- und Autobrücke über den 21 Meter tiefen Fluss ohne fremde Hilfe von chinesischen Ingenieuren und 9000 Arbeitern gebaut wurde.

Ein von allen Chinesen verehrtes Denkmal in der Stadt ist das Sun-Yat-sen-Mausoleum, in dem seit 1929 der „Vater der Republik" bestattet ist. Zu der in einem herrlichen Waldpark liegenden Grabstätte mit Gedenkhalle führen 192 Granitstufen hoch. Weltbekannt ist das Observatorium auf dem westlichen Gipfel des Purpur-Berges vor der Stadt, eine der größten astronomischen Forschungseinrichtungen Asiens, die an die Jahrtausende alte Stern- und Himmelsbeobachtung der Chinesen erinnert.

Steinerne Löwen säumen die
Geisterallee des Ming Xiaoling
Mausoleums in Nanjing.

FOLGENDE DOPPELSEITE:
Der Konfuzius Tempel in Nanjing.

Von den vielen anderen historischen Bauten innerhalb und außerhalb der Stadt ist vor allem das 483 n. Chr. gegründete Tempelkloster Qi Xia Si zu nennen, das am Fuß des 440 Meter hohen Qixia Shan liegt, der etwa 22 Kilometer von der Stadt entfernt und in nordöstlicher Richtung zu finden ist.

Dieses Kloster gehörte einst zu den vier bedeutendsten buddhistischen Kultstätten Chinas, brannte 1853 ab und wurde wiedererrichtet. Den einstigen Glanz dieser Tempelanlage, das vor allem in der Tang-Dynastie blühte, konnten die späteren Jahrhunderte jedoch niemals wiederholen.

SUZHOU (SUTSCHAU)

„Venedig des Ostens" wird die Stadt Suzhou im unteren Jangtse-Tal gerne genannt, denn in alter Zeit durchzogen die Stadt sechs Kanäle in Nord-Süd-Richtung und vierzehn Kanäle in Ost-West-Richtung, und der Kaiserkanal führte in unmittelbarer Nähe der Stadt vorbei. Unzählige Brücken und Treppen gaben der Stadt ihr eigenartiges Gepräge. 30 Kilometer sind es nur zum Tai-See und 100 Kilometer nach Shanghai.

Im Großraum Suzhou leben heute eine Million Menschen, 800 000 davon in der Stadt selbst, die auch „Stadt der Gärten" genannt wird, denn hier ließen sich hohe Beamte nach ihrer Pensionierung nieder und auch wohlhabende Kaufleute errichteten sich in dieser schön gelegenen Stadt ihren Ruhesitz. Hier schufen sie kostbare Gartenanlagen mit Teichen, Felsen, Bächen, Brücken, Korridoren, Pavillons und seltenen Bäumen.

Von den rund 150 Gärten von ehedem ist nur noch ein Dutzend erhalten, die heute die Touristen-attraktion Nr. 1 darstellen und von der UNESCO in die Liste des Weltkulturerbes aufgenommen wurden. Suzhou ist heute ein Zentrum der Leichtindustrie und der Seidenspinnereien. Ein riesiger Industriepark für Spitzentechnologien ist am Stadtrand im Bau, der in der Zukunft neue Akzente setzen soll. Die Stadt ist voller Schönheiten und historischer Denkwürdigkeiten, denn sie war stets eine Stadt der Gelehrten, der Künstler und Kunsthandwerker, aber auch der Mönche, wie verschiedene Klöster in der Stadt und in ihrer Umgebung noch heute bezeugen.

Ein weithin sichtbares Wahrzeichen der Stadt ist die Pagode des Wolkenfelsen-Tempels auf dem Tiger-Hügel, die im Jahre 961 errichtet wurde und als „schiefer Turm" eine Neigung von 2,34 Metern an ihrer Spitze aufweist.

WUXI

Die 130 Kilometer nordwestlich von Shanghai gelegene Stadt Wuxi gilt als eine der ältesten Siedlungen des Jangtse-Tales, hat 700 000 Einwohner, im Großraum aber fast eine Million und ist wegen ihrer schönen Lage in ganz China bekannt. Wuxi ist eine Stadt des Wassers, denn sie liegt am Nordufer des Tai-Sees, und der Große Kanal fließt mitten durch die Stadt. Eine Unzahl von Fischteichen und kleineren Kanälen geben Wuxi ebenfalls ein äußerst abwechslungsreiches Gepräge.

Eine Fischfarm im Tai-See nahe Wuxi.

Eine Tonfigur aus Wuxi.

Zu der seit nachweislich 3000 Jahren betriebenen Seidenverarbeitung ist in neuerer Zeit noch die Baumwollindustrie getreten, ergänzt durch eine beachtliche Kette anderer Firmen der Leichtindustrie. Die außerordentlich schöne Lage der Stadt prädestinierte sie zum Zentrum der Filmproduktion für Historienfilme.

Das neu erwachte historische Interesse in China für die Leistungen der Tang-Zeit und die seit der Öffnungspolitik geübte Toleranz gegenüber dem Buddhismus haben dazu geführt, dass das große tangzeitliche Guang-Fu-Kloster wieder prächtig renoviert wurde. Und im Mashan-Bezirk auf einem Hügel eine 88 Meter hohe Statue von Sakyamuni errichtet wurde. Dieses Standbild aus Bronze wurde 1997 eingeweiht und stellt derzeit das größte Bildnis Buddhas auf chinesischem Boden dar, 17 Meter höher als der steinerne Buddha von Leshan in Sichuan.

Detailaufnahme aus dem Jinshan Tempel.

LINKE SEITE:
Parkanlage am Tai-See in Wuxi.

ZHENJIANG

Die Stadt Zhenjiang (Wächter des Flusses) trägt ihren Namen völlig zurecht, denn von ihr aus konnte man den Schiffsverkehr auf dem Jangtse am besten kontrollieren. Die Stadt liegt am Südufer des

Der Jinshan Tempel in Zhenjiang.

großen Stroms, genau Yangzhou gegenüber, hat über 400 000 Einwohner und stellt heute eine beachtliche Industriestadt dar. Bereits 545 v. Chr. gegründet, begann ihr Aufstieg aber erst nach mehr als elfhundert Jahren, als der Große Kanal gebaut wurde, den man unmittelbar bei der Stadt in den Jangtse einmünden ließ. Nun entwickelten sich Seidenspinnereien und Brokatwebereien in rascher Folge, so dass schon Marco Polo die Seidenstoffe der Stadt rühmte.

An den Hängen der umliegenden Berge bauten Mönche zu allen Jahrhunderten einen Kranz von Klöstern, von denen einige bis heute erhalten blieben. Die drei interessantesten Klosteranlagen dieser Art sind allesamt über 1500 Jahre alt. Da ist vor allem das mitten im Fluss auf einem 150 Meter hohen Inselberg gelegene „Kloster der Stärke und Weisheit" (Ding Hui Si), das aus der Zeit der Östlichen Han-Dynastie stammt. Das nordöstlich der Stadt im Jangtse gelegene Inselchen ist mit einer Fähre erreichbar.

Aus der Zeit der Drei Reiche stammt dagegen das „Kloster des Erquickenden Taus" (Gan Lu Si), das sich auf dem Beigu Shan befindet. Sehenswert ist auch das Goldhügel-Kloster (Jin Shan Si) das bereits in der Östlichen Jin-Dynastie (317–420) gegründet, im Jahre 1027 erneuert wurde und samt seiner zierlichen Pagode bis heute gut erhalten ist.

YANGZHOU

Neben Suzhou und Wuxi stellt Yangzhou gleichsam die dritte Perle der landschaftlich schön gelegenen Städte im unteren Jangtse-Tal dar. Die Stadt liegt nördlich des Flusses am linken Ufer des Großen Kanals 70 Kilometer nordöstlich von Nanking. Jährlich kommen Millionen Touristen in die Stadt, um ihre Gärten, Pavillons, Pagoden, Brücken, Museen und Klöster zu besuchen. Vor allem sind es Gäste aus Japan, denn die Verbreitung der chinesischen Kultur und des Buddhismus in Japan ging im achten Jahrhundert vornehmlich von Yangzhou aus.

Die malerische Stadt ist noch wenig industrialisiert, lebt hauptsächlich vom Handel, dem Tourismus und dem Kunsthandwerk. Yangzhou hat rund 400 000 Einwohner und gilt als eine der Städte Chinas, die ihre mittelalterliche Atmosphäre am besten erhalten konnten. Hauptattraktion von Yangz-

hou ist das „Kloster des Großen Glanzes" (Daming Si), das im 5. Jahrhundert gegründet wurde und von dem aus der berühmte Abt Jianzhen zwischen 742 und 752 sechsmal nach Japan aufbrach, um dort den Buddhismus zu verbreiten. Das Daming Si wurde von den Taiping-Rebellen zerstört, aber zwischen 1860 und 1870 wieder völlig aufgebaut. In der Haupthalle finden sich drei riesige Buddha-Statuen mit 18 Luohan-Figuren und eine mächtige Guanyin-Statue.

LINKE SEITE UND VORHERIGE DOPPELSEITE: Das Daming Si Kloster oder „Kloster des Großen Glanzes".

XUZHOU

Die im äußersten Nordwesten der Provinz gelegene Stadt Xuzhou ist seit alters ein wichtiger Verkehrsknotenpunkt und heute eine aufstrebende Industriestadt. Bekannt ist sie auch wegen ihrer strategisch bedeutsamen Lage. Nach den historischen Aufzeichnungen sollen in der ersten Hälfte des 2. Jahrtausends v. Chr. in ihrer Umgebung schon viele Schlachten geschlagen worden sein. Die Archäologen widmen daher schon seit geraumer Zeit dieser Region ihre besondere Aufmerksamkeit.

FOLGENDE DOPPELSEITE: Der Tai-See bei Sonnenuntergang.

Der bedeutendste Fund gelang ihnen 1984, als sie im Bereich der Stadt eine Terrakotta-Armee von mehr als 1000 Figuren entdeckten, die aus der Zeit der Han-Dynastie stammen. Vermutlich wurde in dem Grab ein Prinz oder hoher General bestattet, der zum Schutz im Jenseits 40 Zentimeter hohe Krieger, Offiziere und Pferde als ehrenvolle Grabbeigabe erhielt. Funde aus weiteren Han-Gräbern wurden inzwischen im Museum von Xuzhou ausgestellt.

Man könnte Xuzhou geradezu als Stadt der Schlachten bezeichnen, denn im Krieg 1937–1945 war das Gebiet um die Stadt Schauplatz heftiger Kämpfe zwischen den nationalchinesischen Truppen und den Japanern. Nach einer verzweifelten Schlacht mussten die Chinesen das Gebiet räumen. Wenige Jahre später war die Region wiederum Aufmarschgebiet der Guomindang-Truppen und der Kommunisten. Friedlichere Aspekte verkörpert das Tempelkloster Xing Hua Si, das an der Ostseite des Wolkendrachenberges liegt und in dessen Haupthalle ein 10 Meter hoher steinerner Buddha aus dem Fels geschlagen wurde.

TONGLI

Im Jahre 1982 stellte die Provinzregierung von Jiangsu die „Wasserstadt" Tongli unter ihren besonderen Schutz. Diese Stadt liegt am Großen Kanal 20 Kilometer von Suzhou entfernt und 90 Kilometer von Shanghai. Die kleine Stadt ist von fünf Seen umgeben und sieht aus wie eine Lotosblüte, die auf dem Wasser schwimmt. Innerhalb der Stadt kreuzen sich 15 Flüsse, die zusammen 6 Kilometer lang sind, 49 Brücken verbinden die Häuser und die einstigen Wohnanlagen der Familienclans.

Zwischen 1271 und 1911 bestanden 47 Tempel in der Stadt, in der vornehmlich Beamte und reiche Kaufleute lebten. So ist es nicht verwunderlich, dass aus Tongli eine Reihe bedeutender Persönlichkeiten hervorging: Politiker, Beamte, Gelehrte und Künstler. Dieses Juwel einer Wasserstadt ist mit ihren Gärten und kunstvoll gestalteten pavillonartigen Wohnanlagen unversehrt erhalten geblieben.

Yinchuan

Huang He

Baoding
Tianjin
Yangquan
Shijiazhuang
Taiyuan
Xintai
Jinan
Zibo
Weifang
Yantai
Weihai
Seoul
Incheon
Daejeon
SÜD-
KOREA
Yan'an
Linfen
Handan
Taian
Qingdao
Gwanju
Changzhi
Anyang
Jining
Tongchuan
Jiaozuo
Xingxian
Zaozhuang
Gelbes
Weinan
Kaifeng
Lianyungang
Meer
Bapji
Tianshui
Luoyang
Zhengzhou
Xuzhou
Qingjian
Xi'an
Pingdingshan
Huaibai
Nanyang
Benghu
Taizhou
Shiyan
Xinyang
Huainan
Yangzhou
Nantong
Jangtsekiang
Xiangfan
Hefei
Nanjing
Wuxi
Shanghai
Nanchong
Wanxian
Yichang
Wuhan
Anqing
Changzhou
Suzhou
Jiaxing
Drei Schluchten
Stausee
Shashi
Huangshi
Hangzhou
Shaoxing
Ningbo
Neijiang
Yueyang
Jiujiang
Jingdezhen
Jinhua
Ost-
chinesisches
Chongqing
Changde
Nanchang
Shangrao
Wenzhou
Meer
Luzhou
Changsha
Pingxian
Jiangxi
(Kiangsi)
Nanping
Zunyi
Xiangtan
Zhuzhou
Shaoyang
Ji'an
Fuzhou
Guiyang
Hengyang
Ganzhou
Jilong
Taibei
Duyun
Chenzhou
Quanzhou
Taizhong
Anshun
Guilin
Xiamen
Hualian
Shaoguan
Zhangzhou
Liuzhou
Chaozhou
TAIWAN
Nanning
Wuzhou
Guangzhou
Shantou
Tainan
Zhaoqing
Shenzhen
Gaoxiong
Yulin
Foshan
Hongkong
Maoming
Jiangmen
Macao
Beihai
Zhanjiang
Südchinesisches
Hanoi
Haiphong
Meer
Haikou
VIETNAM
Hainan
0   200   400   600
km
PHILIPPINEN

JIANGXI (KIANGSI)

Die in Südostchina gelegene Provinz Jiangxi hat eine Fläche von 166 600 Quadratkilometer und eine Einwohnerzahl von 42 Millionen. Südlich des Jangtse erstreckt sich die Provinz in Nord-Süd-Richtung zwischen 113° 34'–118° 28' östlicher Länge und 24° 29'–30° 15' nördlicher Breite. Die Hauptstadt ist Nanchang.

Jiangxi ist eine ausgesprochene Binnenprovinz mit 85 Kreisen und 21 Städten. Die Nachbarprovinzen sind im Norden Hubei und Anhui, im Süden Guangdong, im Osten Fujian und im Westen Hunan. Die Kurzform der Provinz lautet Gan, eine Bezeichnung, die auf den Ganjiang hinweist, den großen Fluss der Provinz, der von den südlichen Bergwelten herabkommt und nach Norden in den Poyang-See fließt.

TOPOGRAPHIE

Der 760 Kilometer lange Ganjiang ist schiffbar und macht mit seinen Talebenen und dem Flachland am Poyang-See den Kern der Provinz zu einem riesigen Becken, das im Osten, Westen und Süden von Gebirgsketten umgeben ist und in dessen Nordgebiet sich der berühmte Lushan mit dem 1474 Meter hohen Hanyang Peak erhebt.

Die Berge und das Hügelland machen in Jiangxi mehr als 60 Prozent der gesamten Fläche aus, sie fallen von Süden nach Norden ab, wo der Poyang-See in einer äußerst fruchtbaren Ebene liegt. Dieser See hat eine Fläche von 5000 Quadratkilometer und ist der größte Süßwassersee Chinas. Aus drei Richtungen kommend, münden in ihn die Flüsse Ganjiang, Fuhe, Xinjiang, Pujiang und Xiushui. Die Umgebung des Poyang Hu gehört seit alters zu den wohlhabendsten Gegenden Chinas, begünstigt durch höchst ergiebige Reisernten und großen Fischreichtum.

Viele Bergketten reichen von Jiangxi bis weit in die Nachbarprovinzen hinein, wie beispielsweise im Westen der Jiulingshan und weiter südlich der Wugongshan, die beide auch in Hunan sich erstrecken. Im Osten sind dies vergleichsweise an der Grenze zu Fujian der Wuyishan und das Gebirge Huaiyushan.

Die Flüsse der Provinz haben letztlich alle nur ein Ziel, den Poyang-See, d. h. sie fließen alle nach Norden. Der größte und wichtigste von ihnen ist der Gan, der eine Reihe von Städten berührt und bei seinem Lauf nach Norden im Oberlauf Ganzhou, und im Unterlauf die Hauptstadt Nanchang durchströmt.

Bei diesem Lauf nimmt der Gan selbst eine Reihe von größeren und kleineren Nebenflüssen aus Ost und West auf und entwässert auf diese Weise einen großen Teil von Mittel-Jiangxi. Der Poyang-See verschmilzt nördlich von Hukou mit dem Jangtse. Seencharakter hat in den letzten Jahren auch das große Zhelin-Reservoir bekommen, das in den Bergen im Nordwesten der Provinz bei dem Städtchen Wuning angelegt wurde.

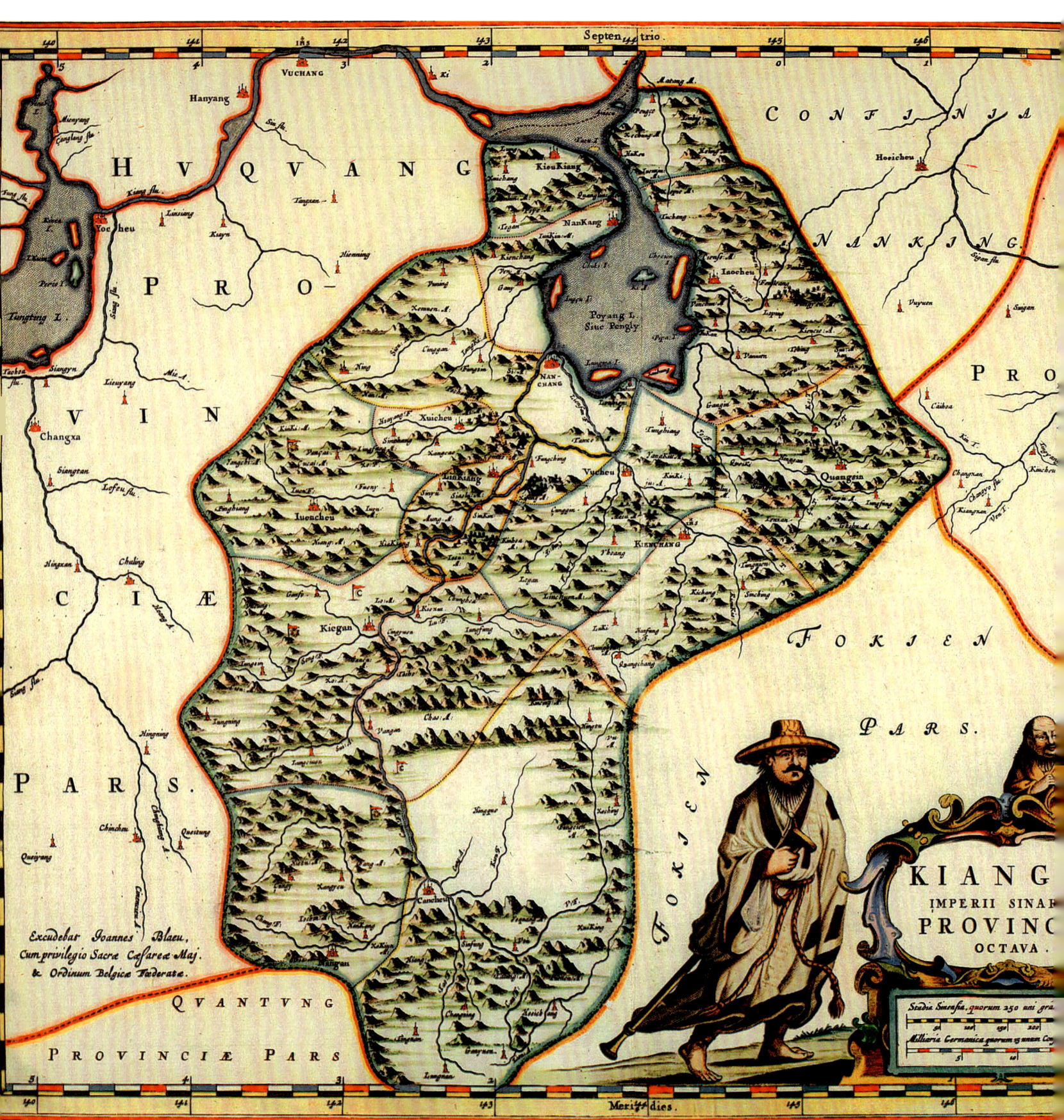

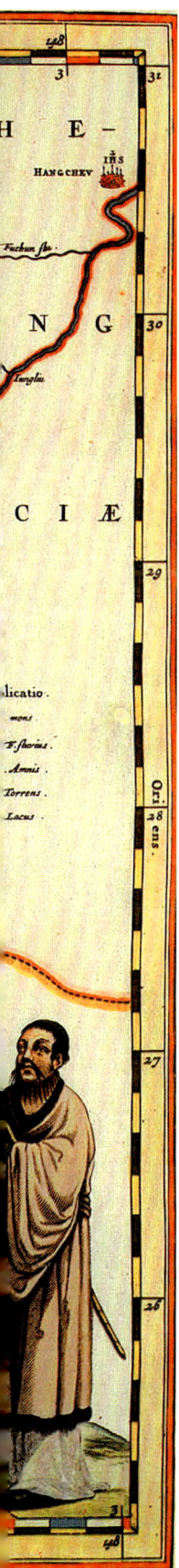

KLIMA

Das Klima von Jiangxi ist warm und feucht, denn die Provinz liegt bereits in der subtropischen Zone mit durchschnittlichen Jahrestemperaturen von 16°–20 Grad Celsius. Die Plusgrade nehmen von Norden nach Süden zu. Die Hauptstadt Nanchang, die zwar im Norden aber im Flachland liegt, gehört sogar zu den Städten mit den höchsten Sommertemperaturen.

Man misst gewöhnlich in Nanchang im Januar 5 Grad Celsius, im April 17,1°, im Juli 29,6°, im September 38,8° und im Dezember 17,5 Grad Celsius. Die durchschnittliche Niederschlagsmenge im Jahr beträgt in Jiangxi 1500–2000 mm.

LANDWIRTSCHAFT

Die Vegetationsperiode dauert in Jiangxi zehn bis elf Monate, so dass vielfach zwei Reisernten im Jahr eingebracht werden können. 80 Prozent der Gesamtanbaufläche für Getreide sind daher dem Reis vorbehalten. In der Ebene um den Poyang-See und in den Flusstälern des Ganjiang und des Shushui liegen Nassreisgebiete, die zu den Kornkammern Chinas zählen. Das milde Klima lässt jedoch alle anderen Getreidesorten ebenfalls gedeihen, vor allem Weizen und Gerste. Meist werden auch gute Maisernten eingebracht. Angebaut werden auch Baumwolle, Raps, Zuckerrohr, Sesam, Süßkartoffeln, Tee, Ölkamelie und Bastfaserpflanzen. Beliebt sind auch die Wassermelonen, Dattelpflaumen, Birnen und Äpfel von Jiangxi, vor allem aber die süßen Mandarinen.

Etwa zehn Prozent des Landes sind mit Wäldern bedeckt. Die Forstwirtschaft liefert Zedern, Kampferbäume, Ahorn und Kiefern auch in die Nachbarprovinzen. Große Bambushaine liefern das Material für vielfältige Flechtarbeiten.

INDUSTRIE

Vor 1949 war in Jiangxi außer einigen größeren Manufakturen keine Industrie vorhanden. Die Situation hat sich geändert, seit in der Provinz große Kohlevorkommen entdeckt wurden, die bei Pinxiang im Westen, nahe der Nachbarprovinz Hunan, im dortigen Berggebiet liegen. Kohle gibt es ebenfalls in Fengchen, südlich von Nanchang.

Das reichste Vorkommen an Wolframerzen der Welt wird in den Dayn Ling Bergen ausgebeutet. Diese Berge liegen im Süden der Provinz bei Ganzhou. Für den weiteren, von den Provinzbehörden forcierten industriellen Aufbau sind auf Grund dieser Vorkommen alle Voraussetzungen gegeben.

Nun haben jedoch weder Kohle noch Wolfram die Provinz in der ganzen Welt bekannt gemacht, sondern Kaolin, jene erlesene Tonerde, aus der das feinste Porzellan hergestellt werden kann.

LINKE SEITE:
Die Karte zeigt die Provinz Kiang-si um 1655.

VERKEHRSVERBINDUNGEN

Die vielen Berge der Provinz, die zwar meist nur zwischen 1000 und 2000 Meter hoch sind, aber viele Schluchten aufweisen, setzten dem Schienen- und Straßenbau bedeutende Hindernisse entgegen. Die Provinz konnte jedoch mit ihrer Hauptstadt an die Hauptstrecke Peking-Hong Kong angeschlossen werden. Diese Nord-Süd-Verbindung wird von der Fernstrecke gekreuzt, die von Hangzhou am Ostchinesischen Meer quer durchs Land bis nach Yunnan im Südwesten führt.

Porzellanvasen werden von Hand bemalt. Seit über 1000 Jahren ist Jingdezhen Porzellan-Hauptstadt Chinas.

Beide Linien folgen, wenn möglich, stets den Flusstälern und durchqueren oft malerische Berglandschaften. Eine dritte, wichtige Strecke kommt von Anhui und schließt die im Nordosten der Provinz gelegene Porzellanstadt Jingdezhen an den Bahnverkehr an. Weitere Abzweigungen erschließen die westlichen Bergregionen und die in ihnen gelegenen Städte wie Xinyu, Yichun und Pingxiang, Anfu und Wenzhu.

Gut befahrbare Landstraßen folgen teilweise diesen Bahnlinien oder sind in jenen Landesteilen angelegt worden, die keine Bahnverbindungen haben. Bedeutsam war stets auch der Schiffsverkehr auf dem Gan-Fluss, der eine Reihe von Städten an seinen Ufern bis heute miteinander verbindet. Angeschlossen an den innerchinesischen Flugverkehr sind die Städte Nanchang, Jiujiang, Jingdezhen und Ganzhou.

GESCHICHTE

Während der Zhou-Dynastie gehörte das gesamte Gebiet des heutigen Jiangxi zum Königreich Chu, war aber hauptsächlich von nichtchinesischen Stämmen bewohnt. Mit der Reichseinigung begann dann die Besiedelung mit Han-Chinesen, die sich bis ins 6. Jh. n. Chr. fortsetzte. Vor allem flohen nach dem Fall der Han-Dynastie viele Bewohner des Nordens in diese Provinz, weil inzwischen Steppenvölker in ihre angestammten Wohngebiete eingedrungen waren.

Zur Zeit der Tang-Dynastie war das Gebiet praktisch schon vollständig von Han-Chinesen bewohnt. In den heutigen Grenzen entstand Jiangxi jedoch erst durch die Neuordnung der Verwaltung in der Ming-Dynastie. Nach mehreren Jahrhunderten relativer politischer Windstille kam im 19. Jahrhundert Jiangxi dann in das Einflussgebiet der Taiping-Rebellen, die große Zerstörungen anrichteten und Jingdezhen auslöschten.

Im 20. Jahrhundert (1929–1934) war Jiangxi jenes Gebiet, in dessen Jinggang-Bergen der erste chinesische „Sowjetstaat" ausgerufen wurde, von dem aus dann der „Lange Marsch" begann.

BERGE – FLÜSSE – SEEN

LUSHAN UND JINGGANG-SHAN

Viele Berge sind namentlich sogar nur den Einheimischen bekannt, denn ihre Vielzahl ist ähnlich groß wie in Zhejiang und Fujian, so dass nur Generalstabskarten darüber nähere Auskunft geben. Allen Chinesen jedoch sind mindestens zwei Gebirge wohlbekannt, und dies aus gutem Grunde, der Lushan und der Jinggang-Shan.

DER LUSHAN

Wenn auch der Lushan nicht zu den neun Heiligen Bergen Chinas zählt, so kommt er ihnen auf jeden Fall an Schönheit und Bedeutung gleich. Das 250 Quadratkilometer umfassende Gebirgsmassiv liegt südlich der Stadt Jiujiang zwischen dem Jangtse und dem Poyang-See, zählt insgesamt 90 Gipfel, darunter den Hanyang-Feng, der 1474 Meter erreicht.

Dieses zauberhafte Gebirge mit seinen oft nebelumhüllten Gipfeln zog schon in der Han-Dynastie (206 v.–220 n. Chr.) Einsiedler und Mönche magisch an, denen dann Dichter und Philosophen in den späteren Jahrhunderten folgten. Bald wurde der Lushan ein Ort des Gedankenaustausches zwischen Daoisten und Buddhisten, vor allem aber ein Ort der Meditation.

Im „Tempel des Ostwaldes" (Donglin Si) gründete der Mönch Huiyuan (334–416) die „Schule des Reinen Landes", eine der bedeutendsten buddhistischen Sekten, die bis nach Japan drang und in China selbst zahllose Anhänger fand. Huiyuans Schüler wurden in allen buddhistischen Ländern Asiens als Lehrer und Missionare tätig. Die einfache Doktrin, die sie verkünden, sichert ihnen bis heute einen gewissen Vorsprung vor anderen Richtungen. Die Verehrung der Gläubigen dieser Sekte gilt vor allem Buddha Amitabha, dem „Herrn des Grenzenlosen Lichts".

Allein die vertrauensvolle Anrufung des Amitabha kann nach dieser Lehre bereits den Weg zum Heil öffnen und die Seele nach dem Tode ins „Paradies des Reinen Landes im Westen" führen. Erhalten sind im Ostwald-Kloster die Haupthalle mit den Statuen von Buddha und von mehreren Bodhisattvas, die Halle der 18 Lohans und die „Halle der Drei Glücklichen".

Die siebengeschossige Pagode des Westwaldes stammt aus dem 8. Jh. und erhebt sich westlich des Klosters. Seit mehr als zwei Jahrtausenden haben viele Künstler, Literaten und Kalligraphen den Lushan besucht und ihre Spuren hinterlassen. Zahlreiche Stelen mit Inschriften legen davon Zeugnis ab. Die vielen Höhlen, Pavillons, Wasserfälle, Teiche, Quellen und überraschenden Felsformationen machen den Lushan zu einem touristischen Anziehungspunkt ersten Ranges.

Auf einer Höhe von 1167 Metern liegt im Zentrum des Gebirgsmassivs der Kurort Guling mit Hotels und Gästehäusern. In ganz China war zur Zeit der Song-Dynastie die 927 auf dem Lushan gegründete Akademie bekannt, die den Namen „Weißhirschhöhlen-Schule" trug und die zu den vier wichtigsten Bildungsstätten des Reiches der Mitte zählte.

FOLGENDE DOPPELSEITE:
Der in Nebel gehüllte Berg Sanqing.

JINGGANG SHAN

Im Südwesten der Provinz in der Nähe der Grenze zu Hunan erheben sich die Gipfel des Jinggang Shan mehrfach über 1000 Meter hoch. In dieser abgelegenen Bergwildnis errichtete 1927 Mao Zedong eine Guerillabasis, die dann als Zentrum der von ihm 1931 ausgerufenen „Chinesischen Sowjetrepublik" diente. Damit hatte Mao einen „Staat im Staat" geschaffen, der von der Guomindang-Armee erbittert bekämpft wurde.

Die Stützpunkte auf dem Jinggang Shan mussten wegen der Angriffe der Truppen Chiang Kai-Sheks 1934 von der Roten Armee geräumt werden, so dass von dieser Bergfestung aus der „Lange Marsch" begann. Als Zentrum des sogenannten Jiangxi-Sowjets diente der Ort Ciping, wo damals die erste Regierung der Bauern- und Arbeitermacht ihren Sitz hatte. Der Jinggang Shan gilt daher bis heute der KPCh als eine der wichtigsten Regionen, von denen aus die Revolution ihren Anfang nahm.

DIE STÄDTE VON JIANGXI

Von den 21 Städten Jiangxis sind vor allem Nanchang, Jingdezhen, Jinjiang, Pingxiang, Jian und Ganzhou erwähnenswert.

NANCHANG

Nanchang wurde bereits in der Han-Dynastie gegründet, hieß aber damals Yuzhang und erhielt seinen heutigen Namen erst zur Zeit der Fünf Dynastien (386–581). Die Stadt liegt am Ostufer des Gan-Flusses westlich des Poyang-Sees und ist als Provinzhauptstadt Sitz vieler Behörden, aber auch ein Knotenpunkt für den Verkehr zu Wasser und zu Land.

Durch die Eisenbahn und durch den Luftverkehr mit allen wichtigen Städten des Landes verbunden, zählt Nanchang heute mit allen Eingemeindungen und Vororten vier Millionen Einwohner. Viele Jahrhunderte hindurch war es eine Verwaltungsstadt und eine Stadt des Landhandels. Erst nach 1949 wurden größere Industrien angesiedelt. Heute ist Nanchang ein Zentrum der Chemie, der Papierindustrie und der Nahrungsmittelverarbeitung.

Am 1. August 1927 löste der spätere Premier Zhou Enlai einen Aufstand gegen die Guomindang aus, als Chiang Kai-Shek die Zusammenarbeit mit den Kommunisten aufkündigte. Zhou Enlai konnte mit 30 000 Mann die Truppen Chiang Kai-Sheks vorübergehend aus der Stadt vertreiben. Der 1.8.1927 gilt daher als Geburtsstunde der Roten Armee und Nanchang als wichtige Station auf dem Weg zur Macht für die KPCh.

Neben Denkmälern, die in der Stadt an jene Zeit erinnern, besticht in Nanchang jedoch das Historische Museum der Provinz Jiangxi mit seinen über 100 000 Objekten, die von der Urzeit bis zur Gegenwart von dem reichhaltigen kulturellen Erbe des Landes Zeugnis ablegen.

Das Wahrzeichen der Stadt ist der 57 Meter hohe „Turm des Prinzen von Teng", der im Stil der Tang-Zeit im Jahr 1986 dem Vorgängerbau aus dem 7. Jahrhundert nachgebaut wurde. Das höchste klas-

Ein Arbeiter bemalt mit Wasser-
farbe eine Tonvase in Jingdezhen.

sische Gebäude ist allerdings die 59 Meter hohe Gold-
draht-Pagode aus dem 10. Jh., errichtet im Stil der Song-
Dynastie.

Mehrere in der Stadt erhaltene Tempel gehen teilweise
bis ins 4. Jahrhundert zurück, so das Tempelkloster Puxi-
an-si, in dem der eiserne Elefant steht, der mehrere Tonnen wiegt und das Reittier des Bodhisattva Puxian darstellt. Im Kloster Da-An-si ist aus der Zeit der Drei Reiche
ein Räuchergefäß erhalten, das von der großen Bedeutung des Buddhismus im Tal des Dan-Flusses
zu jener frühen Zeit Kunde gibt.

Bis in die Tang-Zeit lassen sich auch der Glocken- und Trommelturm der Stadt zurückverfolgen,
wenn auch die beiden heutigen Türme Bauwerke der Qing-Zeit sind.

JINGDEZHEN

Die Weltgeltung von Jingdezhen als größte Porzellanstadt aller Kontinente beruht wesentlich auf
dem Vorkommen dieses weißen Tons, der zuerst im Dorf Gaoling, 50 Kilometer von Jingdezhen entfernt, gefunden wurde. In abgeschliffener Form hat der Name dieses Dorfes zur internationalen
Bezeichnung dieses Rohstoffes geführt.

Die Porzellanerde ist ein Verwitterungsprodukt des Kalifeldspates und stellt ein wasserhaltiges Ton-
erdedestillat dar, das bei hoher Hitze zu einem makellosen weißen Scherben gebrannt werden kann.

Bis zu 5 Meter hohe Vasen werden in dieser Fabrik produziert.

Da für den gesamten Herstellungsprozess des Porzellans auch Feldspate und Quarze notwendig sind und diese ebenfalls bei Jingdezhen in den Orten Jaoli und Poyang gefunden werden, sind alle Grundlagen für den Aufbau von Töpferwerkstätten und Porzellanfabriken gelegt und alle Voraussetzungen für eine Massenproduktion vorhanden.

Man hat in Jingdezhen, das früher Xingping hieß, bereits in der Han-Dynastie Keramik hergestellt. Auf Grund der in dieser Stadt verwendeten Tonerden aus Gaoling konnte man in Xingping bereits zur Zeit der Sechs Dynastien (265–583) Protoporzellane erzeugen. In der Tang-Dynastie war das weiße und grüne Porzellan (Seladon) aus Xinping bereits weithin als „falsche Jade" bekannt.

In der Song-Dynastie bemerkte man am Kaiserhof, dass die Vasen, Teller und Terrinen aus Xinping alle anderen Gegenstände dieser Art an Reinheit und Feinheit bei weitem übertrafen. Kaiser Jing-de (1004–1007) schickte daher während seiner Regentschaft Beamte nach Xinping mit der Weisung, auf die Unterseite aller dort hergestellten Porzellane vier Schriftzeichen aufmalen zu lassen: „Hergestellt in der Jing-de-Periode".

Diese Kaisermarke bürgte für höchste Qualität. Die besten Brennöfen der Stadt erhielten den Auftrag, fortan für den Hof des Kaisers zu arbeiten. Der Name der Stadt wurde geändert und nach dem Kaiser Jingdezhen genannt. Von den in Jingdezhen hergestellten Porzellanen hieß es nun: „Weiß wie Jade, hell wie ein Spiegel, dünn wie Papier und wohlklingend wie ein Glöckchen".

Die Bedeutung von Jingdezhen wuchs stetig, selbst in der Mongolenzeit ging die Produktion weiter. Der große Aufschwung aber kam in der Ming-Dynastie. Jingdezhen entwickelte sich zu einem großen Industriezentrum und zu einem von den Kaisern privilegierten Ort, an dem bald kaiserliche Manufakturen zu finden waren.

Auf der Höhe der Produktion in der Ming-Zeit wurden in einem Jahr beispielsweise 140 000 Stück Porzellan an den Hof geliefert. In der Qing-Dynastie ließ Kaiser Kangxi (1662–1722) durch einen Sonderbeauftragten die Herstellung überwachen und die Manufakturen vergrößern. 1712 sollen in Jingdezhen bereits dreitausend Brennöfen in Betrieb gewesen sein. Die Stadt hatte keine Mauern – eine große Seltenheit in China. Dadurch aber konnte sie sich nach allen Seiten hin ausdehnen, die Rohstoffe konnten leicht in die Stadt geschafft und die Fertigprodukte von den Werkstätten auf die Schiffe verladen werden.

Allein die ungeheuren Mengen an Brennholz, die täglich zum Befeuern der Öfen in die Stadt gebracht werden mussten, erforderte leichte und ungehinderte Zugänge. 1715 soll die Stadt ungefähr eine Million Einwohner aufgewiesen haben. 18 000 Töpferfamilien wurden gezählt. Damit war Jingdezhen die größte Porzellanstadt der Welt.

Längst vorher aber schon war Porzellan aus Jingdezhen in Europa bekannt geworden. Vor allem schätzte man an europäischen Fürstenhöfen die kobaltblaue Unterglasur-Dekoration. Delft und Meißen sind ohne Jingdezhen gar nicht denkbar, denn deren Blau-Weiß-Muster unter der Glasur wurden einst in beiden Städten nachgeahmt.

Während des Qing min Festivals verbrennt ein Mann Geldscheine am Grab eines Verwandten. Die Gräber werden an diesem Tag gereinigt und Geschenke werden für das Leben nach dem Tode dagelassen. Grabstätten sind angesichts der hohen Bevölkerungszahl ungefähr so teuer wie ganze Häuser.

In der Qing-Dynastie wurden nicht nur große Mengen von Jingdezhen-Erzeugnissen exportiert, sondern auch an den Kaiserhof in Peking geliefert. Jeden Herbst reisten rund 500 Tonnen Porzellan auf Dschunken über den Kaiserkanal nach Peking. Da Jingdezhen an einem Fluss liegt, dem „kleinen" Jangtse (Chang Jiang), der in den Poyang-See mündet, können Schiffe jederzeit auf diesem Weg den See erreichen, von dort zum Jangtse und dann von da aus in den Kaiserkanal nach Norden einbiegen.

Die Katastrophe für Jingdezhen kam in der Mitte des 19. Jahrhunderts. In der Taiping-Rebellion (1850–1864) eroberten die Aufständischen die Stadt, zerstörten sie und ermordeten in einem Blutrausch die meisten ihrer Bewohner. Der Grund für dieses Massaker war einzig und allein die Tatsache, dass Jingdezhen unter der besonderen Protektion des Kaiserhauses gestanden hatte. Nach der Niederschlagung der Rebellion begann nach 1864 langsam der Wiederaufbau, der mehrere Generationen beanspruchte.

Heute kann sich Jingdezhen wieder stolz „größte Porzellanstadt der Welt" nennen, denn es arbeiten wieder mehr als 50 000 Menschen in der Porzellanherstellung, 14 große Fabriken und eine Reihe kleinerer Manufakturen stellen über 2200 verschiedene Porzellanartikel her, die in mehr als hundert Länder der Erde eingeführt werden.

JIUJIANG

Eine der wirtschaftlich bedeutendsten Städte der Provinz ist das nördlich des Lushan-Gebirges am Ufer des Jangtse gelegene Jiujiang mit rund 400 000 Einwohnern. Bereits in der Han-Dynastie gegründet, war die Stadt im Scheitelpunkt der großen Südschleife des Jangtse zwischen Wuhan und Nanking immer schon ein bedeutender Umschlagsplatz für Tee und Porzellan, das aus Jingdezhen kam.

Die hervorragende Lage am Fluss veranlasste auch die europäischen Mächte, bereits 1862 die Öffnung der Stadt für den Außenhandel zu erzwingen. Seit 1937 ist durch den Bau der Eisenbahnlinie bis zur Küste die Stadt über Nanchang auch von mehreren Küstenstädten aus erreichbar.

Das im Süden der Stadt liegende Kloster der Nächstenliebe (Neng Ren Si), eine Gründung aus der Zeit der Südlichen Dynastien (420–589) erstrahlt heute wieder in altem Glanz, nachdem es in der Kulturrevolution von den Roten Garden schwer demoliert worden war. Die 42 Meter hohe Pagode des Klosters und die im Nordosten der Stadt über den Jangtse wachende Suo Jiang-Pagode sind trotz mancher Beschädigungen bis heute erhalten geblieben.

Im Laufe der letzten zwei Jahrtausende wechselte die Stadt mehrmals ihren Namen, sie hieß einst Xunyang, Chaisang und Jiangzhou, jeweils durch einen Dynastiewechsel bedingt.

PINGXIANG

Die Stadt Pingxiang, in den westlichen Bergwelten nahe der Grenze zu Hunan gelegen, ist heute eine wichtige Industriestadt mit großen Kohlebergwerken, Porzellan-Manufakturen, Papierfabriken und Betrieben der Lebensmittelherstellung. Die Stadt liegt an der Hauptstrecke der Fernbahn Shanghai-Changsha und bietet daher verkehrstechnisch die Voraussetzung für weitere Expansionsmöglichkeiten.

JIAN UND GANZHOU

Beide Städte liegen am westlichen Ufer des Gan-Flusses, Jian im Bereich des Mittellaufs und Ganzhou am Oberlauf. Die Stadt Jian entwickelte sich bereits seit der Tang-Dynastie zu einem Mittelpunkt der Keramikherstellung und blühte noch in der Song-Dynastie. Aus dieser Zeit ist auch die siebenstöckige Pagode erhalten, die 1082 erbaut wurde.

In der Yuan-Dynastie wurde es ruhig um die Stadt, sie blieb bis heute ein Zentrum des Landhandels. Ganzhou ist die wichtigste Großstadt im Süden von Jiangxi. Erhalten blieb in der Stadt aus alter Zeit nur der Konfuziustempel und das Ciyun-Kloster, das in eine Schule umgewandelt wurde. Die dazugehörige Pagode aus Ziegelsteinen blieb erhalten. Das sechseckige Bauwerk hat neun Stockwerke und stammt aus dem Jahr 1024.

RUSSISCHE   FÖDERATION

Tschita

                              Blagowestschensk
                                                        Chabarowsk

          Manzhouli   Hailar   Bei'an   Yichun   Hegang
                                                                      Jiamusi
MONGOLEI   Qiqihar
                                        Horqin Youyi
                                        Qianqi   Suihua   Jixi
                                              Daqing   Harbin
                                        Baicheng   Mudanjiang
                                                   Changchung Jilin   Wladiwostok
                                              Tongliao   Yanji
                                                    Siping   Jilin (Kirin)
                                                         Liaoyuan
                                        Chifeng   Tonghua
                                              Fuxin   Shenyang
                                        Chaoyang   Fushun   NORD-
                                              Jinzhou   Benxi   KOREA
                                        Chengde   Anshan
          Jining   Zhangjiakou   Yingkou   Dandong
Baotou   Hohhot   Pyöngyang
                   Xuanhua   Qinhuangdao
              Beijing   Seoul
              (Peking)   Tangshan   Dalian   Incheon
          Datong   Baoding   Tianjin
                                                Daejeon   Daegu
          Yangquan   Shijiazhuang   Yantai   Weihai   SÜD-
Taiyuan   Xintai   KOREA   Busan
          Yan'an   Jinan   Zibo   Weifang
                   Handan   Taian   Qingdao   Gwanju
          Linfen   Anyang   Jining
              Changzhi   Zaozhuang
          Tongchuan   Xingxian   Lianyungang   Gelbes
              Jiaozuo   Kaifeng
          Weinan   Zhengzhou   Xuzhou   Meer
Xi'an   Luoyang   Huaibai   Qingjian
                   Benghu   0   200   400   600
                                                              km

JILIN (KIRIN)

Die Provinz Jilin liegt im Zentrum von Dongbei, dem Nordosten Chinas und ist die mittlere der drei mandschurischen Provinzen. Gegründet als Provinz 1927, wird sie im Osten von der Russischen Föderation und von Nordkorea eingegrenzt, im Westen von der Inneren Mongolei, im Süden von Liaoning und im Norden von Heilongjiang. Die Kurzform für die Provinz lautet Ji. Ihren vollen Namen hat die Provinz von der gleichnamigen Stadt, die östlich der Hauptstadt Changchun liegt.

Das 187 400 Quadratkilometer große Gebiet mit 41 Kreisen und 28 Städten wird geographisch zwischen 121°38'–131°17' östlicher Länge und 40°52'–46°18' nördlicher Breite fixiert. Von den 26 Millionen Einwohnern sind etwa sieben Prozent den Minderheiten zuzurechnen, 93 Prozent aber werden bereits von den Han-Chinesen gestellt.

Die Mandschuren spielen in ihrem ehemaligen Heimatland nur noch eine untergeordnete Rolle. Zu den anderen in der Provinz lebenden Minderheiten zählen außerdem die Koreaner, die Mongolen, Hui und Xibo. Den schon seit langer Zeit in Jilin lebenden Koreanern wurde ein Autonomer Bezirk und ein Autonomer Kreis zugewiesen, in dem sie ihre lokalen Sitten pflegen können.

FOLGENDE DOPPELSEITE:
Eine tiefe Schlucht durchzieht das Changbai Gebirge.

Eselskarren auf einer Straße im Changbai Gebirge.

„Alteingesessene" Koreaner leben jedoch auch in den Provinzen Heilongjiang und Liaoning, die nationale Minderheit der Xibo ist auf Jilin und die Innere Mongolei verteilt. Die Xibo sind Nachfahren der Ost-Hunnen, ihre Sprache gehört zur mandschurisch-tungusischen Sprachgruppe der altaischen Sprachfamilie. Xibo-Intellektuelle entwickelten 1947 eine eigene Schrift aus der Mandschu-Schrift.

Jilin gehört zwar nicht zu den großen Provinzen Chinas, ist jedoch auf Grund seiner hochentwikkelten Landwirtschaft und seiner bedeutenden Industrie zu den Provinzen mit hohem Lebensstandard zu rechnen. Probleme bereitet die wachsende Wasserknappheit und die Flüchtlingswellen aus Nord-Korea. Im ersten Fall ist es die Nähe zur Inneren Mongolei mit ihren unaufhaltsam vordringenden Wüsten und im zweiten Fall sind es die Hungerkatastrophen in dem stalinistisch geführten Nachbarland.

TOPOGRAPHIE

Die Provinz kann topographisch in drei Teile gegliedert werden: Im Osten das Bergland, in der Mitte das Hügelland und im Nordwesten die Ebene. Der landschaftlich schönste Teil der Provinz ist zweifellos das im Osten gelegene Bergland mit dem Wangtian Shan, der 2051 Meter hoch ist. Hier liegt der berühmte Changbaishan (Immerweißes Gebirge), das sich 80 Kilometer an der chinesisch-koreanischen Grenze hinzieht.

Die UNESCO hat 1980 dieses weitgehend unberührte Waldgebirge in ihr Schutzprogramm aufgenommen, denn im Changbaishan wachsen über 1400 verschiedene Pflanzen und unter den etwa 50 Tierarten befindet sich auch noch der Mandschurische Tiger. Mehr als 280 Vogelarten wurden ebenfalls gezählt. In diesem Gebiet entspringen auch die drei wichtigen Flüsse Songhua (Sungari), Yalu und Tumen.

Der zugefrorene Songhua See.

Der 2750 Meter hohe Weißkopf-Vulkan (Baitou Shan) gilt seit alters sowohl bei den Mandschuren als auch bei den Koreanern als ein Heiliger Berg, mit dem sie ihre Schöpfungsmythen verbinden. Die Legenden der Koreaner erzählen von einem Urkönig namens Tangun, der am Kratersee dieses Vulkans sogar im Jahre 2333 v. Chr. den koreanischen Staat gegründet habe.

Das Changbai-Gebirgsland mit den Höhenzügen Baitou, Laoyeling und Mudanling weist viele kleine Talbecken und schmale Flusstäler auf, die sogar als reiche Anbaugebiete gelten. Das Hügelland in der Mitte zwischen dem Changbai-Gebirge und der Songliao-Ebene im Nordwesten ist zumeist nur bis zu 500 Meter hoch, während die nordwestliche Ebene ganz flach ist und viele Seen besitzt. 40 Prozent der Provinzfläche werden vom sog. „Zweiten Songhua-Fluss" entwässert, der den Songhua-See bildet, malerisch eingeschlossen zwischen dem Laoyei Shan (1285 Meter) und dem Nan-lou Shan (1405 Meter).

Audi-Fließband der First Automotive Works (FAW). Im April 2005 präsentierte Audi seinen neuen A6L in Shanghai. Das L weißt auf 100 mm Extra-Länge im Vergleich zum deutschen Wagen hin.

KLIMA

Die Provinz bildet die klimatische Übergangszone zwischen dem südlichen und dem nördlichen Teil der Mandschurei. Diese Lage beschert Jilin ein gemäßigtes kontinentales Klima mit kurzen, warmen Sommern und langen, strengen Wintern. Durch den Monsun sind Frühling und Herbst sehr windig, das Wetter wechselhaft. Die Flüsse der Provinz sind mindestens fünf Monate im Jahr vereist. Im Durchschnitt beträgt die Temperatur das Jahr über 5,5° Celsius. Im Januar ist es in der Provinzhauptstadt Changchun meist −15,9°, im Mai +15,3°. Im Oktober noch 6,9°, aber im Dezember dann −12,4°. Die höchsten Temperaturen werden im Juli mit 22,8° Celsius in Changchun gemessen.

LANDWIRTSCHAFT

Jilin gehört zu den wichtigen Agrarprovinzen Chinas. Angebaut werden Reis, Mais, Sojabohnen, Sorghum, Weizen und Hirse, von den Industriepflanzen überwiegen Flachs, Zuckerrüben und Tabak. Etwa ein Drittel der Provinz ist bewaldet, die Forstwirtschaft spielt daher in Jilin eine wichtige Rolle. Aus dem Changbai-Gebirge kommen die „Drei Schätze Nordostchinas": Ginseng, Zobelfelle und Hirschgeweihsprossen. Im Westteil der Provinz liegen die Grassteppen, die als ausgezeichnetes Weideland für die großen Viehherden gelten.

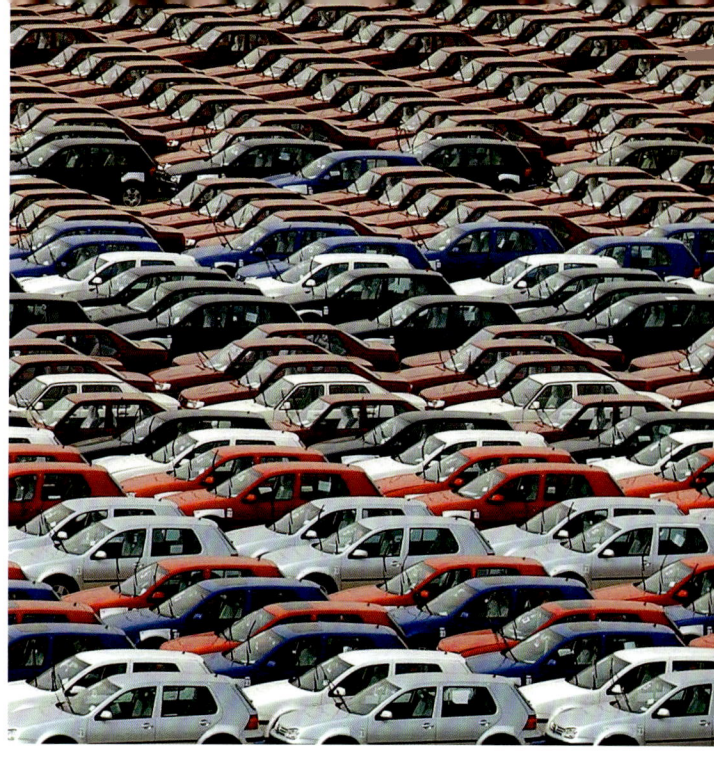

INDUSTRIE

In vielen Teilen der Provinz wird Kohle gefunden, hauptsächlich jedoch in den Zechen von Tonghua, und Liaoyuan. Gefördert werden außerdem Kupfer, Blei, Zink, Nickel, Molybdän, Gold, Bor, Ölschiefer und Erdöl. Die Eisenvorkommen im Bergland des Ostens und Südens werden in großen Eisenbergwerken ausgebeutet.

Der Maschinenbau, die Chemiewerke, die Holz- und Papierindustrie sind gut entwickelt. Über die Grenzen der Provinz hinaus bekannt ist das Changchun-Automobilwerk Nr. 1, das schon in der frühen Mao-Zeit die Staatskarosse „Rote Fahne" produzierte.

VERKEHRSVERBINDUNGEN

Das Eisenbahnnetz von Jilin ist das dichteste von China überhaupt. Alle wichtigen Städte sind mit der Bahn erreichbar. Die Fernstrecke Shenyang/Harbin führt über Changchun. Die Landstraßen dienen daher meist dem Kurztransport. Der sog. „Zweite Songhua-Fluss" ist zwar schiffbar, spielt aber als Binnenschifffahrtsweg nur eine untergeordnete Rolle. Der Name dieses Flusses erklärt sich aus der Tatsache, dass der eigentliche Songhua (Sungari) einen der Hauptflüsse der Nachbarprovinz Heilongjiang darstellt.

Wagen der Golfklasse auf dem Parkplatz von First Automotive Works(FAW), der strategische Partner der Volkswagen AG, in Changchun.

Stahlstücke auf einem eisen- und Stahlmarkt in Changchun. China ist der weltgrößte Stahlproduzent.

Traumhafte Landschaft im
Changbai Gebirge.

GESCHICHTE

Lange Jahrhunderte blieb Jilin eingebettet in die wechselvolle Geschichte der gesamten Mandschurei, in deren Landschaften eine Anzahl von Stämmen sesshaft war. Zu diesen Stämmen zählten auch die Khitan (Qidan), die nach Süden vorstießen und später das Bohai-Reich gründeten. Die Ruinen der einstigen Bohai-Hauptstadt Aodong liegen ca. 150 Kilometer von der Stadt Jilin entfernt im Südosten. Man hat dort die Mauerreste und achtzig Gräber gefunden, in denen Mitglieder der Königsfamilie bestattet sind.

Die Khitan gründeten dann die Liao-Dynastie und herrschten bis 1125 auch über größere Gebiete Nordchinas. Bald machten ihnen die Jurchen (Nuzhen oder Zhuschen) die Macht streitig und gründeten ihrerseits die Jin-Dynastie (1125–1234). Jilin war damals einer der nördlichen Teile der Jin-Dynastie, die dann von den Mongolen zum Einsturz gebracht wurde. Nun war Jilin zu einem östlichen Territorium des großen Mongolenreiches geworden.

Im 17. Jahrhundert jedoch gelang es wieder einer tungusischen Stammesgruppe – unter ihrem Führer Nurhaci – verwandte Stämme zu einer schlagkräftigen Militärmacht zusammenzufassen und einen eigenen Staat zu gründen. Man gab dem geeinten Stammesverband den Namen Manzhou und nannte den Staat bald darauf Mandschurei. Als dann die Mandschuren 1644 sogar ganz China er-

oberten, wurde ihre einstige Heimat der nordöstliche Teil des Reiches der Mitte, blieb jedoch auf Grund eines kaiserlichen Dekrets noch bis zur Mitte des 19. Jahrhunderts für Masseneinwanderungen von Chinesen aus dem Kernreich gesperrt.

Nach dem Zerfall des Kaiserreiches 1911 geriet die Mandschurei und damit Jilin tief in den Streit um Interessensphären zwischen Russland, Japan und China. Von 1932–1945 hielt Japan die gesamte Mandschurei besetzt und gründete dort den Marionettenstaat Mandschukuo. Der von den Japanern eingesetzte ehemalige Kindkaiser Chinas, Aisin Gioro Pu Yi, residierte in einem für ihn eingerichteten Kaiserpalast in Changchun. Die Stadt trug allerdings damals den Namen Xinjing.

1945 marschierten russische Truppen in Jilin ein, danach die chinesischen Nationalisten. 1948 wurden die Guomindang-Einheiten von den Kommunisten vertrieben, und 1949 wurde Jilin eine Provinz innerhalb der VR China.

DIE HAUPTSTADT CHANGCHUN

Die Provinzhauptstadt Changchun, am Ufer des Yitonghe gelegen, präsentiert sich heute als rührige Metropole mit 2,2 Millionen Einwohnern und mit einer Fläche von 1116 Quadratkilometern, die

Für das Winter-Tourismus-Fest 2005 in Changchun entwarfen 35 Künstler einen übergroßen Weihnachtsmann aus Schnee.

OBEN LINKS:
Für das Winter-Tourismus-Fest 2005 in Changchun entwarfen 35 Künstler einen übergroßen Weihnachtsmann aus Schnee.

OBEN MITTE:
Rote Lampions schmücken die Seiten einer Hauptstraße in Changchun.

viele agrarische Landschaften einschließt. Die Stadt wurde erst im 18. Jahrhundert gegründet und entwickelte sich dann zu einem wichtigen Verkehrsknotenpunkt, von dem aus Züge in die Innere Mongolei und nach Korea verkehrten.

1953 wurde das erste Automobilwerk Chinas in Changchun gegründet. Seit 1957 werden Lastwagen, Autobusse, Traktoren, Lokomotiven und Waggons in diesem großen Werk produziert. Die Luxuslimousine Hongqi (Rote Fahne) wurde zur Staatskarosse erkoren. Bald machten auch die Fimstudios von Changchun von sich reden. Heute ist die Stadt jedoch auch ein großes Bildungszentrum mit Universität, Hochschulen und Forschungsinstituten. Im ehemaligen Kaiserpalast von Pu Yi ist heute das Provinzmuseum untergebracht. Die Regierungs- und Verwaltungsgebäude der Japaner werden seither als Universitätsinstitute genutzt.

RUINEN UND GRÄBER DES GAOJULI-REICHES

Rund 300 Kilometer südlich von Changchun, nahe an der koreanischen Grenze bei der Stadt Jian, befinden sich die Ruinen des antiken Gaojuli-Reiches (108 v.–427 n. Chr.), dessen Hauptstadt Guoneicheng am Westufer des Yalu-Flusses lag. Noch heute sind die 2713 Meter langen Verteidigungs-

mauern dieser einstigen Stadt relativ gut erhalten. Unweit dieser Ruinen stößt man auf ungefähr 10 000 Gräber aus der gleichen Zeit. Die aus Stein oder Lehm errichteten Grabkammern sind oftmals mit staunenswert gut erhaltenen Wandmalereien geschmückt.

Mehr als 2000 Kinder aus 28 Kindergärten nehmen an einem Gymnastik-Wettbewerb in Jilin teil.

DIE STADT JILIN

Die Stadt Jilin, die der Provinz ihren Namen gab, war bis 1954 Provinzhauptstadt. Da die eingemeindeten Landflächen von 27 100 Quadratkilometern die Größe eines mittleren deutschen Bundeslandes erreichen, ist ihre Einwohnerzahl auf 4 Millionen gestiegen. Von der Hauptstadt Changchun etwa 100 Kilometer entfernt, liegt sie östlich davon am Ufer des „Zweiten Songhua-Flusses" – in der Mitte der Provinz.

Die Stadt ist heute ein wichtiges Zentrum der Nahrungsmittel-, Chemie und Elektroindustrie und ist erst 300 Jahre alt. Sie besitzt aber aus der Qing-Zeit drei prächtige Anlagen, die in den westlich gelegenen Beishan-Bergen zu finden sind. So baute man dort 1692 sowohl dem Kriegsgott Guan Di einen Schrein (Guan Di Miao) als auch ein Kloster des Medizin-Buddha (Yao Wang Si) und errichtete 1725 noch die große Tempelanlage Yuhuang Ge, die auch unter dem Namen „Pavillon des Jadeherrschers" bekannt wurde.

LIAONING

Liaoning, die südlichste der drei mandschurischen Provinzen, liegt zwischen 118°53'–125°46' östlicher Länge und 38°43'–43°26' nördlicher Breite im südlichen Teil von Nordostchina. Die Kurzform lautet Liao. Der Name der Provinz geht auf den Fluss Liaohe zurück, der die Ebene in der Mitte der Provinz durchzieht und in den Golf von Liaodong mündet.

Auf einer Fläche von 146 000 Quadratkilometern leben 42 Millionen Einwohner in 44 Kreisen und 31 Städten. Die Hauptstadt ist Shenyang, die vielfach noch unter ihrem mandschurischen Namen Mukden bekannt ist. Der hohe Grad der Industrialisierung hat der Provinz auch den Namen „Ruhrgebiet Chinas" eingetragen. In Liaoning wohnen bereits zu 95 % Han-Chinesen. Die restlichen 5 % verteilen sich auf Mandschuren, Mongolen und Koreaner, wobei die Mandschuren überwiegen.

Begrenzt wird Liaoning im Norden von Jilin, im Osten von Nordkorea, im Südwesten von Hebei und im Nordwesten von der Inneren Mongolei. Die Küstenlinie ist 1650 Kilometer lang, ist stark zerklüftet, bietet jedoch viele natürliche Häfen und Fischereizentren.

FOLGENDE DOPPELSEITE:

Der kaiserliche Palast in Shenyang. Im „Alten Palast" der ehemaligen zweiten Residenz des Mandschu-Kaisers befindet sich heute ein Museum und eine Hochschule. Die Stadt wurde 1621 von den Mandschu erobert und war 1625–1644 unter dem Namen Mukden die Hauptstadt der Mandschuren.

Der Jin Sha Platz in Shenyang. Der Turm ist mittlerweile zum Wahrzeichen der Stadt geworden.

Ein Fahrradfahrer passiert in Shenyang ein gebäude des Holland Dorfes, ein Unternehmen des Multimillionärs Yang Bin.

Die Halbinsel Liaodong stößt ganz im Süden wie ein Keil zwischen das Bohai-Meer und das Gelbe Meer vor. An der Spitze dieser Halbinsel liegt Chinas drittgrößter Außenhandelshafen Dalian (früher Lüda) in dessen eisfreiem Hafen Frachter bis zu 40 000 Tonnen andocken können. Der Ölhafen von Dalian kann sogar Tanker bis zu 100 000 Tonnen aufnehmen.

Im Ausland verbindet man mit dem Namen Mandschurei hauptsächlich diese südliche mandschurische Provinz, denn in Shenyang (Mukden) liegen die Gräber der ersten Kaiser dieses einst so mächtigen Volkes. Das Mandschurische gehört zu der mandschutungusischen Sprachgruppe der altaischen Sprachfamilie. Die mandschurische Schrift wurde im 17. Jahrhundert aus der mongolischen Schrift entwickelt, ist aber heute nur noch wenigen Gelehrten geläufig.

Die fast vollkommene Sinisierung der Mandschuren im 20. Jahrhundert brachte es mit sich, dass auch die mandschurische Sprache nur noch von wenigen Menschen in abgelegenen Dörfern gesprochen wird. Heute bilden die Mandschuren gegenüber den Han-Chinesen in ihrer einstigen Heimat nur noch eine Minderheit. Man schätzt die Gesamtzahl der Mandschuren bzw. Mandschustämmigen zwar auf etwa 10 Millionen, da sich aber viele Mandschuren längst als Chinesen fühlen und ihre eigene Sprache verlernt haben, schwanken die Angaben in vielen Publikationen oft zwischen einer und fünf Millionen.

Ursprünglich waren die Mandschuren in den Wäldern am Amur und Ussuri ansässig, deren verschiedene Stämme sich zu einem Reitervolk vereinigten und bis an den Baikalsee vorstießen. 1644 eroberten sie Peking und errichteten die Qing-Dynastie (1644–1911). Lange Zeit verwehrten die Mandschu-Kaiser den Chinesen die Einwanderung in ihr nordöstliches Heimatland, bis die russische Bedrohung aus dem Norden sie zur Aufhebung ihres Verbotes zwang.

Im Reich der Mitte selbst hatten inzwischen viele Mandschuren Chinesisch gelernt, auch am Kaiserhof war man zweisprachig. Die im Nordosten zurückgebliebenen Bewohner sprachen damals jedoch noch reines Mandschurisch. Erst als die große Einwanderungswelle in der zweiten Hälfte des 19. Jahrhunderts begann und sich Millionen Chinesen in den folgenden Generationen in Liaoning, Jilin und Heilongjiang niederließen, konnte der Sinisierungsprozess die gesamte Mandschurei voll erfassen.

Das Holland Dorf in Shenyang.

TOPOGRAPHIE

Die Provinz weist drei klar unterscheidbare Teile auf:

1. Das Tafelland von Ost-Liaoning

Im Osten grenzt dieses Hügel- und Bergland an das Gelbe Meer im Süden und weiter nördlich an Nordkorea. Im Nordosten stößt es an die Provinz Jilin und im Westen an die Liaohe-Ebene. Da die große Halbinsel Liaodong zu diesem Bergland letztlich zu rechnen ist, hat sie auch Teil an den Küsten des Bohai Meeres. Obwohl viele Erhebungen nur etwa 500 Meter hoch sind, gibt es doch auch bis zu 1000 Meter hohe Berge und der Buyun Shan weist sogar eine Höhe von 1134 Meter auf.

Im nördlichen Teil dieses Gebiets erreicht auch der Morihong Shan 1013 Meter, im Ostteil der Laotieding Shan sogar 1325 Meter. Das gesamte Berggebiet fällt in einer langen Linie im Westen zur Liaohe-Ebene ab, die den ganzen Mittelteil der Provinz ausfüllt und von südwestlicher Richtung nach Nordost verläuft.

2. Die Liaohe-Ebene

In diesem fruchtbaren Flachland windet sich in vielen Bögen der Liaohe durch die intensiv bebauten Felder; er kommt aus dem Norden, wo er von vielen Nebenflüssen gespeist wird. Am östlichen Rand, noch vor dem Berggebiet, liegt die Provinzhauptstadt Shenyang, die sich am Hunhe, einem Nebenfluss des Liaohe, ausbreitet. Die Ebene ist durch die Ablagerungen des Liaohe und seiner Nebenflüsse entstanden.

3. Das Tafelland von West-Liaoning

Die durchschnittlich 200 Kilometer breite Ebene wird im Westen von einem Tafelland begrenzt, das jedoch im Süden aufsteigt und mit dem Daqing Shan 1224 Meter erreicht. Der östliche Teil dieses Gebietes liegt an der Küste des Bohai-Meeres und bildete mit einem schmalen Streifen am Meer in alter Zeit einen wichtigen Durchgang zwischen den diesseits und jenseits der Großen Mauer gelegenen Gebieten.

Die beiden wichtigsten Flüsse der Provinz sind der Liaohe, der den ganzen Mittelteil durchfließt, und der Yalu im östlichen Randgebiet, der die Grenze zwischen China und Korea bildet.

KLIMA

Der kontinentale Charakter des Klimas wird stark durch die Monsunwinde beeinflusst und beschert dem Land heiße, regenreiche Sommer und einen langen, kalten, aber schneearmen Winter. Der Frühling ist kurz und windig. Die frostfreie Periode reicht im Durchschnitt von 130 bis zu 180 Tage, bedingt durch die Höhenunterschiede, in bestimmten Landschaften kann sie sich bis auf 200 Tage erstrecken.

Die jährliche Durchschnittstemperatur beträgt 6° bis 11° Celsius. Im Januar kann es im Landesinneren noch −12° kalt sein, an der Küste bei Dalian – ganz im Süden – dagegen nur noch −4,5°. Wenn es im Juli in der Hauptstadt 24,6° heiß ist, so kühlen dagegen die Seewinde in Dalian das Wetter ein wenig ab. Extrem ist jedoch der Unterschied im Dezember: Shenyang mit −8,5° und Dalian mit nur −1° Celsius.

Das Liao-Ölfeld in Panjin. In den 1990ern wurden hier bis zu 15 Millionen Tonnen jährlich gefördert. Heute wird die Fördermenge jedoch reduziert, da die Quellen langsam versiegen.

Die durchschnittliche Jahresniederschlagsmenge beträgt 400 bis 1000 Millimeter, verringert sich aber deutlich von Südosten nach Nordwesten. Vergleicht man die Klimaverhältnisse in der ganzen Mandschurei, so weist Liaoning die höchste Temperatur und die größte Niederschlagsmenge auf.

LANDWIRTSCHAFT

In der großen Ebene und in den Flusstälern werden Reis, Mais, Sojabohnen, Sorghum, Erdnüsse, Baumwolle, Hirse und Tabak angebaut. Liaoning ist durch seine vielen Obstplantagen weithin bekannt geworden, denn die Äpfel aus Süd-Liaoning und die Birnen aus den westlichen Hügelländern finden inzwischen auch im Ausland guten Absatz.

Die Wälder des östlichen Berglandes liefern Hirschgeweihsprossen, Ginseng und viele Heilkräuter. Immerhin ist ein Viertel der gesamten Provinz bewaldet, so dass auch die Forstwirtschaft eine gewisse Rolle spielt. An allen Küsten des Bohai-Meeres und des Gelben Meeres wird Fischerei betrieben. Dalian gilt als eines der größten Fischereizentren Chinas.

INDUSTRIE

Die Provinz ist eine der größten und vielseitigsten Industrielandschaften in China. Auf Grund der reichen Bodenschätze bauten schon die Japaner während ihrer langen Besatzungszeit eine leistungsstarke Schwerindustrie auf. Die Anlagen ließ am Ende des Krieges und nach dem Abzug der Japaner Stalin zwar demontieren, aber nach Gründung der VR China begann der zügige Neuaufbau. Die Landschaften um die Städte Fushun im Osten und Fuxian im Westen gelten im Volksmund als „Kohlenmeer", aber auch in Beipiao im Tafelland und in Benxi im östlichen Bergland werden Kohlezechen betrieben. Vielfach wird erstklassige Kohle in großer Menge im Tagebau gefördert. Von den vielen anderen Bodenschätzen stehen Eisenerze im Vordergrund.

In Anshan, Benxi und Liaoyang stehen die Eisenbergwerke der Provinz. Dann folgen Magnesium aus Yingkou, Molybdän aus Jinxi, Talkum aus Haicheng und Xiuyan. Ölschiefer, Mangan, Bor und Aluminium sind ebenfalls vorhanden. Die Salzgärten an der Küste zählen zu den vier wichtigsten Gebieten für Salzgewinnung im ganzen Land. Das Liao-Ölfeld machte zudem Liaoning auch noch zu einer wichtigen Erdölprovinz.

VERKEHRSVERBINDUNGEN

Liaoning hat mit mehr als 4000 Kilometern Schienenlänge das dichteste Eisenbahnnetz in China, und die Landstraßen führen mit einer Länge von 36 000 Kilometern in alle Teile der Provinz. Die Eisenbahnlinie von Peking nach Harbin läuft über Shenyang, eigene Linien führen nach Dalian und nach Dandong an der Küste der Korea-Bucht. Die Haupthäfen der Provinz sind Dalian an der Südspitze, Yingkou am Golf von Liaodong und Dandong an der Yalu-Mündung.

Geschmolzener Stahl in der Produktion der Liaoning Special Steel Group in Dalian.

GESCHICHTE

Das Fangyuan Haus in Shenyang wurde vom berühmten Architekten CY Lee geplant, der auch den höchsten Turm der Welt (Tower 101) in Taipei entworfen hat. Inspiriert zum Fangyuan Haus wurde er durch eine alte chinesische Kupfermünze, ein Symbol für Reichtum in der chinesischen Tradition.

Bereits in neolithischer Zeit ließen sich in der Periode der Xinglianggang-Kultur (5400–4400 v. Chr.) Ackerbauern in der Liaohe-Ebene nieder. Das Gebiet war in den folgenden Jahrtausenden dann immer wieder eine Konfliktzone, in der tungusische Völker, Mongolen, Chinesen und Koreaner um Einfluss und Macht rangen. Bereits in der Zeit der Streitenden Reiche (476–221 v. Chr.) hatten im Norden die chinesischen Königreiche Zhao und Yan ihren Herrschaftsbereich bis nach Liaoning ausgebaut, so dass die heutige Provinz damals sogar zum Schauplatz des Mauerbaues werden konnte.

Zum Schutz vor den Einfällen der Steppennomaden hatten diese beiden Staaten durch eine Nordmauer das Land schon gesichert. Der Erste Kaiser, Qinshihuangdi, brauchte diese langen Mauern nur noch entsprechend zu verbinden und zu verstärken. Unter seiner Herrschaft zog sich daher die Große Mauer vom Ordos-Bogen im Westen bis zur Yalu-Mündung im Osten hin.

Der Vorstoß der Khitan im 10. Jahrhundert, der Jurchen im 12. Jahrhundert und die Ausbreitung ihres Jin-Reiches im 13. Jahrhundert machte dann in Liaoning für Jahrhunderte der Souveränität Chinas ein Ende, das sich dann in der mongolischen Zeit bis 1368 fortsetzte. Die Ming-Dynastie konnte dann zwar ihren Einfluss wieder voll auf das heutige Liaoning ausdehnen, ihr Sturz aber im Jahre 1644 beendete jäh den chinesischen Einfluss für über 200 Jahre.

Obwohl die Mandschurei nun zum großen Imperium der Qing gehörte, verboten jedoch die Mandschuren allen Chinesen die Einwanderung in ihr altes Heimatland. Auf dem Boden von Liaoning wurde sogar eine Palisade errichtet, um Grenzübertritte zu verhindern. Der Grund für diese Abschnürung war die Erhaltung eines von Chinesen unberührten Rückzugsgebietes und das Monopol des einträglichen Ginsenghandels in mandschurischer Hand.

Mitte des 19. Jahrhunderts erst wurde die Palisade für Chinesen geöffnet, da man sie nunmehr als Wehrbauern gegen die drohende russische Invasion einzusetzen gedachte. Das Tauziehen, das nunmehr zwischen dem Zarenreich, China und Japan um die Mandschurei begann, endete schließlich mit dem Sieg Japans, das 1931 das ganze Land besetzte, spater dann das Kaiserreich Mandschukuo als Vasallenstaat gründete und bis zur Kapitulation 1945 unter strikter Kontrolle hielt.

Der Ausbau Liaonings zu einem Zentrum der Schwerindustrie erfolgte zur Zeit der japanischen Herrschaft. Ein Jahr litt das Land schwer unter russischer Besatzung und rigoroser Industriedemontage, bis 1946 mit dem Beginn der kommunistischen Eroberung und 1949 mit der Ausrufung der VR China sich der Neubeginn abzeichnete. In den Jahren 1950–1980 stieg Liaoning zu einer Provinz auf, die industriell einen der Spitzenplätze Chinas belegt.

Der Hof des kaiserlichen Palastes in Shenyang.

DIE PROVINZHAUPTSTADT SHENYANG

Die 6,7 Millionen Einwohner zählende Provinzhauptstadt Shenyang ist vielfach auch unter ihrem mandschurischen Namen Mukden bekannt und liegt im Zentrum der Provinz. Shenyang ist das wichtigste Industrie-, Handels- und Kulturzentrum Nordostchinas mit bedeutenden Unternehmen des Maschinenbaus, der Chemie und der Textilindustrie.

Die Stadt zählte bereits in der Westlichen Han-Dynastie (206 v.– 24 n. Chr.) unter dem Namen Honcheng zu den größten Städten des damaligen Reiches, war dann später Hochburg der Liao-Dynastie und erhielt unter den Mongolen in der Yuan-Dynastie (1279–1368) ihren heutigen Namen. Nach dem Aufstieg der Mandschuren erhielt sie den Namen Mukden und wurde Residenz ihres immer größer werdenden Herrschaftsbereiches. Von 1625–1644 war sie Sitz der neuen Dynastie, die sich dann in Peking ihren Sitz nahm und das Qing-Reich gründete.

Der ehemalige mandschurische Kaiserpalast steht in der Altstadt und nimmt ein Areal von sechs Hektar ein. Dieser Palastkomplex ist vollständig erhalten, er diente dem ersten Herrscher Nurhaci

Der kaiserliche Palast in Shenyang.

(1559–1626) und seinem Sohn als Regierungssitz. Selbst nach dem Umzug der Hofhaltung nach Peking blieb Mukden stets die zweite Kaiserstadt und die ehrwürdige Stätte für die Ahnenopfer.

Der Kaiserpalast ist nach der Nord-Süd-Achse ausgerichtet und in drei Bereiche gegliedert. Das älteste Bauwerk der gesamten Anlage ist die „Halle der Hehren Regierung", in der die Staatsgeschäfte geführt wurden. Audienzen wurden in der „Halle der Erhabenen Regierung" abgehalten, während die Privatgemächer im „Palast der Klarheit und Ruhe" lagen. Bankette wurden im dreistöckigen „Phönix-Turm" veranstaltet. Vor der „Halle der Hehren Regierung" stehen die „Zehn Fürstlichen Pavillons", in denen die zehn maßgeblichen Fürsten des Mandschu-Reiches ihre Amtsräume hatten.

Ebenso beeindruckend wie der Kaiserpalast sind die beiden kaiserlichen Mausoleen, die in den Außenbezirken der Stadt liegen. Im Zhaoling, dem Nordgrab, liegt Nurhacis Sohn Abahai (1592–1643) mit seiner Gemahlin bestattet. Die majestätische Grabanlage befindet sich mitten in einem Hain alter Pferdeschwanzkiefern. Kein Besucher kann sich der Atmosphäre dieses erhabenen Ortes entziehen, die einen unerwarteten Kontrast zu der lauten und geschäftigen Stadt bietet.

Der kaiserliche Thron im Chong-zheng Palast in Shenyang.

Eine Opferzeremonie im Mausoleum von Nu'erhachi (Kaiser Taizu) und Kaiserin Xiaoci Yehenala.

Der Bestattungsort von Nurhaci selbst ist das Ostgrab, 11 Kilometer nordöstlich der Stadt gelegen. Bekannt als Fuling, ist diese Anlage von jahrhundertealten Zedernbäumen umgeben. Ein Seelenweg mit den bekannten symbolträchtigen Tierfiguren aus Stein führt zu der von einer hohen Mauer geschützten Viereckigen Stadt mit den Hallen für die Ahnenopfer und zum Grabhügel selbst.

DER LAMATEMPEL

Von den zahlreichen, einstmals bestehenden Tempeln Shenyangs ist nur der Lamatempel (Shisheng Si) erhalten geblieben. Alle anderen fielen dem „Zahn der Zeit", meist jedoch dem Wüten der Roten Garden zum Opfer. Dieser „Tempel des Wahrhaftigen Sieges", auch „Gelber Tempel" genannt, wurde 1638 errichtet und 1726 umgebaut. Gelegen im Bezirk Heping im Westteil der Stadt, vermittelt er einen guten Eindruck von der Tempelarchitektur der Mandschuren zur Zeit der Dynastiegründung.

Auf einer Zentralachse angeordnet empfangen den Besucher das Große Tor, die „Halle der Himmelskönige", die Große Halle, der Glocken- und Trommelturm und einige Nebengebäude. Der Lamatempel selbst ist ein steinerner Beweis für die Hinwendung der Mandschuren zum Lamaismus, denn er wurde einstmals eigens gebaut für die Aufnahme einer mongolischen Figur, die eine lamaistische Schutzgottheit zeigt.

DAS SCHLACHTFELD BEI MUKDEN

Zwischen dem 25. Februar und dem 10. März 1905 fiel 20 Kilometer südlich von Mukden eine Entscheidung von welthistorischen Folgen. In einer gewaltigen Schlacht siegten fünf japanische Armeen über eine zahlen- und waffenmäßig überlegene russische Streitmacht. In dieser Schlacht verloren über 150 000 Soldaten ihr Leben.

Durch diesen Sieg musste das zaristische Russland seine in der Mandschurei ertrotzten Rechte an Japan abgeben. Damit gewann Tokyo das notwendige Sprungbrett für seine spätere Invasion. Dieser Sieg inspirierte Japan nachhaltig zu seinen späteren Expansionsplänen im Fernen Osten und führte konsequenterweise 1937 auch zum Überfall auf China und damit zum Zweiten Weltkrieg in Fernost.

ANSHAN

Neben Wuhan in der Provinz Hebei ist Anshan wichtigster Stahlproduzent Chinas. Die Stadt liegt am Übergang des ostmandschurischen Berglandes zur Liaohe-Ebene 90 Kilometer südlich von Shenyang. Eine Eisenbahnlinie und eine Autobahn verbinden die Stadt sowohl mit Shenyang als auch mit Dalian.

Neben den Eisen- und Stahlwerken sind als Wirtschaftszweige die Chemie-, Textil- und Elektroindustrie gut vertreten, außerdem gibt es Unternehmen für den Landmaschinenbau und Keramikwerkstätten. Die Stadt zählt heute 1,2 Millionen Einwohner, im Großraum sogar 2,5 Millionen. Bereits im 2. Jahrhundert v. Chr. wurde in der Zeit der Westlichen Han-Dynastie in Anshan nach Eisenerzen geschürft. In der Tang-Dynastie gab es bereits Eisengießereien in der Stadt, die damals in alle Provinzen des Reiches lieferten.

Im Jahre 1900 brannte die Stadt während des Boxeraufstandes ab – und was noch von ihr übrig blieb, wurde im Russisch-Japanischen Krieg zerstört. Man baute daher 10 Kilometer weiter nördlich der großen Ruinenstätte eine völlig neue Stadt auf, das heutige Anshan.

Verständlicherweise kann diese riesige Industriestadt „neuesten Datums" keine historischen Sehenswürdigkeiten bieten. Dafür aber wartet der „Berg der Tausend Lotosblüten" (Qianlianshan) mit vielen Überraschungen auf. Dieses 20 Kilometer östlich der Stadt gelegene Berggebiet ist eine äußerst malerische Landschaft, in der Dutzende von kleinen daoistischen und buddhistischen Klöstern liegen, die alle aus der Ming- und Qing-Zeit stammen.

Man trifft hier auf den „Tempel des Duftenden Felsens", auf den „Tempel der Großen Ruhe" und auf viele andere. Der größte von ihnen ist der „Amitayus-Tempel", auch genannt Wuliang Guan, dessen Hallen und Pavillons gut erhalten sind. Die wohl am schönsten gelegene klösterliche Anlage liegt nur 1,5 Kilometer vom Wuliang Guan entfernt, es ist der Drachenquellen-Tempel, benannt nach einer Quelle, die am Gipfel entspringt. Das höchstgelegene Kloster ist der „Tempel der Allgemeinen

UNTEN UND FOLGENDE SEITE: Das „Internationale Eis- und Schneefest" in Shenyang.

Ruhe", von dem aus man eine herrliche Fernsicht auf die Gipfel und bewaldeten Kämme dieser Fels-
landschaft genießt.

DALIAN

Dalian liegt an der Südspitze der Liaodong-Halbinsel und zählt 1,7 Millionen Einwohner. Früher war
die Stadt unter dem Namen Dairen bekannt. In der Zeit, als die Stadt mit Lushan, dem früheren Port
Arthur, zu einer Verwaltungseinheit zusammengeschlossen war, nannte man dieses Städte-Konglo-
merat auch Lüda (Lüta). Die an der Dalian-Bucht gelegene Stadt ist heute der zweitgrößte Hafen
Chinas mit 35 Tiefwasser-Ankerplätzen.

Hier gibt es einen Containerkai, einen Erdöl- und Erzhafen, hier arbeiten Großwerften, eine Loko-
motivenfabrik und viele andere Industriebetriebe. Der Hafen ist im Gegensatz zu Wladiwostok eis-
frei. Die chinesische Hochseefischereiflotte mit über 100 Schiffen hat in Dalian ihren Sitz. Von 1896
an legten die Russen die Hand auf diesen günstigen Hafenplatz und begannen, ihn zügig und mo-
dern auszubauen. Mit dem Sieg Japans 1905 über Russland fiel Dalian an die Japaner, die den Hafen erweiterten. Nach einer gemeinsamen Verwaltung der Stadt durch die UdSSR und China zwischen 1945 und 1955 wurde dann Dalian der VR China ganz eingegliedert.

Mit dem 60 Kilometer entfernten Lüshun bildet die Stadt den Großraum Lüda mit 3,5 Millionen Einwohnern. Zwischen Dalian und der koreanischen Grenze liegen im Gelben Meer unzählige Inseln
und Inselchen, die den Changshan Archipel bilden. Das nördliche Ende dieses Archipels wird durch
die Stadt Dandong an der Yalu-Mündung bezeichnet.

Dandong hat 600 000 Einwohner und ist durch Seidenwebereien und Glashütten bekannt. Südwestlich von Dandong liegt das Dagu-Gebirge, ganz in Seenähe. So ist es nicht erstaunlich, dass in diesem Gebiet ein der Himmelskönigin Tian Hou gewidmeter Tempel zu finden ist, denn sie ist die daoistische Patronin der Seefahrer. Der Tempel geht bis in die Tang-Zeit zurück, denn aus diesem Gebiet kamen in allen Jahrhunderten Fischer und Seefahrer. Der Tempel wurde im 18. Jahrhundert erneuert, in der Kulturrevolution schwer beschädigt und nach 1980 wieder glanzvoll restauriert.

FUSHUN

Eines der großen Kohlezentren Chinas ist Fushun, die Stadt am Hanhe, 40 Kilometer östlich von Shenyang. Die Kohle von Fushun enthält Öl und Bitumen und wird teilweise im Tagebau gefördert. Die Vorräte werden auf eine Milliarde Tonnen geschätzt. Neben den Kohlebergwerken befinden sich in Fushun jedoch auch eine Reihe anderer Industriebetriebe.

Nur 15 Kilometer von der Stadt entfernt liegt im Osten der langgestreckte Dahuofang-Stausee, einer der größten Chinas mit einer Fläche von 110 Quadratkilometern. Bereits zwischen 1954 und 1958 am Ober- und Mittellauf des Hanhe angelegt, sichert er die Bewässerung von 120 000 Hektar Ackerland und das Kraftwerk am Staudamm versorgt Fushun und viele Gebiete, vor allem aber Shenyang, mit Strom.

Yinchuan

Huang He

Baoding
Yangquan
Taiyuan
Yan'an
Linfen
Changzhi
Shijiazhuang
Xintai
Jinan Zibo Weifang
Handan
Anyang Jining
Xingxian Taian
Jiaozuo Zaozhuang
Tongchuan Kaifeng
Weinan **Zhengzhou** Xuzhou
Bapji Luoyang Huaibai Qingjian
Xi'an Pingdingshan
Benghu
Nanyang Huainan Taizhou
Shiyan Xinyang **Nanjing** Nantong
Xiangfan Hefei Changzhou Wuxi
Jangtsekiang Yichang Suzhou **Shanghai**
Drei Schluchten **Wuhan** Anqing Jiaxing
Stausee Shashi Huangshi **Hangzhou**
Nanchong Wanxian Yueyang Jiujiang Shaoxing Ningbo
Neijiang Changde **Nanchang** Jingdezhen Jinhua
Chongqing **Changsha** Shangrao Wenzhou
Luzhou Xiangtan Pingxian
Zhuzhou Nanping
Zunyi Shaoyang Ji'an
Guiyang Hengyang Ganzhou **Fuzhou** Jilong
Anshun Duyun Chenzhou Quanzhou **Taibei**
Guilin Xiamen Taizhong
Liuzhou Zhangzhou Hualian
Wuzhou Shaoguan **TAIWAN**
Nanning Chaozhou Tainan
Yulin Zhaoqing **Guangzhou** Shantou **Gaoxiong**
Foshan Shenzhen
Maoming Jiangmen **Hongkong**
Beihai **Aomen**
Zhanjiang **(Macau)**
Hanoi Haiphong
Haikou **Südchinesisches**
VIETNAM Meer
Hainan

Tianjin
Yantai Weihai
Incheon **Seoul**
Daejeon
**SÜD-
KOREA**
Gwanju
Qingdao
Lianyungang
Yangzhou
*Gelbes
Meer*

*Ost-
chinesisches
Meer*

*Südchinesisches
Meer*

0   200   400   600
km

PHILIPPINEN

MACAU
SONDERVERWALTUNGSZONE

Gemäß der „Gemeinsamen Erklärung" vom Jahre 1987 zwischen Lissabon und Peking fiel Macau am 20. Dezember 1999 wieder an China zurück. Nach dem Motto „Ein Land – zwei Systeme" behält Macau jedoch, ähnlich wie Hong Kong, 50 Jahre lang die Unabhängigkeit seines Rechts-, Wirtschafts- und Sozialsystems, lediglich die Außen- und Sicherheitspolitik fallen in die Kompetenz der VR China.

Dies bedeutet, dass das Portugiesische weiterhin Amtssprache ist, es erscheinen lediglich alle offiziellen Verlautbarungen zweisprachig, Portugiesisch und Chinesisch. Die sechs in Macau existierenden Parteien sind ebenso unabhängig und erhalten geblieben wie die Währung (1 Pataca = 100 Avos). Verkehrssprache ist vielfach auch Englisch und gängige Währung auch der Hong-Kong-Dollar. Bis zur Übergabe an China lautete der offizielle portugiesische Name „Santo Nome de Deus de Macau", der chinesische Name ist Ao Men.

Stadtansicht von Macau.

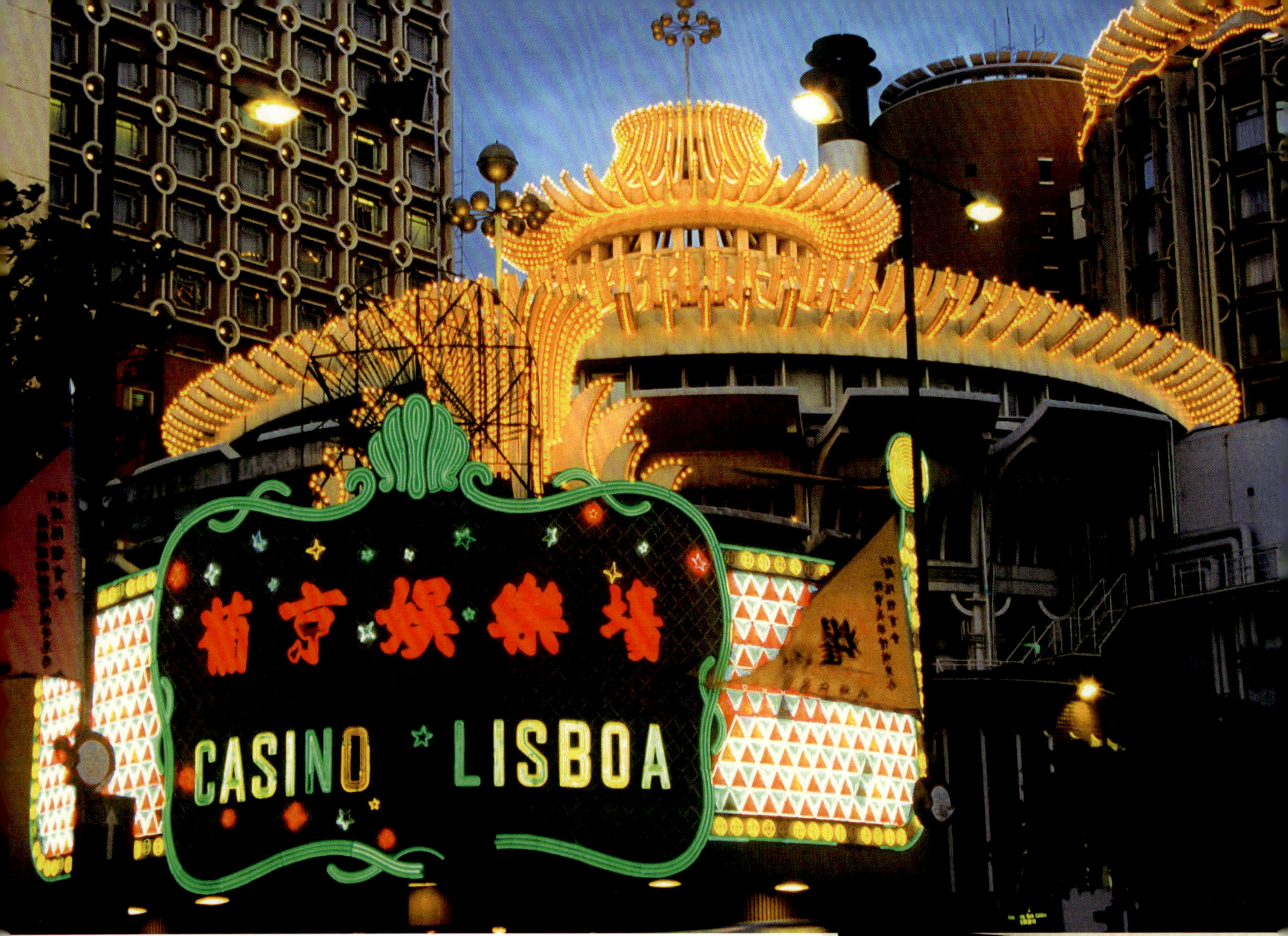

OBEN UND VORHERIGE SEITE: Bunte Leuchtreklame und Lichter am Spielcasino des Hotels „Lisboa". Es ist das älteste Casino Macaus und wurde 1970 eröffnet.

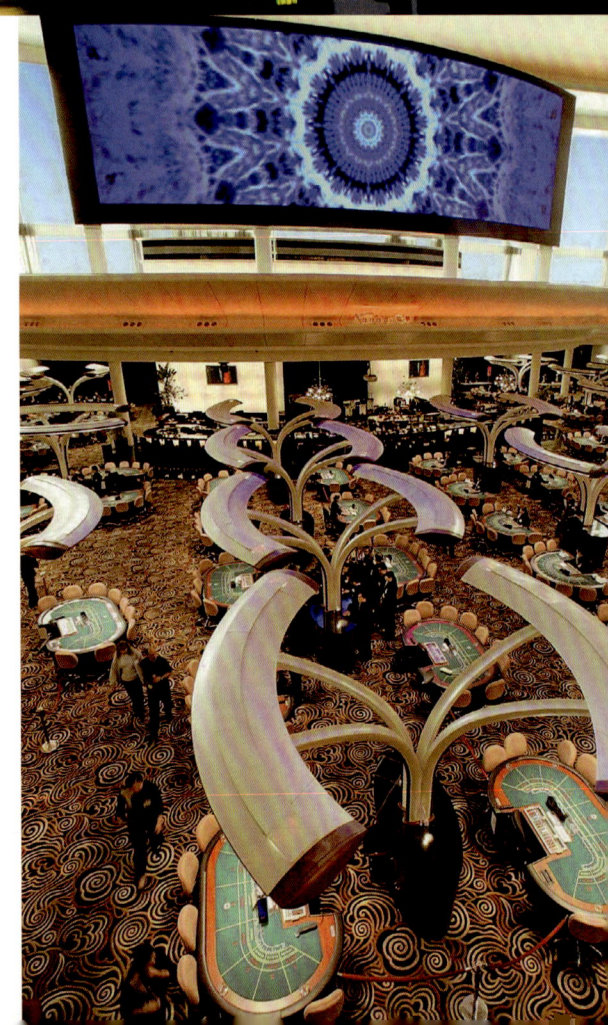

Mit zwei vorgelagerten Inseln liegt die Halbinsel Macau mit der gleichnamigen Stadt an der Küste des südchinesischen Meeres am westlichen Rand des Perlflussdeltas. Auf nur 23,8 Quadratkilometern leben in der Sonderverwaltungszone 435 000 Einwohner, von denen 96 Prozent Chinesen sind. Der Rest verteilt sich auf Portugiesen, Briten, Filipinos und Thailänder. Die Hauptreligionen sind der Buddhismus und Daoismus, 9 Prozent bekennen sich zur römisch-katholischen Kirche mit einem eigenen Bistum in Macau.

Der Hauptspielsaal des „Sands Casinos" am Tag der Eröffnung (18. Mai 2005). Der amerikanische Glückspielmagnat Sheldon Adelson hat den Casino- und Entertainmentkomplex für 240 Millionen US $ errichten lassen.

TOPOGRAPHIE

Die Halbinsel Macau selbst hat nur eine Fläche von 7,84 Quadratkilometern, das Terrain ist hügelig. Die vorgelagerte Insel Taipa weist 5,79 Quadratkilometer auf und die Insel Coloane 7,82 Quadrat-

kilometer. Der höchste Hügel der Stadt erreicht lediglich 90 Meter, die höchste Erhebung auf der Insel Coloane 170,6 Meter.

Dicht besiedelt ist die Innenstadt von Macau.

Die einzige Landverbindung der VR China liegt im Norden an der Porta do Cerco. Mit der Insel Taipa ist die Halbinsel durch zwei Brücken verbunden, mit Coloane durch einen Damm. Landgewinnungsmaßnahmen haben seit der Mitte des 19. Jahrhunderts zu einem enormen Zuwachs an Fläche geführt, sie werden ständig fortgesetzt.

KLIMA

Das subtropische Klima Macaus nahe des nördlichen Wendekreises wird von den Monsunen bestimmt. Der Nordostmonsun sorgt für relativ kühle und trockene Winter und beschert den Macanesen im November und Dezember angenehme Wetterverhältnisse. Die südlichen Sommermonsune aber bringen von Mai bis Mitte September hohe Temperaturen.

Bei einem durchschnittlichen Jahresmaximum von 28° Celsius und einer Luftfeuchtigkeit von 73–90 Prozent fallen auch rund 80 Prozent des Jahresniederschlags in diesen Monaten. Zwischen Juli und Oktober treten vielfach Taifune auf, die erhebliche Schäden anrichten können. Die heiße Jahreszeit wird

Kleine Fischerboote vor einem schwimmenden Spielcasino in der Bucht von Macau. Glücksspiel ist die Leidenschaft der Chinesen. Da es in Hong Kong verboten ist, kommen täglich 20 000 Hong Kong Chinesen nach Macau.

in Macau jedoch immer wieder durch kühle Seewinde gemildert, so dass die Hitze erträglicher ist als in Hong Kong.

WIRTSCHAFT

Sowohl die Landwirtschaft als auch die Fischerei spielen in Macau aufgrund des begrenzten Territoriums keine oder nur eine unbedeutende Rolle. Mehr als die Hälfte der Einnahmen stammen aus dem Tourismus, genauer gesagt aus den Gewinnen der Spielbanken, die vor allem von Besuchern aus Hong Kong täglich in Scharen aufgesucht werden. Das Management dieser Spielbanken liegt in den Händen eines Hongkonger Syndikats (STDM), das vor der Rückgabe Macaus an die VR China mit Peking einen günstigen Vertrag aushandeln konnte.

Nach dieser Vereinbarung kann das Glücksspiel ungehindert weiterbetrieben werden, es müssen lediglich Teile des Gewinns als Investitionsgelder auf dem Festland angelegt werden. Gleichzeitig wurden in Macau für folgende Bereiche florierende Industriebetriebe errichtet: Textilien, Keramik, Lederwaren, optische Geräte, Plastik, Mikroelektronik. Handwerkliche Billigprodukte wie Feuerwerkskörper und Streichhölzer werden ebenfalls produziert. Im Handel hat Hong Kong längst schon

Macau den einst behaupteten Rang abgelaufen, so dass sich alle Bemühungen in der Gegenwart und Zukunft auf den weiteren Ausbau des Flughafens und des Containerhafens richten werden.

Die Lobby des „Greek Mythology Casino" in Macau.

VERKEHRSVERBINDUNGEN

Täglich verkehren zwischen Hong Kong und Macau Tragflächenboote, Katamaranfähren und Luftkissenboote, auch eine Hubschrauberverbindung besteht. 1996 wurde auf künstlich aufgeschüttetem Land östlich der Insel Taipa der Flughafen Macau eröffnet. Im Nordosten der Insel Coloane wurde ein Containerhafen gebaut, so dass seit jüngster Zeit auch größere Frachter dort anlegen können. Das große Hemmnis des Handels war bis in jüngste Zeit das allenthalben zu seichte Gewässer, das nur von kleineren Schiffen befahren werden kann. Die Eröffnung eines seeschifftiefen Hafens bringt jedoch der Sonderverwaltungszone neue Perspektiven.

FOLGENDE DOPPELSEITE:
Moderne Hochhäuser prägen das Panorama von Macau.

Eine Katamaranfähre, die Hong Kong und Macau verbindet.

GESCHICHTE

Im Jahre 1513 erreichte als erster Europäer Jorge Alvares China. 1557 erhielten dann die Portugiesen das Niederlassungsrecht am westlichen Mündungsbereich des Perlflusses gegen Pachtzins. Die de jure-Oberhohheit über Macau blieb China stets erhalten. Anderen europäischen Staaten blieb eine solche Vorzugsstellung versagt, so dass sich der Ort bald zu einer wohlhabenden Handelsstadt entwickeln konnte. In Macau wurde Seide aus China umgeschlagen und Silber aus Japan gehandelt. Die Monopolstellung der Stadt in diesem lukrativen Handel machte den Hafen bald sogar zu einer der reichsten Handelsstationen Asiens. Erst als die Japaner ihr Land hermetisch abriegelten, schmolzen die Gewinne zusammen. Die katholische Kirche hatte in Macau ein Bistum gegründet, das sogar für alle Christen in ganz China und Japan zuständig sein sollte.

Der Reichtum Macaus rief bald britische, niederländische und auch asiatische Piraten auf den Plan, die viele Handelsschiffe im südchinesischen Meer kaperten. 1810 konnten die Portugiesen in einer erbitterten Seeschlacht eine ganze Dschunkenflotte vernichten, die unter dem Piraten Cheung Po Tsai das Meer um Macau unsicher machte. Der Niedergang Macaus begann dann in der Mitte des 19. Jahrhunderts, als nach dem gewonnenen Opiumkrieg das britisch gewordene Hong Kong aufstieg. Bis 1951 hatten die Portugiesen Macau als Kolonie geführt, dann wurde es eine Überseeprovinz.

LINKE SEITE:
Das modernste und höchste Gebäude in Macau ist das Hochhaus der „Bank of China".

Der Lou Lim Ioc Garten.

Im Zweiten Weltkrieg blieb Macau von japanischer Besatzung verschont, aber dies änderte nichts an der Tatsache, dass Hong Kong mit seinen für alle Schiffsgrößen geeigneten Hafenanlagen und seinen weit besseren territorialen Möglichkeiten die kleine portugiesische Schwester weit überholte.

1974 machte Lissabon aus seiner Überseeprovinz dann ein „Gebiet unter portugiesischer Verwaltung" mit einem eigenen Grundgesetz und verzichtete sogar auf die territoriale Souveränität. Die Verhandlungen mit der VR China über die endgültige Rückgabe verliefen 1987 zügig und problemlos, so dass die letzten Flaggen Portugals am 20. Dezember 1999 eingeholt wurden.

SEHENSWÜRDIGKEITEN IN MACAU

Das Herz der Stadt ist der Largo do Senado, ein dreieckiger Platz, gesäumt von restaurierten alten Gebäuden. Nordöstlich davon steht die Kathedrale der Stadt, die aus den Jahren 1844–1850 stammt. Das größte christliche Gotteshaus der Stadt ist allerdings die Augustinerkirche, die bereits 1586 er-

Architektonische Gegensätze auf dem Largo do Senado, dem zentralen Platz in Macau. Vor einem Gebäude aus der Kolonialzeit steht ein farbenprächtig dekoriertes chinesisches Tor.

LINKE SEITE:
Die Ruine der Paulskirche. Sie wurde zwischen 1602 und 1637 von Jesuiten erbaut und brannte bei einem durch einen Taifun ausgelösten Feuer 1853 bis auf die Fassade ab.

OBEN UND
RECHTE SEITE OBEN:
Der Kunlam Tong Tempel im
Rauch der Opferstäbchen.

Eine Einkaufsstraße in der Nähe
des Largo do Senado.

baut, 1814 erneuert und 1875 umgebaut wurde. Gegenüber steht das Theater und nicht weit entfernt davon die Kirche von St. Lorenz.

Die bekannteste Sehenswürdigkeit von Macau ist jedoch die Fassade der 1835 durch Feuer zerstörten Paulskirche, die im Barockstil von italienischen Jesuiten errichtet wurde. Die mächtige Fassade kann gewissermaßen als Wahrzeichen der Stadt gelten, auch als Symbol der einstigen, jedoch lange vergangenen Pracht. Diesen christlichen Sakralbauten stehen in Macau eine Reihe bemerkenswerter daoistischer und buddhistischer Tempel gegenüber, die zu einem Vergleich in jeglicher Hinsicht einladen.

Der Göttin der Barmherzigkeit, Guanyin, ist im Norden der Stadt der buddhi-

stische Tempel Kunlam Tong geweiht. Im Süden steht der Tempel Ma Kok, in ihm verehren die Daoisten die Meeresgöttin A Ma. Gegenüber diesem sechshundert Jahre alten Tempel steht das recht interessante Seefahrtsmuseum. Ein weiterer daoistischer Tempel steht im Norden der Stadt, er trägt den Namen „Lotosgipfel-Tempel" und stammt aus dem Jahre 1592.

Den erst vor wenigen Jahren (1984–1991) erbauten Tempel Pou Tai Un findet man auf der 30 000 Einwohner zählenden Insel Taipa; er zeugt von der ungebrochenen Religiosität der Bewohner dieser Meeresgegend, denn die Gläubigen streben zu ihm auch von weither.

LINKS:
Der Ma Kok Tempel in Macau.

FOLGENDE DOPPELSEITE:
Der Largo do Senado.

NINGXIA (NINGHSIA)

AUTONOMES GEBIET NINGXIA DER HUI NATIONALITÄT

(PROVINZSTATUS)

FOLGENDE DOPPELSEITE:
Die bewegten Wassermassen des Gelben Flusses.

Am Mittellauf des Gelben Flusses im Nordwesten Chinas liegt zwischen 104°17'–107°40' östlicher Länge und 35°14'–39°22' nördlicher Breite die Autonome Region Ningxia, die im Jahre 1958 ihren besonderen Status vor allem wegen der Hui-Nationalität erhielt, die vornehmlich seit alten Zeiten in diesem Gebiet verstärkt anzutreffen ist. Allerdings machen heute die muslemischen Hui nur noch ein Drittel der knapp sechs Millionen Einwohner aus, denn neben den zahlenstarken Han leben in Ningxia auch noch Mongolen, Tibeter, Mandschuren und kleinere Minderheiten.

Das Gebiet hat eine Fläche von 66 400 Quadratkilometern und wird umgrenzt von Shaanxi im Osten, von der Inneren Mongolei im Westen und Norden und von Gansu im Süden. Die Kurzform für das Gebiet lautet Ning. Die Hauptstadt ist Yinchuan, hier befindet sich der Regierungssitz für die

Mitglieder der Hui-Minderheit beten während einer muslimischen Beerdigungszeremonie in Yangjiazhuang. Die Hui haben es geschafft ihre religiöse und kulturelle Identität zu bewahren.

Der Gaomiao Tempel in Yinchuan.

17 Kreise und fünf Städte von Ningxia. Der Bevölkerungszahl nach ist Ningxia nach Tibet und Qinghai das Gebiet, das die drittkleinste Einwohnerschaft von allen Provinzen und Autonomen Gebieten hat.

Der muslimische Charakter dieses Gebietes ist schon allein auf Grund der vielen Moscheen und Minarette unverkennbar, denn es war ausschließlich der Islam, der zur Bildung dieser Nationalität geführt hat. Die Hui sprechen Chinesisch und sind die Nachkommen von muslimischen Arabern, Persern und Zentralasiaten, die einst zur Tang-Zeit und in der Yuan-Periode nach China kamen und einheimische Frauen heirateten. Die Kinder übernahmen zwar die Sprache ihrer chinesischen Mütter, mussten jedoch die Religion ihrer muslimischen Väter lebenslang beibehalten.

In der Tang-Dynastie waren die muslimischen Kaufleute als „fremde Gäste" begrüßt worden und erhielten Niederlassungsrecht, in der Mongolenzeit wurden sie bevorzugt als Soldaten, Offiziere, Verwaltungsbeamte und staatlich privilegierte Kaufleute vom Großkhan im ganzen Land stationiert. Nach dem Sturz der Yuan-Dynastie mussten sie sich anpassen und versuchten, sich als loyale Bürger zu erweisen.

Eine weitgehende Sinisierung nach Sprache, Sitten und Gebräuchen war unverkennbar, die Religion aber blieb der Islam. In ihrem Hauptsiedlungsgebiet zwischen Gansu und der Inneren Mongolei in Ningxia erhielten sie daher ein eigenes autonomes Gebiet, in dem über 1500 Moscheen von ihrer religiösen Ausrichtung Zeugnis ablegen.

Man erkennt jeden Hui sofort an seinem weißen oder schwarzen Stirnband oder Käppi. Fleiß und Intelligenz werden den Hui seit jeher bescheinigt, sie sind heute in allen Provinzen Chinas zu finden und sind als Fachkräfte gesucht. Eine eigene Universität in Yinchuan und ein hervorragend ausgestattetes Schulwesen stellen für die weitere Entwicklung dieser nationalen Minderheit ein solides Fundament dar.

Die Cheng Tian Si Pagode, auch Westpagode genannt, in Yinchuan, der Provinzhauptstadt.

FOLGENDE DOPPELSEITE:
Der Gelbe Fluss schlängelt sich durch eine gebirgige Landschaft.

TOPOGRAPHIE

Das in der Hauptsache von Nord nach Süd verlaufende Gebiet kann zwar in einen hauptsächlich gebirgigen Süden und in einen ebenen Norden eingeteilt werden, aber dies ist nur eine sehr oberflächliche Betrachtung. Zwar sind im Süden die höchsten Berge der Provinz schon fast 3000 Meter

hoch, denn der Migang weist 2942 Meter auf, aber im hohen Norden zieht sich ebenfalls eine Bergkette hin, deren höchster Gipfel (Helan Shan) sogar 3556 Meter aufweist.

Der insgesamt gebirgige Süden ist Teil des Lößplateaus und kennt als markantesten Gebirgszug den Liupan nach dem die ganze Kette benannt ist, die wie der Rückenkamm eines Drachens aussieht und von Süd nach Nord verläuft. Weiter nach Norden zu geht das Terrain in niedrigere Höhenlagen über. Die Gebirge erreichen nunmehr nur noch 1000–2000 Meter.

In der mittleren breiten Ausbuchtung des Gebietes nach Osten und hoch oben im Norden liegt die fruchtbare Ningxia-Ebene, auch Yinchuan-Ebene, denn in ihr liegt die Hauptstadt Yinchuan und durch sie strömt der Gelbe Fluss, der das große Flachland durch seine Ablagerungen einst geschaffen hat. Westlich des großen Flusses erstreckt sich an der Grenze zur Inneren Mongolei aber bereits wieder ein Hochgebirgszug in Nord-Süd-Richtung, der sogar die höchsten Gipfel des Gebietes überhaupt aufweist.

Der Gelbe Fluss tritt von Westen her in das Gebiet Ningxia ein und macht dann zwischen zwei Bergrücken seinen berühmten Knick nach Norden und fließt fortan in weitem Lauf durch die Ebene zur Inneren Mongolei, früher wegen seiner Hochwasser gefürchtet, heute durch das Qingtonxia-Schlüsselprojekt gebändigt und zur Stromerzeugung sowie zur Bewässerung genutzt. Bei seinem Lauf durch die Ebene verbreitert sich der große Strom derart, dass er streckenweise das Aussehen einer langgestreckten Seenplatte erhält.

Das aufwendige Regulierungsprojekt wurde nach der Stadt Qingtonxia benannt, die westlich des Flusses an der Fernstraße liegt, die von Süden kommend nach Yinchuan führt. Der mächtige Staudamm Ningxias sperrt die Qingtong-Schlucht und das dort gebaute größte Wasserkraftwerk des Gebietes liefert für viele Kreise und Städte Strom.

KLIMA

Das ausgeprägte Kontinentalklima von Ningxia kennt sehr strenge Winter, die dem Land im Januar -10° Celsius bescheren. Im Sommer ist es nicht sehr heiß, in der Hauptstadt Yinchuan werden im Juli 23,3° gemessen, im September 16°, im Dezember –6,3°, so dass die durchschnittliche Jahrestemperatur nur zwischen 5° und 9° liegt. Der Jahresniederschlag beträgt zwischen 200 und 700 Millimeter, in den trockenen Gegenden sogar unter 200 Millimeter.

LANDWIRTSCHAFT

Die Tatsache, dass 59 Prozent des Gebietes von Bergen eingenommen wird und 49 Prozent von Ebenen, prägt die Landwirtschaft von Ningxia entscheidend. Die Hauptanbauflächen liegen an den Ufern des Huanghe, wo Weizen, Wasserreis, Hirse und Leinsamen kultiviert werden. Im Hügel- und Bergland liegen die Weiden für die hier gezüchteten Argali-Schafe, deren Wolle weich, geschmeidig und glänzend ist. Baumwolle, Zuckerrüben und Melonen gedeihen ebenfalls gut, zudem durch ein Kanalsystem weite Teile der Ebene künstlich bewässert werden. Das Gebiet gilt als Kornkammer von Nordwestchina.

OBEN UND
FOLGENDE DOPPELSEITE:
Das Xi Xia Mausoleum
bei Yinchuan.

INDUSTRIE

In Ningxia sind neben einigen anderen Bodenschätzen vor allem riesige Kohlevorkommen entdeckt worden, so dass Kohle aus diesem Gebiet heute wegen ihres hervorragenden Brennwerts in allen Nachbarprovinzen begehrt ist. Gefördert werden hauptsächlich Phosphor, Gips und Kalkstein. Erdöl ist ebenfalls in bescheideneren Mengen vorhanden. Die Industrie ist als entwicklungsfähig zu bezeichnen und befindet sich im Aufbau.

SEITE 424–425:
Der Gelbe Fluss bei Shapotou.

VERKEHRSVERBINDUNGEN

Das Gebiet kennt nur zwei Eisenbahnlinien. Die wichtigste Strecke liegt im Norden, es handelt sich um die lange Linie, die Lanzhou in Gansu mit Baotou in der Inneren Mongolei verbindet. Die größte Zwischenstation ist Yinchuan. Die andere Strecke zweigt von dieser Linie ab und führt nach Süden. Die Linie läuft fast parallel mit dem Qingshui-Fluss und überquert dann die Provinzgrenze nach Shaanxi. Auf diese Weise kann der Reisende von Yinchuan mit der Bahn bis Xian oder auch nach Chengdu und Kunming kommen. Der Huanghe ist ab Zhongning flussabwärts schiffbar. Das Straßennetz verbindet zwar die wichtigsten Städte und Orte, ist jedoch noch erweiterungsbedürftig.

DIE HAUPTSTADT YINCHUAN

Im 5. Jahrhundert n. Chr. existierte im Tal des Gelben Flusses der Staat Xia mit der Hauptstadt Jinhan, die etwa 7 Kilometer vom heutigen Yinchuan entfernt lag. Anfangs des 11. Jahrhunderts entstand dann das Reich der Westlichen Xia (1038–1227), nunmehr bereits mit Yinchuan als Hauptstadt.

Das Song-Reich hatte mit diesem Staat stets nur spannungsreiche Beziehungen. In der Yuan-Zeit kamen viele Muslime aus dem Vorderen Orient und Zentralasien in die Stadt und trugen zur Ausbreitung des Islam in Ningxia bei. In der Ming- und Qing-Dynastie war Yinchuan der Sitz eines Präfekten. 1928 wurde Ningxia als Provinz gegründet und Yinchuan wurde Hauptstadt.

1954 schlug man vorübergehend das gesamte Gebiet der Provinz Gansu zu, gründete aber 1958 dann das Autonome Gebiet der Hui und machte Yinchuan wieder zur Hauptstadt. Betriebe der chemie- und metallverarbeitenden Industrie siedelten sich an, Maschinenbau und Textilindustrie kamen dazu, so dass Yinchuan heute eine wirtschaftlich aufstrebende Metropole genannt werden kann.

Emblem der Stadt ist die fast 60 Meter hohe Haibao-Pagode. Für die Muslime der Stadt wurde die schon 1915 errichtete Nanguan-Moschee in den achtziger Jahren des 20. Jahrhunderts renoviert, ihr Betsaal bietet 1000 Gläubigen Platz. Ihre weithin leuchtenden grünen Kuppeln bieten einen faszinierenden Anblick.

SEHENSWÜRDIGKEITEN

DIE GRÄBER DER WESTLICHEN XIA

Etwa 30 Kilometer westlich von Yinchuan, am Fuß der Helan-Berge, liegt die Nekropole des Westlichen Xia-Reiches, wo nach neuen Erkenntnissen neun Herrscher dieses nichtchinesischen Staates und 140 Mitglieder des Herrscherhauses bestattet wurden. Das Gräberfeld umfasst ein Areal von 40 Quadratkilometern, denn jedes Grab stellt eine selbständige Anlage dar und beansprucht jeweils 10 000 Quadratmeter.

Die aufwendigen Mauern und Bauten über Tage sind zwar vielfach zerstört, aber die unterirdischen Mausoleen sind erhalten, wenn auch wohl teilweise ausgeraubt. Die Archäologen konnten dennoch wertvolles kulturhistorisches Material aus dem weiten Gelände bergen. Eines der Kaisergräber wurde von ihnen auch geöffnet, alle anderen harren noch der Erforschung.

DIE GROTTEN VON XUMI SHAN

Im Süden von Ningxia, 30 Kilometer nordwestlich der Kreisstadt Guyuan, befinden sich am Fuße des Berges Xumi Shan unzählige kleine und große Steingrotten, die zwischen dem 5. und 10. Jahrhundert entstanden sind und sich würdig in die Reihe der großen Grottensysteme Chinas einfügen. Trotz Erdbeben und Diebstahl haben sich in den Höhlen noch sehenswerte Buddha-Darstellungen erhalten, so auch eine 20 Meter hohe Maitreya-Skulptur in der Höhle Nr. 2.

Die Steinmetzen der Nördlichen Wei-Dynastie begannen die ersten Nischen auszuarbeiten und die ersten Figuren zu gestalten, und die Meister der zu Ende gehenden Tang-Dynastie schufen die letzten Buddha- und Bodhisattva-Figuren. Dass die große Anlage in späteren Zeiten noch lange als Heiligtum verehrt wurde, beweist das in der Nähe liegende Tempelkloster Yuanguang Si aus der Ming-Zeit.

PEKING (BEIJING)
REGIERUNGSUNMITTELBARE STADT (PROVINZSTATUS)

Mit einer Fläche von 16 800 Quadratkilometern ist Peking etwas größer als das deutsche Bundesland Schleswig-Holstein und hat demnach rings um die Stadt selbst ein gewaltiges Hinterland, das zur Hälfte aus gebirgigem Terrain besteht. Die Stadt selbst liegt am Nordwestrand der Nordchinesischen Tiefebene zwischen 115°25'–117°30' östlicher Länge und 39°28'–41°25' nördlicher Breite. Der gesamte Großraum Beijing hat insgesamt über 13,8 Millionen Einwohner, grenzt im Osten an die regierungsunmittelbare Stadt Tianjin (Tientsin) und ist ansonsten von allen Seiten von dem Gebiet der Provinz Hebei umgeben.

Die landläufige Kurzform der Stadt lautet Jing, sie ist in insgesamt 18 Bezirke und Landkreise untergliedert und stellt als Hauptstadt der VR China die unbestrittene Schaltzentrale des Landes dar. Wenn sie auch bevölkerungsmäßig nicht die größte Stadt Chinas ist, so kommt ihr als Sitz der Regierung und der KPCh doch die Schlüsselstellung in politischer und kultureller Bedeutung zu. Mag auch Shanghai im Wirtschaftsleben in der Produktionsstatistik bereits die Spitzenstellung einnehmen, so fallen doch die wichtigsten wirtschaftpolitischen Entscheidungen in der Hauptstadt.

Vier Schauspieler der Peking Oper.

Ein Gebäude auf dem Gelände
der Universität von Peking.

Peking blickt auf eine lange kulturelle Tradition zurück und war seit der Yuan-Dynastie auch das Gelehrtenzentrum des Reiches. Gegenwärtig verfügt die Stadt über vier Universitäten und 45 weitere Hochschulen und Institute. Weltbekannt sind die Qinghua-Universität und die Beijing-Universität und auch die Chinesische Volksuniversität und die Pädagogische Universität haben sich einen guten Ruf seit Verkündung der Öffnungspolitik erworben.

Am Zentralen Institut für Nationalitäten können Angehörige der nationalen Minderheiten ebenfalls einen universitären Abschluss erreichen. Vier Akademien und ein leistungsfähiges Verlagswesen, die Nationalbibliothek, die Theater, Museen und Künstlervereinigungen tragen in unterschiedlichem Maße ebenfalls zur kulturellen Vielfalt Pekings bei.

TOPOGRAPHIE

Das Stadtgebiet von Peking ist nur ein sehr kleiner Teil des Großraums Beijing, der zu 62 % aus Gebirgsländern und nur zu 38 % aus ebener Fläche besteht. Die Stadt entstand im Laufe der Geschichte auf einem Alluvialrücken des Yongding-Flusses, der von Norden nach Süden fließt.

Die Gebirge, die von Südwesten her bis Nordosten in dichten Ketten die Stadt umgeben, erreichen im allgemeinen 1000–1500 Meter an Höhe, einige Spitzen jedoch sind über 2000 Meter hoch. Das

Darsteller der Peking Oper.

Eine Kirche bei Nacht im Zentrum von Peking.

im Norden liegende Bergland wird zusammenfassend Jundu-Gebirge genannt. Hier liegt auch die Badaling-Bergkette, durch die sich ein langes Teilstück der Großen Mauer windet.

Das im Westen gelegene Gebirgsland, gemeinhin „Westberge" genannt, enthält die bekannten Spitzen wie den Lingshan, den Baihua, den Miaofeng und andere. Südöstlich der Stadt ist es flach, hier liegt die sogenannte „Beijinger Bucht", die sanft in östlicher Richtung zum Bohai-Meer absinkt. Die Flüsse, die den Großraum durchziehen, gehören alle dem Wassersystem des Haihe an, der im Gebiet von Tianjin ins Bohai-Meer mündet. Der wichtigste Fluss im Großraum ist der Yongding im Westen, dann folgt der im Osten verlaufende Chaobai. Bedeutsam sind ferner der Juma, der Juhe und der Nordkanal.

Heimat in der Ferne.

KLIMA

Das gemäßigte kontinentale Monsunklima von Peking kennt vier klar unterschiedene Jahreszeiten, wobei in allen zwölf Monaten die Monsunwinde das Gebiet durchziehen. Der Frühling ist kurz und überwiegend trocken. Von März bis Mai wehen oft sogar Sandstürme und die Niederschläge sind sehr gering. Im Sommer setzt dann die Regenzeit ein, 75 Prozent aller Niederschläge fallen im Juli und August. Im Juli ist es in Peking am heißesten, die Durchschnittstemperatur beträgt in diesem Monat 26,1° Celsius.

Der viel zu kurze Herbst ist sonnig, klar und windstill an vielen Tagen, er gilt als die goldene Zeit des Jahres. Ende Oktober kündigen dann die Nordwinde schon den nahenden Winter an, der mitunter sehr kalt sein kann. Die durchschnittlichen Wintergrade liegen bei −4,7 °C, aber man hat schon Minusgrade von 22,8 gemessen. Die Luft ist im Winter in Peking trocken, Schnee fällt nicht viel. Im umliegenden Bergland dauert der Winter aufgrund der Höhenlagen etwas länger. Grundsätzlich aber sind im gesamten Großraum 180–200 Tage im Jahr frostfrei.

LANDWIRTSCHAFT

Die Landwirtschaft in den Landkreisen des Großraumes ist vollkommen auf die Belieferung der Stadt mit Lebensmitteln ausgerichtet. Man produziert riesige Mengen an Gemüse, Obst, Eiern, Milch, Geflügel und Schweine. Vornehmlich werden auch die berühmten Peking-Enten im Umland gemästet. In ferner gelegenen Landgebieten werden auch Getreide und Baumwolle angebaut. Der Obstanbau ist ein wichtiger Wirtschaftszweig. Die Pekinger Weißbirnen, Kastanien und Walnüsse werden sogar exportiert.

Eine köstlich zubereitete Peking-Ente.

INDUSTRIE

In der Kaiserzeit gab es außer einem Kohlenbergwerk in einem westlichen Vorortkreis, 1872 errichtet, keine Industrie in Peking. Bis 1949 war Peking eine reine Verbraucherstadt. Nach der Gründung der VR China begann ein rasanter Aufstieg zu einer modernen Industriestadt, die gegenwärtig über eine Million Arbeiter und Angestellte beschäftigt. Nach Shanghai nimmt Peking bereits die zweite Stelle in der Industrieproduktion ein. Fast alle Branchen sind vertreten.

Verkaufsstände.

FOLGENDE DOPPELSEITE:
Die „Halle der höchsten Harmonie", Taihedian, steht auf einer Marmorterasse und ist 37 m hoch.

Obenan steht die Petrochemie mit einem riesigen Komplex, dann folgt die Eisen- und Stahlindustrie, der Maschinenbau, die Autofabriken, der Apparate- und Instrumentenbau, die Textilbetriebe, die Baustoffunternehmen und die Elektronik. Nach wie vor ist Peking bekannt für seine hochwertigen kunsthandwerklichen Produkte. Teppiche, Jadeschmuck, Cloisonné und Elfenbeinschnitzereien haben ihren guten Ruf bestens behauptet.

VERKEHRSVERBINDUNGEN

Peking ist durch seine internationalen Luftverbindungen mit allen wichtigen Metropolen des Auslands direkt verbunden und ist ein wichtiges Drehkreuz für den innerchinesischen Luftverkehr. Die frequentiertesten Linien bestehen nach Tokyo, Osaka, Nagasaki, New York, San Franzisko, London, Paris, Frankfurt und Zürich.

Eisenbahnen verbinden die Stadt durch Fernzüge mit Moskau, Ulan-Bator, Pyongyang sowie mit den wichtigsten chinesischen Großstädten. Im Stadtverkehr dominiert längst nicht mehr das Fahrrad wie bis 1985, sondern Stadtbusse, die U-Bahn und Taxen. Der Großraum Peking wird durch Bahnlinien und Landstraßen gut erschlossen, so dass alle lokalen Zentren erreicht werden können.

OBEN LINKS:
Ein Bronzelöwe vor dem „Tor der höchsten Harmonie".

OBEN MITTE:
Der Sitzungssaal in der „Großen Halle des Volkes".

OBEN RECHTS:
Die verbotene Stadt. Der ehemalige Kaiserpalast der Ming- und der Qing-Dynastien in der ehemaligen Kaiserstadt wurde 1987 als Kulturdenkmal in die von der UNESCO geführte Liste des Welterbes aufgenommen.

FOLGENDE DOPPELSEITE:
Die gelben Dächer der Palastanlage.

GESCHICHTE

Peking ist eine der sechs alten Hauptstädte des Reiches neben Xian, Luoyang, Kaifeng, Hangzhou und Nanjing. 969 Jahre war es die Metropole von fünf Dynastien: Liao (907–1125), Jin (1125–1239), Yuan (1279–1368), Ming (1368–1644) und Qing (1644–1911).

Die Überreste des 50 Kilometer südlich der Stadt gefundenen „Peking-Menschen" deuten jedoch auf eine Besiedelung des Raumes schon vor etwa 500 000 Jahren hin. Eine erste Ortschaft entstand um 1000 v. Chr. mit dem Namen Youzhou, die sich dann zur Residenzstadt des späteren Königreiches Yan entwickelte. In der Zeit der Streitenden Reiche (476–221 v. Chr.) wurde die Stadt Yanding genannt, vielfach auch nur Yan. Der Erste Kaiser machte sie zu einer Präfektur und nannte sie Ji, während sie in der Han-Dynastie zu einer grenznahen Kreisstadt mit dem Namen Yixian herabgestuft wurde.

Zwischen der Han- und der Tang-Zeit hieß die Stadt Ji, die Tang-Kaiser aber änderten ihren Namen in Youzhou. Nach dem Fall der Tang-Dynastie drangen aus der Südmandschurei die kriegerischen Khitan in das Reich ein und gründeten in Nordchina die Liao-Dynastie. Die Liao behielten zwar ihre alte Hauptstadt im mandschurischen Gebiet, machten aber nun Youzhou zu ihrer zweiten Residenz und nannten sie Nanjing (Südliche Hauptstadt). Damit war das heutige Peking zum ersten Mal Kaiserstadt geworden.

Im 12. Jahrhundert brachen die tungusischen Jurchen aus der Nordmandschurei nach Süden auf, eroberten das Liao-Reich und machten deren bisherige Hauptstadt Nanjing zu ihrem Regierungssitz. Unter der von 1125–1234 dauernden Jin-Dynastie aber hieß die Stadt Zhongdu (Mittlere Hauptstadt), die nun prächtig ausgebaut wurde. Die Reiterscharen Dschingis Khans legten bei ihrem Vernichtungsfeldzug in Nordchina dann jedoch 1215 Zhongdu in Schutt und Asche.

Erst 45 Jahre später wählte dann Khublai Khan den Ort wieder aus strategischen Gründen zur Hauptstadt seines mongolischen Großreiches aus und nannte sie Khanbalik. Der chinesische Name Dadu (Große Hauptstadt) aber wurde nunmehr die gebräuchliche Bezeichnung.

Nach der Eroberung Dadus durch die Ming-Truppen gab man der Stadt einen neuen Namen und nannte sie Beiping (Nördlicher Friede). Das heutige Nanking wurde erst einmal Hauptstadt der Ming-Dynastie. 1403 jedoch verlegte man – wiederum aus strategischen Gründen – den Sitz der Regierung nach Beiping, taufte die Stadt um und nannte sie Beijing (Nördliche Hauptstadt).

Man baute nunmehr den Kaiserpalast in Beijing, den dann die 1644 obsiegenden Mandschuren beim Wechsel der Dynastien unversehrt übernehmen konnten. Als kurzes Zwischenspiel muss die Zeit von 1928–1949 angesehen werden. In diesem Zeitraum hatte die Nationalregierung unter Chiang Kai-shek wiederum das weit südlicher gelegene Nanking zur Hauptstadt der Republik China gemacht. Beijing wurde wieder der einstige Name Beiping (auch Peping) aufoktroyiert, erst 1949 dann verfügte die Regierung der VR China, dass Beijing (Peking) die Hauptstadt des gesamten China sein soll.

Die Stadtentwicklung wurde wesentlich durch die Qing-Dynastie geprägt. Im Inneren lag der Kaiserpalast als Verbotene Stadt, quadratisch umgab dieses Herzstück die sogenannte Kaiserstadt, diese wiederum in weit größerem Rahmen die Innere Stadt.
Da die Mandschuren diese Innere Stadt als ihre eigentliche Garnison ansahen und bewohnten, wurde sie von den Ausländern bald auch als Tatarenstadt bezeichnet. Die Chinesen wohnten in der Äußeren Stadt.

Das Museum der chinesischen
Revolution und Geschichte am
Tiananmen Platz.

Das heutige Peking ist weit über diese einstigen Kerngebiete hinausgewachsen. Aus einer Stadt, in der einst kein Gebäude höher sein durfte als die „Halle der Höchsten Harmonie" im Kaiserpalast, ist eine Mega-City mit Hochhäusern, siebenspurigen Straßen, U-Bahnen, Überführungen, Hochbrücken und – am Rande der Wohngebiete – auch Industrieanlagen geworden.

AUSGEWÄHLTE SEHENSWÜRDIGKEITEN IN PEKING

Zentrum der Stadt ist der 40 Hektar große Tiananmen-Platz vor dem alten Kaiserpalast. An diesem Platz steht die Große Halle des Volkes (das Gebäude des Nationalen Volkskongresses), das Museum für Chinesische Geschichte, und auf diesem Platz befindet sich auch das Mao-Mausoleum und das Denkmal der Volkshelden.

Die alten Stadtmauern Pekings wurden im Zuge der großen Umbaumaßnahmen geschleift. Die Stadt nimmt heute etwa die vierfache Fläche des alten Peking aus der Kaiserzeit ein. Zahlreiche Grünflächen und Parks durchbrechen immer wieder die sehr kompakten Wohnviertel. Die Hochschulen und Institute liegen vielfach im Westen, die Industriebetriebe meist im Osten der Stadt.

In der Zeit der letzten beiden Dynastien war in Peking praktisch alles auf den Kaiserpalast ausgerichtet, der ein in Nord-Süd-Richtung angelegtes Rechteck darstellt und eine Fläche von 72 Hektar

einnimmt, von denen 15 Hektar bebaut sind. Hier residierte und wohnte der „Himmelssohn auf dem Drachenthron" und hielt in den drei wichtigsten Hallen, auf einer Zentralachse gelegen, die zu bestimmten Zeiten festgeschriebenen Zeremonien und die zeitlich variablen Audienzen und Feiern ab. Eine 3,4 Kilometer lange Mauer umgibt noch heute den gesamten Palast, 10,4 Meter hoch aufragend und von einem 52 Meter breiten Wassergraben an drei Seiten umgeben. Die Bauzeit dauerte von 1406–1420. Der Palast besteht aus sechs Haupthallen, vielen anderen Gebäuden und Pavillons, hat mehr als 9000 Räume und besteht hauptsächlich aus Holz und gelbglasierten Ziegeln. Insgesamt diente er von 1420–1911 24 Kaisern als Residenz und Wohnpalast. Die Gebäude, in denen sich einst die kaiserlichen Privatgemächer befanden, sind durch Mauern vom zentralen Bereich getrennt, dienten rituellen Zwecken und waren für die Repräsentanz vorgesehen.

Der Kaiserpalast (Gugong) ist schon seit 1924 in ein Palastmuseum umgewandelt und steht mit all seinen Schätzen seither den Besuchern offen. Obwohl ein großer Teil der ehemaligen Kunstwerke des Palastes sich heute in Taipeh auf Taiwan befindet, gehört das Pekinger Palastmuseum aufgrund seiner vielen nach wie vor vorhandenen Objekte zu den bedeutendsten Kunst- und Geschichtsmuseen der Welt.

Das Bild des alten Peking wurde bis zum Fall des Kaiserreiches auch durch vier Kultstätten bestimmt, die an verschiedenen Stellen der Stadt angelegt waren und an denen die Kaiser zu genau festgelegten Zeiten dem Himmelsherrn ihre Opfer darbrachten. So errichtete man bereits im Jahre 1421 unmittelbar vor dem Wassergraben am Palast im heutigen Sun-Yatsen-Park den Altar der Erde

Blick vom Schuttberg auf den Tiantan-Park mit dem Himmelstempel.

FOLGENDE DOPPELSEITE:
Gewitter über dem Tiananmen Tor.

und der Ernten, im Westteil der Stadt lag der Mondaltar, im Osten der Sonnenaltar und im Norden der Erdaltar.

Der wichtigste Altar aber befand sich südöstlich des Kaiserpalastes in einer 273 Hektar großen Parkanlage, es war der Himmelsaltar mit der Halle des Erntegebets, kurzerhand bekannt als Himmelstempel (Tiantan). Zu diesen Altären kam in feierlicher Prozession der Kaiser jährlich mit großem Gefolge gezogen, um den Göttern zu danken und von ihnen Wohlwollen, Segen und eine gute Ernte zu erbitten.

Konfuzius, dem großen Lehrer der Nation errichtete man, weit nördlich gelegen, den Kong Mia, den Konfuzius-Tempel, eine große Gedenkhalle. Da dem berühmten Weisen zwar große Verehrung zuteil wurde, verehrte man ihn jedoch nie als Gottheit; seine Gedenkhallen werden aber stets auch als Tempel bezeichnet.

Der Sommerpalast im Winter.

LINKE SEITE:
Der zentrale Bereich des Sommerpalastes auf dem „Hügel der Langlebigkeit".

FOLGENDE DOPPELSEITE:
Die Marmorbrücke über den Kunmingsee im Park des Sommerpalastes. Der ehemalige kaiserliche Palast liegt im Nordwesten der Stadt. Nach seiner Zerstörung im Jahr 1860 wurde er 1889 wieder aufgebaut.

Figuren dieser Art finden sich auf vielen Gebäuden und Tempeln. Sie sollen eine beschützende Wirkung haben. Je mehr Figuren sich auf einem Gebäude befinden, desto wichtiger ist es.

Von den vielen Tempeln der alten Zeit sind dreißig gut erhalten oder nach dem Wüten der Roten Garden wieder bestens restauriert. Die buddhistischen Tempelklöster überwiegen. Eindrucksvoll ist der Yonghe Gong, einst der Palast des Thronfolgers des Kangxi-Kaisers und seit 1723 Kloster für tibetische Mönche und als Lamatempel bekannt. Er ist einer der besterhaltenen Tempel Pekings. Buntes Volksleben entfaltet sich geradezu in und um den größten daoistischen Tempel Pekings, den Baiyun Si (Tempel der Weißen Wolke), der im Südwesten der Stadt gelegen ist. Insgesamt breiten sich seine sechs Haupthallen und viele Nebengebäude auf einem Areal von über einem Hektar aus.

Westlich des Kaiserpalastes liegt eine Parklandschaft, die von drei Seen gebildet wird. Die Gebäude um Zhonghai, den Mittelsee, und die Palastanlagen um Nanhai, den Südsee, sind der Sitz des Staatsrates und des ZK der KP Chinas, und damit die eigentliche Schaltzentrale des gesamten Staates.

Der Baihai-Park (Nordsee-Park) dagegen ist mit seiner 68 Hektar großen Anlage das bevorzugteste Ausflugsziel der Pekinger. Rings um den See sind Spazierwege angelegt, viele Gärten und Hallen, Pavillons und Brücken gebaut, und auf der im See selbst liegenden Insel erhebt sich unübersehbar die fast 40 Meter hohe Weiße Dagoba, eine buddhistische Pagode im tibetischen Stil.

Ein Besuch in Peking schließt meist einen Ausflug zum Sommerpalast mit ein, der in der nordwestlichen Vorstadt gelegen ist. Der Yihe Yuan ist ein klassisches Beispiel chinesischer Gartenkunst, der trotz unterschiedlicher Stile eine vollkommen harmonische Einheit bildet. Von der 290 Hektar großen Anlage nimmt der künstlich angelegte Kunming-See drei Viertel der Fläche ein. Von den Ufern dieses Sees erheben sich der Berg der Langlebigkeit und mehrere von Menschenhand geformte Hügel, auf denen eine Unzahl von Pavillons stehen, die durch liebevoll gestaltete Gehwege miteinander verbunden sind.

Der Park geht zwar schon auf eine Gartenanlage der Jin-Dynastie aus dem Jahre 1153 zurück, aber die eigentliche Ausgestaltung erfolgte erst unter dem Qianlong-Kaiser (1736–96). Der Park wurde zweimal (1860 und 1900) durch ausländische Interventionstruppen geplündert, aber stets wieder aufgebaut. In den heißen Sommermonaten hielt sich die kaiserliche Familie oftmals in diesem Park auf, wenn sie nicht ganz vor der Hitze in die Berge nach Chengde flüchtete.

Ein 728 Meter langer Korridor, der sowohl vor Sonne als auch vor Regen schützt, führt ein Stück am See entlang zum berühmt-berüchtigten Marmorboot, das von Geldern gebaut wurde, die von der Regentin Cixi eigentlich für den Bau der chinesischen Flotte hätte verwendet werden sollen. Nun ist dieses 36 Meter lange Schiff (Holzaufbauten auf einer Marmorunterlage) nur ein Symbol für die Geldverschwendung, die die Kaiserinwitwe Cixi insgesamt während ihrer gesamten Regierungszeit an den Tag gelegt hat.

Auf dem Weg von der Stadt zum Sommerpalast versäumen Natur- und Tierliebhaber meist nie, dem am Weg gelegenen Pekinger Zoo einen Besuch abzustatten, vor allem dem Beijing-Aquarium, das als der Welt größtes Ozean-Aquarium in einem Binnenland bekannt ist. Einen Besuch ist auch der Botanische Garten von Peking wert, der im Nordwesten der Stadt liegt und nahezu 4500 Arten von Pflanzen in rund 20 Abteilungen beherbergt.

Bei einem Aufenthalt von mehreren Tage nutzen viele Besucher meist die Gelegenheit, die Ming-Gräber zu besuchen, die in einem 40 Quadratkilometer tiefen Talkessel rund 50 Kilometer vom Stadtzentrum entfernt im Nordosten liegen.

DIE MING-GRÄBER

Der aufwendige Totenkult der chinesischen Kaiser machte es notwendig, dass schon sehr früh in den ersten Regierungsjahren jeder Herrscher zu seinen Lebzeiten seine eigene Begräbnisstätte bestimmte und bauen ließ. So bestimmte der dritte Ming-Kaiser nach der Verlegung der Hauptstadt von Nanking nach Peking das schöne Tal in den Bergen am Ende der Ebene im Nordwesten, das im Osten, Westen und Norden von Bergen bereits umgeben war, zu seinem Begräbnisort.

Dieser Talkessel bei den Tianshou-Bergen wurde dann in der Folgezeit die Ruhestätte von dreizehn Ming-Kaisern, die sich dort mit ihren Frauen und Konkubinen mit allem Pomp begraben ließen. Die dreizehn Gräber liegen in gemessenem Abstand voneinander in dem völlig geschützten und früher sogar im Süden durch eine Mauer kategorisch abgeschlossenen Gebiet.

Nach dem Begräbnis des Yongle-Kaisers (1403–1424) wurde das Tal bis 1911 ständig militärisch abgeschirmt und bewacht und die riesigen Anlagen von einem Heer von Wärtern und Gärtnern instand gehalten. Jede Anlage besteht aus einem tempelartigen Gebäude, in dem die Opfer dargebracht wurden, ferner einem Stelenturm für Andachten und schließlich dem Grabhügel, unter dem sich das unterirdische Mausoleum verbirgt.

FOLGENDE DOPPELSEITE:
Die Große Mauer bei Badaling windet sich wie eine Schlange über die Berge.

Ein Stück der verfallenen Mauer bei Mutanyu.

Wer zu den Gräbern will, muss zuerst das 29 Meter breite Marmortor und das Große Rote Tor durchschreiten und den Stelenpavillon passieren, dann kommt er zum Shendao, dem 6,4 Kilometer langen Heiligen Weg, der allein zu den Gräbern führt. Diese „Geisterallee" wird gesäumt von einer Spalierformation von Steinfiguren: militärische und zivile Würdenträger, überlebensgroße, stehende und sitzende Tierpaare: Löwen, Kamele, Elefanten, Pferde und mythische Fabelwesen.

Am Ende des „Seelenweges", wie man eine solche Allee auch nennt, kommt man beim Grab Changling an, dem Grab des Yongle-Kaisers. Die oberirdischen Grabbauten dieses Mausoleums wurden inzwischen fachmännisch restauriert, der unterirdische Palast jedoch bisher noch nicht geöffnet. Freigelegt wurde vorerst nur das Dingling-Grab, in dem der Wanli-Kaiser (1573–1620) mit der Kaiserin Xiaoduan und seiner zweiten Frau Xiaojing beigesetzt ist.

An dem Mausoleum hatte ein Heer von Arbeitern sechs Jahre geschuftet, und 3000 Gegenstände aus Gold, Silber, Jade und Porzellan wurden dem Herrscherpaar ins Jenseits mitgegeben. Als man das Grab 1956 öffnete, konnten die Grabbeigaben alle unversehrt geborgen werden. Das Dingling ist bisher das einzige Kaisergrab, das in China offiziell geöffnet wurde. Der unterirdische Palast liegt drei Stockwerke unter der Erde, er hat eine Fläche von 1100 Quadratmetern, umfasst drei Hallen und eine Vorkammer und nahm einst die drei Särge und die 26 Truhen auf, in denen die Schätze zum Gebrauch der Toten im Jenseits enthalten waren.

Die anderen zwölf Gräber liegen alle malerisch vor den Bergen, sind von unterschiedlichem Erhaltungszustand und sind nachweislich völlig unangetastet und nie beraubt worden.

DIE GROSSE MAUER

Es ist vielleicht kein Zufall, dass gerade im Großraum Peking die spektakulärsten Teile der chinesischen Mauer erhalten blieben, denn in diesem Gebiet ist das Felsgestein am härtesten und viele Jahrhunderte lang wurde aus strategischen Gründen gerade in diesem Gebiet die Mauer am besten instand gehalten. In einer Entfernung von etwa 85 Kilometern nördlich der Stadt winden sich verschiedene Abschnitte des großen Verteidigungswalls über die Berge, meist gut erhalten mit allen Zinnen, Brustwehren, Schießscharten, Wachttürmen und Signaltürmen. Wie der Kaiserpalast und der Sommerpalast wurden auch diese Abschnitte (Badaling, Jinshanling, Mutanyu und Simatai) von der UNESCO in die Liste des Weltkulturerbes aufgenommen.

Schreitet man heute die gesamte Mauer ab, so hat sie eine Länge von 6350 Kilometern. Man hat jedoch berechnet, dass man auf eine Länge von 50 000 Kilometern kommen würde, wenn alle jemals gebauten Mauern im nordchinesischen Grenzraum zusammengerechnet und auch die Parallelmauern hinzugezählt würden.

Die Chinesen nennen dieses Bauwerk die Wanli Chang Cheng, die Zehntausend Li lange Mauer. Zweifellos ist dieser „Drache aus Stein", der sich durch die nordchinesischen Provinzen über Berge und Täler, durch Steppen und Wüsten vom Meer bis zur Gobi windet, das größte Bauwerk von Menschenhand und die bedeutendste Kollektivleistung eines Volkes auf diesem Planeten.

Die Mauer ist je nach Geländebeschaffenheit 8 bis 11 Meter hoch, an der Basis 8 und oben auf der Krone 7 Meter breit. Der Mauerweg oben war gut gepflastert, es konnten auf ihm nebeneinander fünf gerüstete Soldaten in einer Formation vorrücken. Die Mauer war vom Beginn bis zum Ende mit 25 000 Wachttürmen ausgerüstet und in freiem Feld mit 15 000 vor ihr aufgebauten Signaltürmen bestückt. Von diesen Türmen aus konnten am Tag Rauchzeichen, in der Nacht Feuersignale gegeben werden.

Im Laufe vieler Generationen waren Millionen von Fronarbeitern beim Mauerbau eingesetzt, aber auch Straffällige und Gefangene. Ungezählte gingen an den Strapazen, durch Hunger und Krankheit dabei zugrunde, keiner kennt ihre Zahl und ihre Namen.

Eine staunenswerte Zahl von Wachsoldaten war über Jahrhunderte an der Mauer stationiert, lange Zeit hielt sie dem Ansturm der Steppenkrieger auch stand. In Friedenszeiten kam ein reger Warenaustausch mit den Nomadenvölkern in Gang, der unter Aufsicht durch Tunneltore an der Mauer abgewickelt wurde. Mehrfach aber gelang es den Herren der Steppe, die Mauer zu überwinden: Dschingis Khan beispielsweise mit Ungestüm und Grausamkeit im 13. Jh. und die Mandschuren durch List im 17. Jahrhundert.

Heute kann man an den inzwischen ausgebesserten Abschnitten im Großraum Peking mehrere Kilometer bequem auf der Mauer selbst gehen und an ausgewählten Stellen das gewaltige Bauwerk über lange Strecken hin überblicken.

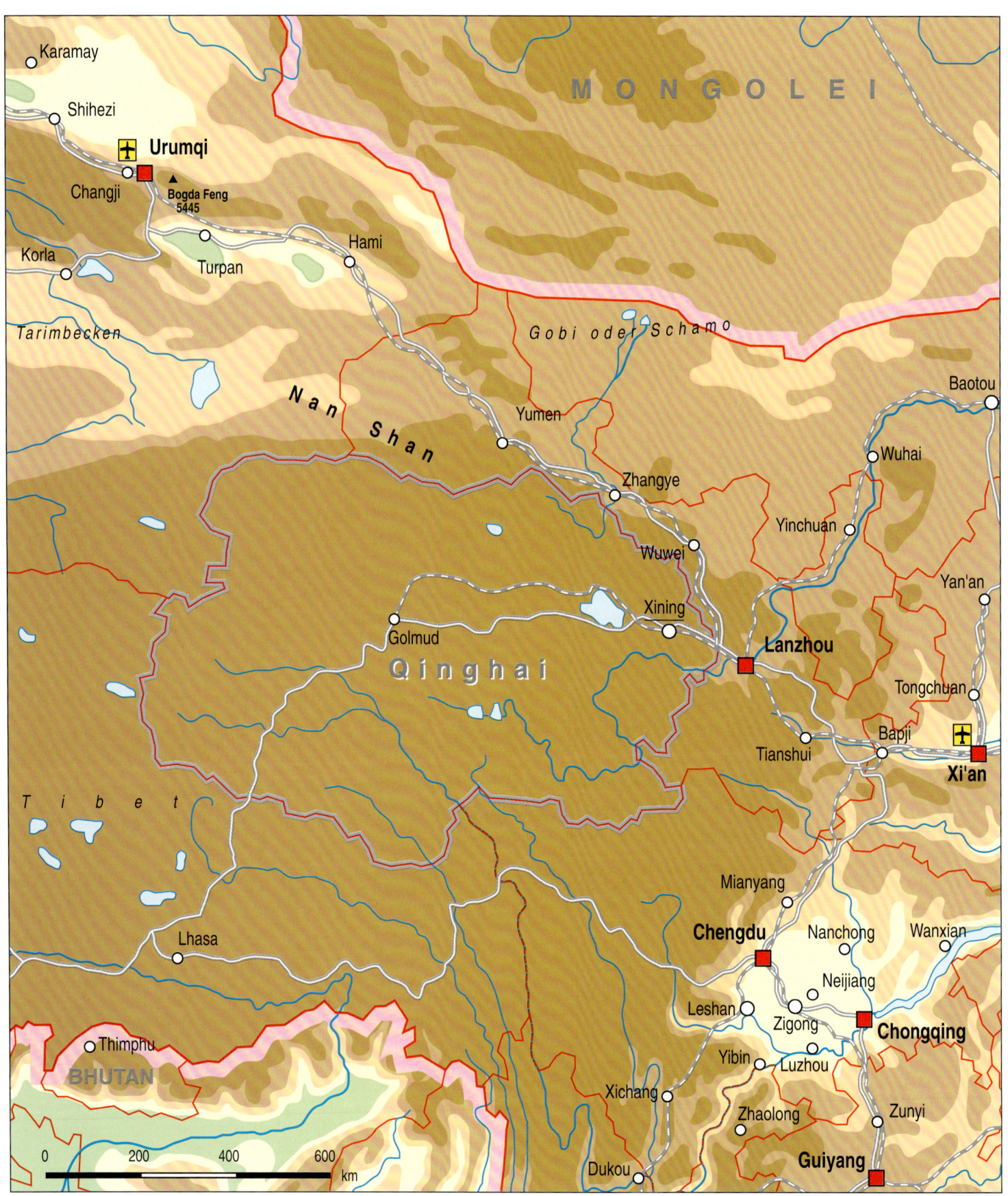

Karamay

Shihezi

Urumqi

Changji

Bogda Feng
5445

Korla

Turpan

Hami

Tarimbecken

M O N G O L E I

Gobi oder Schamo

Yumen

Baotou

Wuhai

Zhangye

Yinchuan

Wuwei

Yan'an

Xining

Golmud

Lanzhou

Q i n g h a i

Tongchuan

N a n S h a n

Bapji

Xi'an

Tianshui

T i b e t

Mianyang

Lhasa

Chengdu

Nanchong

Wanxian

Leshan

Neijiang

Zigong

Chongqing

Thimphu

Yibin

Luzhou

BHUTAN

Xichang

Zhaolong

Zunyi

0   200   400   600

km

Dukou

Guiyang

QINGHAI

Die Provinz Qinghai, abgekürzt Qing, ist mehr als doppelt so groß wie Deutschland. Der Name ist auf den Qinghai-See zurückzuführen, der westlich der Hauptstadt Xining liegt und im Ausland meist unter dem mongolischen Namen Koko Nor bekannt ist.

Qinghai liegt zwischen 89°35'–103°03' östlicher Länge und 31°40'–39°19' nördlicher Breite. Auf der gewaltigen Fläche von 721 000 Quadratkilometern leben jedoch nur 5,2 Millionen Menschen. Die Provinz ist nach Tibet die am schwächsten besiedelte von ganz China. In den 39 Kreisen und drei Städten leben vornehmlich nationale Minderheiten wie Tibeter, Hui, Mongolen, Kasachen, Sala, Tu, Dongxiang, Baoan und seit neuester Zeit auch viele Han-Chinesen selbst.

Das Gebiet wird im Norden und Osten von Gansu begrenzt, im Nordwesten von Xinjiang, im Westen und Süden von Tibet und im Südosten von Sichuan. In Qinghai stoßen drei große Kulturkreise zusammen: der tibetische, der chinesische und der islamische. Geprägt ist das Land am tiefsten jedoch von der tibetisch-lamaistischen Religion und Kulturtradition, denn Großtibet dehnte sich einst weit in diese Region hinein aus und eines der wichtigsten tibetischen Klöster, Kumbum, liegt im Nordosten der Provinz.

FOLGENDE DOPPELSEITE:
Der Jangtse fließt durch das Tanggula Gebirge. Der längste Fluss Chinas entspringt im Qinghai-Tibet-Plateau.

Heilige Steine sind am Ufer des Qinghai-Sees im tibetischen Hochland aufgestellt.

In dem zum größten Teil unwirtlichen Gebiet konzentriert sich die Bevölkerung hauptsächlich auf das Agrargebiet im Osten, das jedoch nur etwa fünf Prozent der ganzen Provinzfläche einnimmt. Auf dem rauhen Hochland-Plateau grasen zumeist nur Yaks und Schafe. Qinghai ist eine Provinz der Hirtennomaden.

Von den nationalen Minderheiten sind die Sala, die Tu, die Dongxiang und die Baoan nur hier und in den Nachbarprovinzen Gansu und Xinjiang vertreten. Die Sala sind turkstämmig, islamisch und zählen rund 75 000 Angehörige. Die Vorfahren dieses kleinen Volkes wanderten zur Mongolenzeit aus Samarkand in Zentralasien in die von ihnen heute bewohnten Gegenden ein und verschmolzen im Laufe der Zeit mit den benachbarten Hui, Tibetern und Han zu einer eigenen Nationalität.

Etwa 90 Prozent leben heute im Osten der Provinz in dem für sie eigens eingerichteten „Autonomen Kreis der Sala-Nationalität Xunhua". Die Sala-Sprache gehört zu den Turksprachen der altaischen Sprachfamilie. Die Sala sind sesshafte Ackerbauern, die vornehmlich Weizen, Hochlandgerste, Kartoffeln und Buchweizen anbauen. Die früher bei ihnen verankerte Minderstellung der Frau ist durch die chinesischen Gesetze zur Gleichberechtigung in den meisten Gebieten heute überwunden.

Die Tu mit rund 170 000 Angehörigen sind zwar in der Mehrzahl in Gansu zu finden, stellen aber auch in Qinghai einen beträchtlichen Anteil. Die Tu-Sprache gehört zur mongolischen Sprachgruppe der altaischen Sprachfamilie. Die Tu sind Lamaisten, besitzen jedoch keine eigene Schrift, vielfach sprechen und schreiben sie bereits Chinesisch.

Die Tu nennen sich selbst „Chahar-Mongghol" (Weiß-Mongolen), sie sind Nachfahren der mongolischen Besatzungstruppen von Dschingis Khan, die sich nach dem Sturz des Mongolenreiches mit der einheimischen Bevölkerung in Qinghai vermischten.

Die Dongxiang mit rund 300 000 Angehörigen sind Muslime und gleichfalls Nachkommen mongolischer Grenzsoldaten, deren Wehrdienst mit der Urbarmachung des Landes gekoppelt war. Die meisten Dongxiang sind inzwischen zweisprachig und bedienen sich vielfach des Chinesischen. Man findet größere Gruppen von ihnen auch in Gansu, Xinjiang und Ningxia.

Die kleine Minderheit der Baoan mit nur rund 10 000 Angehörigen ist auf Qinghai und Gansu verteilt. Die Sprache der Baoan ist ein mongolischer Dialekt, ihre Religion ist der Islam und ihre Lebensgrundlagen sind Ackerbau und Viehzucht. Als Verkehrssprache wird von den Baoan auch schon weitgehend das Chinesische benutzt.

TOPOGRAPHIE

In Qinghai entspringen die drei wichtigsten Flüsse Ostasiens, der Gelbe Fluss, der Jangtse und der Mekong. Der Gelbe Fluss (Huanghe) wird von unzähligen Zuflüssen gespeist, die im zentral-südlichen Hochland im Gebiet der beiden großen Süßwasserseen Gyaring und Ngoring liegen. Der Jangtse hat seinen Ursprung im Grenzgebiet zu Tibet bei den beiden Bergriesen Garladangdong (6621m) und Tangula (6205 m), wechselt mehrfach seinen Namen und fließt dann in südöstlicher Richtung nach Sichuan.

Der Eingang zu einer der Höhlen am Fuß des Berges Bai Gong im Qaidam Talbecken.

Der Lancang, der ebenfalls aus dem Süden der Provinz kommt, ist der Oberlauf des Mekong. Salzseen und Sümpfe sind in Qinghai zahlreich und weit verbreitet. Der größte Salzwassersee Chinas ist der Qinghai-See selbst. Auf 3300 Meter über dem Meeresspiegel gelegen, umfasst er eine Fläche von 4635 Quadratkilometer. Die im See gelegene, relativ kleine Vogelinsel gilt als Paradies für Zugvögel, die zeitweilig auf ihrem Flug nach Süden hier rasten.

Jedes Jahr lassen sich über 100 000 von ihnen auf dem Eiland nieder. Man nennt das hoch liegende Terrain der Provinz das Qinghai-Plateau, das selbst einen wichtigen Teil des Qinghai-Tibet-Plateaus darstellt. Im Norden der Provinz, wo jenseits der Provinzgrenze Gansu und Xinjiang sich berühren, zieht sich im Westen der Altun-Shan hin, im Osten der Qilian-Shan, Gebirgszüge von meist 4000 Metern Höhe, deren höchste Spitzen aber zwischen 5000 und 6000 Meter liegen.

Mitten durch die Provinz zieht sich von West nach Ost wie ein riesiges Rückgrat das Kunlun-Gebirge, das in seiner Mitte 6300 Meter Höhe erreicht. Zwischen dieser langen Kette und dem nördlichen Altun-Shan liegt das Qaidam-Becken (Tsaidam-Senke) mit seinen vielen Sumpfgebieten. Im Osten breitet sich großflächig das Anyemaqen-Gebirge aus, das auch zu 6282 Meter aufsteigt.

LINKE SEITE:
Der Jangtse vor den verschneiten Gipfeln des Bergs Garladandong.

FOLGENDE DOPPELSEITE:
Fassade des Klosters Kumbum.

Zahlreiche Vögel leben auf der Vogelinsel im Qinghai-See.

Das südliche Hochland nimmt mehr als die Hälfte der Fläche der ganzen Provinz ein, es ist im Durchschnitt 4000 Meter hoch. Hier können nur die genügsamen Yaks, die zottigen Grunzochsen, der klirrenden Kälte trotzen.

Der Imker Zheng Quanyi bei der Arbeit.

KLIMA

Die generell sehr hoch gelegene Provinz Qinghai hat ein ausgeprägtes Kontinentalklima mit kurzen Sommern, langen und kalten Wintern sowie großen Temperaturunterschieden zwischen Tag und Nacht. Die ausgedehnte Hochlandprovinz ist windig und trocken. Die spärlichen Jahresniederschläge betragen durchschnittlich nur 300 Millimeter, oft noch weniger. Zwischen den Gebirgslagen und den Beckenlandschaften schwankt die Jahrestemperatur von -8° zu +6° Celsius.

LANDWIRTSCHAFT

Die Provinz ist eines der wichtigsten Viehzuchtgebiete Chinas. Auf 95 Prozent der gesamten Fläche Qinghais kann nur Weidewirtschaft betrieben werden. Man züchtet Schafe, Yaks, Pferde und „Pian Niu" (eine Kreuzung zwischen Yak und Rind). Die riesigen Herden liefern Fleisch, Leder, Wolle und die für die Schlachtereien wichtigen gereinigten Schafdärme. In den Bergen findet man viele Pflanzen, die sich zur Herstellung von Arzneimitteln eignen.

25 Arbeiter arbeiten in einer kleinen Kohlebrikettfabrik in Patong. Im Monat verdient ein Arbeiter umgerechnet ca. 84 US $.

Im Qinghai-See fängt man eine schuppenlose Karpfenart. Ackerland gibt es nur in den Flusstälern des Huanghe und des Huangshui, der durch die Hauptstadt Xining fließt. Am Südrand des Qaidam-Beckens wird ebenfalls Ackerbau betrieben. Gingko-Gerste, Kartoffeln, Saubohnen und Rapssamen werden neben Frühjahrsweizen geerntet.

INDUSTRIE

Die Industrie der Provinz befindet sich noch im Entwicklungsstadium. Während früher der Schwerpunkt der industriellen Verarbeitung bei den landwirtschaftlichen Produkten lag, haben sich inzwischen viele Betriebe der Textilindustrie, des Maschinenbaus, der chemischen Industrie, der Erdöl- und der Hüttenindustrie in Qinghai niedergelassen.

Man hat reiche Bodenschätze entdeckt und nennt das Qaidam-Becken inzwischen „Schatzbecken" und das Qilian-Gebirge inzwischen auch „Schatzgebirge". Neben Kohle und Erdöl können Blei, Zink, Kupfer, Chrom, Kobalt, Nickel, Eisen, Asbest, Kalium und Bor gefördert werden. Man gewinnt Rohsalpeter und Gips und holt große Mengen an Salz aus den Salzseen.

VERKEHRSVERBINDUNGEN

Die von Lanzhou in Gansu kommende Eisenbahnlinie läuft heute nicht nur bis zur Hauptstadt Xining sondern wurde inzwischen weitergeführt bis nach Golmud – mitten in der Provinz am Südrand des Qaidam-Beckens. Von dieser Stadt aus soll dereinst die Bahn bis nach Tibet weitergeführt werden. Dieser langen Streckenführung der Eisenbahn steht ein weitverzweigtes Straßennetz mit einer Länge von 15 495 Kilometern gegenüber, auch dieses eine Meisterleistung der Ingenieurskunst.

Diese Hauptadern des Verkehrs führen sowohl nach Tibet und Xinjiang als auch nach Sichuan und Gansu. Wichtigster Kreuzungspunkt der Fernstraßen im Inneren der Provinz ist die neu entstandene Industriestadt Golmud, von der aus man Dunhuang in Gansu, Lhasa in Tibet und Urumqi in Xinjiang erreichen kann.

GESCHICHTE

Bis zum 3. Jahrhundert v. Chr. wurden die in Qinghai lebenden tibetischen und mongolischen Hirtennomaden von einheimischen Fürsten regiert, dann geriet das Land unter chinesischen Einfluss. Bereits 121 v. Chr. gründete der Han-General Huo Qubing einen Militärstützpunkt beim heutigen Xining. Später kam Qinghai unter tibetische und tangutische Kontrolle.

Nach den Siegen Dschingis Khans über die Tanguten kam das Land unter mongolische Herrschaft, dann wieder unter tibetischen Einfluss. Die militärischen Erfolge Chinas in der Qing-Dynastie führten dann dazu, dass seit Kaiser Qianlong das Land wiederum fest an das chinesische Reich gebunden wurde. Erst 1929 aber wurde Qinghai zur Provinz erhoben.

Während des Wuhu-Festes (am 20. Tag des 11. Mondmonats) läuft ein junger als Wutu (= Tiger) geschminkter Mann aus seinem Dorf. Zuvor ist er von einem Hausdach zum nächsten gesprungen, um die bösen Geister aus jedem Haus zu treiben. Er läuft nun zum nächsten Fluss und wäscht die Schminke in der Hoffnung ab, dass so auch die bösen Geister im Fluss versinken.

RECHTS:
Kunststücke auf einem galoppierenden Pferd während des jährlichen Pferdewettbewerbs in Yushu.

DIE HAUPTSTADT XINING

Die im Nordosten der Provinz auf einem 2200 Meter hohen Plateau gelegene Hauptstadt Xining zählt knapp 600 000 Einwohner, in dem 360 000 Quadratkilometer umfassenden Großraum jedoch eine Million. Die Stadt ist mit dem Flugzeug von Peking aus in 5,5 Stunden erreichbar, mit der Bahn von Lanzhou in Gansu sind es 200 Kilometer. Xining ist im Tal des Huangshui zu einem Zentrum der Wirtschaft, der Kultur und des Verkehrs herangewachsen und zu einem wichtigen Industriepool für den Nordwesten Chinas geworden.

Gegründet wurde die Stadt schon vor über 2200 Jahren, hieß jedoch damals Huangzhongdi. Seit 1104 trägt die Stadt ihren heutigen Namen. Mitten in der Stadt steht seit dem 14. Jh. die „Ostpass-Moschee", deren Eingangstor durch zwei Minarette flankiert wird. Seit 1980 ist dieser Moschee auch eine Koranschule angeschlossen.

Ein Kind reinigt gefertigte Kupferwaren in einer Werkstatt in der Nähe des Ta'er Klosters in Huangzhong. In diesem Ort gibt es ca. 20 Werkstätten, die Kupferwaren für Anhänger des tibetanischen Buddhismus herstellen.

KUMBUM

Nur 25 Kilometer südwestlich von Xining liegt das 40 Hektar umfassende Großkloster Kumbum (Ta Er Si), eine der wichtigsten Stätten des tibetischen Buddhismus überhaupt. Bekannt ist die zwischen 1567 und 1577 errichtete Anlage auch un-

Die Kunst der Duxiu-Stickerei praktiziert diese Angehörige der Dong Minderheit.

FOLGENDE DOPPELSEITE: Das Kloster Taersi.

ter dem Namen „Tempel der unendlich vielen Bilder Buddhas". An diesem Ort soll der große Reformator Tsongkhapa (1367–1419) geboren sein – und in einer benachbarten Gemeinde kam der gegenwärtige 14. Dalai Lama zur Welt.

Das Kloster beherbergte bis 1950 mehr als 3000 Mönche in 52 Hallen mit 9300 Räumen. Kumbum spielte bei der Bekehrung der Mongolen zum Buddhismus eine bedeutende Rolle und war eines der geistigen Zentren der Gelbmützenschule (Gelug-Schule). Architektonisch wurden in Kumbum tibetische mit chinesischen Stilelementen wirkungsvoll verbunden. Das Kloster überlebte glimpflich die Stürme der Kulturrevolution, die Mönchsgemeinde jedoch wurde zerschlagen. Heute haben sich wieder etwa 300 Novizen zusammengefunden.

Von den Bauten und Kunstdenkmälern sind sehenswert die acht großen Chörten am Eingang, der 1717 erbaute Blumentempel mit vielen Statuen, die Große Sutrahalle mit ihren 108 Säulen, die Große Golddachhalle (gedeckt mit vergoldeten Bronzeziegeln) und die Tsongkhapa-Halle mit einem vergoldeten Standbild des großen Reformators und Gründers des Gelugpa-Ordens.

In der Großen Sutrahalle hängen kostbare Thangkas (Rollbilder) und sind außergewöhnliche Reliefstickereien, Stoffmalereien und auch Butterfiguren zu sehen. Neben dem Kloster Labrang in Gansu ist Kumbum in Qinghai die wohl wichtigste buddhistische Sakralanlage des tibetischen Buddhismus außerhalb des tibetischen Kernlandes.

In einem 71 ha großen Gewächshaus kümmern sich Arbeiter um Tomatenpflanzen für die Einwohner der Hauptstadt Xining.

M O N G O L E I

Ulan Bator

Erenhot

Gobi oder Schamo

Chifeng

Chengde

Jining
Zhangjiakou
Xuanhua

Baotou   Hohhot
Beijing (Peking)   **Tangshan**

Wuhai

Baoding
Tianjin

Zhangye

Yinchuan

Yangquan
Shijiazhuang

Wuwei

Taiyuan
Xintai   **Jinan**   Zibo

Yan'an

Xining

Linfen
Handan
Taian

Golmud
Changzhi
Anyang   Jining

Lanzhou

Shaanxi (Schensi)

Xingxian

Tongchuan
Jiaozuo
Kaifeng   Xuzhou

Bapji
Weinan
Zhengzhou
Huaibai

Tianshui
Xi'an
Luoyang

Pingdingshan
Benghu
Huainan

Nanyang

Shiyan
Xinyang
Hefei

Mianyang

Xiangfan

Anqing

Chengdu   Nanchong   Wanxian   *Jangtsekiang*   Yichang   **Wuhan**

Neijiang
Drei Schluchten Stausee   Shashi   Huangshi
Jiujiang

Leshan
Yueyang

Zigong   **Chongqing**
Changde   **Nanchang**

Yibin   Luzhou

Xichang
Changsha   Pingxian

Zhaolong   Zunyi
Xiangtan   Zhuzhou

Ji'an

0   200   400   600   km

Huang He

SHAANXI (SCHENSI)

Shaanxi, eine der Wiegen der chinesischen Nation, liegt im Norden Chinas zwischen 105°29'–111°15' östlicher Länge und 31°42'–39°35' nördlicher Breite. Die Provinz, abgekürzt Qin oder Shaan, hat eine Fläche von 206 000 Quadratkilometern und eine Einwohnerzahl von 36 Millionen. Von der Hauptstadt Xian aus werden 88 Landkreise und 13 Städte regiert. Die Innere Mongolei grenzt die Provinz im Norden ein, Henan und Shanxi im Osten, Sichuan und Hubei im Süden sowie Gansu und Ningxia im Westen.

In einer Zeitspanne von über 1100 Jahren regierten 13 Dynastien von Hauptstädten aus, die alle im Umkreis des heutigen Xian lagen. Man kennt 72 großräumige Kaisergräber in Shaanxi, 20 imperiale Palastruinen, 60 Ausgrabungsplätze paläolithischer und neolithischer Horizonte sowie 1200 alte Tempel und Klöster. In den 74 Museen der Provinz werden insgesamt mehr als 600 000 wertvolle Kunstwerke oder historisch bedeutsame Gegenstände aufbewahrt. Die Provinz selbst kann letztlich als ein großes historisches Museum gelten, da sich auf ihrem Boden viele der entscheidenden Ereignisse des Reiches der Mitte abgespielt haben.

FOLGENDE DOPPELSEITE:
Im Nebel liegt der Berg Taibai, der mit 3000 m der Hauptgipfel des Qinling Gebirges ist.

Eine Gruppe historischer Buddha Figuren am Taibai Berg.

TOPOGRAPHIE

Die Provinz ist topographisch gewissermaßen dreigeteilt: im Norden das Hochland-Lößplateau, in der Mitte eine Ebene und im Süden ein Hochgebirge, jedoch mit feuchtem, subtropischem Klima. Das nördlich gelegene Lößplateau (1000–2000 Meter über dem Meeresspiegel) wird im Nordwesten an der Grenze zur Inneren Mongolei vom Baiyushan-Gebirge überragt, das tief eingeschnittene Täler kennt.

Außer den felsigen Teilen dieses Nordgebietes ist das gesamte Plateau mit einer dicken Lößschicht bedeckt. Auf Grund der sehr starken Erosion ist der Pflanzenwuchs nur spärlich. Dieses formenreiche Lößland geht dann im Süden in die Ebene über, in der auf einer Länge von gut 300 Kilometern der Wei-Fluss strömt. Man nennt diese rund 30 bis 80 Kilometer breite Weihe-Ebene auch das Guanzhong-Becken.

Die feste Stadtmauer von Xian.

Da der Weihe mit seinen Nebenflüssen Jinghe und Beihuo für gute Bewässerung sorgt, konnte sich hier die Landwirtschaft gut entwickeln. Das Weihe-Tal liegt selbst nur 300–600 Meter über dem Meeresspiegel, wird aber selbst im Süden von dem recht hohen Qinling Shan begrenzt, das über 2000 Meter hoch ist und dessen Hauptgipfel Taibai 3767 Meter aufragt. Dieses Gebirge ist die wichtigste geographische Trennungslinie zwischen dem Norden und Süden Chinas, es bildet die Hauptwasserscheide zwischen den Einzugsgebieten des Gelben Flusses und des Jangtse.

Am östlichen Rand der Qinling-Kette liegt der Huashan, einer der „Fünf Heiligen Berge" Chinas. Weiter südlich noch fließt der Hanshui und bildet das bekannte Hanzhong-Becken. In den Grenzgebieten zu Sichuan verläuft das Daba-Gebirge, auch mit Höhen bis zu 2708 Metern. Der Hanshui selbst strömt ostwärts nach Hubei und mündet dort als Nebenfluss in den Jangtse.

Bemerkenswert ist vor allem aber der Gelbe Fluss, der – vom Norden kommend – auf langem Lauf die Grenze zwischen den beiden Provinzen Shaanxi und Shanxi bildet und dann nordöstlich des Huashan nach Osten in einem scharfen Winkel von 90 Grad abbiegt. Die Nebenflüsse, die das Lößplateau durchströmen (Wuding, Yanhe, Luohe, Jinghe und auch der Weihe selbst), bringen Unmengen von Löß in den Fluss hinein, so dass er spätestens ab Shaanxi mit soviel Sinkstoffen belastet ist, dass man ihn als den größten Schlammträger der Welt bezeichnet hat.

In einem Kubikmeter Flusswasser sind dann durchschnittlich 20 Kilogramm „gelbe Masse" enthalten. Aufgrund der Gebirgsnatur der Provinz im Norden und Süden lebt die Hälfte der Bevölkerung in der Ebene des Weihe-Tales.

KLIMA

Das kontinentale Monsunklima kennt in Shaanxi große Unterschiede zwischen dem Norden und dem Süden. Das nördliche Hochland gilt als gemäßigtes Steppenklima, der Süden ist dagegen subtropisch. Von Norden nach Süden nimmt die durchschnittliche Jahrestemperatur zu und liegt zwischen 5,9° und 15,7° Celsius. Die Niederschlagsmenge beträgt in Nord-Shaanxi etwa 340–600 Millimeter, im Süden dagegen 800–1210 Millimeter. Der meiste Regen fällt zwischen Mai und Oktober. Ein Drittel der gesamten Anbaufläche der Provinz wird künstlich bewässert.

Die Hauptstadt Xian, die in der Ebene liegt, hat meist nur im Januar eine Temperatur kurz unter dem Gefrierpunkt, wartet im März mit 8,4 Grad auf, im Mai mit 19,6, im August mit 24,8 und im Oktober mit 13,3 Grad Celsius.

LANDWIRTSCHAFT

Die Landwirtschaft hat sich dem Diktat dieses unterschiedlichen Klimas in der Provinz zu unterwerfen. Im Norden wird Schafzucht betrieben und es werden Hirse und Sorghum angebaut. In der Ebene liegen wichtige Anbaugebiete für Weizen und Baumwolle, ferner wird hier Rinderzucht betrieben.

Im subtropischen Süden jedoch gedeihen Wasserreis, Mais, Hülsenfrüchte, Raps, Orangen und Mandarinen. Man findet in diesem Gebiet wichtige Arzneipflanzen und baut in Plantagen Lackbäume,

Die Firma Changqing Gas.

Tongölbäume und Tee an. Dieses Gebiet ist auch ein Bambusland.

INDUSTRIE

Die aufstrebende Industrie in Shaanxi kann auf mehr als 80 Arten von Bodenschätzen zurückgreifen, die alle in der Provinz vorhanden sind. Die Kohlevorkommen von Nord-Shaanxi sind die viertgrößten Chinas. Bedeutend sind die Lagerstätten, in denen Eisen, Nickel, Molybdän, Quecksilber, Aluminium und Blei entdeckt wurden. Gefördert werden aber auch in größeren Mengen Zink, Phosphor, Schwefel, Gold, Silber, Kalkstein, Asbest, Schwerspat und Fluorit. In der Industrie stehen der Maschinenbau und die Textilindustrie an erster Stelle, dann folgen die Kohleindustrie, die Chemie- und Baustoff-Fabriken, schließlich die Elektronik und die Energiewirtschaft.

VERKEHRSVERBINDUNGEN

Von Xian aus sind in westlicher Richtung über Baoji Sichuan, Gansu und Ningxia zu erreichen, in östlicher Richtung alle Provinzen Zentral- und Ostchinas. Das Streckennetz ist insgesamt jedoch nur 1850 Kilometer lang, denn innerhalb von Shaanxi läuft nur eine einzige Linie von Xian nach Yanan, bedingt durch die Schwierigkeiten beim Streckenbau im Lößgebiet. Besser ausgebaut ist das Straßennetz, es erreicht eine Länge von 38 000 Kilometern. Von den Flüssen ist der Hanshui ab Hanzhong flussabwärts schiffbar.

GESCHICHTE

Eine Skulptur aus dem Grab von Li Shimin, dem späteren Kaiser Taizong der Tang Dynastie (618-907).

Man kann mit gutem Grund Schaanxi die geschichtsträchtigste Provinz von ganz China nennen, denn auf ihrem Territorium wurden 1964 die Überreste des sogenannten Lantian-Menschen gefunden, der vor 600 000 Jahren südöstlich vom heutigen Xian lebte. Dieser frühe Menschentyp des Altpaläolithikums ist rund 100 000 Jahre älter als der 1927 entdeckte Peking-Mensch. Funde aus dem Meso- und Neolithikum belegen weiterhin eindeutig, dass das Tal des Weihe zu den am frühesten besiedelten Gebieten Chinas zu zählen ist.

Die Herrscher der Zhou-Dynastie (11. Jh.–221. v. Chr.) regierten in diesem Gebiet ebenso wie der Erste Kaiser des Reiches.

Die Westliche Han-Dynastie (206 v.–24 n. Chr.) hatte ihre Residenz in der damaligen Metropole Changan, später auch die Kaiser der Sui- und der Tang-Dynastie. Bis zur Verlegung des Regierungssitzes weiter nach Osten unter den Song-Herrschern und den nachfolgenden Dynastien, blieb Shaanxi mit seiner Hauptstadt der politische, wirtschaftliche und kulturelle Zentralraum.

Stets war jedoch Shaanxi auch ein Einfallstor für die Steppenvölker des Nordens, so dass die Große Mauer auf einer langen Strecke auf dem Boden der Provinz schräg in nordwestlicher Richtung verläuft – noch in beträchtlichem Abstand zu den Grenzen der heutigen Inneren Mongolei. Nach der Verlegung der Hauptstadt nach Kaifeng, Hangzhou und Peking in den Zeiten nach der Tang-Dynastie, begann der Abstieg der stolzen Stadt Xian und es wurde ruhig auch um die Provinz insgesamt, die bald sogar zu den ärmsten Gegenden Chinas zählte.

In der Tang-Dynastie hatten der Bürgerkrieg und der Einfall der Tibeter und Turkvölker schon zur Zerstörung weiter Landstriche geführt, in der Folgezeit erschütterten immer wieder Bauernaufstände und Rebellionen das Land. Eine entsetzliche Dürre in den Jahren 1876–1878 brachte etwa 5 Millionen Menschen den Hungertod, ähnliches ereignete sich 1928 mit drei Millionen Hungertoten. Der Wiederaufstieg begann eindeutig erst nach 1949 mit der Industrialisierung in größerem Maßstab. Nicht zu verkennen ist allerdings der zunehmende Wassermangel, der ganz Nordchina bedroht, gepaart mit dem Anwachsen der Wüsten, die immer weiter nach Süden vordringen.

Fleischspieße werden an einem Straßenimbiss in Xian gegrillt.

STÄDTE UND SEHENSWÜRDIGKEITEN

DIE PROVINZHAUPTSTADT XIAN

Die Stadt liegt etwa 400 Meter über dem Meeresspiegel im mittleren Teil des Guanzhong-Beckens und grenzt im Norden an den Weihe-Fluss, im Süden an das Qinling-Gebirge, hat im Osten den Changhe-Fluss und im Westen den Fengshui als alte Grenze. In Xian leben 2,3 Millionen Menschen, im Großraum auf einer Fläche von 861 Quadratkilometern jedoch über 6 Millionen. Insgesamt bestehen im Kernraum sechs Stadtbezirke, im Umland wird in den ländlichen Gemeinden viel intensive Landwirtschaft betrieben.

Mit den meisten chinesischen Großstädten ist Xian durch den Luftverkehr verbunden. Nach Peking geht eine direkte Bahnlinie, ebenso nach Shanghai. Xian ist aber auch eine wichtige Zwischenstation an der Hauptstrecke, die vom Gelben Meer über Ürümqi bis nach Kasachstan läuft.

Die wichtigsten Industriezweige der Stadt sind der Maschinenbau und die Chemieindustrie, vor allem aber ist Xian das Zentrum der Textilproduktion von Nordwestchina, da in der Provinz von den künstlich bewässerten Feldern eine sehr qualitätvolle Baumwolle geerntet wird.

In der Geschichte war Xian in einem Zeitraum von 1062 Jahren Sitz von 13 Dynastien unterschiedlicher Größe und Dauer, allerdings hieß die Stadt einstens Changan und

Der Glockenturm in der Hauptstadt Xian, die einst der Ausgangspunkt der Seidenstraße war.

hatte ihren Kern südlich des heutigen Stadtgebiets. Die Siedlung selbst ist vermutlich schon im vierten Jahrtausend v. Chr. entstanden, denn in einem sechs Kilometer östlich gelegenen Grabungsfeld, in Banpo, kamen 1958 eindeutige Zeugnisse (Töpferwaren und Werkzeuge) zutage, die auf ein Alter von 6000 Jahren zu datieren sind. Man hat in Banpo ein Museum eingerichtet, in dem nicht nur die gefundenen Gegenstände sondern auch die gesamte Anlage selbst (Wohnbereiche, Gräber, Brennöfen, Ställe und Keller) besichtigt werden kann.

In der Westlichen Zhou-Dynastie (1066–771 v. Chr.) wählten die Herrscher bereits die nahe bei der heutigen Stadt gelegene Festung Feng zu ihrer Residenz. Die Qin-Dynastie wählte dann das im Nordosten jenseits des Weihe gelegene Xianyang zur Hauptstadt, das bereits auf über eine halbe Million Einwohner in der Regierungszeit des Ersten Kaisers Qinshihuangdi anwuchs.

Die Kaiser der Westlichen Han-Dynastie (206 v.–8 n. Chr.) gründeten dann das einst so berühmte Changan, das südlich des heutigen Stadtgebietes lag und unter ihnen als Residenz und Hauptstadt diente. Die Sui-Dynastie (581–618 n. Chr.) und die Tang-Dynastie (618–907 n. Chr.) haben dann Changan weiter ausgebaut, so dass es zur größten Stadt der damaligen Zeit in der gesamten Welt heranwuchs.

Im 8. Jahrhundert hatte Changan zwei Millionen Einwohner, war Zentrum der Politik, Wirtschaft und Kultur des Reiches und Ausgangspunkt der Seidenstraße. Die Stadt war mit einer 35,5 Kilometer langen Mauer umgeben, hatte 13 Tore, 25 Haupt- und 160 Nebenstraßen. Der kaiserliche Palast lag im Norden der Stadt. Von dieser einst so prächtigen Residenz mit insgesamt 40 Bauten blieb nur ein 10 Meter hoher Erdhügel erhalten, denn die fürchterlichen Zerstörungen während der schon in der Tang-Dynastie beginnenden Aufstände und der späteren Kriege haben diese sagenumwobene Anlage in Schutt und Asche gelegt.

Der chinesische Herrscher Li Shen wählte die 26 km von Xian gelegene Thermalquelle, Huaqing Chi, 800 v. Chr. als Mittelpunkt einer Anlage mit Gebäuden, Pavillons, einem Teich und einem Garten.

Im Tempel an der großen Wildganspagode.

In ihrer Glanzzeit verfügte die Stadt über viele Tempel, Märkte, Geschäfte, Werkstätten und Wohnviertel. Die einzigen beiden großen Bauwerke aus der Tang-Zeit, die bis heute erhalten blieben, sind die Große und die Kleine Wildgans-Pagode. Nach dem Sturz der Tang-Dynastie verlor die Stadt an Bedeutung und wurde nie mehr wieder Residenz.

In der Ming-Zeit allerdings wurde die Stadt mit der bis heute erhaltenen Mauer umgeben und erhielt ihre heutige Bezeichnung Xian (Westlicher Friede). Das mingzeitliche Stadtbild blieb dann bis zur Mitte des 20. Jahrhunderts erhalten, erst die Industrialisierung hat dann die heutige Ausweitung und Modernisierung bewirkt.

Aus der Ming-Zeit stammen auch der 36 Meter hohe Glockenturm und der 33 Meter hohe Trommelturm, der eine Straße überwölbt und wie ein Stadttor wirkt. Imposant ist die 13 Kilometer lange Stadtmauer, die in der Ming-Zeit errichtet und in der 2. Hälfte des 20. Jahrhunderts vollständig renoviert wurde. Sie umgibt mit ihrem Wallgraben die Altstadt, ist 12 Meter hoch und auf der Mauerkrone 12–14 Meter breit, während der Sockel 15–18 Meter misst. Man kann auf dieser Mauer, vorbei an 5894 Zinnen bequem gehen, an ihren vier Toren vorbeiwandern und die zahlreichen Wachtürme und Bastionen bestaunen.

Das wichtigste buddhistische Zentrum in Xian war einst der Daxingshan-Tempel, der im 3. Jh. gegründet wurde, dessen Hallen jedoch aus der Ming- und Qing-Zeit stammen, er liegt südlich der Kleinen Wildgans-Pagode. Das Geschichtsmuseum der Provinz Shaanxi, nordwestlich der Großen Wildgans-Pagode gelegen, ist Chinas größtes archäologisches Museum und zeigt aus seinen Beständen von rund 110 000 historisch bedeutsamen Gegenständen rund 3000 Exponate in ständigem Wechsel aus einem Zeitraum von der Vorgeschichte bis zur Gegenwart.

Im ehemaligen Konfuziustempel befindet sich der berühmte Stelenwald von Xian, eine Sammlung von 1095 Stelen aus über 2000 Jahren. In diese Steintafeln wurden die zwölf Klassiker, kaiserliche Kalligraphien, historische und religiöse Texte eingemeißelt, von denen Abreibungen gemacht werden konnten und an denen man die verschiedenen Stile der chinesischen Schrift studieren kann. Die große Moschee von Xian mit ihren fünf Höfen, ihrem Minarett und ihren Hallen steht im Nordwesten der Stadt, in einem von Muslimen bewohnten Bezirk und ist in ihrer mingzeitlichen Form ein gutes Beispiel für die Anpassung selbst islamischer Baumeister an die klassisch-chinesischen Bautraditionen. Sie könnte auf den ersten Blick ohne weiteres für einen buddhistischen Tempel gehalten werden.

IN DER UMGEBUNG VON XIAN

DAS GRAB DES ERSTEN KAISERS

Das Mausoleum des ersten Kaisers von China, Qinshihuangdi (259–210 v. Chr.) liegt rund 30 Kilometer östlich von Xian in der Nähe der Stadt Lintong unter einer 46 Meter hohen Erdpyramide. Dieser unterirdische Grabpalast, am Fuße des Lishan-Berges und in der Nähe des Flusses Huishui in 8,9 Metern Tiefe gelegen, ist noch nicht geöffnet. Der Grabhügel selbst ist mit Granatapfelbäumen bestanden und weithin sichtbar.

Die gesamte Anlage zählt zum Weltkulturerbe und wird seit 1974 von chinesischen Archäologen vorsichtig erforscht. Das Mausoleum selbst ist nur ein kleiner Teil des riesigen Areals, das 56,2 Quadratkilometer umfasst und von einer Äußeren und einer Inneren Mauer umgeben ist. In diesem sakrosankten Grab-Großraum wurde auch die unterirdische Armee der Terrakotta-Krieger gefunden.
Das Mausoleum selbst liegt in einem häufig überfluteten Tal am nördlichen Fuß des Lishan-Berges. Die Architekten des Grabes konstruierten daher ein hocheffektives Entwässerungssystem und verhinderten damit das Eindringen von Wasser in die unterirdischen Räume. Der Bau der Gesamtanlage dauerte 39 Jahre, eingesetzt waren dazu 700 000 Arbeiter.

Aufzeichnungen aus der nachfolgenden Han-Dynastie geben an, dass der bronzene Sarg des Herrschers von zahllosen Grabbeigaben umgeben ist, von Kostbarkeiten erlesenster Art, aber auch von Schutzvorrichtungen, die es Grabräubern praktisch unmöglich machen sollten, in die Grabkammer vorzudringen. Moderne Untersuchungen haben ergeben, dass Raubgrabungen tatsächlich stattgefunden haben, die aber nicht zum Kern der Anlage vorgedrungen sind.

DIE TERRAKOTTA-ARMEE

Beim Brunnenbau im Jahre 1974 entdeckten Arbeiter durch Zufall 1,5 Kilometer östlich des noch nicht geöffneten Kaisergrabes eine Armee von lebensgroßen Terrakotta-Kriegern, die mit echten Waffen ausgerüstet waren und den Verstorbenen im Jenseits beschützen sollten. Von dieser Armee in elf unterirdischen Korridoren war bis zu diesem Zeitpunkt nichts bekannt. Es war diese Entdeckung somit die größte archäologische Sensation seit der Öffnung des Grabes von Tutench-Amun in Ägypten.

Man hatte die Krieger in großen holzgedeckten Kammern unter der Erde aufgestellt und darüber eine hohe Erdschicht gelegt, so dass niemand eine unterirdische Streitmacht auch nur vermuten konnte. Man weiß von den Inschriften auf den Rüstungen, dass mindestens 85 Handwerksmeister und etwa 1000 Arbeiter diese unterirdische Armee geschaffen haben.

Zum Brennen der Figuren in den Brennöfen mussten ganze Wälder abgeholzt werden. Von den weit über 7000 tönernen Figuren sind inzwischen über 1000 geborgen, wieder zusammengesetzt, restauriert und wieder aufgestellt, die anderen sind durch Sonden zwar lokalisiert, bleiben zur Sicherheit jedoch vorerst in ihren Lehmgruben.

Die Armee der lebensgroßen Terrakotta-Krieger samt Pferden und Kampfwagen, die der Kaiser zum Schutz seines unterirdischen Grabpalastes aufstellen ließ, war im Jahre 1974 etwa 30 km östlich von Xian von Arbeitern zufällig entdeckt worden. Sie umfasst 7000 Figuren.

Freigelegt wurden vier Gruben, die den rechten und linken Flügel sowie das Hauptquartier der gesamten Armee enthielten: Soldaten, Offiziere, aber auch Pferde und Streitwagen. Zwei Bronzequadrigen wurden ebenfalls gefunden. Nach dem Tode des Kaisers konnten sein Sohn und sein Enkel die Herrschaft nur vier Jahre und 10 Tage noch halten. Das grausame Zwangsregime des Qinshihuangdi war verhasst, eine Rebellion brach aus, die den Sturz der Dynastie zur Folge hatte.

Die Aufständischen drangen in die Gruben ein, nahmen den Tonsoldaten ihre echten Waffen zum größten Teil ab, zerschlugen die Figuren und legten Feuer. Die Decken aus Balken brachen ein und die nachprasselnden Lehm- und Erdmassen trafen zusätzlich die unterirdischen Krieger und Pferde aus Ton. Nach dem sensationellen Fund 1974 stellte sich daher den Archäologen sofort die mühevolle Aufgabe, die Figuren zu bergen, zu säubern und wieder zusammenzusetzen.

Man baute ein lichtdurchlässiges Dach über die gesamte Fundstelle, konnte aber nicht verhindern, dass bei den Figuren ein Zerfallsprozess einsetzte. Mit insgesamt 30 Chemikalien versuchen seither die Archäologen diesen Zerfall zu stoppen. Mit Acrylat und Elektronen will man die ursprüngliche Bemalung der Figuren auch zu bewahren versuchen.

Seit Fertigstellung der Halle haben inzwischen Millionen von Touristen aus aller Welt die Armee der unterirdischen Tonsoldaten gesehen und konnten das Können der damaligen Modellierer und Brennmeister genügend bewundern, denn die Gesichter der Krieger weisen alle individuelle Züge auf.

Ein Armbrustschütze aus der Tonkriegerarmee des Kaisers Qinshihuangdi.

KAISERGRÄBER DER HAN-DYNASTIE

In Wulingyuan, 20 Kilometer östlich von Xianyang, befinden sich neun Gräber von Kaisern der Westlichen Han-Dynastie. Das bekannteste davon ist das Changling, in dem der Gründer der Dynastie, Liu Bang, bestattet ist, der unter dem Namen Gaozu (202–194 v. Chr.) in die Geschichte als erster Han-Kaiser einging. Bereits 206 v. Chr. hatte er die Kaiserherrschaft errungen, konnte aber erst vier Jahre später über alle seine Rivalen triumphieren.

Der neuerbaute Schrein für die halbmythische Figur des „Gelben Kaisers". Der Schrein wurde um die einzigen Überreste, ein Hut und Kleider, gebaut. Nach der Sage wurde der Kaiser von einem gelben Drachen verzaubert.

Nahe des Changling-Grabes wurden 1965 viele hanzeitliche Terrakotta-Krieger zutage gebracht, die aber samt ihren Pferden aus Ton nur die Größe von etwa 60 Zentimetern erreichen. Sie sind jedoch alle ernstgemeinte Grabbeigaben und sollten die Verstorbenen ebenso beschützen wie einst eine Generation vor ihnen die Terrakotta-Krieger des Ersten Kaisers.

1990 fand man dann in der Umgebung des Yangling-Grabes rund 40 000 Tonfiguren in gleicher Größe. In diesem Grab ist der fünfte Kaiser der Westlichen Han-Dynastie bestattet, Jingdi, der als Liu Qi geboren wurde und von seinem Vater Wendi die Herrschaft übernahm. Beim Bau dieses Mausoleums waren bis zu 700 000 Zwangsarbeiter 37 Jahre beschäftigt.

Als man 1990 beim Bau einer Straße zum Flughafen Xian auf 800 Gräber im Umkreis des Kaisergrabes stieß, konnten reichhaltige Grabbeigaben geborgen werden. Von den 24 Gruben wurden acht freigelegt, sie enthielten 700 nackte Terrakottafiguren, die einst mit seidenen Uniformen bekleidet waren. Die Seide ist verrottet, die Bronzewaffen jedoch blieben erhalten. Es handelte sich ebenfalls um Soldaten mit drehbaren Holzarmen. Gefunden wurden in den Gräbern auch große Getreidevorräte, offensichtlich Verpflegung für die im Jenseits weilenden Militärabteilungen.

FOLGENDE DOPPELSEITE:
Das Huashan Gebirge ist eines
der fünf heiligen Gebirge Chinas.

KAISERGRÄBER DER TANG-DYNASTIE

Der imperiale Grabkult erreichte in China nach den Exzessen der Mausoleumsanlage des Ersten Kaisers und den aufwendigen Grabbauten der Han-Dynastie erst wieder in der Tang-Dynastie einen erneuten Höhepunkt. Nun ging man sogar dazu über, hohe Berge als Bestattungsorte auszuwählen, die man untertunnelte und in die hinein man die unterirdischen Paläste baute.

80 Kilometer nordwestlich von Xian, bei der Stadt Qianxian, befinden sich die Gräber von 19 Tang-Kaisern. Bereits für den zweiten Kaiser der Dynastie, Taizong (627–650) wurde auf einer Fläche von 10 000 Hektar eine Grabanlage geschaffen, die nordöstlich der Stadt Liquan zu finden ist und in deren Umkreis 167 Gräber von Verwandten, hohen Beamten und Generälen identifiziert werden konnten. Das Kaisergrab selbst erhielt den Namen Zhaoling.

In der Blütezeit der Tang-Dynastie entstand das Grab Qianling, das den Leichnam des Kaisers Gaozong birgt, der von 649–683 regierte. Das Qianling ist ein Doppelgrab, denn in ihm ist auch die Kaiserin Wu Zetian (690–705) begraben. Eine Reihe von Nebengräbern für Verwandte und hohe Würdenträger gehören ebenfalls zu diesem Kaisergrab, dessen Seelenweg Menschen- und Tierfiguren säumen. Unter diesen Nebengräbern sind auch die beiden Mausoleen der Prinzessin Yongtai und des Prinzen Zhanghuai; diese beiden Gräber wurden geöffnet und enthielten zum Staunen der Fachwelt wunderbar erhaltene Wandmalereien.

DAS FAMEN-KLOSTER

Die Tempelanlage Famen-Si liegt rund 100 Kilometer westlich von Xian in der Stadt Famen im Kreis Fufeng im Südwesten der Provinz. Das Famen-Si gehört zu den wichtigsten buddhistischen Klöstern Chinas, da in einer unterirdischen Kammer unter ihrer 28 Meter hohen Ziegelpagode ein Fingerknochen Buddhas aufbewahrt wurde. Diese hochverehrte Reliquie wurde 1987 bei einer Rekonstruktion der Pagode mit über 2000 wertvollen Gegenständen aufgefunden und von der UNESCO in ihre Liste des Weltkulturerbes aufgenommen.

In einer „Aktion des guten Willens" wurde die Reliquie dann sogar für einige Tage vom Festland nach Taiwan gebracht, damit sie von den dortigen Buddhisten gesehen und verehrt werden konnte. Auf dem Gelände des Klosters Famen wurde 1988 dann ein Museum erbaut, das die kostbaren Funde nunmehr würdig präsentiert.

DER HUASHAN

Von den fünf heiligen Bergen Chinas, die schon seit uralten Zeiten verehrt werden, ist der Huashan der westlichste. Er liegt am Schnittpunkt der drei Provinzen Henan, Shanxi und Shaanxi, jedoch noch auf dem Territorium der Provinz Shaanxi. Von Xian ist er etwa 100 Kilometer entfernt und liegt ganz im Osten an der Provinzgrenze. Von seinen fünf hoch aufragenden Gipfeln ist der südlich gelegene Lotosgipfel mit 2160 Metern der höchste.

Auf dem gesamten Bergmassiv befinden sich seit alters eine Fülle von Ehrenpforten, Pavillons, Pagoden, Stelen und Treppen und das große Tempelkloster in der Ortschaft Huayin. Der Huashan wird seit Jahrhunderten von vielen Pilgern besucht und ist wegen seiner landschaftlichen Schönheiten mit Quellen, Bächen und Wasserfällen ein von Touristen auch vielbesuchter Ort.

MONGOLEI

Ulan Bator

| 0 | 200 | 400 | 600 |
| km |

Qiqihar

Jiamusi

Suihua
Daqing
Harbin
Jixi

Horqin Youyi
Qianqi
Baicheng
Mudanjiang

Changchun
Jilin

Tongliao
Siping
Liaoyuan
Yanji

Chifeng
Fuxin
Shenyang
Tonghua

NORD-
KOREA

Chaoyang
Jinzhou
Benxi
Anshan

Chengde
Yingkou
Dandong

Jining
Zhangjiakou
Qinhuangdao
Pyöngyang

Baotou
Hohhot
Xuanhua

Wuhai
Datong
Beijing
(Peking)
Tangshan
Dalian

Seoul

Baoding
Tianjin
Incheon

Huang He
Yangquan
Shijiazhuang
Yantai
Weihai

Taiyuan
Xintai
Jinan
Zibo
Weifang
Qingdao

SÜD-
KOREA
Daejeon
Daegu

Yan'an
Handan
Shandong
(Schantung)
Busan

Linfen
Anyang
Taian
Jining
Gwanju

Changzhi
Xingxian
Zaozhuang

Tongchuan
Jiaozuo
Kaifeng
Lianyungang

Gelbes

Bapji
Weinan
Zhengzhou
Xuzhou
Qingjian

Meer

Xi'an
Luoyang
Huaibai

Nanyang
Benghu
Yangzhou
Taizhou
Nantong

Shiyan
Xinyang
Huainan
Nanjing
Changzhou
Wuxi
Shanghai

Xiangfan
Hefei
Suzhou
Jiaxing

Jangtsekiang
Yichang
Wuhan
Anqing
Hangzhou

Wanxian
Drei Schluchten
Stausee
Shashi
Huangshi
Shaoxing
Ningbo

Ost-

Chongqing
Yueyang
Jiujiang
Jingdezhen
Jinhua

chinesisches

Changde
Nanchang
Shangrao
Wenzhou

Meer

Changsha
Pingxian

488 Shandong (Schantung)

SHANDONG (SCHANTUNG)

Die Provinz Shandong liegt im Norden Chinas am Unterlauf des Gelben Flusses, grenzt an Hebei, Henan, Anhui und Jiangsu und bildet mit ihrem östlichen Teil die langgestreckte Shandong-Halbinsel, die das Bohai-Meer vom Gelben Meer im Süden trennt. Shandong hat eine Fläche von 156 700 Quadratkilometer und eine Einwohnerzahl von 91 Millionen. Damit ist Shandong eine der bevölkerungsstärksten Provinzen Chinas.

Von 45 Millionen Einwohnern im Jahre 1949 hat sich die Zahl mehr als verdoppelt. Verwaltungsmäßig umfasst Shandong 94 Kreise und 48 Städte, darunter die Provinzhauptstadt Jinan (Tsinan), die nach den Eingemeindungen 5,4 Millionen Einwohner zählt.

In der Bevölkerungszahl wird Jinan jedoch bereits von der Hafenstadt Qingdao (Tsingtau) übertroffen, die nach dem Neuzuschnitt der Stadtgrenzen 6,9 Millionen Einwohner zählt. Der abgekürzte Provinzname lautet Lu, so benannt nach dem Kleinstaat Lu, der vor der Reichseinigung auf dem Gebiet des heutigen Shandong im Altertum bestand.

Die Nachbarprovinzen sind im Nordwesten Hebei, im Südwesten Henan, im Süden Jiangsu und Anhui. Im Osten liegen die Küstenstriche am Bohai-Meer und am Gelben Meer.

TOPOGRAPHIE

Die Provinz liegt zwischen 114°36'–122°43' östlicher Länge und 34°25'–38°23' nördlicher Breite am Bohai-Meer und Gelben Meer. Zu 55 Prozent besteht das Territorium aus Ebenen, zu 35 Prozent aus Hügel- und Bergland, zu neun Prozent aus Sumpfgebieten und zu einem Prozent aus Seen und Flüssen.

Den topographischen Verhältnissen nach lässt sich die Provinz in vier Regionen einteilen:
1. Die Nordwest-Ebene
2. Die Jiaolai-Ebene
3. Das zentrale Berg- und Hügelland
4. Die Shandong-Halbinsel

Die Ebene von Nordwest-Shandong stellt das wichtigste Landwirtschaftsgebiet der Provinz dar, es ist entstanden durch die Ablagerungen des Gelben Flusses und ist selbst Teil der Nordchinesischen Ebene. Der Gelbe Fluss mündet, von Südwesten kommend, hier ins Bohai-Meer.

Die zweite Region hat ihren Namen vom Jiaolai-Fluss erhalten; sie ist dadurch gekennzeichnet, dass sie zwischen dem „Festland" im Westen mit ihren Gebirgen und der Halbinsel im Osten liegt, die ebenfalls wieder Berge aufweist. Die Ebene reicht im Norden an das Bohai-Meer und im Süden an das Gelbe Meer. Die Flüsse Jiaolai, Weihe und Dagu durchziehen dieses Flachland, das ebenfalls sehr fruchtbar ist.

Das zentrale Berg- und Hügelland umfasst das Gebiet des östlich gelegenen Yinshan (1032), des etwa im Zentrum liegenden Lushan (1108 Meter) und des mehr westlich gelegenen Taishan (1545 Meter), des bedeutendsten der fünf Heiligen Berge der Daoisten.

Die vierte Region ist die Shandong-Halbinsel mit dem Jiaodong-Hügelland, dessen höchste Spitze der Taibo (923 Meter) darstellt. Die südliche Küste der Halbinsel ist buchtenreich, der Nordküste sind eine Reihe von kleineren Inselgruppen vorgelagert. Die Provinz hat eine Gesamtküstenlinie von 3000 Kilometern.

Die wichtigste Wasserstraße der Provinz ist der Gelbe Fluss, der bis zur Mündung ins Bohai-Meer einen Gesamtlauf von 600 Kilometern aufweist; der Große Kanal misst eine Länge von 500 Kilometern und kreuzt den großen Strom in der westlichen Ebene. Im Süden Shandongs liegt der langgestreckte Weishan-See und im Westen der Dongping-See, benannt nach der Stadt Dongping in seiner Nähe, östlich von ihm.

KLIMA

Regenreiche Sommer und trockene sonnige Winter sind die Kennzeichen des warmgemäßigten Klimas von Shandong. In der ganzen Provinz ist es wärmer und feuchter als im sonstigen Nordchina, es bestehen jedoch deutliche Unterschiede zwischen dem Landesinneren und den Küstengebieten. So beträgt beispielsweise die Durchschnittstemperatur im westlichen Inland der Provinz im April 15,2° Celsius, an der Küste aber nur 10,5°.

Im Dezember ist es dagegen an der Küste noch 2 Grad über Null, während im Inland nur 1,1 Grad gemessen werden. Der mittlere Jahresniederschlag beträgt im Nordwesten 500 mm und im Südwesten 900 mm.

VERKEHRSVERBINDUNGEN

Shandong ist verkehrsmäßig relativ gut erschlossen. Das Straßennetz mit einer Gesamtlänge von 35 139 Kilometer führt auch in entlegene Landesteile. Das Schienennetz der Provinz verbindet alle wichtigen Städte. Die Fernstrecke Peking – Shanghai durchquert den Westen der Provinz, und die Linie Jinan – Qingdao ist die bedeutendste Verbindung der Hauptstadt mit dem wichtigsten Hafen.

Von Yantai am Bohai-Meer ist eine Verbindung sowohl nach Jinan als auch nach Weihai und Qingdao geschaffen. Von Jinan aus kann man über Dezhou nach Shijiazhuang in Hebei gelangen. Weitere Linien führen nach Süden und Südwesten und eine weitere verläuft durch die Berge zwischen dem Taishan und dem Lushan von Laiwu aus in die nördliche Ebene.

Der Seehafen Qingdao und Yantai sind auch zugleich Häfen für den Binnenhandel. Für die Flussschifffahrt ist neben dem Gelben Fluss vor allem der Xiaoqinghe wichtig, der durch die nördliche Ebene in die Liaozhou-Bucht fließt.

LANDWIRTSCHAFT

Das warmgemäßigte Klima von Shandong ermöglicht den Anbau wichtiger Getreidearten, insbesondere von Weizen und Mais, aber auch von Baumwolle, Erdnüssen und von vielen Obstsorten. In zwei Jahren können in der Regel drei Ernten eingebracht werden. Die Fischerei an der Küste ist ertragreich.

Die bedeutendsten Anbaugebiete liegen naturgemäß in den beiden großen Ebenen. Die sehr gute Position der Landwirtschaft in der Provinz ist jedoch ausschließlich den ungeheuren Anstrengungen zu verdanken, die in den Jahren 1950–1980 unternommen wurden, um endgültig den Gelben Fluss zu zähmen.

In vielen Jahrhunderten trat der große Strom immer wieder über seine Ufer und brachte Not und Tod durch verheerende Hochwasser, durch anschließende Dürre, Sandstürme und Bodenversalzung. Die Wasserbauanlagen am Huanghe in Shandong haben diese Gefahr inzwischen beseitigt, so dass durch Bodenmelioration die Ernteerträge wesentlich erhöht werden konnten.

INDUSTRIE

Der Reichtum Shandongs an Bodenschätzen ist die Grundlage für nahezu 20 000 Industriebetriebe ganz verschiedener Branchen, denn man hat 104 Arten von förderungswürdigen Vorkommen entdeckt, von denen Kohle, Erdöl, Eisen, Graphit und Bauxit sowie Diamanten nur die wichtigsten sind. Dazu kommen große Lagerstätten von Gips, auch Gold wird in nennenswerter Menge abgebaut.

Das Erdölfeld Shengli an der Mündung des Gelben Flusses ist eines der wichtigsten Chinas. Die petrochemische Industrie hat ihr Zentrum in Xindian bei Zibo. Von den Kohlenbergwerken sind die Zentren Feicheng, Zaozhuang, Xinwen, Zibo, Laiwu, Zouxian und Yanzhou die bekanntesten.

Bedeutende Unternehmen der Textil-, Nahrungsmittel-, Zement-, Gummi- und Maschinenbau-Industrie geben über drei Millionen Menschen Arbeit und Brot, dazu kommt eine leistungsfähige Eisen- und Stahlindustrie. Eine ausbaufähige Position hat sich auch der Kraftfahrzeug-, Lokomotiven- und Waggonbau erobert. Von den Hochseehäfen Qingdao (Tsingtau) und Yantai gehen ebenfalls fühlbare Impulse auf die verschiedensten Industriezweige aus.

GESCHICHTE

Das Gebiet der heutigen Provinz Shandong war bereits im 4. vorchristlichen Jahrtausend besiedelt. Die Dawenkou-Kultur, die man im Gebiet des Huanghe-Unterlaufes zu lokalisieren hat, wird auf die Zeit von 4300–2500 v. Chr. datiert. Im 3. Jahrtausend v. Chr. breitete sich dort die Longshan-Kultur aus, die bereits staunenswerte Werke der Töpferkunst hervorbrachte.

Im Süden der heutigen Provinz entstand im ersten Jahrtausend v. Chr. der Staat Lu, in dem Konfuzius und Menzius wirkten. Seit dem vierten nachchristlichen Jahrhundert gehörten die Häfen an der

Küste von Shandong zu den führenden Schifffahrtszentren Chinas. Der Handel mit den südlichen Landesteilen blühte.

Nachweislich ließen sich in der Tang-Dynastie und in den Zeiten der Nördlichen Song-Dynastie schon arabische Händler in Shandong nieder, wovon die muslimische Minderheit in Jinan noch heute Zeugnis ablegt. Seit neolithischen Zeiten verehrte man in Shandong den Taishan als den wichtigsten der fünf Heiligen Berge Chinas. Aus diesem Grund war die Provinz stets Ziel ungezählter Pilger und ein besonderer Magnet vor allem für die Daoisten.

In die Schlagzeilen der Weltpresse geriet Shandong in der Mitte des 19. Jahrhunderts, als der Gelbe Fluss seinen Lauf veränderte und nicht mehr ins Gelbe Meer floss, sondern sich eine neue Bahn zum Bohai-Meer suchte und quer durch das Tiefland von Shandong strömte. Fürchterliche Überschwemmungen waren die Folge. Für die Landwirtschaft war es die Katastrophe schlechthin.

Das allgemeine Chaos nutzend, besetzten 1894/95 die Japaner kurzfristig das Gebiet. In einem Pachtvertrag von 1898 aber trat die geschwächte chinesische Regierung das Gebiet der Bucht von

FOLGENDE DOPPELSEITE:
Der 1437 m hohe Taishan wurde 1987 ins Weltkulturerbe aufgenommen.

Der Springbrunnen auf dem Quancheng-Platz in Jinan.

Jiaozhou (Kiautschau) an das Deutsche Reich für 99 Jahre ab. Daraufhin bauten die Deutschen Qingdao (Tsingtau) als Marinehafen aus und erwarben sich die Rechte zum Bau einer Eisenbahn bis nach Jinan, so dass es ihnen möglich war, den Außenhandel von Shandong weitgehend zu kontrollieren.

Da im Jahre 1895 China den Krieg gegen Japan verloren hatte und viele Flüchtlinge aus dem Süden nach Shandong kamen, ballten sich vor allem in dieser Provinz die politischen Gewitterwolken um die Jahrhundertwende derart zusammen, dass sich die angestaute Frustration im Boxeraufstand von 1900 explosiv entlud.

Nach der Niederschlagung des Aufstandes kehrte bis 1914 Ruhe ein. In diesem Jahr landeten die Japaner als Alliierte von Frankreich und England mit Marineeinheiten an der Küste und die deutsche Garnison von Qingdao wurde zur Übergabe gezwungen. Die Japaner blieben bis zur Washington-Konferenz 1922 im Lande.

Nach den turbulenten Jahren der Warlord-Zeit und der Besetzung durch die Guomindang-Truppen, fiel dann das Gebiet zwischen 1937–1945 noch einmal den Japanern in die Hände. An einen kontinuierlichen Aufbau der Industrie und des Verkehrswesens konnte erst nach 1949 gedacht werden.

STÄDTE IN SHANDONG

DIE PROVINZHAUPTSTADT JINAN (TSINAN)

Jinan bedeutet „Südlich des Flusses Ji", denn die Stadt liegt im Süden des Gelben Flusses, der in alter Zeit Ji-Fluss hieß. Die im Westen der Provinz gelegene Hauptstadt ist auch als „Stadt der Quellen" bekannt, denn es sprudeln – einzigartig in ganz China – über 100 Quellen aus dem Boden, mitten in der Stadt und mit einer konstanten Temperatur von 18° Celsius.

Die bekanntesten meist in Parkanlagen gelegenen Quellen sind die Perlenquelle, die Quelle des Schwarzen Tigers und der „Fünf Drachen Teich", da fünf Quellen ihr Wasser in diesen tiefen Teich ergießen. Die Stadt mit dem 46 Hektar großen Daming-See in ihrer Mitte gilt als eine der schönsten in Nordchina und weist ein Alter von mehr als 2700 Jahren auf.

Die Gegend, in der Jinan in der Zhou-Dynastie gegründet wurde, war jedoch bereits zu neolithischen Zeiten das Zentrum der Hongshan-Kultur mit ihren formvollendeten Tongefäßen. Die Entwicklung zu einem blühenden Handelszentrum in der Tang-Zeit und in der Nördlichen Song-Dynastie wurde durch die La-

Der Quancheng-Platz in Jinan.

ge an günstigen Wasserwegen gefördert, da die Stadt von einem Netz zwar schmaler, aber für kleinere Binnenschiffe geeigneter Flüsse umgeben ist.

Diese Vorzugsstellung blieb auch nach der Eroberung des Gebietes durch die Jin-Dynastie erhalten. Große Bedeutung erhielt Jinan in der Qing-Dynastie (1644–1911), als in der Stadt vier Akademien gleichzeitig blühten und alle drei Jahre in Gebäuden am Daming-See die kaiserlichen Prüfungen für den Staatsdienst abgehalten wurden.

Jinan galt bald als eine Stadt der Gelehrten, in der sich viele höhere Würdenträger nach ihrer Pensionierung mit ihren Familien niederließen. Die Stadt und ihr Umland entwickelten sich im Laufe der Jahrhunderte auch zu einem Zentrum des Kunsthandwerks, vor allem des Flechtwerks und der Federbilder. Die Entwicklung der Kunst und des Kunsthandwerks von Shandong lässt sich im Provinzmuseum von Jinan am besten studieren, es bietet reichhaltiges Anschauungsmaterial von den neolithischen Zeiten bis zur Gegenwart.

Südlich der Stadt erhebt sich in einer Entfernung von 2,5 Kilometer der Tausend-Buddha-Berg, so benannt nach den vielen Buddha-Figuren aus den Jahren 581–600. Mit seinem „Kloster des Gedeihens des Landes" (Xing Guo Si) aus dem Jahre 640 war der 285 Meter hohe Berg zu allen Zeiten ein beliebtes Pilgerziel nicht nur der Gläubigen, denn man hat von seinem Gipfel aus einen schönen Ausblick auf Jinan und den im Norden fließenden Huang He.

Die Stadt mit ihren 5,4 Millionen Einwohnern wächst weiterhin und breitet sich inzwischen in Landgebiete aus, die bisher unbewohnte Ackerlandschaften waren.

QINGDAO (TSINGTAU)

Qingdao bedeutet „Grüne Insel", ist jedoch keine Insel sondern eine Küstenstadt am Gelben Meer, unmittelbar an der Einfahrt zur Jiaozhou-Bucht (Bucht von Kiautschau) gelegen. Die heutige Riesenstadt mit 6,9 Millionen Einwohnern ist mit einem seeschifftiefen Hafen ausgestattet, gilt als bedeutendes Fischereizentrum, braut das international bekannte Tsingtau-Bier und ist bekannt als eine der größten Industriestädte Nordchinas, in der auch Lokomotiven gebaut werden. Gleichzeitig jedoch wurde Qingdao als Bade- und Kurort beliebt, da es über sechs herrliche Badestrände verfügt.

Man rühmt Qingdao aber auch als „Museum europäischer Architektur auf chinesischem Boden", da die Anwesenheit der Deutschen von 1898–1914 die Bausubstanz der Stadt so nachhaltig geprägt hat, dass man sich in bestimmten Stadtteilen fast ausschließlich deutschen Wohnanlagen, auch mit Fachwerk, gegenübersieht.

In der Mitte des 19. Jahrhunderts war Qingdao noch ein kleines Fischerdorf. Zwar erkannte damals die Qing-Dynastie durchaus die günstige Lage des Ortes und ließ dort eine kleine Marinestation einrichten, aber die Japaner besetzten 1895 kurzfristig das Gebiet im chinesisch-japanischen Krieg – und 1898 gelang es dem Deutschen Reich, die Jiaozhou-Bucht und das dazugehörende Umland für 99 Jahre von China zu pachten.

Damit begann der Ausbau des Ortes Qingdao und sein Aufstieg zum Seehafen und zur Großstadt. Durch eine Bahnlinie wurde von deutschen Ingenieuren dann alsbald Qingdao mit Jinan verbunden und damit ein intensiver Warenaustausch mit dem Hinterland ermöglicht.

Als 1911 die Qing-Dynastie gestürzt wurde, strömten viele chinesische Flüchtlinge in das deutsche Schutzgebiet, vor allem hohe Beamten, Kaufleute und Gelehrte. Da auch Großindustrielle mit Geld und Einfluss aus politischen Gründen nach Qingdao gekommen waren, konnte in der Stadt sogar eine deutsch-chinesische Universität gegründet werden.

Allerdings war dieser hoffnungsvollen Symbiose nur eine kurze Zeit beschieden, denn 1914 besetzte Japan das Schutzgebiet und zwang die deutsche Garnison zur Kapitulation. Die japanische Besatzung währte bis 1922, sehr zum Ärger der Chinesen, die erst mit dem Washington-Abkommen die Räumung durch die Japaner erreichen konnten.

Die Zeit der von Bürgerkriegen erschütterten Republik China mündete dann ein in eine erneute japanische Besatzung von 1937–1945. Die von der Guomindang-Regierung geprägten Jahre bis 1949 hinterließen kaum Spuren in der Stadt, die danach konsequent zur Industriestadt und zu einem großen Seehafen ausgebaut wurde. Der das ganze Jahr über eisfreie Hafen wird seit der Öffnung des Landes auch von ausländischen Kreuzfahrtschiffen angelaufen.

Nur 30 Kilometer von der Stadt entfernt liegt an der Ostküste der Laoshan, früher „Berg der Unsterblichen" genannt. Dieses sehr ausgedehnte Berggebiet mit seinen bizarren Felsformationen,

Schluchten, Wasserfällen, schroffen Berggipfeln, uralten Bäumen und zehn Tempeln weist mit dem 1333 Meter hohen Laoding eine Spitze auf, von der aus man eine hervorragende Sicht auf das gesamte Massiv und das Meer hat. Das Wasser des Laoshan wird als Mineralwasser von höchster Qualität exportiert und gibt dem Tsingtau-Bier seinen besonderen Geschmack.

Der größte Tempel des Laoshan ist der daoistische Tai Qing Gong im Süden des Gebirges, er weist mehr als 100 Gebäude auf.

ZIBO

Die 1,2 Millionen Einwohner zählende Stadt Zibo befindet sich mitten in der Provinz, 110 Kilometer östlich von Jinan entfernt. Diese alte Kulturstadt liegt im Zentrum der neolithischen Ausgrabungsfelder, aus denen die Keramiken der Dawenkou- und der Longshan-Kultur geborgen wurden. Im Kreis Linzi unweit von Zibo entdeckte man aus der Frühlings- und Herbstperiode auch jene 10 antiken Kampfwagen mit den Knochen der Zugpferde, die 1994 dann in Chinas erstem „Museum für antike Kampfwagen" eine ständige und öffentlich zugängliche Bleibe fanden.

In der Zeit der Streitenden Reiche soll die Stadt Zibo selbst nicht nur die Hauptstadt des Reiches Qi sondern auch die größte Stadt Chinas gewesen sein. Bereits zu damaliger Zeit war Zibo eine Stadt der Gelehrsamkeit, Konfuzius, Menzius und andere Philosophen lehrten dort. In der Folgezeit wurde es zwar still um Zibo, aber die Stadt galt stets als Zentrum eines hochangesehenen Kunsthandwerks.

Von 1640–1715 wohnte in Zibo Pu Songling, der Verfasser der „Seltsamen Geschichten von Liaozhai", einer Sammlung von 400 Kurzgeschichten, die auch im Ausland bekannt wurden.

FOLGENDE DOPPELSEITE:
Innenansicht des Konfuzius Tempels in Qufu, der Geburtsstadt des chinesischen Philosophen Konfuzius (551-479 v. Chr.).

YANTAI

Die Halbmillionenstadt Yantai liegt am Nordufer der Shandong-Halbinsel am Bohai-Meer und gilt als der größte Fischereihafen der Provinz. Vielfach wird die Stadt auch Zhifu genannt, obwohl dies nur der Name der bei Yantai gelegenen Insel ist.

In den Zeiten der Tang- und Song-Dynastie war Yantai Chinas wichtigster Hafen für den Fracht- und Personenverkehr nach Japan und Korea. Der erste japanische Gesandte ging in der Tang-Zeit in Yantai an Land. 1398 richtete die Ming-Dynastie in Yangtai dann eine Militärstation ein, um das japanischen Piratenunwesen eindämmen zu können.

Den im Zentrum der Stadt liegenden Yuhuangding-Tempel, der aus der Yuan-Dynastie stammt, baute man in der Ming-Dynastie ebenfalls großzügig aus. 1862 wurde Yantai für den Außenhandel geöffnet, was für den Aufstieg der Stadt sehr förderlich war. 1984 war dann Yantai auch bei jenen Städten, die durch die Öffnung ihrer Häfen sogleich profitieren konnten.

Eine Werbefigur für Qingdao Bier.

WEIHAI

Die im Nordosten der Shandong-Halbinsel an der Küste des Bohai-Meeres gelegene Hafenstadt Weihai (auch Weihai Wei) spielte in der Geschichte des geschwächten Qing-Reiches am Ende des 19. Jahrhunderts eine bedeutende Rolle. Die Stadt wurde vom Kaiserreich mit enormen Kosten zu einem bedeutenden Marinestützpunkt ausgebaut, da von ihr aus die Einfahrt in den Golf von Bohai am besten zu kontrollieren ist.

Weihai wurde zum Sitz der Peking-Flotte bestimmt. Im Krieg Japans gegen China 1894/95 besetzten jedoch die Japaner den Stützpunkt und behielten ihn so lange bis China alle Reparationsforderungen Japans erfüllt hatte. Da nun Russland 1897 in der Mandschurei den am Bohai-Golf gegenüberliegenden Stützpunkt Port Arthur inzwischen besetzt hatte, traten die Chinesen von sich aus Weihai freiwillig an die Engländer ab um mit Hilfe der englischen Krone ein weiteres Vordringen Russlands nach China zu verhindern.

Auf diese Weise konnte England auch weite Teile der Shandong-Halbinsel seinem Einflussbereich öffnen und den Seehandel am Golf weitgehend beherrschen. Erst das weitere Vordringen Japans im 20. Jahrhundert machte dann die gewonnenen Handelsvorteile Englands in diesem Gebiet wieder zunichte.

PENGLAI

Die am nördlichsten Punkt der Shandong-Halbinsel gelegene Hafenstadt Penglai, 83 Kilometer westlich von Yantai, ist als Stadt zwar nicht allzu groß, hat jedoch eine Küstenlinie von 172 Kilometern, hervorgerufen durch die vielen Einbuchtungen am Bohai-Meer.

Der Name Penglai hat für jeden Chinesen seit über 2000 Jahren einen magischen Klang. Das Gebiet galt als Wunderland, in dem das Kraut des ewigen Lebens zu finden sei. Man erzählte, dass von Penglai aus die Acht Unsterblichen ihre Meerfahrt angetreten hätten und dass Dongbin an diesem Ort Unsterblichkeit erlangt habe.

Nachweislich kamen der Reichseiniger, Kaiser Qinshihuangdi und der Han-Kaiser Wudi nach Penglai, um nach dem Lebenselixier zu suchen. Die Erklärung für diese eingewurzelten Glaubensvorstellungen könnte in den Luftspiegelungen zu finden sein, die bei Nebel aus dem Meer steigen und wie tanzende Feen anzusehen sind.

Nördlich von der Stadt Penglai selbst befindet sich auf dem Kaiya-Berg der Penglai–Pavillon aus dem Jahre 1061, erbaut in der Nördlichen Song-Dynastie. Um dieses zweistöckige Bauwerk aus Holz gruppierten sich im Laufe der Jahrhunderte zahlreiche Hallen und Pavillons, so dass heute eine Besichtigungszone von fast vier Hektar auf den Besucher wartet, der in diesem Baukomplex auch das Mituo-Kloster vorfindet, das wie die anderen Sehenswürdigkeiten die Stürme der Zeit überdauert hat.

QUFU

Den Namen der Stadt Qufu spricht ein gebildeter Ostasiate mit der gleichen Ehrfurcht aus wie ein Christ den Namen Bethlehem oder ein Muslim den Namen Mekka, ist Qufu doch die Heimat des Konfuzius, jenes Weisen und großen Lehrers, der die ostasiatische Welt für gut zweieinhalb Jahrtausende nachhaltig geprägt hat.

Der Philosoph wurde 551 v. Chr. in Qufu geboren und starb auch dort nach einem langen Wanderleben um 478 v. Chr. und wurde in seiner Heimatstadt begraben. Die Staats- und Sittenlehre von Meister Kongzi (latinisiert Konfuzius) konnte sich nur langsam in den ersten Jahrhunderten nach seinem Tode und mit Widerständen durchsetzen.

Erst in der Han-Zeit erkannte man die volle Bedeutung des Konfuzianismus für das Gemeinwohl und so wurde die Lehre zur Staatsideologie. 195 v. Chr. ließ ein Kaiser erstmals Opfer am Grabe des Meisters darbringen, im 1. Jh. n. Chr. verlieh ihm der Kaiserhof postum die Herzogswürde und in der Tang-Dynastie wurde Konfuzius mit dem Titel eines Königs ausgezeichnet. 1008 wurde Kongzi zum unsterblichen Wesen (Xian) erklärt.

Diese Wertschätzung hatte für Qufu unmittelbare Folgen. Zu Ehren des großen Denkers entstand im Laufe der Jahrhunderte ein gewaltiger Konfuzius-Tempel, sein ehemaliger Wohnsitz wurde für seine unmittelbaren Nachkommen zu einer fürstlichen Wohnanlage ausgebaut und um sein Grab entstand der sogenannte Konfuzius-Wald, ein Friedhof von enormen Ausmaßen, in dem alle Nachfah-

ren der direkten Linie bis zur Gegenwart bestattet wurden. Der künstlerische Wert dieser drei Groß-komplexe und ihre historische Bedeutsamkeit veranlasste die UNESCO, 1994 diese Areale in Qufu in die Liste der Weltkulturorte aufzunehmen.

Nun war Qufu allerdings bereits vor der Zeit des Konfuzius die Hauptstadt des Reiches Lu und in der Zeit der Streitenden Reiche (476–221 v. Chr.) eine der angesehensten Städte Nordchinas, aber ihre Glanzzeit begann doch erst in den Jahrhunderten nach dem Beginn der Han-Dynastie. Heute hat Qufu im Stadtbezirk rund 90 000 Einwohner und ist nach der Öffnung des Landes seit 1978 ei-ner der großen Tourismus-Magneten Chinas geworden.

Der Konfuzius Tempel in Qufu, der Begräbnisstadt des großen Philosophen.

Der von dem Philosophen Konfuzius begründete Konfuzianismus, von 206 v. Chr. bis zum Ende des Kaisertums 1912 verbindliche Staatsdoktrin Chinas, strebt nach Harmonie im Staatswesen.

Die Stadt liegt im südöstlichen Teil der Provinz, südlich von Taian und 15 Kilometer östlich von Yanzhou. Am beeindruckendsten ist für jeden Besucher der Konfuzius-Tempel (Kong-Miao), der allein ein Fünftel der eigentlichen Altstadt einnimmt und auf einer Fläche von 21 Hektar ein gewaltiges Ensemble von Hallen, Höfen, Pavillons, Toren, Türmen und Nebengebäuden aufweist, die alle entlang einer Nord-Süd-Achse angeordnet sind und zusammengenommen 466 Räume aufweisen. Der Tempel ist der größte seiner Art in China und ist wegen seiner prachtvollen Ausstattung oft mit dem Kaiserpalast in Peking verglichen worden.

Das kostbare Zentrum der Anlage ist die Halle der Großen Vollkommenheit (Dachengdian), die im 11. Jahrhundert errichtet wurde und nach wiederholten Restaurierungen mit ihren gelb glasierten Keramikziegeln alle Stürme der Zeit wie alle anderen Bauten – auch die Erdbeben – glücklich überstanden hat. Berühmt sind vor allem die Steinsäulen, auf die sich das Dach stützt, und in die in Hochrelief Drachen eingemeißelt sind.

Ein weiterer großer Anziehungspunkt in der Stadt sind die Wohnanlagen der Familie Kong, der Nachfahren des Konfuzius. Auf einer Fläche von 16 Hektar breiten sich Gebäude mit insgesamt 463 Räumen aus. Die von den Kaisern zu Herzögen ernannten unmittelbaren Nachkommen des Meisters hatten in den weitverzweigten Palästen ihren Amtssitz und die Wohnräume für ihre Großfamilien. 77 Generationen haben hier gelebt und gewirkt. Nach den Jahren der Verfolgung in der Mao-Zeit hat der noch lebende direkte Nachkomme des Philosophen (im Mannesstamm) wieder Zutritt zu den Wohnungen seiner Vorfahren. Das Gesamtareal ist heute ein Museum und eine Forschungsstätte.

DER KONFUZIUS-WALD

Im Norden der Stadt Qufu liegt der Konfuzius-Wald, wie man den Friedhof nennt, in dem der Meister selbst und alle seine direkten Nachfahren seit dem Jahre 478 v. Chr. bis zur Gegenwart bestattet sind. Mit einer Fläche von 200 Hektar und unzähligen Grabsteinen, Stelen und steinernen Figuren, Brücken, Pavillons und Torbögen ist dieser Friedhof weltweit die größte, älteste und vollständigste Ruhestätte für eine Familie.

Über 20 000 alte Bäume, Kiefern, Akazien, Zypressen, Ulmen und Ahorn berechtigen durchaus, von einem Wald zu sprechen, der dem Friedhof eine Stille und Würde verleiht, die sich dem Besucher unmittelbar mitteilt. Der Wald ist von einer drei Meter hohen und sieben Kilometer langen Mauer umgeben und schirmt das Areal vom Getriebe der Welt ab. Den Weg zum Grab des Konfuzius

(Kongmu) weist ein Heiliger Pfad, an dem zu beiden Seiten steinerne Beamte und Tierfiguren stehen. In allen Kriegen und Bürgerkriegen, die über China hinweggingen, wurde von allen an den Kämpfen beteiligten Gruppen der Konfuzius-Wald als unantastbares Erbe angesehen und stets geschont. Den chaotischen Roten Garden in der Kulturrevolution war es vorbehalten, in blinder Zerstörungswut auch das Grab des Philosophen zu schänden. Die Gebeine des Konfuzius sollten ausgegraben und vernichtet werden, aber es war nichts davon mehr zu finden. Wohl wurde die Grabanlage selbst schwer demoliert, aber die Schäden sind inzwischen längst behoben und der Besucher bemerkt nichts mehr von der einstigen Barbarei.

FOLGENDE DOPPELSEITE:
Landschaft am Fuße des heiligen Berges Taishan.

WEITERE SEHENSWÜRDIGKEITEN IN UND UM QUFU

Nordwestlich der heutigen Stadt Qufu liegt das Ausgrabungsfeld Luguo Gucheng, der Ort, an dem die alte Hauptstadt des Staates Lu lag, eines selbständigen Herrschaftsgebietes, das bis zum Jahre 249 v. Chr. bestand. Dieses „alte Qufu" war rechteckig angelegt und hatte eine Ausdehnung von 3,5 x 2,5 Kilometer, umfasste Wohngebiete, Werkstätten und eine Palastanlage. Die Stadt war durch elf Tore zugänglich. In den Gräbern stieß man auf wertvolle Grabbeigaben.

Ebenfalls im Norden der Stadt liegt der Tempel Yanmiao, der zu Ehren von Yan Hui in der Han-Dynastie errichtet wurde. Yan Hui war der Lieblingsschüler des Konfuzius, dessen Talent so ungewöhnlich gewesen sein soll, dass sein Tod mit 32 Jahren den Meister wie ein Keulenschlag traf.

Da Konfuzius sein ganzes Leben um Yan Hui trauerte, soll Kaiser Gaozu (206–194 v. Chr.) diesen ehrwürdigen Tempel gestiftet haben. Die Anlage wurde mehrfach erneuert und besticht durch ihr Dach aus grünen Keramikziegeln und eine Höhe von 16 Metern. Mehrere Hallen, Pavillons, Tore und Steinstelen machen den Yanmiao zu einem lohnenswerten Ziel von Liebhabern chinesischer Architektur.

Fährt man eine knappe Stunde mit dem Zug von Qufu nach Süden, so gelangt man nach Zouxian (auch Zoucheng), der Heimatstadt des Philosophen Menzius, der von 372–289 v. Chr. lebte und die Lehren des Konfuzius weiterentwickelte, kommentierte und wesentlich zu ihrer Verbreitung beitrug. Ein Tempel in Zouxian erinnert an diesen für die Befestigung des Konfuzianismus in China so wichtigen Denker.

DER HEILIGE BERG TAISHAN

Von den fünf Heiligen Bergen der chinesischen Universalreligion ist der Taishan der ehrwürdigste und der wichtigste. Das ausgedehnte Bergmassiv erhebt sich nördlich der Stadt Taian inmitten der Bergwelt von Shandong und ist von der im Norden gelegenen Hauptstadt Jinan mit dem Zug erreichbar. Der Hauptgipfel des Taishan mit einer Höhe von 1545 Metern gilt als Symbol der Erhabenheit und Würde schlechthin.
Das gesamte Taishan-Gebiet mit einer Fläche von über 400 Quadratkilometer hat die UNESCO in die Liste des Weltkultur- und Weltnaturerbes aufgenommen, denn der Berg ist ein natürliches Mu-

seum voll der Naturschönheiten und kulturellen Schätze, zu denen Klöster, Tempelhallen, Pavillons, Steinstelen, zahllose Inschriften und vor allem die längste Steintreppe der Welt gehören.

Die schon Jahrtausende alte Verehrung des Berges geht auf einen Mythos aus neolithischer Zeit zurück, der um den Weltenschöpfer Pan Gu kreist. Einer Urzeitlegende zufolge entstanden Himmel und Erde beim Tode des Schöpfergottes Pan Gu, dessen Gliedmaßen zu Sonne, Mond und Sternen wurden und auf der Erde zu Flüssen und Bergen sich formten.

Das Haupt von Pan Gu aber wurde zum Taishan, der seitdem als der erhabenste Berg unter dem Himmel bei allen Chinesen gilt. Man sieht ihn auch als den Urahn der übrigen vier Heiligen Berge an. Der Taishan liegt im Osten, wo die Sonne aufgeht, die anderen Bergheiligtümer liegen alle in den übrigen Himmelsrichtungen. Der Taishan steht auch für das männliche Prinzip Yang, das Stärke, Helligkeit und positive Lebensenergie verkörpert.

Große Stele auf dem Gipfel des Taishan, wo die Kaiser die „feng"- und „shan"-Opfer an Himmel und Erde durchführten. Die Inschrift wurde von Kaiser Xuan Zong aus der Tang-Dynastie 726 verfasst.

Nach altchinesischer Auffassung wandern die Seelen der Verstorbenen alle zum Taishan, wo sie vom Gott des Berges aufgenommen werden. Der Mensch tut also gut daran, schon zu Lebzeiten den Berg aufzusuchen und dem Berggott Opfer darzubringen. Die Kaiser glaubten, Himmel und Erde am besten in Einklang bringen zu können, wenn sie am Fuß des Berges Opfer darbringen würden und auf seinem Gipfel ihm huldigten. Nach verlässlichen Aufzeichnungen haben 72 Kaiser in der chinesischen Geschichte den Aufstieg zum Gipfel unternommen – und Abermillionen von Pilgern folgten ihnen Jahr für Jahr.

Der Aufstieg zum Gipfel erfolgt über eine Steintreppe von über 6000 Stufen und dauert etwa sieben Stunden. Dieser Weg führt vorbei an rund 2000 historischen und kulturellen Denkmälern, an Tempelhallen, Klöstern, Pavillons, Pagoden, Toren, Teichen, kleinen Palästen, Gräbern, Stelen und unzähligen Inschriften aus den letzten 2300 Jahren, die teilweise unmittelbar in die Felswände gemeißelt wurden.

Gegen Ende des 20. Jahrhunderts wurde eine Seilbahn bis zum Gipfel erbaut. Wer diesen Lift benutzt, dem entgehen allerdings die vielen Stationen, die beim Aufstieg über die Treppe den Besuchern Ausblicke auf vielerlei Wunder der Natur und Kultur eröffnen.

Ausgangspunkt zum Aufstieg auf den Taishan ist die Kreisstadt Taian, in der einer der größten und schönsten Tempel Chinas liegt, der bereits in der Zeit der Reichseinigung erbaut und seither vielmals erweitert und renoviert wurde. Dieser Tempel, der Daimiao, wird auf einer Fläche von annähernd 10 Hektar von 800 Bauten umgeben und von einer mächtigen Umfassungsmauer umschlossen.

Innerhalb der Tempelanlage wird der Besucher von vielen Skulpturen und 157 Steinstelen überrascht, von denen die älteste auf das Jahr 209 v. Chr. zurückgeht. Das prächtige Doppeldach der Haupthalle (Tiankuang Dian) weist mit seinen gelbglasierten Ziegeln auf die Heiligkeit des Ortes hin. Ein monumentales Wandgemälde im Innern zeigt den Gott des Taishan, wie er mit seinem Gefolge seinen Himmelspalast verlässt und eine Besuchsreise zur Erde antritt.

Das Riesengemälde stammt aus der Song-Dynastie, in der durch kaiserliche Gunst auch die Haupthalle im Jahre 1009 entstand und bis zur Renovierung 1956 die Zeiten überdauerte. Man hat mit großer Berechtigung darauf verwiesen, dass diese „Halle der Himmlischen Gaben" der „Halle der Höchsten Harmonie" im Kaiserpalast zu Peking und der „Halle der Großen Errungenschaften" im Konfuziustempel zu Qufu vergleichbar sei.

Die Stadt Taian selbst zählt heute 1,2 Millionen Einwohner, sie liegt 70 Kilometer südlich der Provinzhauptstadt Jinan und umfasst mit den eingemeindeten Kreisen eine Fläche von 2500 Quadratkilometer. Die Stadt gehört zu den ältesten in Shandong überhaupt. Bereits in der Han-Dynastie herrschte in Taian ein beträchtlicher Wohlstand, gefördert nicht zuletzt durch die unaufhörlichen Pilgerströme zum Taishan. 1182 wurde Taian die Hauptstadt eines wichtigen Verwaltungsbezirks im nördlichen China.

Chifeng
Fuxin
Shenyang
Tonghua
NORD-KOREA

Chaoyang
Jinzhou
Benxi
Fushun
Anshan

Chengde
Yingkou
Dandong

Baotou
Hohhot
Jining
Zhangjiakou
Xuanhua
Qinhuangdao

Wuhai
Datong
Yangquan
Beijing (Peking)
Tangshan
Dalian
Pyöngyang

Baoding
Tianjin
Yantai
Weihai
Seoul
Incheon

Yan'an
Taiyuan
Shijiazhuang
Xintai
Jinan
Zibo
Weifang
Daejeon
Daegu
SÜD-KOREA

Linfen
Handan
Taian
Qingdao
Busan

Changzhi
Anyang
Jining
Gwanju

Tongchuan
Jiaozuo
Xingxian
Zaozhuang

Bapji
Weinan
Zhengzhou
Kaifeng
Lianyungang
Gelbes Meer

Xi'an
Luoyang
Huaibai
Xuzhou
Qingjian

Nanyang
Benghu
Huainan
Yangzhou
Taizhou
Nantong

Shiyan
Xinyang
Hefei
Nanjing
Changzhou
Wuxi
Shanghai

Xiangfan
Suzhou
Jiaxing

Jangtsekiang
Yichang
Wuhan
Anqing
Hangzhou
Ost-chinesisches Meer

Drei Schluchten Stausee
Shashi
Huangshi
Shaoxing
Ningbo

Wanxian
Yueyang
Jiujiang
Jingdezhen
Jinhua

Chongqing
Changde
Nanchang
Shangrao
Wenzhou

Changsha
Pingxian

Zunyi
Xiangtan
Zhuzhou
Ji'an
Nanping

Guiyang
Shaoyang
Hengyang
Ganzhou
Fuzhou
Jilong
Taibei

Duyun
Chenzhou
Quanzhou
Taizhong

Guilin
Xiamen
Hualian

Liuzhou
Shaoguan
Zhangzhou
Tainan
TAIWAN

Wuzhou
Guangzhou
Chaozhou
Gaoxiong

Nanning
Zhaoqing
Shenzhen
Shantou

Yulin
Foshan
Hongkong
Jiangmen

0   200   400   600
km

SHANGHAI
REGIERUNGSUNMITTELBARE STADT (PROVINZSTATUS)

Shanghai, mit 17 Millionen Einwohnern die größte Stadt Chinas, umfasst mit seinem weiten Hinterland eine Fläche von 6340 Quadratkilometern – ein Gebiet von mehr als der doppelten Größe des Saarlandes. Gelegen auf 121°29' östlicher Länge und 31°18' nördlicher Breite an der Mündung des Huangpu-Flusses, nimmt Shanghai am Ostchinesischen Meer etwa die Mitte der langen Küstenlinie ein, die von der südlichen Mandschurei bis zum Südchinesischen Meer reicht.

Die Stadt selbst liegt nicht unmittelbar am Meer, sondern am Huangpu-Fluss, der selbst mit seinem Hauptmündungsstrom hier das Meer erreicht. Shanghai bedeutet „Stadt über dem Meer", aber auch genannt „Tor zum Westen" oder auch „Heimliche Hauptstadt Chinas".

Die Prachtpromenade und bekannteste Straße von Shanghai, der so genannte „Bund".

Die Kurzform für Shanghai lautet Hu. Die Stadt hat 18 Bezirke mit weit ausgedehnten Vororten und einen sehr großen Landkreis, die Insel Chongming im Mündungsdelta des Jangtse gehört ebenfalls noch dazu, ebenfalls die beiden Insel Changxing und Hengsha, die mitten im Strom des Jangtse liegen.

Östlich, nördlich und südlich ist das Gebiet von Shanghai ganz von Wasser umgeben, westlich grenzt es an die Provinz Jiangsu und südwestlich an Zhejiang.

TOPOGRAPHIE

Das gesamte Gebiet von Shanghai ist ein Teil der Ebene des Jangtse-Deltas und damit ein Schwemmlandgebiet, das nur im allgemeinen rund 4 Meter über dem Meeresboden liegt. Diese Ebene ist überzogen mit einem Netz von Wasserläufen, wovon der Huangpu-Fluss eindeutig der größte ist. Der Huangpu, der aus dem Tai-See in der Nachbarprovinz Jiangsu kommt, fließt wie sein Nebenfluss Wusong mitten durch die Stadt.

Die im Mündungsgebiet des Jangtse liegenden Inseln Chongming, Changxing und Hengsha sind genauso eben wie die Gebiete um die Stadt selbst und wurden im Laufe der Jahrhunderte durch den Jangtse selbst angeschwemmt.

KLIMA

In Shanghai herrscht bereits feuchtes subtropisches Klima, das jedoch mild und gemäßigt ist und vier klar unterscheidbare Jahreszeiten kennt. In der Zeit zwischen Sommer und Herbst suchen oftmals Taifune die Stadt und das ganze dazugehörige Gebiet heim. Die Niederschlagsmenge beläuft sich im Jahresdurchschnitt auf 1000 Millimeter.

Die Temperaturen betragen im Januar 4,7° Celsius, im März 13,4°, im Mai schon 22,9°, im Juli 27,5° und im August rund 24,1° bis 28°. Im Oktober werden meist 12,8° gemessen, im Dezember immerhin noch 4°.

LINKE SEITE:
Der Pearl Oriental Turm bei Nacht.

LANDWIRTSCHAFT

Die großen Anbauflächen der Vororte und Außengebiete Shanghais warten mit hohen und stabilen Erträgen auf. Jede Nacht brechen viele Tausende von Bauern mit Erzeugnissen ihrer Felder in Richtung Stadt auf, um in der Frühe auf den Märkten dortselbst präsent sein zu können. Vor allem Gemüse, Schweinefleisch, Geflügel und Fische werden in den Markthallen angeboten.

Angebaut werden außerhalb der Stadt aber auch Reis, Weizen, Baumwolle, Raps und Obst. Milchkühe werden ebenfalls gehalten, spielen jedoch in China seit alters nur eine untergeordnete Rolle, da die Chinesen Kuhmilch, Butter und Käse kaum oder gar nicht kennen, da sie die Proteine vor allem aus der Sojabohne gewinnen. Die Küstengewässer und Flüsse sind reich an Fischen, daher spielt die Fischerei im Umfeld von Shanghai eine beträchtliche Rolle.

In der Altstadt von Shanghai.

Ein Verkehrspolizist in Shanghai schützt sich vor der Sonne.

Ein Transrapid verlässt den Bahnhof in Shanghai in Richtung Flughafen.

INDUSTRIE

Shanghai ist die größte Industrie- und Handelsstadt Chinas, es ist nicht nur das Wirtschaftszentrum des Ostens sondern des ganzen Landes überhaupt. Im Kernbereich der Stadt liegen rund 8000 Industriebetriebe, dazu kommen jährlich viele neue Unternehmen in den Satelliten-Städten. Von der Schwerindustrie bis zur Leicht- und Textilindustrie führt die Linie zu einer gut ausgerüsteten Verarbeitungs- und Rohstoffindustrie.

Shanghai beliefert die Märkte Chinas mit hochwertigen Produkten der Spitzenklasse ebenso wie mit billiger Massenware. Der Export vieler Waren aus Shanghai ins Ausland nimmt von Jahr zu Jahr zu.

VERKEHRSVERBINDUNGEN

Shanghai ist der größte Verkehrsknotenpunkt Chinas, denn die Stadt ist aus der Luft, per Schiff, Eisenbahn und Auto gleichermaßen gut erreichbar. Seit 2004 verkehrt der Transrapid als schnellster Zug der Welt vom Flughafen bis zum Stadtrand. Der Airport Shanghai verbindet die riesige Metropole mit vielen Städten der Welt, aber auch mit zahlreichen chinesischen Städten durch den innerchinesischen Flugverkehr.

Der Hafen von Shanghai ist ein natürlicher Flusshafen, der in der Mitte der Nord-Süd-Schifffahrtsroute liegt. Hier können ganzjährig Schiffe von 10 000 Tonnen vor Anker gehen. Dadurch ist die Stadt mit mehr als hundert Ländern und Gebieten der Erde verbunden. Gleichzeitig fahren Binnenschiffe auf dem Huangpu, vor allem aber auf dem Jangtse zu einer Reihe chinesischer Städte an diesem großen Strom.

Mit der Eisenbahn kann man sowohl schnell von Shanghai nach Hangzhou als auch in alle anderen Teile des Landes kommen. Eine Schnellbahn von Shanghai nach Peking ist geplant. Das Hinterland der Stadt wird durch ein Netz von Landstraßen und Wasserwegen ebenfalls gut erschlossen.

Studenten auf dem Campus der Fudan Universität.

GESCHICHTE

Besiedelt war die Gegend schon sehr früh, aber lange Jahrhunderte kannte man die Siedlung nur als Fischerdorf. In der Tang-Zeit stieg der Ort zu einem Hafenplatz für den Salzhandel auf, war jedoch damals unter dem Namen Hudu bekannt. Seit dieser Zeit ist in der Umgangssprache die Kurzform Hu für die Stadt bis zum heutigen Tag erhalten geblieben.

Nach den Invasionen der Kitan und der Mongolen im Norden flohen viele Han-Chinesen nach Süden, und so kamen auch viele unternehmungslustige Kaufleute an die Huangpu-Mündung und gründeten hier Handelsniederlassungen und Werften. Im 13. Jahrhundert befuhren bereits Dschunken aus Hudu die Gewässer des Ost- und Südchinesischen Meeres und trieben Handel mit Japan, den Philippinen und Siam.

In dieser Zeit gab man der Stadt dann den Namen Shanghai. Die reich gewordenen Bürger wurden in der Ming-Zeit dann mehrfach von japanischen Piraten überfallen, so dass man 1554 eine Stadtmauer errichtete, die erst 1911 niedergerissen wurde. In der Ming-Dynastie (1368–1644) hatte Shanghai bereits die meisten Einwohner in Ostchina und war schon die wirtschaftlich wichtigste Stadt Chinas.

Das „Automobil-College" der Tongji Universität in der Nähe von „Anting Automobile City".

FOLGENDE DOPPELSEITE:
Die zwei Shanghaier Stadtteile Pudong und Puxi werden von dem Fluss Huangpu in Ost und West geteilt. Innerhalb von sieben Jahren wurde Pudong zu einem modernen Finanzzentrum mit einer umfangreichen eigenen Infrastruktur, zu der ein Flughafen, eine Börse, Hotels, ein U-Bahn-Netz und vieles mehr zählen.

Im 16. Jahrhundert entstanden am Ufer des Huangpu die ersten Großmanufakturen für die Seiden- und Baumwollspinnerei, die Porzellanherstellung und die Eisenverarbeitung. Im 17. Jahrhundert saßen 20 000 Arbeiterinnen und Arbeiter an den Webstühlen der Stadt.

Der Fluss Huangpu mit der Sonderentwicklungszone Pudong im Hintergrund.

1842 kam es am Ende des Ersten Opiumkrieges zu einem massiven Beschuss der chinesischen Garnison durch britische Kanonenboote und zur Einnahme der Stadt durch die Engländer. Im Vertrag von Nanjing am 29.08.1842 wurde dann China zur generellen Öffnung der Stadt gezwungen. Briten, Franzosen und Amerikaner errichteten daraufhin ihre Niederlassungen in Shanghai.

Mit der Ankunft der Ausländer in der Stadt wurde ein völlig neues Kapitel aufgeschlagen. Die Ausländer richteten sich in den gut fünfzig Jahren bis 1900 wohnlich in Shanghai ein, das bald dreigeteilt war, denn es entwickelte sich ein großer französischer Sektor, ein internationaler Sektor und die dichtgedrängte Chinesenstadt. In den ausländischen Konzessionen galt die Konsulargerichtsbarkeit. Die Stadt erhielt bald ein westliches Aussehen. Nach dem Sturz des Kaiserreiches übernahmen die Ausländer die gesamte Verwaltung. 1921 wurde die Kommunistische Partei in Shanghai gegründet, 1928 rückten die Truppen von Chiang Kai-shek in der Stadt ein.

In dieser turbulenten Zeit entwickelte sich Shanghai zu einem Eldorado für Abenteurer, Spekulanten, Schmuggler und galt als Zufluchtsort für Verfolgte aller Art. Unter den 57 000 Ausländern in der Stadt im Jahre 1935 waren auch 15 000 europäische Juden. Damals zählte die Stadt bereits 3,7 Millionen Einwohner.

Shanghai war nicht nur eine riesige Hafenstadt mit Werften, Import-Export-Firmen, Textilfabriken und vielen Firmen der Leichtindustrie geworden, es galt als Bankenzentrum Nr. 1 auf chinesischem Boden.

1937 besetzten die Japaner die Stadt und errichteten bis zur Kapitulation 1945 ein rigoroses Besatzungsregime. Die Zeit bis zur Übernahme der Macht durch die Kommunisten war für die Stadt eine schwierige Periode, da Shanghai auch für kurze Zeit Schlachtfeld im Bürgerkrieg wurde.

Von hier aus flohen dann viele Leute mit Kapital mit den Truppen Chiang Kai-sheks nach Hong Kong und Taiwan. Nach 1949 wurden allmählich alle Firmen und sämtlicher ausländischer Besitz verstaatlicht. Shanghai übernahm die Vorreiterrolle in der Mao-Zeit, die wichtigsten Gefolgsleute des „Großen Vorsitzenden" kamen aus dieser Stadt. In der Kulturrevolution waren die tonangebenden Kader Leute aus Shanghai.

Ein Verkehrsknotenpunkt im Stadtteil Pudong.

Drei Jungen spielen in einer Straße des traditionellen Wohnviertels von Lilong begeistert Basketball. Seitdem Chinas Profi-Basketballer Wie Wang ZhiZhi und Yao Ming bei der NBA spielen, ist Basketball zu einem beliebten Freizeitvergnügen geworden.

Acht lebensgroße Heiligenfiguren ziehen in einer religiösen Prozession auf Flößen durch ein Gewässer in Shanghai. An diese Heiligen wenden sich die Menschen bei Sorgen, Kummer und Not. Die Heiligen erinnern ferner daran, das eigene Ziel nicht aus den Augen zu verlieren. In kaum einer Stadt der Welt ist der Unterschied zwischen Arm und Reich, Schön und Hässlich so gewaltig wie in Chinas aufstrebender Weltmetropole. Shanghai, das ist Chinas Zukunft, das sind die kühnsten Bauprojekte, die freizügigsten Szenelokalitäten und die schicksten Läden.

Nach der Öffnung Chinas durch Deng Xiaoping ging die Stadt wiederum voran und nutzte die vielen „kapitalistischen Privilegien" am besten von allen Regionen Chinas. Kulturell blühte die Stadt ebenfalls auf. Drei berühmte Universitäten (Fudan, Jiaotong und Tongji) und an die 200 Hochschulen und Fachhochschulen, viele Verlage und Theater sowie das modernste Museum Chinas machen Shanghai seit 1980 zu einer Stadt der Forschung, des Studiums und der kulturellen Entwicklung.

Das Gesicht der Stadt veränderte sich in den letzten 20 Jahren völlig. Weit über eintausend Hochhäuser und Wolkenkratzer schossen in die Höhe. Der 468 Meter hohe Fernsehturm überragt das neue Banken-, Geschäfts- und Industrieviertel von Pudong. Dieses alte Werften- und Handwerkerviertel wurde völlig abgerissen, um einem „Pudong der Superlative" Platz zu machen.
Am Rande dieser durch Tunnels, Schnellstraßen und Brücken mit der Altstadt verbundenen Export-Entwicklungszone liegt auch der Großflughafen Pudong, der durch den Transrapid mit dem Stadtrand verbunden ist.

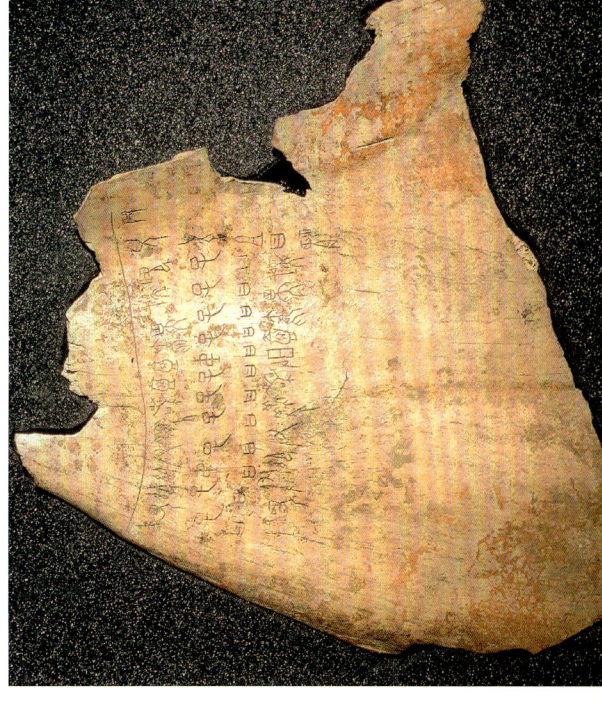

SEHENSWÜRDIGKEITEN

TEMPEL DER JADEBUDDHAS

Neben der neu gestalteten Uferpromenade, dem legendären Bund, und der Nanjing Road, der Hauptgeschäftsstraße der Stadt, ist nach wie vor Besuchermagnet Nr. 1 der Tempel der Jadebuddhas (Yu Fo Si), im Nordwesten Shanghais. 1882 brachte der Mönch Huigeng von seiner Pilgerreise nach Burma zwei Buddhafiguren aus weißer Jade mit, die 1911 in diesem Tempel Aufnahme fanden. Man hatte dieses Kloster eigens für diese beiden kostbaren Skulpturen errichtet.

In der „Halle des Schlafenden Buddha" wird die einen Meter lange Figur des Erleuchteten bei seinem Eintritt ins Nirwana gezeigt, die andere Figur ist 1,9 Meter hoch und zeigt Buddha im Augenblick der Erleuchtung; dieses außergewöhnliche Kunstwerk befindet sich in der Bibliothek des Tempelklosters.

Die Orakelknochen sind das älteste bekannte Beispiel chinesischer Schrift. Die ursprünglich zur Weissagung benutzen Knochen geben Auskunft über Herrscher, Kriege und religiöse Riten. Sie stammen aus der Shang-Dynastie (1766–1122 v. Chr.).

LONGHUA TEMPEL

Im Bezirk Longhua befindet sich der größte und von den Gläubigen am meisten verehrte „Tempel der Drachenblume" (Longhua Si) mit seiner in der Song-Zeit im Jahre 977 errichteten 40 Meter hohen Pagode. Die fünf Hallen des Tempels stammen aus der Qing-Zeit, wurden jüngst sachkundig restauriert, enthalten eine Reihe bedeutender Figuren von Buddha, den Bodhisattvas und den Himmelswächtern sowie eine 1,5 Tonnen schwere Bronzeglocke aus dem Jahre 1382.

Der Yuyuan Garten.

SHANGHAI-MUSEUM

Das Shanghai-Museum mit seiner hypermodernen Architektur, am Volkspark gelegen, ist wohl derzeit das modernste in ganz Asien und rangiert nach dem Pekinger Palastmuseum und dem National Palace Museum in Taipeh an dritter Stelle, denn seine 123 000 Ausstellungsgegenstände sind nicht nur von herausragender Qualität sondern auch in optimaler Art präsentiert. Aus neolithischer Zeit bis zur Gegenwart zeigt dieses Museum für Kunst und Geschichte in 21 Abteilungen Zimelien der Spitzenklasse.

KONFUZIUSTEMPEL

In der zu Shanghai gehörenden Kreisstadt Jiading (im Nordwesten) liegt eine der größten Tempelanlagen südlich des Jangtse, es ist der Kong Miao aus dem 13. Jahrhundert, der in der Yuan-, Ming- und Qing-Zeit restauriert und vergrößert wurde. Nachdem in der Zeit der Bürgerkriege recht respektlos eine Reisfabrik in dem Tempel untergebracht war, ließ die Regierung 1958 den Tempel in ein historisches Museum umbauen.

GÄRTEN

Neben den Parks der Stadt, dem Botanischen Garten mit seinen vielen Bonsais und dem Zoologischen Garten mit rund 340 Tierarten, zieht der Garten Yuyuan wie eh und je Millionen von Besuchern an. Dieser typisch chinesische Landschaftsgarten aus den Jahren 1559–1577 liegt nordöstlich der Altstadt und entzückt mit seinen zahlreichen Hallen, Pavillons und Seen und seinen dreißig verschiedenen Szenerien. Der Garten gehörte einst einem hohen Beamten, der dieses Juwel im Suzhou-Stil anlegen ließ.

Der Yu Garten vor der nächtlichen Skyline.

Eine wunderschöne Blume im Yuyuan Garten.

0   200   400   600
km

Ulan Bator

M O N G O L E I

Horqin Youyi
Qianqi

Jiamusi

Jixi

Qiqihar

Daqing

Suihua

Harbin

Mudanjiang

Baicheng

Changchun   Jilin

Tongliao   Siping   Liaoyuan

Yanji

Baotou   Hohhot   Jining   Zhangjiakou

Chifeng   Fuxin   Shenyang   Fushun

Tonghua

Wuhai   Datong   Xuanhua   Chaoyang   Benxi

NORD-
KOREA

Huang He   Beijing
(Peking)

Jinzhou   Anshan

Dandong

Baoding   Chengde   Yingkou   Pyöngyang

Yan'an   Yangquan   Tianjin   Qinhuangdao

Dalian

Taiyuan   Shijiazhuang

Seoul

Shanxi
(Schansi)   Xintai   Jinan   Zibo   Weifang

Yantai   Weihai

Incheon

Daejeon

Daegu

Linfen   Handan   Jining   Taian

Qingdao

SÜD-
KOREA   Busan

Changzhi   Anyang   Zaozhuang

Gwanju

Tongchuan   Xingxian   Jiaozuo   Kaifeng   Lianyungang

Gelbes

Meer

Bapji   Weinan   Luoyang   Zhengzhou   Xuzhou   Qingjian

Xi'an

Benghu   Qiangian

Nanyang   Xinyang   Huaian   Yangzhou   Taizhou   Nantong

Shiyan   Huainan   Nanjing   Changzhou   Wuxi

Xiangfan   Hefei   Suzhou   Shanghai

Jangtsekiang   Yichang   Jiaxing

Wanxian   Drei Schluchten
Stausee   Wuhan   Anqing   Hangzhou   Ningbo

Shashi   Huangshi   Shaoxing

Chongqing   Yueyang   Jiujiang   Jinhua

Changde   Nanchang   Jingdezhen   Wenzhou

Ost-
chinesisches

Changsha   Pingxian   Shangrao   Meer

526 Shanxi (Schansi)

SHANXI (SCHANSI)

FOLGENDE DOPPELSEITEN:
Der Hakou-Wasserfall.

Shanxi bedeutet „Westlich der Berge", damit ist das Taihang-Gebirge gemeint, das langgestreckt im Osten die Grenze zu Hebei bildet. Im Süden grenzt Shanxi an Henan, im Norden an die Innere Mongolei und im Westen an Shaanxi (Schensi). Die Provinz hat eine Fläche von 156 000 Quadratkilometern und eine Einwohnerzahl von 33 Millionen. Die Abkürzung lautet Jin. Administrativ ist die Provinz in 100 Landkreise und 22 Stadtgebiete gegliedert. Die Hauptstadt ist Taiyuan mit 2,5 Millionen Einwohnern.

Eine Besonderheit von Shanxi ist die Tatsache, dass die Grenze zum Nachbarn Schaanxi durch den Huanghe gebildet wird und zur Inneren Mongolei durch die Große Mauer. Bis zum Ende der Ming-Dynastie erfüllte sie in diesem Gebiet ihre Funktion als Schutzwall gegen die Mongolen, dann wurde sie eine innerchinesische Provinzgrenze.

TOPOGRAPHIE

Shanxi bildet den Ostteil des großen Lößplateaus und ist eine ausgesprochene Bergprovinz. 67,5 Prozent der gesamten Fläche sind gebirgig, von Schluchten durchzogen, erosionsgeschädigt und vielfach trocken, teilweise unbewohnbar. In den Flusstälern drängen sich die Agrargebiete zusammen.

Die Provinz lässt sich in fünf Regionen einteilen:

1. Die nördlichen Bergwelten
   Zu denen gehören die beiden „Heiligen Berge" Hengshan und Wutaishan. Die höchste Spitze auf dem Wutaishan ist 3058 Meter hoch. In diesen Bergen strömen der Sanggan He und der Hutuo He nach Osten, beides Quellflüsse des Hai He, der bei Tianjin ins Bohai-Meer mündet.

2. Das Mittel-Shanxi-Becken
   In diesem zwischen den Bergen gelegenen, lang in Nord-Süd-Richtung verlaufenden Becken ist das bestimmende Flusssystem der Fenhe, der in den Huanghe mündet. Hier liegen auch die entscheidenden Agrargebiete.

3. Das Gebirgsland von Ost-Shanxi
   Dieses Gebiet wird hauptsächlich vom Taihang-Gebirge eingenommen, das die Grenzlinie zwischen dem Shanxi-Plateau und der Nordchinesischen Ebene bezeichnet. Gleichzeitig ist es ein Grenzgebirge zwischen Shanxi und Hebei, in das sich eine Reihe von Tälern mit schmalen Flüssen schmiegen.

4. Das Tafelland von West-Shanxi, vielfach identisch mit dem Luliang-Gebirge, dessen westliche Grenze der Huanghe bildet. An diesem Abschnitt des großen Stromes liegen die Longmen-Stromschnellen und der Hakou-Wasserfall.

5. Die Bergländer von Süd-Shanxi

Zu dieser Region gehören das mehr nördlich gelegene Taiyue-Gebirge und das Zhongtia-Gebirge, das ganz im Süden liegt und das den Gelben Fluss zu seiner Laufänderung nach Osten zwingt. In diesem südlichen Gebiet erreicht der Xuehua Shan 1993 Meter.

Große Teile der Provinz sind mit einer dicken Lößschicht bedeckt, zerschnitten oft in zahllose Steilhangtäler. Da es wenig regnet, kann der Löß seine Fruchtbarkeit nicht entfalten, er ist sehr wasserdurchlässig und gestattet daher nur geringen Pflanzenwuchs.

KLIMA

Das Kontinentalklima Shanxis ist vom Monsun geprägt, relativ frostige und kalte Winter und nicht allzu warme Sommer bestimmen das Wetter. Die Bergprovinz liegt insgesamt verhältnismäßig hoch und hält auch im Sommer die Temperaturen niedriger als sie es der geographischen Lage nach sein müssten. Die Jahrestemperatur steigt allerdings von Norden nach Süden von 5° auf 15° Celsius. Wenn es im nördlichen Datong im Januar –11° kalt ist, so misst man in der südlicher gelegenen Hauptstadt Taiyuan nur -6,6°. Im September kann es in Taiyuan 16,1° warm sein, im nördlichen Datong aber nur 14,4° Celsius.

Die frostfreie Periode im Jahr dauert daher im Norden vier Monate, im Süden aber immerhin schon sieben Monate. Die Niederschläge fallen hauptsächlich in den Monaten Juli bis September und nehmen von Nordwesten nach Südosten zu. Regnet es im trockenen Datong im Jahresdurchschnitt nur 400 Millimeter, so steigt der Niederschlag im südöstlichen Changzhi durchaus schon auf 600 Millimeter.

LANDWIRTSCHAFT

Die Jahrhunderte lange Erosion auf dem Lößplateau führte dazu, dass bis vor wenigen Jahrzehnten alle Ernteerträge in Shanxi sehr niedrig waren. Erst als man mit durchgreifenden Maßnahmen (Wasserbevorratung, Aufforstung) an ausgewählten Plätzen der Erosion etwas Einhalt gebieten konnte, verbesserten sich auf weiten Anbauflächen auch die Ernten.

Vielfach sind die Berge und Hügel jedoch nur als Weideland nutzbar, die spärlich wachsenden Gräser gestatten nur eine dürftige Schaf- und Ziegenzucht. In den Talebenen jedoch gedeihen Wasserreis, Weizen, Mais, Sorghum, Baumwolle, Ölpflanzen, Datteln und Birnen. Wo nur irgend möglich, haben die Bauern die Berge terrassiert und dadurch zusätzliche Anbauflächen gewonnen. Esel, Maultiere und Rinder sind die bevorzugten Zugtiere in den oft schwer befahrbaren Lößgebieten.

INDUSTRIE

Shanxi ist ein Land der Kohle. Die Vorräte werden auf 200 Milliarden Tonnen geschätzt und machen ein Drittel der Gesamtvorräte von China aus. Das riesige Revier erstreckt sich über ausgedehnte Gebiete. Bergwerke befinden sich in Datong, Taiyuan, Xishan, Yangquan, Fenxi, Luan, Jinchen, Xuangang und Huoxian. Insgesamt findet sich Kohle so reichlich in Shanxi, dass die Provinz an erster Stelle der 20 kohlefördernden Provinzen und Autonomen Gebiete Chinas liegt.

Gefördert werden aber auch Eisen, Kupfer, Aluminium, Silber, Zink, Titan, Schamotte, Gips und Kalkstein. In der Provinz entwickelte sich die Eisen- und Stahlindustrie, der Maschinenbau, die Chemie- und Textilindustrie sowie die Nahrungsmittelindustrie. Eine wichtige Rolle spielt Shanxi bei der Herstellung von Textilmaschinen.

VERKEHRSVERBINDUNGEN

Die wichtigsten Städte in Shanxi sind mit der Bahn erreichbar, denn die Eisenbahn ist der wichtigste Verkehrsträger der Provinz. Von Datong aus führt die große Nord-Süd-Strecke bis hinunter nach Shaanxi (Schensi), und eine andere Linie läuft im Südosten der Provinz nach Luoyang in Henan. Von der langen Nord-Süd-Linie zweigt in Yuci eine nach Osten führende Strecke ab und läuft über Shouyang und Yangquan nach Shijiazhuang in Hebei. Die Landstraßen haben eine Länge von insgesamt 31 900 Kilometern und führen oftmals über hochgelegene Bergpässe.

GESCHICHTE

Das Gebiet war bereits zu neolithischer Zeit besiedelt und gilt als eine der Wiegen der chinesischen Kultur. Nicht ohne Grund verlegt die Legende die Heimat der drei Urkaiser Yao, Shen und Yu in bestimmte Landschaften dieser Provinz. Die Becken und Flusstäler des lößbedeckten Landes waren jedoch stets Einfallsschneisen für die Reiterheere der Steppenvölker, so dass die Geschichte von Shanxi recht turbulent verlief.

Die Westliche Zhou-Dynastie (1100–770 v. Chr.) errichtete hier einen Lehensstaat, der in der Zeit der Streitenden Reiche (476–221 v. Chr.) sich zu einer wichtigen Bastion des Reiches von Zhao entwickelte. Erobert durch den König von Qin, wurde das Gebiet zwar in den Schutz der Großen Mauer einbezogen, entwickelte sich aber in der Han-Dynastie zum Schauplatz der Kämpfe zwischen dem Reich und den Hunnen.

Nach dem Sturz der Han-Dynastie wurde das Land zu einer wichtigen Machtbasis der Jin-Dynastie (265–420), dann fielen zentralasiatische Stämme ein und begründeten die Nördliche Wei-Dynastie (386–534) mit Datong als Hauptstadt. Kurzzeitig Kernland der Nördlichen Qi (556–577), war es dann in den folgenden Dynastien stets wichtiges Grenzgebiet zwischen dem Reich der Mitte und den „nördlichen Barbaren".

Im 14. Jahrhundert wurde dann die Provinz in den heutigen Grenzen gegründet. Die Große Mauer blieb bis zum Ende der Ming-Zeit der stark befestigte Schutzwall gegen die Einfälle der Steppennomaden aus dem Norden.

DIE PROVINZHAUPTSTADT TAIYUAN

Taiyuan liegt am Rande des fruchtbaren Taiyuan-Beckens im Herzen der Provinz und zählt 2,5 Millionen Einwohner. Der aus dem Norden kommende Fen-Fluss fließt westlich unmittelbar an der Stadt vorbei. Man erreicht dieses große Industrie- und Verwaltungszentrum mit dem Flugzeug von allen bedeutenden chinesischen Flughäfen aus, mit der Bahn von Peking aus in 11 Stunden.

Die Yungang-Grotten befinden sich am südlichen Fuß des Wuzhou-Berges 16 km westlich der Stadt Datong. Die Grotten sind am Berg gebaut und haben eine Ausdehnung von Osten nach Westen von rund einem Kilometer.

Bereits seit Gründung in der Zhou-Zeit wurde die Stadt konsequent zur Festung gegen die nördlichen Reitervölker ausgebaut. Zuerst bekannt unter dem Namen Jinyang, wurde sie beim Beginn der Song-Dynastie 979 zerstört und dann wiederaufgebaut. Umbenannt in Songcheng, blieb es bis zum Ende der Song-Zeit eine bedeutende Festung im Norden.

Die Khitan bezogen die Stadt dann in ihr Liao-Reich ein und später die Mongolen in ihr Groß-Khanat. In der Ming-Dynastie errichteten die Kaiser dann den Bezirk Taiyuan und setzten in Songcheng einen Vizekönig ein. Bald darauf nahm die Stadt den Namen des Verwaltungsbezirks Taiyuan an. Im 19. Jahrhundert war die in Taiyuan verbreitete Geheimgesellschaft „Weißer Lotos" aktiv, die den Ausbruch des Boxeraufstandes mitverursachte. Nach der Revolution 1911 herrschte der Kriegsherr Yan Xishan als Diktator von Taiyuan aus über Shanxi und konnte sich durch eine raffinierte Bündnispolitik bis 1948 halten. Nach 1949 entwickelte sich die Stadt dann zum führenden Industriezentrum des Landes.

Symbol der Stadt ist der Zwei-Pagoden-Tempel (Shuangta Si) mit seinen beiden 54 Meter hohen Ziegelsteinpagoden, die im Südosten der Stadt liegen. Die Geschichte der Stadt und des Landes wird anschaulich ausgebreitet im Provinzmuseum, das – zweigeteilt – in einem ehemaligen Konfuziustempel und einem daoistischen Tempel untergebracht ist.

TEMPELANLAGE JINCI

Während in der Stadt selbst wegen der vielen Kriegsereignisse nicht allzu viele historische Denkmäler zu besichtigen sind, findet sich 25 Kilometer südwestlich von Taiyuan eines der größten Heiligtümer Chinas, die Tempelanlage Jinci mit ungefähr 100 Hallen, Toren, Brücken, Tempeln, Pavillons, Höhlen, Teichen, Türmen, Terrassen, Palästen und zwei Quellen.

Die als Ahnentempel bereits im 5. Jh. n. Chr. zum Gedenken an einen Prinzen an der Quelle des Flusses Jinhe errichtete Anlage wurde in späteren Jahrhunderten immer weiter ausgebaut und verschönert. Die Anlage ist eines der markantesten Zeugnisse für die in China seit Jahrtausenden gepflegte Ahnenverehrung und das tief verwurzelte Geschichtsbewusstsein.

Das Hauptgebäude der gesamten Sakralanlage ist die „Halle der Heiligen Mutter", errichtet in den Jahren 1023–1031. Die in dieser Halle verehrte Persönlichkeit ist die Mutter des Prinzen Shuyu, die nach ihrem Tod vergöttlicht wurde. Prinz Shuyu selbst aber war jener Herrscher, der im 11. vorchristlichen Jahrhundert lebte und zu dessen Gedenken sein Sohn den Ahnentempel ursprünglich stiftete.

Westlich von dieser Halle befindet sich der „Tempel der Wassergöttin", gestiftet im 16. Jahrhundert. Dieser Tempel ist ein gutes Beispiel für die Naturverbundenheit der Daoisten und letztlich einer der Belege für die Herkunft des chinesischen Universalreligion aus frühen Naturreligionen.

DATONG

Die auf einer Hochebene im Norden der Provinz liegende Industriestadt Datong mit über 900 000 Einwohnern liegt im Zentrum eines großen Kohlereviers nahe der Grenze zur Inneren Mongolei. Vorherrschend sind die Kohlezechen, der Landmaschinenbau und die große Fabrik, in der noch Dampflokomotiven gebaut werden.

Besiedelt war das Gebiet schon im Paläolithikum und unterstand in geschichtlicher Zeit dann dem Staate Zhao. In späterer Zeit immer wieder hart umkämpft zwischen den Chinesen und den Steppenvölkern, wechselte die Stadt auch mehrfach den Besitzer. Zweimal war Datong sogar das Zentrum von Fremddynastien, im 4. Jh. n. Chr. unter der Nördlichen Wei-Dynastie und später zeitweilig unter der von den Khitan gegründeten Liao-Dynastie (907–1124).

Bis zum Ende der Ming-Dynastie blieb Datong immer durch die Einfälle von Steppennomaden gefährdet und musste daher durch die Große Mauer und starke Garnisonen geschützt werden. Im 20. Jahrhundert wurde Datong im Zuge der Industrialisierung zu einem wichtigen Verkehrsknotenpunkt ausgebaut, in dem Bahnlinien und Straßen sich kreuzen und von dem aus man in alle Nach-

barprovinzen mit der Bahn oder dem Auto leicht gelangen
kann. Sehenswert sind in der Stadt zwei Klöster und die Neun-
Drachen-Mauer.

Das Tempelkloster Sanhua Si kann als kunsthistorisch bedeutende Anlage gelten, denn mit seinen vielen Statuen, Stelen,
Wandmalereien und Schnitzereien bewahrt es viele Zeugnisse
aus mehr als 1200 Jahren. Aus der Liao-Zeit blieb auf einer An-
höhe im Westen der Stadt ein Kloster erhalten, das den Namen
Huayan Si trägt und aus zwei Tempelanlagen besteht, dem Unteren Kloster (Xia Huayan Si) und dem Oberen Kloster (Shang
Huayan Si).

Die Haupthalle des Unteren Klosters bewahrt bis heute in 38
Einbauschränken 18 000 Bände buddhistischer Schriften aus der
Ming- und Qing-Zeit auf. Hauptschatz der Halle sind jedoch die
31 aus der Liao-Zeit (916–1125) stammenden Altarfiguren aus
Ton, die Buddhaschüler und Gläubige symbolisieren.

Die „Halle des Großen Helden" im Oberen Kloster ist dagegen
mit einer Fläche von 1560 Quadratmetern eine der größten
Tempelhallen Chinas – mit 973 Kassetten an ihrer Decke und
bedeutenden Wandbildern, die aus dem Ende der Qing-Dynastie stammen.

DIE YUNGANG-GROTTEN

Wer nach Datong fährt, soweit er nicht geschäftlich dort zu tun
hat, kommt wegen der Yungang-Grotten, die 16 Kilometer westlich der Stadt liegen und eine historische Sehenswürdigkeit ersten Ranges darstellen. In einem Tal am Südfluss der Wuzhou-
Sandsteinberge sind in 53 Höhlen 51 000 ausdrucksvoll gestaltete Skulpturen aus Stein erhalten, deren kleinste 2 Zentimeter
groß ist und deren größte 17 Meter aufragt.

Die Grotten erstrecken sich über einen Kilometer entlang der
Berghänge von Ost nach West und wurden zumeist in der Zeit
zwischen 460–494 n. Chr. errichtet. Ursprünglich sollen in den
Grotten rund 100 000 Statuen entstanden sein, von denen fast die
Hälfte im Laufe der Jahrhunderte zerstört oder geraubt wurde.

Ihre Entstehung verdanken die Grotten den zentralasiatischen
Toba, die den Buddhismus angenommen hatten und auf chinesischem Boden die Nördliche Wei-Dynastie (386–534) gründe-

ten. Die Herrscher dieser Dynastie gaben den Startschuss zum Bau der Grotten und übernahmen auch die Finanzierung des gewaltigen Vorhabens. Neben den Longmen-Grotten bei Luoyang und den Grotten von Dunhuang zählen die Schatzkammern von Yungang zu den bedeutendsten Grottensystemen Chinas überhaupt.

DIE „HEILIGEN BERGE" HENGSHAN UND WUTAISHAN

Die Provinz Shanxi kann sich rühmen, sowohl einen der fünf „Heiligen Berge" der Daoisten als auch einen der vier „Heiligen Berge" der Buddhisten zu besitzen. Von den fünf mystischen Bergen des alten China – dem Daoismus zugerechnet – ist der Hengshan der nördlichste, dessen Gipfel 2017 Meter erreicht.

Dieser Nordberg hat seine Entsprechung im Südberg, ebenfalls Hengshan genannt, der in der Provinz Hunan liegt. In alter Zeit wurde dem Gott des Berges in kaiserlichem Auftrag jährlich geopfert. Auf dem höchsten Gipfel liegt der Tempel, zu dessen Haupthalle Hunderte von Steinstufen hinaufführen.

Über die Hänge des Hengshan sind verschiedene Denkmäler verstreut, darunter auch das „Hängende Kloster", dessen Hallen wie Schwalbennester an einer steilen Felswand 30 Meter über dem Talboden kleben. Das im 6. Jahrhundert gegründete Kloster ist nur durch Galerien erreichbar, die in die Bergwände geschlagen wurden.

Im Gegensatz zum Daoismus wartet der Buddhismus in Shanxi mit einer riesigen Klosterlandschaft auf, die einst 300 Klöster umfasste, die alle im Wutaishan lagen, einem 500 Quadratkilometer großen Gebirge mit fünf Gipfeln. Wutaishan bedeutet „Berg der fünf terrassenförmigen Gipfel". Diese Berglandschaft ist 230 Kilometer nordöstlich von Taiyuan gelegen und gehört zu den hochgelegenen Regionen der Provinz, in der höchsten Erhebung bis zu 3058 Meter ansteigend. Auf dem Wutaishan kann der Wanderer das Glück haben Edelweiß zu finden.

Der Berg ist Wenshu geweiht, dem Bodhisattva der Weisheit, dessen Sanskritname Manjushri lautet. Bis 1949 gehörte der Wutaishan zu den am meisten besuchten Wallfahrtszielen buddhistischer Pilger aus ganz Asien. Bis ins 20. Jahrhundert hinein pflegten wohlhabende Mongolen sogar die sterblichen Überreste ihrer Eltern auf den Berg zu bringen, um sie dort zu begraben. Stiftungen von Adeligen, ja selbst von Kaisern, machten die Klöster auf dem Wutaishan reich und zu Schatztruhen buddhistischer Kunst.

Von den 300 oft weit voneinander entfernt liegenden Klöstern blieben insgesamt 58 erhalten, 47 davon in relativ gutem Zustand. Eine der größten Anlagen, die alle Stürme der Zeit überdauert haben, ist der „Tempel der Erscheinung" (Xiantong Si), der auf einer Fläche von acht Hektar sieben Hallen und zahlreiche kleinere Gebäude aufweist, die sich um eine Hauptsache gruppieren.

Südlich davon liegt der Pagoden-Tempel mit seiner 50 Meter hohen Pagode, dem Wahrzeichen des Wutaishan. Der „Tempel der Erscheinung" soll bis in die Han-Dynastie zurückreichen. Die vielen

Der sitzende Buddha im Höhlentempel von Yungangshihu.

Klöster des Bergmassivs sind alle zu unterschiedlichen Zeiten errichtet worden, erlebten Brand, Zerstörung, Plünderung und Wiederaufbau – das Chaos der Kulturrevolution haben die meisten Klöster und Mönche nicht überlebt. Heute bemüht man sich um die Restaurierung der noch vorhandenen Tempelklöster.

FOLGENDE DOPPELSEITE:
Taihui im Wutai Gebirge.

YONGLE GONG

Ganz am anderen, am südlichen Ende der Provinz im Kreis Ruicheng, liegt das daoistische Kloster Yongle Gong, das die berühmtesten Wandmalereien aus der Yuan-Zeit enthält. Man hat diese großartigen Bilder mit einer Gesamtfläche von weit über 900 Quadratmetern mit den besten Werken der europäischen Renaissance verglichen.

Dieses Kloster stand ursprünglich im Ort Yongle am Ufer des Gelben Flusses, musste jedoch dem großen Wasserbauprojekt Sanmenxia Ende der 50er Jahre des 20. Jahrhunderts weichen. Man versetzte den gesamten Baukomplex mit seinen vier Hallen mit großer Umsicht 20 Kilometer weiter nach Osten – und so steht der Yongle Gong heute drei Kilometer nördlich der Kreisstadt Ruicheng.

Die Anlage ist dem Andenken des daoistischen Meisters Lü Dongbin geweiht, der einst sein Wohnhaus an der ursprünglichen Stelle des Klosters hatte. Lü Dongbin wird als einer der acht Unsterblichen verehrt. Er hat vor seiner Vergöttlichung tatsächlich als Beamter in der Tang-Dynastie im 8. Jahrhundert gelebt und zog sich dann vom öffentlichen Leben zurück. Als daoistischer Gelehrter gab er sich alchemistischen Praktiken hin und soll das Geheimnis der Unsterblichkeit entdeckt haben. So ist es zu erklären, dass sein Wohnhaus bald nach seinem Tod zu einem Kloster umgewandelt wurde. 1231 brannte der gesamte Komplex nieder, aber der Kaiser ließ an der gleichen Stelle eine höchst repräsentative Anlage klösterlichen Zuschnitts wiedererrichten, die man fortan den „Palast von Yongle" (Yongle Gong) nannte.

Die vier Hallen sind entlang einer Nord-Süd-Achse angeordnet, sind zwar zur gleichen Zeit erbaut, im Innern jedoch zu verschiedenen Zeiten ausgestaltet. Die „Drachen- und Tigerhalle" aus dem Jahre 1294 zeigt Gottheiten, Himmelskrieger und Beamte des daoistischen Pantheons. Die „Halle der Drei Reinen" aus den Jahren 1325–1358 stellt in einem 95 Meter langen Wandgemälde die drei höchsten daoistischen Gottheiten dar.

Aus dem Jahre 1358 stammen die Malereien der dritten Halle, die alle Szenen aus dem Leben des Lü Dongbin zeigen. Die vierte Halle schließlich enthält Bilder aus dem Leben eines daoistischen Sektengründers. Die Opulenz der Farben, die geniale Komposition, die Fülle der individuell gezeichneten Figuren, die Sicherheit der Strichführung und die Eleganz der Gewänder machen die Wandmalereien des Yongle Gong nicht nur zu einer unbestechlichen Dokumentation aus der Yuan-Zeit, sondern darüber hinaus zu einem einmaligen Bilderzyklus der Weltkunst.

MYANMAR

THAILAND

LAOS

VIETNAM

Hainan

Südchinesisches

Meer

Sichuan
(Szetchuan)

Golmud

Zhangye

Wuwei

Xining

Lanzhou

Tianshui

Bapji

Wuhai

Yinchuan

Yan'an

Tongchuan

Weinan

Xi'an

Huang He

Baoding

Tianjin

Taiyuan

Shijiazhuang

Yangquan

Xintai

Jinan

Zibo

Linfen

Handan

Taian

Changzhi

Anyang

Jining

Xingxian

Jiaozuo

Kaifeng

Xuzhou

Zhengzhou

Luoyang

Huaibai

Pingdingshan

Benghu

Nanyang

Huainan

Shiyan

Xinyang

Hefei

Xiangfan

Anqing

Mianyang

Wuhan

Chengdu

Nanchong

Wanxian

Yichang

Jangtsekiang

Huangshi

Neijiang

Drei Schluchten
Stausee

Shashi

Jiujiang

Leshan

Zigong

Chongqing

Yueyang

Nanchang

Yibin

Luzhou

Changde

Changsha

Pingxian

Xichang

Zhaolong

Zunyi

Xiangtan

Zhuzhou

Ji'an

Shaoyang

Hengyang

Ganzhou

Dukou

Guiyang

Duyun

Chenzhou

Anshun

Guilin

Shaoguan

Kunming

Liuzhou

Kaiyuan

Wuzhou

Guangzhou

Gejiu

Nanning

Zhaoqing

Shenzhen

Foshan

Hongkong

Jiangmen

Macau

Tengchong

Maoming

Beihai

Zhanjiang

Hanoi

Haiphong

Haikou

SICHUAN (SZETSCHUAN)

Am 18. Juni 1997 wurde von der Provinz Sichuan ein riesiges Gebiet im Süden abgetrennt und zur regierungsunmittelbaren Stadt Chongqing erklärt. Sichuan besaß vor diesem Aderlass 109 Millionen Einwohner und behielt danach nur noch 83 Millionen. Die Fläche der Provinz von ursprünglich 567 000 Quadratkilometern ging auf 485 000 Quadratkilometer zurück. 27 Kreise, vier Städte und die gesamte Landschaft am Jangtse mussten abgegeben werden. Politische und wirtschaftliche Gründe hatten diese Trennung nahegelegt.

Selbst nach dieser Verkleinerung bleibt Sichuan mit 144 Kreisen und 31 Städten auf seiner nach wie vor enormen Fläche eine Provinz so groß wie Deutschland, Schweiz und Österreich zusammen. Die Kurzform für Sichuan lautet Chuan, aber sie ist auch unter ihren beiden alten Namen Ba und Shu bekannt.

Die Provinz wird im Westen von Tibet begrenzt, im Nordwesten von Qinghai, im Norden von Gansu, im Nordosten von Shaanxi, im Osten von Chongqing und im Süden von Yunnan und Guizhou. Die Hauptstadt ist Chengdu mit 9,8 Millionen Einwohnern. In Sichuan sind neun nationale Minderheiten beheimatet, die vielfach in eigenen autonomen Bezirken und Kreisen konzentriert sind. Es

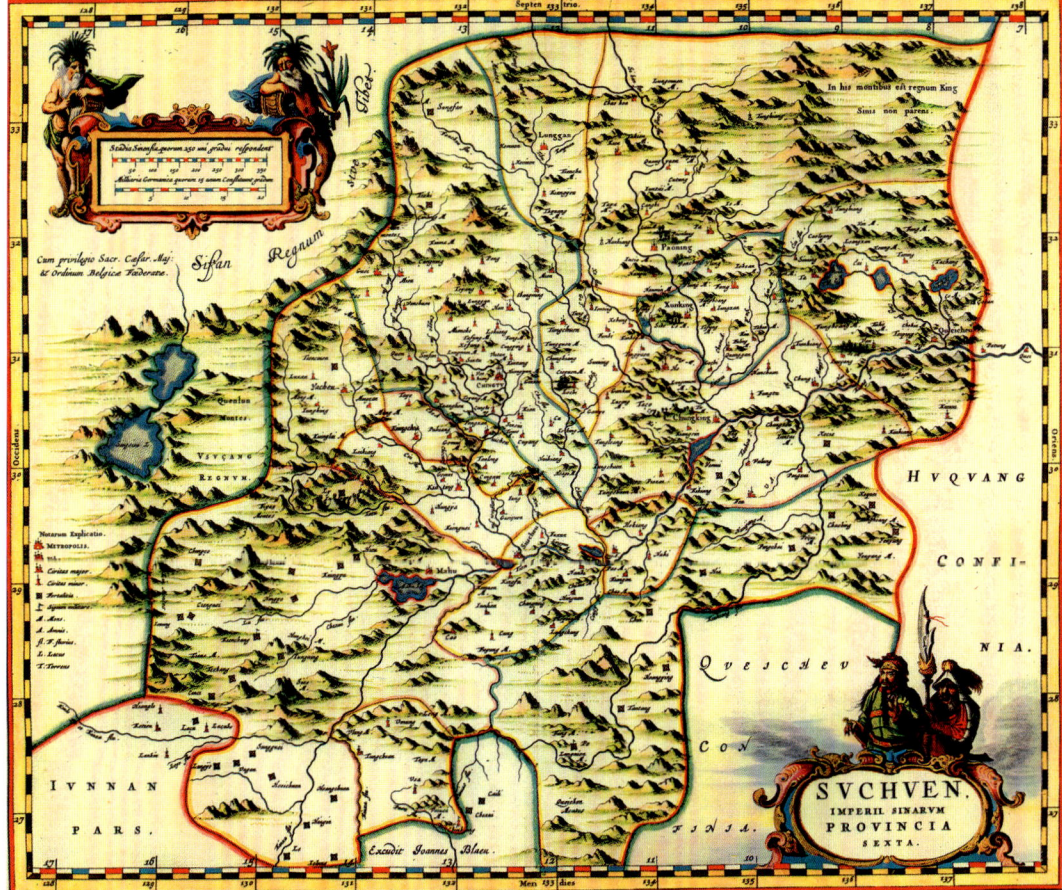

Kupferstich der Provinz aus dem Jahre 1655.

Reis-Papier wird zum Trocknen
aufgehängt.

handelt sich dabei um die Tibeter, die Yi, Miao, Qiang, Hui, Tujia, Bouyei, Naxi und Lisu.

Viele von ihnen leben aber auch mit Han-Chinesen in den Städten und Dörfern zusammen. Im Hinblick auf die Tibeter ist festzustellen, dass viele von ihnen nicht nur im Autonomen Gebiet Tibet selbst leben sondern auch in Sichuan, Qinghai, Gansu und Yunnan. Die Yi sind ebenfalls auch in den Nachbarprovinzen zu finden. Das Yi-Volk zählt zu den großen nationalen Minderheiten in China mit etwa fünfeinhalb Millionen Menschen, von denen drei Millionen in Yunnan, 1,5 Millionen in Sichuan, 560 000 in Guizhou und eine kleine Gruppe in Guangxi ihre Heimat haben.

Die Sprache der Yi gehört der tibetobirmanischen Sprachgruppe an, die ihrerseits zur sinotibetischen Sprachfamilie gehört. Im 13. Jh. schufen sich die Yi eine Lautschrift mit rund 10 000 Schriftzeichen, von denen rund 1000 Zeichen im Alltag in Gebrauch sind. Neben Stammbäumen, Chroniken und medizinischen Schriften sind auch literarische Werke in der Yi-Schrift überliefert. Viele Yi beherrschen jedoch inzwischen auch das Chinesische in Wort und Schrift.

Der Polytheismus der Yi ist seit längerer Zeit schon mit Elementen des Daoismus und des Buddhismus verbunden. Die Siedlungsgebiete der Yi gerieten bereits in der Han-Zeit in eine gewisse Abhängigkeit zum chinesischen Kaiserreich, die dann in den nachfolgenden Dynastien weiter ausgebaut wurde und in der Ming- und Qing-Dynastie zu einer völligen Eingliederung in die Verwaltungsstrukturen des Reiches führte.

Zur gleichen Sprachgruppe und Sprachfamilie wie die Yi-Sprache gehört auch die Sprache der Tujia-Nationalität, die mit 2,9 Millionen Menschen ebenfalls zu den größeren Minoritäten in China zählt. Beheimatet sind die Tujia in den meist bergigen Gebieten von Südost-Sichuan, aber auch in Hunan und Hubei und betreiben Reisanbau auf Terrassenfeldern. Eine eigene Schrift besitzen die Tujia nicht, viele von ihnen verwenden daher seit längerem schon die chinesischen Schriftzeichen. Den Tujia wurden in Sichuan vier autonome Kreise eingerichtet, in denen sie gemeinsam mit Angehörigen des Miao-Volkes leben und einen speziellen Kreis dieser Art bewohnen sie allein. Auch der Lisu-Minorität sind zwei solcher Kreise vorbehalten. Für die Lisu wurde auf der Grundlage des lateinischen Alphabets 1957 eine eigene Schrift entwickelt, die ihre bis dahin gebräuchliche Knotenschrift ablöste.

TOPOGRAPHIE

Die Provinz ist in zwei Hauptregionen klar gegliedert, einerseits in das weit ausgedehnte mächtige Bergland des Westens, das aber auch nach Süden ausgreift und auch im Norden seine Ausläufer hat, und andererseits in das berühmte Sichuan-Becken, das wegen seiner eisenhaltigen roten Erde auch „Rotes Becken" genannt wird.

Die Berggebiete nehmen den weitaus größten Teil der Provinz ein und gehören zumeist dem Plateau von West-Sichuan an, im Süden bilden sie den nördlichen Abschnitt des Hengduan-Gebirges. Durch dieses meist über 3000 Meter hohe Bergland fließen der Jinsha, der Yalong, der Dadu und der Min, allesamt fließen sie nach Süden, dem Jangtse entgegen. Am Rande des Beckens, westlich von der Stadt Leshan, erhebt sich der 3098 Meter hohe Heilige Berg Emei, die große Wallfahrtsstätte der Buddhisten seit Jahrhunderten.

Weit höhere Spitzen erheben sich aber im Norden, der Jiudingshan erreicht 4984 Meter, der Xuebao 5588 Meter, und an der Grenze zu Tibet liegt der Tiese Que'er mit 6168 Metern, nur noch übertroffen vom Gongga mit 7556 Metern Gipfelhöhe. Diese Hochgebirgsregionen des Westens nennt man auch die „Kalten Berge von Sichuan", in deren südlichen Wäldern noch der Große Panda lebt.

Das Sichuan-Becken, in dem Chengdu selbst auch liegt, wird halbkreisförmig von Bergketten eingeschlossen. Im Süden sind dies die Berge südlich des Minjiang, im Westen das Daliang- und das Qionglai-Gebirge, im Norden der Longmenshan und im Nordosten der Dabashan.

Die Ebene selbst ist entstanden durch Ablagerungen des Minjiang und seiner Nebenflüsse. Das milde Klima des Beckens, der fruchtbare Boden und die einzigartige Bewässerungsanlage des Dujiang-Dammes machen dieses flache und dann und wann hügelige Land zu einem der reichsten Landwirtschaftsgebiete Chinas.

FOLGENDE DOPPELSEITE:
Der Jin Dinghua Tibet Tempel auf dem heiligen Berg Emeishan. Die Berglandschaft des Emeishan wurde 1996 von der UNESCO zum Weltkultrerbe erklärt.

Mühsamer Reisanbau.

Sieben Pandas, alle 2002 geboren, im Wolong Giant Panda Naturpark.

KLIMA

Das Kontinental- und Monsunklima wirkt sich wegen der verschiedenen Höhenlagen in der Provinz ganz unterschiedlich aus. Im ebenen Sichuan-Becken herrscht feuchtes subtropisches Klima, das einen früh einsetzenden Frühling, einen langen und warmen Sommer und eine lange frostfreie Periode mit sich bringt. Hier gibt es auch reichlich Niederschläge, durchschnittlich etwa 1000 Millimeter pro Jahr. Durch häufig auftretenden Nebel gibt es zwar starke Feuchtigkeit, dafür aber weniger Sonnenschein.

Das Plateau von West-Sichuan besitzt dagegen ausgesprochenes Hochlandklima. In diesen Bergländern herrschen das ganze Jahr über fast nur winterliche Temperaturen. Wenn im Juni in den nördlichen Bergen 15,5° Celsius gemessen werden, so kann es in Chengdu schon 23,6° warm sein. Und wenn es in der Hauptstadt im Dezember noch +7,2° sind, so ist es in den Bergen bereits 2° unter Null.

LANDWIRTSCHAFT

Der Reisanbau steht in diesem für das Wachstum äußerst günstigen Gebiet des Beckens von Sichuan an erster Stelle, dann folgen Weizen, Mais, Zuckerrohr, Baumwolle, Hirse, Sojabohnen und Erdnüsse. Auf den fruchtbaren Böden gedeihen jedoch auch Raps, Orangen, Mandarinen, Ramie und es gibt viele Maulbeerbäume, Tongölbäume und Bambus.

Schweine- und Geflügelzucht werden intensiv betrieben, in den Berggebieten züchtet man Pferde, Schafe und die für Kälte unempfindlichen Yaks. Sichuan gehört zu den waldreichen Provinzen. Neben zahlreichen Wildtieren finden sich in den Bergwäldern noch die seltenen Goldaffen und der Große Panda.

INDUSTRIE

Der reichlichen Agrarproduktion steht in Sichuan eine leistungsfähige Eisen- und Stahlindustrie, Bergbau- und Textilindustrie gegenüber. Es gibt Kohle, Erdgas, Erdöl, Gold, Kupfer, Aluminium, Blei, Zink Nickel, Quecksilber, Asbest, Glimmer, Bergkristall und Talkum, so dass sich auf Grund dieser zahlreichen Bodenschätze eine vielseitige Industrielandschaft entwickeln konnte. Chemische Werke, Papierfabriken, Salzsiedereien und Zuckerfabriken sind entstanden und der Maschinenbau spielt ebenfalls eine wichtige Rolle.

Traditionell ist Sichuan bekannt für seine feinen Lackarbeiten, für Shu-Brokat, Ba-Satin, feines Leinen und Bambusflechtereien – all diese kunsthandwerklichen Arbeiten finden inzwischen auch im Ausland guten Absatz.

VERKEHRSVERBINDUNGEN

Die vielen Bergregionen Sichuans werden hauptsächlich durch die Binnenschifffahrt auf über 400 schiffbaren Flussabschnitten erschlossen, ferner durch Landstraßen, deren Netz im Becken am dichtesten ist. Mit der Eisenbahn kommt man von Kunming in Yunnan auf einer großartigen Gebirgsstrecke nach Chengdu, ebenfalls von Guiyang in Guizhou über Chongqing. Eine Nordlinie läuft bis Baoji und Xian in Shaanxi. Der Flughafen in Chengdu wird von allen wichtigen innerchinesischen Linien bedient.

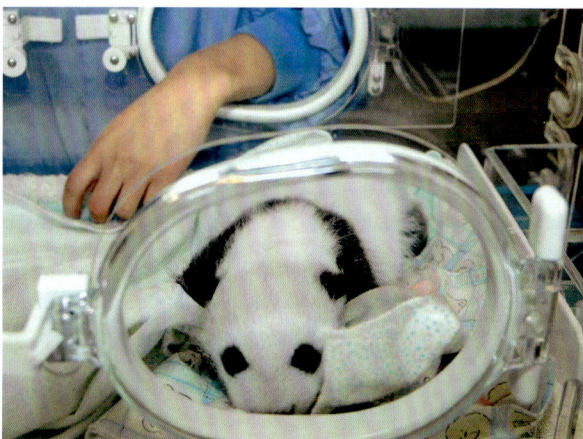

Ein kleiner Panda in einem Brutkasten im Wolong Giant Panda Naturreservat in Wen Chuan. In den Bergwäldern Chinas leben nach Schätzungen heute nicht mehr als 1000 der zur Gattung der Kleinbären gehörenden Pandas.

GESCHICHTE

Im Altertum siedelten in dem abgelegenen, von anderen Landesteilen aus nur schwer erreichbaren Gebiet tibetisch-birmanische Stämme, die Chinesen kamen erst im 4. Jahrhundert v. Chr. ins „Rote Becken". Man nannte das Gebiet damals Shu Ba. In der Zeit der Drei Reiche (220–280) etablierte sich dort das Königreich Shu Han. Bis ins 10. Jahrhundert wechselte die Region mehrfach den Namen und die Zugehörigkeit und war verschiedentlich ein eigenständiges Staatswesen. Im Zeitalter der Song-Dynastie wurde es China unterstellt und erhielt den Namen Sichuan. Eine eigenständige Provinz war das Gebiet jedoch erst seit der Qing-Dynastie.

Nach dem Fall des Mandschu-Reiches teilten lokale Militärmachthaber die Herrschaft über das Gebiet unter sich auf, das zeitweilig in 17 Teile zerfiel. Die Flucht der Nationalregierung nach Chongqing brachte dann 1938 Kapital und Fachkräfte für den industriellen Aufbau ins Land. Die Flucht der Guomindang-Regierung nach Taiwan ermöglichte dann 1949 eine rasche Umwandlung des Landes in eine Provinz der VR China.

Bewohner der Panda Aufzuchtstation in der Hauptstadt Chengdu.

CHENGDU (TSCHENGTU)

Die Hauptstadt Chengdu liegt auf 104°04' östlicher Länge und 30°35' nördlicher Breite mitten in der Provinz, umgeben von wichtigen Reis- und Weizenanbaugebieten. Die Stadt zählt 9,8 Millionen Einwohner, in ihrem Großraum sogar 11,3 Millionen. Zahlreiche Direktflüge und Schnellzüge verbinden die Metropole mit den wichtigsten chinesischen Städten, vor allem mit Peking, Shanghai und Kanton.

Ein Kleinkind sitzt im Tragekorb seiner Großmutter.

Chengdu wird in China auf Grund ihrer seit zwei Jahrtausenden schon gepflegten Brokatwebekunst auch Jin Cheng (Brokat-Stadt) oder auch Rong Cheng (Hibiskus-Stadt) genannt. Seit dem Ende der Kulturrevolution blühte Chengdu wieder als „Stadt der Teehäuser" auf. Große Betriebe der Leicht- und Schwerindustrie machen die Stadt zu einem wichtigen Industriezentrum, das sich ständig erweitert. Mit 14 Hochschulen und einer seit 1927 bestehenden Universität ist es auch der große Kulturmittelpunkt in Chinas Westen.

Gegründet zur Zeit der Streitenden Reiche, wurde es bereits 316 v. Chr. vom Königreich Qin erobert und eine Präfektur mit dem Namen Schu in der Stadt eingerichtet. In der Han-Dynastie entwickelte sich die Stadt zu einem Mittelpunkt Südwestchinas, zu einem Treffpunkt von Gelehrten und Literaten und zu einem Zentrum der Brokatweberei. Die Han-Kaiser richteten in Chengdu auch eine angesehene Staatsschule ein.

In der Zeit der Drei Reiche avancierte Chengdu dann zur Hauptstadt des Shu-Han-Staates. Im 8. Jahrhundert war die Stadt in ganz China für ihre Lack- und Silberfiligranarbeiten bekannt. Die alte Stadtmauer stammt aus dem 10. Jahrhundert, und 1368 wurde Chengdu Hauptstadt Sichuans. Im Zweiten Weltkrieg blieb Chengdu von der japanischen Invasion verschont – und so blieben auch mehrere bedeutende Tempel aus alter Zeit in der Stadt erhalten. Allerdings wurde bei einem japanischen Luftangriff 1941 die prächtige Moschee zerstört, von der damals nur die große Gebetshalle den Bomben entging.

TEMPEL DES HERZOGS VON WU

Der pietätvolle Brauch im alten China, verdiente Staatsmänner durch eine tempelartige Anlage nach deren Tod zu ehren, hat in Chengdu bereits am Ende der Westlichen Jin-Dynastie (265–316) zur Errichtung des Tempels im südlichen Vorort der Stadt geführt, der dem Andenken des großen Strategen Zhuge Liang gewidmet ist. Dieser hervorragende Politiker und Stratege war Kanzler des Staates Shu während der Drei Reiche (220–280) und galt als Inbegriff der Loyalität gegenüber seinem Herrscher.

Nach seinem Tode wurde er postum mit dem Titel „Treuer Herzug von Wu" geehrt. Es kommt einem Wunder gleich, dass dieser Gedenkschrein bis in die heutige Zeit erhalten blieb, in jeder Dynastie gepflegt und 1672 mit all den Hallen ausgestattet wurde, die heute noch zu besichtigen sind. Neben einer vergoldeten Tonfigur des Zhuge Liang finden sich in den Hallen 28 weitere Tonstandbilder von Ministern, Generälen und Beamten des Shu-Han-Staates.

Aus der Tang-Zeit blieb der daoistische Tempel Qingyang Gong erhalten, dessen heutige Gebäude auf die Qing-Zeit zurückgehen. Der Tempel steht im Westteil der Stadt im dortigen Kulturpark. Der größte Tempel der Stadt ist der Wenshu Yuan (Manjushri-Tempel), der eine Fläche von fünf Hektar einnimmt und 1691 entstanden ist. In den fünf Hallen werden 100 Bronze-Skulpturen und 10 Eisenstatuen von buddhistischen Gottheiten aufbewahrt.

TEMPEL IM UMKREIS VON CHENGDU

DAS KLOSTER DES KOSTBAREN LICHTES

In Xindu, einer kleinen Stadt 18 Kilometer nordöstlich von Chengdu, steht das „Kloster des Kostbaren Lichtes" (Baogang Si), das größer ist als jedes Kloster in der Hauptstadt selbst. Auf einer Fläche von acht Hektar stehen mehr als 20 Bauten (fünf Tempel, 16 Höfe und eine Pagode) die 500 überlebensgroße Luohan-Statuen aus der Qing-Zeit und eine Reliefplatte aus dem Jahre 540 n. Chr. enthalten. Der Tempel soll aus der Zeit der Östlichen Han-Dynastie stammen (24–200 n. Chr.), wurde aber mehrfach erweitert und im Jahre 1670 zur heutigen Größe ausgebaut.

DIE TEMPEL DES QINGCHEN SHAN

Die Naturverbundenheit des Daoismus und die Neigung, in der Abgeschiedenheit schöner Berglandschaften Tempel zu errichten, hat schon im 3. Jahrhundert n. Chr. dazu geführt, dass an den Hängen des Qingcheng Shan beim heutigen Städtchen Guanxian nordwestlich von Chengdu die ersten der fünf Tempel entstanden, die alle an den schönsten Stellen dieser wunderbaren Berglandschaft liegen.

Erbaut wurden sie zur Sui-, Tang-, Song- und Qing-Zeit und bieten ein einzigartiges Ensemble daoistischer Bauwerke mit vielen in ihnen enthaltenen Skulpturen. Am Fuß des Berges liegt der Tempel Jianfu Gong, auf halber Höhe der Tianshi Gong, nordwestlich davon der Shangqing Gong und ganz im Osten der Yuqing Gong. Der Aufstieg zum 1600 Meter hohen Hauptgipfel dauert etwa fünf Stunden. Der 37 Gipfel umfassende Qingchengshan gilt den Daoisten als Heiliger Berg und war als Pilgerziel Jahrhunderte lang in ganz Westchina und darüber hinaus bekannt.

Im Daci Tempel in Chengdu meditiert ein Mönch während der traditionellen Zen-Tee Zubereitungszeremonie.

GROSSER BUDDHA VON LESHAN

Die größte Buddha-Statue der Welt erwartet an sich niemand im hintersten Sichuan, aber sie steht tatsächlich am Min-Fluss bei der kleinen Stadt Leshan, 120 Kilometer südlich von Chengdu. Die 71 Meter hohe Skulptur wurde aus einem Felsen geschlagen und stellt den sitzenden Buddha Maitreya dar. Die Kolossalfigur wurde im Jahre 803 nach 90 Jahren Arbeit fertiggestellt.

Der Kopf Maitreyas ist 14,7 Meter hoch, seine Ohren sieben Meter lang. Die Figur war bis vor einigen Jahrzehnten ganz von Moos und Flechten überzogen, ist aber nunmehr gereinigt und erstrahlt in neuem Glanz. Der Kopf schließt mit der Spitze des Berges ab, die Füße stehen knapp über dem Wasser des Flusses.

EMEISHAN

Eine weit größere Klosterlandschaft entfaltet sich auf dem Emei-Berg 160 Kilometer südwestlich von Chengdu. Diese Berglandschaft mit seinem 3099 Meter hohen Gipfel stellt eine der wichtigsten Wallfahrtsstätten für alle Buddhisten Ostasiens dar. Der Emeishan ist dem Bodhisattva Puxian geweiht, dessen Sanskritname Samantabhadra lautet und der einst ein Schüler des Erleuchteten war. Puxian

UNTEN:
Die riesige Statue des „Großen Buddhas" in Leshan ist die weltgrößte Buddha-Skulptur aus Stein.

FOLGENDE DOPPELSEITE:
Die Emei Zwillingsbrücke in der Berglandschaft Emeishan.

LINKE SEITE:
Kloster auf dem Emeishan.

kommt jedem Hilfesuchenden tröstend entgegen, er wird bei allen Nöten und Fährnissen angerufen.

Der Emeishan gilt als einer der vier Heiligen Berge der Buddhisten in China, er ist der am weitesten im Westen gelegene. Der östlichste ist der Putuoshan im Ostchinesischen Meer, der im Norden ist der mächtige Wutaishan und der südliche der Jiuhuashan in Anhui.

Der Emeishan ist weitläufig und von herrlichen Wäldern bedeckt, so dass sich schon im 3. Jahrhundert daoistische Mön-

Von Algen gefärbtes Wasser in einem Talbecken im Landschaftspark Huanglong.

che auf seinen Hängen niederließen. In der Tang-Zeit machten ihn dann die Buddhisten zu ihrem bevorzugten Berg und bauten damals schon viele Klöster. In den nachfolgenden Dynastien wurden auf dem Emeishan dann an die 200 Sakralbauten errichtet, von denen heute noch 20 erhalten sind.

Der Pilger erreicht zuerst am Fuß des Berges die beiden Tempel Fuhu Si und Baoguo Si, von da an beginnt der Aufstieg, der den Pilger nach einem Weg von 63 Kilometern zum Gipfel führt. Die Klöster, bei denen er Rast machen kann, liegen auf unterschiedlichen Höhen und an verschiedenen Hanglagen. Von den vielen Kostbarkeiten in diesen religiösen Schatzkammern sind auch oftmals die kleinen Kunstwerke sehenswert, so jene bronzene Lampe im Hongchun Ping-Kloster auf 1100 Metern Höhe, die 300 Buddha-Skulpturen, Drachen und Lotosblüten aufweist.

Erfreulicherweise hat auch die Bronzepagode im Baoguo-Kloster die Stürme der Zeit unversehrt überstanden. Sie ist sechs Meter hoch und mit 4700 Figuren geschmückt, die alle die Lebensgeschichte Buddhas schildern. Dieses rundum laufende Bronze-Relief ist von einer einzigen Künstlerhand geformt und dann an einem Stück gegossen worden.

Wer den Gipfel des Berges erreicht hat, dem eröffnet sich eine grandiose Fernsicht, er kann weit im Osten die Flussläufe des Min, des Dadu und des Qingyi schimmern sehen.

DAS WUNDER AM MIN-FLUSS:

DIE BEWÄSSERUNGSANLAGE DUJIANG YAN

Wenn ein Bewässerungssystem aus dem Jahre 250 v. Chr. bis heute funktioniert und weiten Landstrichen Jahr für Jahr gute Ernten einbringt, so ist dies durchaus als ein Wunder zu bezeichnen. Dieses Werk vollbrachten in der Zeit der Streitenden Reiche Li Bing, der damalige Präfekt von Sichuan und sein Sohn Li Erlang, allerdings mit der Hilfe großer Massen von Arbeitern, die von ihnen befehligt wurden.

Die beiden weitsichtigen Männer erkannten, dass die verheerenden Überschwemmungen des Minjiang nur durch eine gewaltige Kraftanstrengung und eine spektakuläre Tat gebannt werden konnten. Die beiden Männer ließen kurzerhand einen ganzen Berg abtragen, den Fluss spalten und durch eine Erdaufschüttung den Strom zweiteilen. Durch diese Wasserscheide wird seither das kostbare Nass in ein Netzwerk von Nebenarmen und Kanälen geleitet und bewässert nunmehr weite Anbaugebiete in der Ebene von Mittel-Sichuan.

Die dankbaren Bauern errichteten Vater und Sohn in der nachfolgenden Zeit gleich zwei Tempel. Der erste von beiden steht am Ostufer des Minjiang auf dem Berg Yulaishan und wird „Tempel der Zwei Könige" genannt; der zweite trägt den Namen „Tempel des Drachenbezwingers", er steht auf einer kleinen Flussinsel. Beide Namen spielen auf die Großtaten von Vater und Sohn an. Beide Männer werden bis heute in großen Ehren gehalten.

FOLGENDE DOPPELSEITE:
Eine überdachte Brücke bei Leshan.

Berglandschaft bei Songpan.

0   200   400   600
km

Ulan Bator

M O N G O L E I

Jiamusi

Qiqihar

Daqing   Suihua   Harbin   Jixi

Horqin Youyi
Qianqi   Mudanjiang

Baicheng

Changchun   Jilin

Siping   Liaoyuan

Tongliao   Yanji

Jining   Zhangjiakou   Chifeng   Fuxin   Shenyang   Tonghua   NORD-
Xuanhua   Chaoyang   Fushun   KOREA
Hohhot   Benxi
Baotou   Datong   Chengde   Jinzhou   Anshan
Wuhai   Beijing   Yingkou   Dandong
(Peking)   Tangshan   Pyöngyang
Baoding   Tianjin   Qinhuangdao   Dalian
Shijiazhuang   (Tientsin)   Seoul
Yangquan   Yantai   Weihai   Incheon
Taiyuan   Xintai   Jinan   Zibo   Weifang   Daejeon   Daegu
Yan'an   Handan   SÜD-   Busan
Linfen   Changzhi   Anyang   Jining   Qingdao   KOREA
Tongchuan   Jiaozuo   Xingxian   Taian   Gwanju
Kaifeng   Zaozhuang
Bapji   Weinan   Zhengzhou   Xuzhou   Lianyungang   Gelbes
Xi'an   Luoyang   Huaibai   Qingjian   Meer
Benghu   Yangzhou   Taizhou
Nanyang   Huainan   Nantong
Shiyan   Xinyang   Nanjing   Wuxi
Xiangfan   Hefei   Changzhou   Shanghai
Suzhou
Jiaxing
Wuhan   Anqing   Hangzhou
Jangtsekiang   Yichang   Shaoxing   Ningbo
Wanxian   Drei Schluchten   Huangshi   Jinhua   Ost-
Stausee   Shashi   Jiujiang
Yueyang   Jingdezhen   chinesisches
Chongqing   Changde   Nanchang   Shangrao   Meer
Changsha   Pingxian

Huang He

TIANJIN (TIENTSIN)
REGIERUNGSUNMITTELBARE STADT (PROVINZSTATUS)

Die Zehnmillionenstadt Tianjin mit einer Fläche von 11 300 Quadratkilometern hat etwa die vierfache Größe des Saarlandes und ist als regierungsunmittelbare Stadt einer Provinz gleichgestellt. Etwa die Hälfte aller Einwohner lebt nicht in der Stadt selbst, sondern in den fünf Landkreisen, die dazugehören. Begrenzt wird das Gesamtgebiet im Osten vom Bohai-Meer, im Osten und auch im Westen von Hebei und im Nordwesten von Peking.

Die Stadt wird durchströmt vom Haihe-Fluss und liegt nur etwa drei Meter über dem Meeresspiegel im östlichen Teil der nordchinesischen Schwemmlandebene. 137 Kilometer von Peking entfernt und nur knapp 50 Kilometer vor dem Bohai-Meer gelegen, ist Tianjin mit seinem Seehafen und seinem in der Stadt selbst gelegenen Hafen einer der größten Häfen Chinas überhaupt.

An den seeschifftiefen Tianjin-Kais am Meer können alle großen Frachter und Tanker vor Anker gehen, kleinere Schiffe können bis zu den innerstädtischen Häfen selbst vordringen. Tianjin gehört mit seiner beachtlichen Industrie, seinen Bildungseinrichtungen und Forschungsstätten auch zu den 14 Wirtschaftssonderzonen Chinas und zu den bedeutendsten Handelsstädten des Landes.

Blick auf Tianjin, die 1984 zu „offenen Stadt" für Auslandsinvestitionen erklärt wurde.

Die Kurzform der Provinz lautet Jin. Der Name Tianjin bedeutet „Himmlische Furt". Dieser Name entstand schon früh in der Geschichte, denn hier münden mehrere Nebenflüsse in den Haihe und auch der Kaiserkanal durchströmt im Westen das Gebiet. Geographisch liegt Tianjin auf 117°13' östlicher Länge und 39°09' nördlicher Breite.

TOPOGRAPHIE

Das gesamte Gebiet kann topographisch als eine typisch alluviale Ebene einer Flussmündung bezeichnet werden, deren sanft nach Osten geneigte Fläche von Seen, Teichen und kleinen Wasserläufen durchsetzt ist. Aus dem Zusammenfluss von Yongding, Daqing, Ziya, Südkanal und Nordkanal ergibt sich der Haihe, der das Stadtgebiet durchfließt und bei Dagukou ins Bohai-Meer mündet. In den 600 Jahren seit Gründung der Stadt wurde Tianjin mehr als 70 Mal von Überschwemmungen heimgesucht. Noch 1939 musste man zwei Monate lang mit dem Boot durch die Stadt fahren, denn das Wasser stand bis zu 2,4 Meter hoch in allen Bezirken. Nach der Regulierung des Haihe in den Jahren 1950–1970 ist seither die Stadt von Hochwassern verschont geblieben. Die Eindämmung des gefährlichen Flusses konnte erst nach der Vollendung großer Wasserbauprojekte erreicht werden.

Das große Erdbeben, das 1976 ganz Tangshan in Hebei zerstörte, legte auch weite Teile der Stadt Tianjin in Trümmer. Alle Schäden aus dieser Zeit sind inzwischen behoben.

KLIMA

Das kontinentale Monsunklima der gemäßigten Zone, das in Tianjin das ganze Jahr über in der Stadt und ihrem Umland herrscht, beschert dieser Region ein sehr erträgliches Klima mit einer durchschnittlichen Jahrestemperatur von 12,3° Celsius. Im Januar ist zwar mit Minustemperaturen von 3,6° zu rechnen, dafür werden im April aber schon 13,7° gemessen, die im Juli auf 26,4° ansteigen und im Oktober immer noch 14° aufweisen. Erst im Dezember setzen dann die ersten Kältegrade ein. Der Jahresniederschlag beträgt durchschnittlich 550 Millimeter, die Hauptregenzeit liegt in den Monaten Juli und August.

Kartoffelernte

LANDWIRTSCHAFT

Seitdem die Hochwassergefahr für Tianjin weitgehend gebannt ist, hat sich das weite Umfeld in den Landkreisen um die Stadt in ein ergiebiges Anbaugebiet von Gemüse entwickelt, das den Bedarf der Stadtbevölkerung weitgehend deckt. In den weiter entfernten Gebieten baut man hauptsächlich Getreide und Ölpflanzen an. Der ertragreiche Xiaozhan-Reis von Tianjin wird sogar exportiert, er ist von bester Qualität.

Die in ganz Nordchina seit etwa 1990 immer bedrohlicher werdende Wasserknappheit macht sich auch in Tianjin schon deutlich bemerkbar. Man hofft auch hier auf eine – geplante – Wasserzufuhr aus dem Süden (Jangtsewasser). An der Küste des Bohai-Meeres werden Heringe, Gelbfische und Garnelen gefangen, die dann frisch auf den Markt der Riesenstadt gelangen können.

INDUSTRIE

Tianjin zählt zu den maßgeblichen Industriemetropolen Chinas, denn es sind nahezu alle Branchen vertreten. Die über 4000 Industriebetriebe verteilen sich in unterschiedlicher Größe auf die Unternehmen des Maschinenbaus, der Elektronik, der Pharmazeutik, der Hüttenindustrie, Textilindustrie, des Apparate- und Instrumentalbaus, der Papierverarbeitung und der Lebensmittelindustrie. Seitdem das Dagang-Ölfeld erschlossen ist, befindet sich auch die Petrochemie in einer stürmischen Aufbauphase.

VERKEHRSVERBINDUNGEN

Tianjin ist der Knotenpunkt der Eisenbahnlinie, die von Shanghai kommt und über Peking nach Harbin führt. Mit vielen Städten der Welt und zahlreichen Städten in China selbst ist Tianjin auf dem Luftweg verbunden.

Eine Rinderherde weidet an einem Fluss.

Der Seehafen von Tianjin, 48 Kilometer vom Zentrum entfernt, befindet sich in Xingang; er ist einer der größten chinesischen Häfen. Schiffe, die nicht mehr als 3000 Tonnen tragen können von Xingang aus auf dem Haihe-Fluss direkt bis zum Stadtgebiet Tianjins fahren. Das große Außengebiet von Tianjin ist durch Bahnlinien, Landstraßen und Wasserwege sehr gut erschlossen.

GESCHICHTE

Um 400 v. Chr. entstand am Zusammenfluss des Haihe mit anderen Wasserläufen eine kleine Siedlung, die sich dann aber erst in der Song-Dynastie zu einem Marktflecken vergrößerte, den dann die Jin einnahmen und ihn Zhigu nannten. Unter diesem Namen bestand dieser Ort von 1127–1234, dann nannten ihn die Mongolen Haijinzhen und die Ming-Kaiser schließlich Tianjinwai.

Der Bau der heutigen Stadt begann jedoch erst im Jahre 1404. Die Stadtmauer, die damals errichtet wurde, ist erst nach dem Boxeraufstand zu Beginn des 20. Jahrhunderts geschleift worden. In der Ming-Dynastie diente die Stadt hauptsächlich als Garnison und Festung gegen die Überfälle japanischer Piraten, die immer wieder an den Küsten des Bohai-Meeres auftauchten und auch ins Landesinnere eindrangen.

In den Jahren 1858–1860 nach dem Zweiten Opium-Krieg zwangen dann die Europäer das Kaiserreich, in den „Vertrag von Tianjin" einzuwilligen und den Ausländern Konzessionen einzuräumen. Später ließen sich dann acht ausländische Mächte, darunter auch Japan, in der Stadt nieder. Diese ausländischen Handelsniederlassungen brachten zwar der Stadt einen beachtlichen wirtschaftlichen Aufschwung, änderten jedoch nichts an den Diskriminierungen, denen die Chinesen dort ausgesetzt waren, so dass gerade in Tianjin fremdenfeindliche Bewegungen, ja der Boxeraufstand selbst, ihren Anfang nahmen.

Der Niedergang der Stadt nach dem Ersten Weltkrieg gipfelte dann 1937 in der Besetzung Tianjins durch die Japaner. Die Stadt zählte damals 1,3 Millionen Einwohner. Erst nach dem Abzug der Japaner 1945 und dem Ende des Bürgerkrieges 1949 konnte der wirtschaftliche Wiederaufstieg gelingen.

Seit der Eindämmung des Haihe-Flusses und nach der Beseitigung der schweren Schäden, die das Erdbeben 1976 anrichtete, sah sich Tianjin in einem stürmischen wirtschaftlichen Aufschwung begriffen, der durch die Erhebung zur Sonderwirtschaftszone noch verstärkt wurde und bis heute anhält.

Die Jahrhundertuhr in Tianjin.

SEHENSWÜRDIGKEITEN

In der Stadt selbst befinden sich zwei daoistische Klöster, ein konfuzianischer Tempel, ein großes buddhistisches Kloster, zwei katholische Kirchen und eine Moschee. Jede dieser Anlagen blickt auf eine oftmals bewegte Vergangenheit zurück. Eines der daoistischen Klöster ist der Himmelsgöttin Tinhou gewidmet, die bis hinunter nach Hong Kong als Tin Hau und Schutzpatronin der Seefahrer verehrt wird.

Dieses Kloster erklärt sich leicht aus der Tatsache, dass viele Seeleute stets in der Stadt weilten, um vor dem Bildnis der Göttin zu beten, die auch als Mazu in ganz Südostasien bekannt ist. Das andere Kloster der Daoisten (Lü Zu Tang), erbaut 1719, diente mit seinem Klosterhof einst den Aufständischen der Boxer-Bewegung als Exerzierplatz.

Der konfuzianische Tempel (Kong Miao) ist der größte unversehrt erhaltene Tempel der Stadt, er stammt aus dem Jahr 1436, ist mit vergoldeten Glasurziegeln gedeckt und enthält beachtliche Schnitzereien. Das große buddhistische Kloster ist als Tempel des Großen Mitleids (Da Bei Si) bekannt, stammt aus dem Jahre 1669, wurde bei dem Erdbeben von 1976 zerstört, aber nach den alten Plänen wiederaufgebaut. In dem Kloster hat die Buddhistische Vereinigung von Tianjin ihren Sitz und beherbergt einige vorzügliche Werke der buddhistischen Bildhauerkunst.

Die beiden katholischen Kirchen stammen aus der Zeit vor dem Jahre 1900, als die Franzosen eine Konzession in Tianjin unterhielten. Eines der beiden Gotteshäuser wurde zweimal von chinesischen Aufständischen niedergebrannt, aber immer wieder aufgebaut.

Die Große Moschee (Qingzhen Du Shi) blieb aus dem Jahre 1703 bis zur Gegenwart im ursprünglichen Zustand erhalten. Die Anlage erinnert an die Zeit, als sehr viele Schiffe aus dem Nahen und Mittleren Osten im Hafen von Tianjin anlegten.

130 Kilometer vom Stadtzentrum entfernt, ganz oben im Norden des Außengebiets von Tianjin, erhebt sich im Kreis Jixian der berühmte Dule Tempel, der bis auf die Zeit der Liao-Dynastie zurückreicht (947–1125). Die beiden Hallen zählen zu den ältesten Holzbauten Chinas. Die Guanyin-Halle, ein Bauwerk von 22,5 Metern Höhe, enthält eine 16 Meter hohe Tonstatue der Göttin der Barmherzigkeit, die diesen „Tempel der Alleinigen Freude" zu einem wohlbekannten Ort machte. Die komplizierte Balken- und Galerienkonstruktion dieser Halle gilt als Wunderwerk chinesischer Bau- und Zimmermannskunst.

Fast das ganze Gebiet des Großraumes von Tianjin ist Flachland. Ganz oben im Norden aber hat auch Tianjin Anteil an den Gebirgen, die sich von Hebei im Osten bis zum Pekinger Gebiet im Westen hinziehen. In diesem Gebiet ist ein berühmter Abschnitt der Großen Mauer erhalten, die schon im Jahre 556 n. Chr. im heutigen Kreis Jixian errichtet wurde.

In diesem nördlichsten Landkreis von Tianjin zieht sich auf einer Länge von über 3 Kilometern eine majestätisch anzusehende Linie des großen Festungswalles hin, der damals in der Zeit der sogenannten „Sechs Dynastien" errichtet wurde. Benannt ist dieser Abschnitt nach einem wichtigen Pass, und so heißt diese Festungslinie bis heute „Die Große Mauer beim Huangya Pass". Sie ist inzwischen renoviert und für Besucher zugänglich.

Frisörbesuch.

FOLGENDE DOPPELSEITE:
Der nüchterne Bau der Nankai Universität in Tianjin.

Leuchtreklame

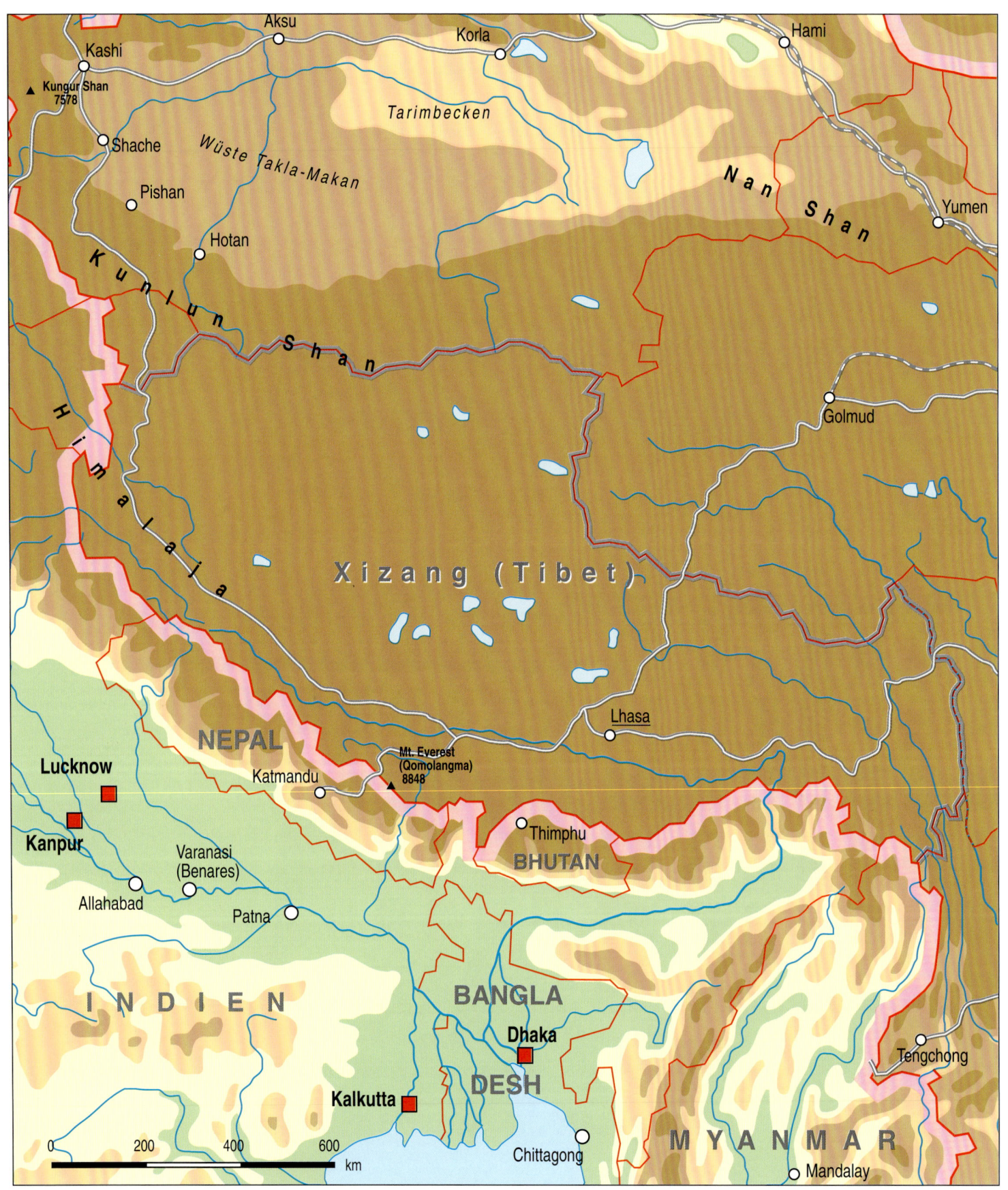

TIBET
AUTONOMES GEBIET
(PROVINZSTATUS)

Nach Sinkiang ist Tibet die zweitgrößte Verwaltungseinheit in China. Auf einer Fläche von 1 228 000 Quadratkilometern wohnen jedoch nur etwa 3 Millionen Menschen, da das Land zu hoch liegt und zu kalt ist. In dem vielfach unbewohnbaren riesigen Land bestehen 72 Kreise und nur die drei Städte Lhasa, Shigaze und Gyantse. Das Gebiet grenzt im Nordwesten an die Nachbarprovinz Xinjiang, im Nordosten an Qinghai, im Osten an Sichuan, im Südosten an Burma (Myanmar) und die Provinz Yunnan, im Südwesten an Indien, im Süden an Nepal und Bhutan und im Südosten wiederum an Indien.

Von der Gesamtbevölkerung gehören 12,4 Prozent der Han-Nationalität an; 86,6 Prozent sind Tibeter und 1 Prozent verteilt sich auf andere Ethnien wie die Hui, die Mongolen, Moinba, Lhoba und

Das schneebedeckte Himalaya-Massiv.

RECHTE SEITE:
Eine atemberaubende Kulisse
bietet sich den Bergsteigern
bei Sonnenaufgang vor dem
Aufstieg auf den Gipfel des
Mount Everest.

Yi. Der chinesische Name für Tibet lautet Xizang (Westliches Lager), die Kurzform ist Zang. Genannt das „Dach der Welt", liegt Tibet zwischen 78°25'–99°06' östlicher Länge und 26°44'–36°32' nördlicher Breite im Südwesten Chinas auf dem Qinghai-Tibet-Plateau.

Der Name Tibet ist jedoch auch nach wie vor für jenen Großraum in Gebrauch, in dem seit alters auch Tibeter siedeln, wie etwa in bestimmten Gebieten der Provinzen Qinghai, Sichuan, Gansu und Yunnan. Dieser gesamte tibetische Kulturraum muss daher genau von dem heutigen Autonomen Gebiet Tibet unterschieden werden, auf das allein der chinesische Begriff Xizang zutrifft.

Obwohl die Entstehung der tibetischen Nation nicht geklärt ist, nimmt man jedoch eine Verwandtschaft sowohl mit den Himalaya-Völkern als auch mit den Mongolen an, denn ihre Sprache gehört der tibetobirmanischen Gruppe der sinotibetischen Sprachen an.

In der Frühzeit hatten außerdem die mongolischen Tanguten bis in die ersten Jahrhunderte v. Chr. das Land besiedelt. Die ursprüngliche Religion der Tibeter, die dem Schamanismus nahestehende Bön-Religion, verschmolz später mit Elementen des Buddhismus zum Lamaismus, dessen Mönche (Lamas) rund 4000 Klöster gründeten und schließlich zu politischer Macht gelangten.

China erhob bereits seit der Yuan-Zeit politische Souveränitätsansprüche gegenüber Tibet, untermauerte diese in der Zeit zwischen 1721–1912 durch eine Protektoratsherrschaft und löste den tibetischen Priesterstaat 1951 durch den Einmarsch seiner Truppen vollends auf.

TOPOGRAPHIE

Das Autonome Gebiet Tibet bildet den Hauptteil des Qinghai-Tibet-Plateaus und liegt im allgemeinen über 4000 Meter hoch. Fast 60 Prozent der Fläche liegen zwischen 4500–5500 Meter und fast 20 Prozent sogar über 5500 Meter hoch. Nur in den Flusstälern und den tief eingeschnittenen Talsohlen Südtibets gibt es Lagen unter 2500 Meter. Der höchste Teil des Gebiets befindet sich dicht an der Grenze zu Nepal, hier liegt auch der höchste Berg der Welt, der Mount Everest (Chinesisch: Qomolangma Feng) mit 8848 Metern.

Somit hat Tibet Anteil am Himalaya wie auch am Transhimalaya, das sich nördlich davon parallel von West nach Ost hinzieht. Das eigentliche Siedlungsgebiet liegt nur im Süden des Landes, in dem die verhältnismäßig fruchtbaren Täler liegen. Der gesamte Westen und Norden des Landes besteht dagegen fast ausschließlich aus unbewohnten Steppen und Wüsten, die höchstens spärliches Weideland für Nomaden bieten.

Das Hochland von Tibet zwischen Transhimalaya und dem Kunlun-Gebirge im Norden ist auch ein Land der Seen. In diesem höchst unwirtlichen Gebiet machen die dort verstreut liegenden Seen eine Fläche von insgesamt 30 000 Quadratkilometer aus. Im Osten teilt sich Tibet mit der Provinz Sichuan in die Hochgebirgsketten des Hengduan-Gebirges und umfasst dort auch weiter nördlich die Berge jenes Hochlandes, durch das sowohl der Jangtse als auch der Mekong in ihren Oberläufen zu Tal strömen.

Zwischen Himalaya und Transhimalaya fließt der Yarlung Zangbo von West nach Ost, der später als

Brahmaputra gemeinsam mit dem Ganges in einem Delta in den Golf von Bengalen mündet. In Ost-tibet liegt sein Flussbett meist 3000 Meter ü. d. M. In seinem Hauptlauf passiert er eine der am tief-sten eingeschnittenen Schluchten der Welt. In diesen Hochgebirgstälern winden sich auch der Lan-cang (der später Mekong genannt wird) und der Nujiang (mit dem späteren Namen Salween) durch canyonähnliche Schluchten.

KLIMA

Das Klima Tibets ist rau, die lokale Temperatur je nach Höhenlage niedrig bis zu Tiefstwerten, die Luft dunn und die Niederschlagsmenge gering. Dabei scheint die Sonne oft recht lange, und die Ein-strahlung ist auch meist sehr stark. Die Klimaunterschiede zwischen dem Süden und dem Norden sind beträchtlich. In den Tälern Süd-Tibets herrscht sogar vielfach ein mildes und feuchtes Klima, während in der unwirtlichen Hochland-Ebene im Norden oft wochenlange Schnee- oder Staubstür-me toben.

Dortselbst ist das Land sechs Monate im Jahr von Eis und Schnee bedeckt. Minusgrade von 50° Cel-sius sind nicht selten, die Durchschnittstemperatur beträgt im Norden im Jahr nur -2° Celsius, in Lha-sa auch nur +8°. Die höchste Temperatur wird in Lhasa im Juni mit 15,3 Grad erreicht. Für ganz Ti-

Das „Rad der Lehre" auf dem Dach des Klosters Sera.

bet schwanken die Durchschnittstemperaturen jährlich zwischen 23° Celsius im Sommer und –15° im Winter.

Die Jahresniederschlagsmengen nehmen von Nordwesten nach Südosten zu und liegen zwischen 200 Millimeter im vollariden Gebiet, bis zu 800 Millimeter im vollhumiden Bereich. In den semiariden Zonen am Yarlung Zangbo liegt die Regenzeit in den Monaten Juni bis September, dort fallen 200–500 Millimeter Regen.

LANDWIRTSCHAFT

In Tibets Landwirtschaft steht die Viehzucht an erster Stelle, denn die verfügbare Ackerfläche macht knapp ein halbes Prozent der Graslandflächen aus. Die Schafwolle Tibets ist ein begehrter Rohstoff für wertvolle Wollwaren, vor allem Teppiche. Bei den Nomaden spielen Yaks, Ziegen, Pferde und Esel ebenfalls eine wichtige Rolle. Moschus und Heilkräuter sind inzwischen wichtige Exportgüter, für den Eigenbedarf werden bis auf 4600 Meter Höhe noch Gerste, Weizen, Hülsenfrüchte, Obst und Gemüse erzeugt.

Beklagt wird der in den vergangenen Jahrzehnten betriebene Raubbau in den Wäldern, da in dem rauen Klima eine Wiederaufforstung kostspielig und langwierig ist.

INDUSTRIE

Die Industrie Tibets befindet sich in der Aufbauphase. Die reichen Bodenschätze des Landes bieten allerdings glänzende Entwicklungsmöglichkeiten. Große Vorkommen von Eisen, Chrom, Kupfer, Zink, Blei, Borax, Salz, Gips und Glimmer sind entdeckt worden. Seit einiger Zeit arbeiten bereits die ersten Betriebe im Kohlebergbau, in der Holz- und Papierindustrie, in der Lederverarbeitung und in der Baustoffindustrie. Die Textilverarbeitung hat eine lange Tradition im Lande, während der Maschinenbau neu ist. Einen großen Industrialisierungsschub erhofft man sich durch die Fertigstellung der Eisenbahn von Golmud in Qinghai nach Lhasa, deren erster Streckenabschnitt im Bau ist.

VERKEHRSVERBINDUNGEN

Ein Eisenbahnnetz gibt es in Tibet noch nicht, jedoch steht ein Netz von Landstraßen mit einer Länge von 21 000 Kilometern zur Verfügung, so dass 95 Prozent aller Landkreise mit dem Bus zu erreichen sind. Wichtige Fernstraßen führen auch nach Sichuan, Qinghai, Sinkiang, Yunnan und Nepal. In den unwirtlichen Hochplateaus ist allerdings der Yak als Lasttier noch unverzichtbar.

GESCHICHTE

In den vorchristlichen Jahrhunderten siedelten die nomadisierenden Tanguten, ein Mongolenstamm, in den südlichen Hochländern Tibets und bildeten in den nachchristlichen Jahrhunderten Stammesfürstentümer aus, die im 7. Jh. dann zu einem zentral geführten Königreich zusammengefasst wurden. König Songtsen Gampo (Songzan Ganbu) gelang es sogar noch vor seinem Tod im Jahre 649 sich mit seinen Heeren gegen alle Rivalen im Innern durchzusetzen und große Teile des heutigen Westchina seinem Reich einzuverleiben.

Dieses tibetische Imperium reichte bis nach Nepal und Nordindien. Songtsen Gampo verlegte als erster Herrscher den Sitz seiner Regierung nach Lhasa, das seither stets Hauptstadt geblieben ist. Dieser erste historisch fassbare Herrscher Tibets führte wie seine beiden Nachfolger auf dem Thron den Buddhismus in Tibet ein, weshalb sie als „Buddhistische Könige" in die Geschichte eingingen.
Am Ende des 9. Jahrhunderts zerfiel das Reich wieder in kleinere Fürstentümer und die Anhänger der angestammten Bön-Religion triumphierten etwa ein Jahrhundert lang wieder über den Buddhismus.

Eine zweite, weit intensivere Missionierungswelle des Buddhismus in Tibet setzte dann im 10. Jahrhundert ein, die das Land endgültig dieser Lehre öffnete. Gleichzeitig spaltete sich in dem Himalayaland jedoch die Lehre der Erleuchteten in eine Reihe von Sekten auf, die heute noch bestehen und eine Reihe von Rivalitäten untereinander hervorbrachten.

Von diesen Sekten oder Schulen wurde im 11. Jahrhundert die Sakyapa-Schule die wichtigste, die im Kloster Sakya fortan ihren Hauptsitz hatte und bald auch politische Macht im Lande erlangte. Nachdem die Truppen Dschingis Khans zahlreiche Fürstentümer in Zentralasien im 13. Jh. unterworfen hatten und auch Nordchina bereits von ihnen eingenommen wurde, unterwarf sich der Führer der Sakya-Schule freiwillig den Mongolen im Jahre 1244 und machte Tibet damit faktisch zu einem Vasallenstaat des Mongolenreiches.

Panoramaaufnahme der Stadt Lhasa mit dem Potala-Palast, der ehemaligen Residenz des Dalai Lama.

Durch eine äußerst geschickte Verhandlungsführung des Sakya-Oberhauptes beim Großkhan in Peking konnte sich Tibet eine Vorzugsstellung innerhalb der gesamten Yuan-Dynastie (1279–1368) erringen. Der Sturz der Mongolen-Dynastie in China hatte auch in Tibet weitreichende Folgen. Die Führer der Kagya-Sekte nutzten die Gunst der Stunde, besiegten die Sakyapa und übernahmen die politische Kontrolle in Tibet. Aus dieser Bewegung ging der berühmte Reformator Tsongkhapa (1357–1419) hervor, der die drei Großklöster Ganden, Drepung und Sera gründete und zum Haupt einer neuen Schule wurde, die man in der Folgezeit „Die Tugendhaften" (Gelugpa) nannte.

Das Verhältnis der chinesischen Ming-Dynastie zu Tibet war von kühlem Pragmatismus gezeichnet. Den Gelugpa-Lamas gelang es jedoch, die aus China vertriebenen Mongolen zum Buddhismus zu bekehren und ein günstiges Vertrauensverhältnis zwischen dem berühmten Altan-Khan, dem Oberhaupt der Tumed-Mongolen, und ihren eigenen Führern zu begründen.

Altan Khan verlieh dann Ende des 16. Jahrhunderts dem Führer der Gelben Sekte (Gelugpa) den Titel Dalai Lama, was soviel wie „Ozean der Weisheit" bedeutet. Die Tibeter legten dann von sich aus diesen Titel rückwirkend auch auf die beiden Vorgänger dieses geistlichen und weltlichen Führers fest, so dass eine „Kette der Wiedergeburten" entstand. Der Glaube besagte, dass jeder verstorbene Dalai Lama in einem Kinde wiedergeboren werde. Diese Inkarnationen mussten dann von einer eigens eingesetzten Kommission im ganzen Lande gesucht und entdeckt werden.

Der mit dem Titel ausgezeichnete Sonam Gyatso war nach dieser Lehre daher bereits der dritte Dalai Lama Tibets, der jedoch noch sich verschiedener Rivalen auf politischem Gebiet zu erwehren hat-

te. Dem fünften Dalai Lama, Ngawang Lobsang Gyatso (1617–82) gelang es dann, mit militärischer Unterstützung der Mongolen endgültig die unumschränkte Macht im ganzen Lande zu erringen und das gesamte tibetische Territorium unter seiner Herrschaft zu vereinigen.

Man legte eine zweite Inkarnationslinie fest, nach der die Panchen Lamas fortan mehr die geistliche Führerschaft der entstandenen Theokratie innehaben sollten, während die Dalai Lamas die politische Kontrolle über das Reich ausüben sollten. Nachdem alle Hauptgegner im Inneren vernichtet waren, begann der 5. Dalai Lama 1645 mit dem Bau des Potala-Palastes in Lhasa.

Mit dem Sturz der Ming-Dynastie in China und der Errichtung der Mandschurenherrschaft in Peking ergab sich eine neue Situation für Tibet. Die Theokratie in Lhasa hatte bisher die Mongolen de jure als Souveräne anerkannt, die politische Kontrolle über ihr Land jedoch voll beibehalten können – die Qing-Dynastie allerdings wollte die Vorherrschaft der Mongolen in Tibet auch de facto beenden und versuchte nun, ihre Autorität in dem Himalaya-Land unmittelbar zum Ausdruck zu bringen. Im Jahre 1721 erklärte sich der Kangxi-Kaiser offiziell auch zum Oberherrn von Tibet. Die Chinesen setzten in Lhasa fortan zwei kaiserliche Ambane (Beauftragte) ein, die für die Durchsetzung einer chinafreundlichen Politik zu sorgen hatten. Bis zum Ende der Qing-Dynastie blieb die Institution der Ambane auch erhalten. Diese Politik der „kontrollierten Freundschaft" kannte sowohl Phasen der gegenseitigen Wertschätzung als auch der offenen Feindschaft. So griffen im 18. Jahrhundert die Ambane auch bei politischen Konflikten einmal zum Mittel des Mordes und wurden daraufhin von der tibetischen Bevölkerung gelyncht. Den Chinesen gelang es dann wieder, mit militärischem Druck und diplomatischem Geschick, die Lage zu beruhigen.

In der Zeit des Niedergangs der Qing-Dynastie fürchtete nun England, dass sich das Zarenreich von Sibirien her größeren Einfluss in Tibet verschaffen könnte und rüstete daher unter der Leitung von Sir Francis Younghusband eine große Molitänexpedition von Indien aus, die bis Lhasa vordrang. Der Dalai Lama selbst floh in die Mongolei. Die Engländer zogen sich nach Delhi zurück, nachdem die Tibeter einem Handelsaustausch für die Zukunft zugestimmt hatten.

Noch kurz vor dem Ende der Qing-Dynastie schlugen die chinesisch-mandschurischen Truppen einen Aufstand in Osttibet nieder und marschierten nach ihrem Sieg auch in Lhasa ein. Der Dalai Lama floh dieses Mal nach Indien. 1913 – nach seiner Rückkehr aus dem Exil – rief der Dalai Lama die Unabhängigkeit Tibets aus, die jedoch keine internationale Aufmerksamkeit fand und daher auch keine aktive Unterstützung von Seiten der Großmächte erreichte.

1934 versuchte die Nationalregierung in Nanking, Tibet wieder fester an die neue Republik China zu binden, was aber von den Tibetern zurückgewiesen wurde. Chinesen und Briten durften jedoch Vertretungen in Lhasa errichten. 1949 wurde die chinesische Delegation wegen unüberbrückbarer Differenzen aus Lhasa ausgewiesen. Obwohl die Delegierten der Guomindang-Regierung verpflichtet waren, verurteilten die Kommunisten diesen Akt als Provokation.

Nachdem sie in Peking die Macht übernommen hatten, griffen sie 1950 mit starken Truppeneinheiten Tibet an und zwangen den 14. Dalai Lama zur Unterzeichnung des „Siebzehn-Punkte-Abkom-

Der Potala Palast, der als Denkmal für den 5. Dalai Lama, den Begründer der Theokratie, errichtet wurde.

mens", in dem ihnen nur noch regionale Autonomie zugestanden wurde. Als sich 1959 das Gerücht verbreitete, die Chinesen wollten den Dalai Lama entführen, umstellten rund 300 000 Tibeter den Sommerpalast, wo sich damals der Herrscher aufhielt. Bei dem Bombardement des Norbulinka-Palastes durch die chinesische Artillerie fanden mehr als 3000 Tibeter den Tod. Der Dalai Lama floh nach Indien und der Aufstand wurde niedergeschlagen.

1965 gründete die VR China dann das Autonome Gebiet Tibet, in dem sich dann in der zehnjährigen Kulturrevolution eine Zerstörungswelle Bahn brach, die von den 4000 Klöstern des Landes nur ein knappes Dutzend unversehrt ließ. Im Mai 1980 besuchte dann der damalige Generalsekretär der KPCh, Hu Yaobang, mit einer großen Delegation das Gebiet. Schockiert von den Zerstörungen entschuldigte er sich namens der Partei öffentlich für das von den Roten Garden angerichtete Unheil. Seither ist die Religionsausübung in Tibet zwar wieder gestattet, aber die Restaurierung der Klöster gestaltet sich schwierig und kostspielig.

Im Dezember 1995 setzte die chinesische Regierung von sich aus nach dem Tod des letzten Panchen Lama einen Knaben als 11. Panchen Lama ein. Vom Dalai Lama ist ebenfalls ein Knabe als Inkarnation benannt worden. In seinem Exil in Indien bemüht sich seither der 14. Dalai Lama, mit Peking erneut ins Gespräch zu kommen mit dem Ziel, die Autonomie des Gebiets auf weitere Lebensbereiche auszudehnen. Unter diesen Prämissen wäre er nach eigenen Aussagen auch zur Anerkennung der chinesischen Oberhoheit bereit.

Der Hof des „Roten Palastes", der 1690–1694 erbaut wurde.

STÄDTE UND SEHENSWÜRDIGKEITEN

LHASA

Die Hauptstadt des Autonomen Gebiets Tibet, Lhasa, hat gegenwärtig 180 000 Einwohner, liegt auf einer Höhe von 3700 Metern unmittelbar am Ufer des Lhasa He, einem Nebenfluss des Yarlung Zangbo. Lhasa ist das Ziel frommer Pilger, die zu Fuß zum Hauptkloster der Stadt pilgern und der vielen Touristen aus allen Ländern der Erde, die mit dem Flugzeug auf dem 120 Kilometer entfernten Zentralflughafen landen.

Lhasa ist in den letzten 20 Jahren stark modernisiert worden und es wohnen heute hauptsächlich Chinesen in der Stadt, aber von den vier Hauptsehenswürdigkeiten blieben zwei völlig und die anderen beiden teilweise erhalten.

DER POTALA-PALAST

Das bekannteste Bauwerk Tibets ist zweifellos der Potala-Palast, die ehemalige Residenz der Dalai Lamas, Mittelpunkt der Politik für dreihundert Jahre und eine einmalige Schatztruhe tibetischer Kunst. Der Potala-Palast in seiner heutigen Gestalt stammt aus dem 17. Jahrhundert. Mit seinen 13 Stockwerken erreicht er eine Höhe von 117 Metern und enthält mehr als 1000 Räume.

Pilger besuchen den Jokhang-Tempel in Lhasa. Der Tempel beinhaltet ein Bild von Sakyamuni Buddha.

Vorgesehen war er ursprünglich als Winterpalast für den Dalai Lama, aber er wurde bald nach seiner Fertigstellung der Regierungssitz, in dem die Priesterkönige mit einem Gefolge von rund 500 Lamas bis 1959 residierten. Der 320 Meter lange Bau gliedert sich in den Weißen und in den Roten Palast. In dem etwas niedriger gelegenen Weißen Palast befinden sich die Verwaltungsräume, ein Klostertrakt, die Audienzräume und die Schlaf- und Studienräume.

Im Roten Palast jedoch liegen die eigentlichen Heiligtümer: die Große Westhalle, die als Inthronisationssaal genutzt wurde. Dann folgt die Halle, die dem Reformator und seinen vier nächsten Inkarnationen geweiht ist. Die vierte Halle birgt die Grabstupas mit den Leichnamen von drei Dalai Lamas, die in 14 Meter hohen Reliquienpagoden bestattet wurden. Acht tibetische Priesterkönige ruhen insgesamt im Roten Palast. Für die Reliqienpagode des 5. Dalai Lama sollen allein 3700 Kilogramm Gold verarbeitet worden sein.

Die riesige Palaststadt mit ihren Hallen, Kapellen, Mausoleen, Zeremonienräumen, Chorten, Depots, Amtsstuben und Wohnräumen enthält eine kostbare Bibliothek, viele Skulpturen, Kalligraphien, Schnitzereien, Textilkunstwerke und Wandmalereien, die den Potala-Palast zu einem der vornehmsten Museen der Welt machen. Eine aufwendige Restaurierung sicherte in den letzten Jahren die Bausubstanz. Die UNESCO nahm den Palast in die Liste des Weltkulturerbes auf.

DER JOKHANG-TEMPEL

Der bedeutendste Tempel Lhasas, zugleich das wichtigste Heiligtum Tibets, ist das Tempelkloster Jokhang, das auch unter dem Namen Tsuglagkhang bekannt ist und bei den Chinesen den Namen Dazhao Si führt. Diese große Anlage mit ihren 24 Hallen, goldenen Dächern und Innenhöfen enthält auch jene vergoldete Buddhastatue, die einst die chinesische Prinzessin Wencheng aus Changan im 7. Jahrhundert mitgebracht haben soll, als sie mit dem damaligen tibetischen König verheiratet wurde.

Die gläubigen Tibeter umrunden mit vielen Niederwerfungen dieses große Wallfahrtszentrum und unterziehen sich damit einer symbolischen Reinigung. 1966 zerstörten die Roten Garden die zwei Hektar große Anlage und machten aus dem Sakralbau ein Kino für Revolutionsfilme. Seit der 1979 erfolgten Restaurierung erstrahlt der Jokhang jedoch wieder in neuem Glanz, denn die Nachbildungen der erlesenen Figuren und Ornamente, der Malereien und Kultgegenstände setzen wieder jeden Besucher in Erstaunen.

Buddhistische Mönche stehen auf dem Dach des Jokhang-Klosters auf dem sich vergoldete Türme befinden. Das Kloster wurde 1994 auf die Liste des Weltkulturerbes gesetzt.

Das „Orangene Haus" im Jokhang-Tempel in Lhasa mit seinen drei Stockwerken und einem offenen Dach wurde seit dem 7. Jahrhundert n. Chr. unzählige Male umgebaut. Der Tempel zählt zu den am meisten besuchten Schreinen in Tibet und findet eine Vielzahl von Bewunderern, da er keiner speziellen Sekte des tibetischen Buddhismus zugeordnet ist.

Der Norbulinka Palast war die Sommerresidenz des Dalai Lama.

DIE SOMMERRESIDENZ NORBULINKA
UND DIE DREI GROSSEN KLÖSTER UM LHASA

Von der einst durch Artilleriebeschuss schwer beschädigten Anlage des Sommerpalastes im westlichen Vorort von Lhasa ist wenig erhalten geblieben, allerdings ist der 36 Hektar große Park bei dem Palast mit seinen Pavillons und Seen äußerst sehenswert. Die drei Großklöster Tibets rund um Lhasa hatten in der Kulturrevolution schwer zu leiden.

Das nur etwa fünf Kilometer nördlich von Lhasa gelegene Sera war einst eines der drei Staatsklöster Tibets. 1419 erbaut, entwickelte es sich zu einer Klosterstadt mit rund 5000 Mönchen und einer philosophisch-theologischen Hochschule. Das Kloster wurde in der Kulturrevolution zur Hälfte zerstört, die großen Kunstschätze aber blieben erfreulicherweise erhalten. Sera wurde damals völlig entvölkert. Heute leben wieder rund 300 Mönche in Sera.

Das ebenfalls zu Beginn des 15. Jahrhunderts im Jahre 1416 erbaute Kloster Drepung liegt acht Kilometer westlich von Lhasa und war bis zur Fertigstellung des Potala Sitz der Dalai Lamas. Im Laufe der Jahrhunderte entwickelte es sich zum reichsten Kloster Tibets und beherbergte in seiner Glanzzeit über 7000 Mönche. Demoliert zwar in der Kulturrevolution, konnte es aber seine Kunstschätze weitgehend erhalten und zählt heute ebenfalls wieder etwa 300 Mönche.

Das einstige Großkloster Ganden mit rund 7500 Mönchen (bis zum Jahre 1958) liegt etwas mehr als 60 Kilometer von Lhasa entfernt in einem abgelegenen Teil des Kyitschu-Flusses. Das 4300 Meter hoch gelegene Kloster wurde von den Roten Garden gänzlich zerstört, ist jedoch seit 1980 in kontinuierlichem Wiederaufbau begriffen und schon wieder von etwa 500 Mönchen besiedelt.

SHIGATSE

In rund zehn Fahrstunden erreicht man (wegen der Höhenlage von 3900 Metern) von Lhasa aus die 250 Kilometer westlich gelegene Stadt Shigatse, die als Sitz des Panchen Lama und als Residenz der Gouverneure der Provinz Zang (Tsang) im Laufe der Jahrhunderte zur zweitgrößten Stadt Tibets heranwuchs. Shigatse hat rund 50 000 Einwohner und blickt auf eine Geschichte von rund 500 Jahren zurück, denn im Jahr 1447 gründete ein Schüler des berühmten Tsongkhapa an dieser Stelle das Kloster Tashilunpo (Berg des Ewigen Segens), das sich zu einem 15 Hektar großen Baukomplex im 17. und 18. Jahrhundert entwickelte.

In dem Kloster ruhen in versilberten Pagoden die Leichname mehrerer Panchen Lamas. Neben herrlichen Wandmalereien ist der größte „Magnet" des Klosters jedoch eine 26 Meter hohe, in Bronze gegossene Statue des Buddha Maitreya (Tibetisch: Champa Buddha). Das Kloster besitzt eine Sammlung kostbarer Thangkas und einen Bestand von 10 000 Druckstöcken für buddhistische Schriften. Tashilunpo blieb während der Kulturrevolution völlig erhalten, wohl weil sich der damals ganz junge Panchen Lama den Kommunisten zugewandt hatte.

GYANTSE

Die dritte Stadt Tibets ist das im Süden gelegene Gyantse mit über 20 000 Einwohnern und dem großen Kloster Palkhor mit dem „Wunder von Gyantse", dem sogenannten Kumbum, einer großen achteckigen Pagode. Auf einer dreistufigen Basis erheben sich vier pyramidenförmige Etagen, die im Innern eine zentrale Versammlungshalle, einen Gebetssaal und 73 Andachtsräume enthalten. Die Pagode hat eine Gesamthöhe von 32,5 Metern, in ihr sind bis heute 27 529 Bildnisse erhalten geblieben. Mehrere Kunsthistoriker sehen im Kumbum von Gyantse das bedeutendste Denkmal tibetischer Kunst.

KAILAS

Der in Westtibet gelegene, 6714 Meter hohe Berg Kailas gilt vier Religionen als heiligster Berg der Welt: den Anhängern der tibetischen Bön-Religion, den Hindus, den Buddhisten und den Dschainas (Jainas). Die „Bonpos" glauben, ihr Gründer Schenrab sei vom Himmel zur Erde herabgestiegen und habe seinen Fuß zuerst auf den Kailas gesetzt.

Die Hindus sehen in dem Bergriesen den Sitz von Indra und Shiva, die Buddhisten verehren ihn als Symbol des Weltenberges Meru und als die Heimat ihrer Schutzgöttin Mahakala. Die Dschainas schließlich glauben, dass ihr erster göttergleicher Heros auf dem Kailas seine Gestalt annahm.

Weniger als 100 Kilometer vom Kailas entfernt entspringen vier wichtige Flüsse Asiens: der Indus, der Brahmaputra, der Sutledsch und der Karnali, einer der größten Zuflüsse des Ganges. Die Magie dieses Berges ist ungebrochen. Im Jahr 1948 versenkte man einen Teil der Asche von Gandhi im nahen Manasarovarsee.

Eine Holztür mit Metallbeschlägen und Türklopfer in dem 1447–1453 erbauten Kloster Tashilumpo Shigatse.

LINKE SEITE:
Wandmalereien an einer Mauer im Haupthof des Klosters Tashilumpo Shigatse.

Der „Große Tempel" im Kloster Tashilumpo.

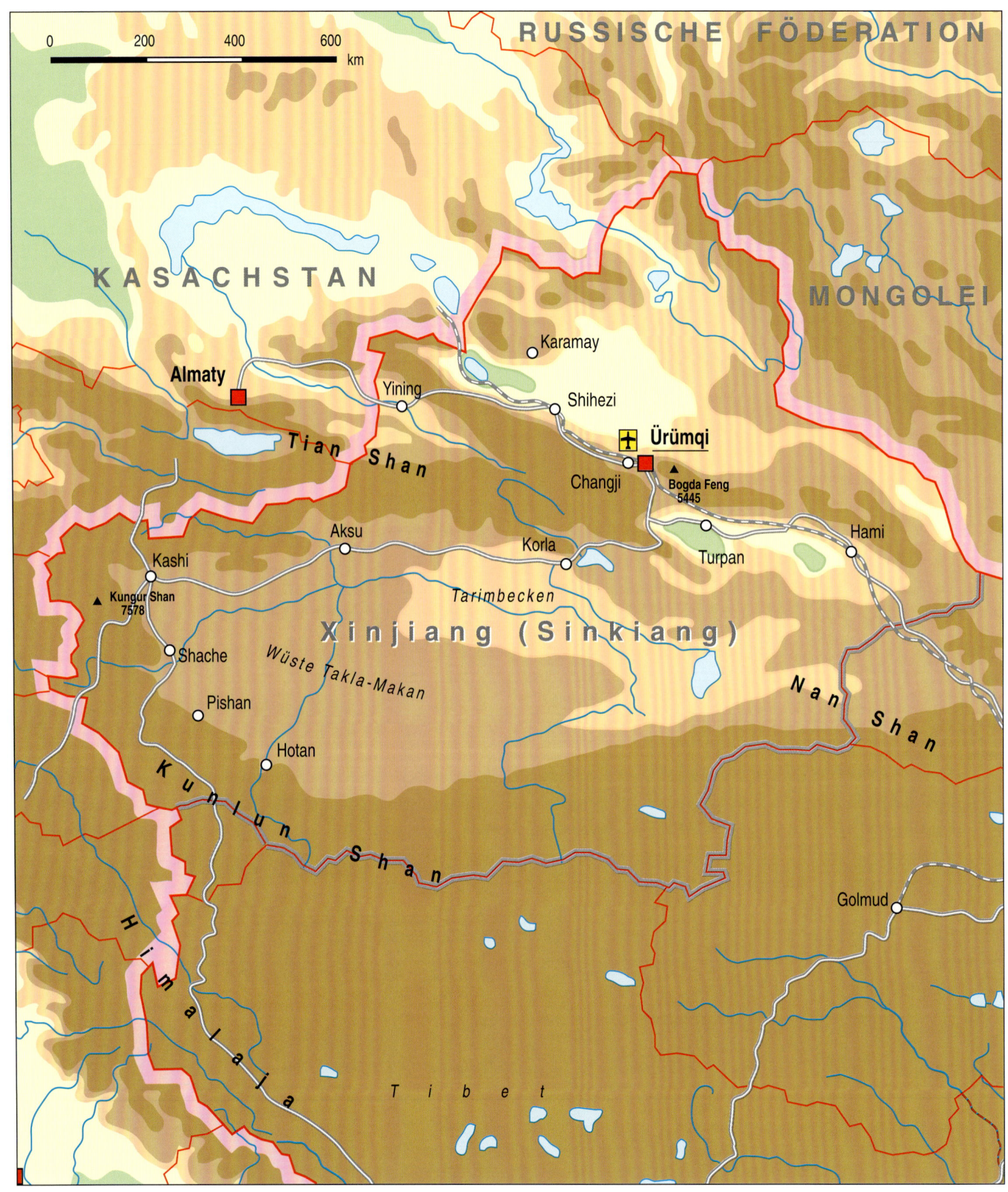

RUSSISCHE FÖDERATION

KASACHSTAN

MONGOLEI

0 200 400 600
km

Karamay

Almaty

Yining

Shihezi

Tian Shan

✚ Ürümqi

Changji

Bogda Feng
5445

Aksu

Korla

Hami

Kashi

Turpan

Kungur Shan
7578

Tarimbecken

Xinjiang (Sinkiang)

Nan Shan

Shache

Wüste Takla-Makan

Pishan

Hotan

Kunlun Shan

Golmud

Himalaja

Tibet

XINJIANG (SINKIANG)
UIGURISCHES AUTONOMES
GEBIET XINJIANG (SINKIANG)
(PROVINZSTATUS)

Dieses flächengrößte Verwaltungsgebiet Chinas (mit der historischen Schreibweise Sinkiang) ist mit einer Fläche von 1 660 000 Quadratkilometern so groß wie Deutschland, Frankreich, die iberische Halbinsel, die Benelux-Länder und Dänemark zusammengenommen. In den 19 Städten und 85 Kreisen leben aufgrund des wüstenhaften Klimas jedoch nur 19 Millionen Einwohner.

Das Gebiet deckt sich im Wesentlichen mit dem alten Ostturkestan und ist zu 47 % mit Uiguren bevölkert, die Han-Chinesen machen 38 % der Bevölkerung aus, die Kasachen 7 %, die Hui 5 % und die Kirgisen und Mongolen jeweils 1 %. Den letzten Prozentpunkt teilen sich die Usbeken, Tataren, Russen, Mandschuren, Dunganen und Dauren gemeinsam. Außer den buddhistischen Mongolen sind alle diese nationalen Minderheiten muslimischen Glaubens.

Das Land liegt im Nordwesten Chinas und zwar in seinem zentralasiatischen Teil zwischen 73 °41' –96°19' östlicher Länge und 34°29'–49°20' nördlicher Breite. Xinjiang grenzt im Osten an die Mongolei, im Südosten an die Nachbarprovinzen Gansu und Qinghai, im Süden an Tibet, im Norden an Russland und Kasachstan und im Westen an Kirgisien, Afghanistan, Pakistan und Indien – somit ist Xinjiang jenes Gebiet Chinas, das mit den meisten ausländischen Staaten eine gemeinsame Grenze hat.

Die Kurzform für das ganze Gebiet lautet landläufig Xin. Die Hauptstadt ist Ürümqi (Urumtschi) mit 1,5 Millionen Einwohnern. Geographisch liegt das Gebiet im Mittelpunkt des eurasischen Kontinents. Auf dem langen Karawanenweg der Seidenstraße verband es den Mittleren Osten mit China, von allen Reisenden jedoch gefürchtet wegen seiner glühendheißen Wüsten.

TOPOGRAPHIE

Die Topographie von Xinjiang ist äußerst vielgestaltig. Grundsätzlich jedoch teilt das Tianshan-Gebirge das ganze Land in zwei Teile, einen nördlichen und einen südlichen, die ihrer Natur nach sehr verschieden sind. Dieses gewaltige Gebirge, das länger ist als die europäischen Alpen, läuft in westöstlicher Richtung durch die gesamte Region und besteht aus mehreren parallel verlaufenden Ketten. Im Durchschnitt ist der Tianshan (Himmelsgebirge) 3000–5000 Meter hoch, in dem sich Täler, Becken, almähnliche Weiden mit eisigen Gletscherzonen abwechseln.

Im Norden und Nordosten von Xinjiang liegt das Altay-Gebirge – und zwischen dem Altay und dem Tianshan die Dsungarei, d. h. das Junggar-Becken, und mitten darin die Sandwüste Gurbantünggür. Ganz im Süden der Provinz liegen die Hochgebirge Karakorum, Kunlun, Altun und Pamir – und

Eine Mosche in Urumtschi.

zwischen ihnen und dem Tianshan dehnt sich das riesige Tarim-Becken aus, dessen mittlerer Teil ganz von der Todeswüste Takla-Makan eingenommen wird.

Nimmt man alle Sandwüsten zusammen, so machen sie 22 % der Gesamtfläche von Xinjiang aus. Die höchsten Berge des Gebiets liegen im Westen. Nach einer halbtägigen Autofahrt von Kashgar aus gelangt man im Süden zum Kongur, dessen eisgepanzerter Gipfel 7649 Meter hoch ist, dann folgt der Muztagata mit 7509 Metern und schließlich mit 8611 Metern der Qogir. Die tiefste Stelle dagegen liegt im Turfan-Becken, denn der dort befindliche Aydingkol-See liegt 154,43 Meter unter dem Meeresspiegel.

Von den mehr als 20 Flüssen des Gebiets sind der Tarim, der Ili, der Yarkant, der Manas, der Qarqan und der Ertix am wichtigsten. Der Tarim ist mit einer Länge von 2179 Kilometern der längste „Binnenfluss" Chinas, denn er entspringt im Lande selbst und versickert auch in seinen eigenen Sandwüsten.

Das Tarim-Becken selbst erstreckt sich von Ost nach West über 1500 Kilometer und von Süd nach Nord über 400–500 Kilometer. Mit einer Fläche von 530 000 Quadratkilometern ist es das größte Becken der chinesischen Landmasse, denn es reicht vom Pamir im Westen bis zur Grenze von Gansu und ist damit größer als Spanien. In diesem Becken finden sich jedoch mehrere Landschaftsformen:

1. die Takla-Makan-Sandwüste, die größte Wüste Chinas, in der Mitte des Beckens gelegen,
2. die Sümpfe des Lop-Nor, teilweise ein wasserreiches Grasland,
3. die Oasen mit Obstgärten, Baumwollfeldern, Weizenäckern und Melonengärten – gespeist von den Gletscherwassern der Hochgebirge,
4. die kiesbedeckten Abhänge der Gobi im Osten, kaum karges Weideland für Schafe.

Außer den Oasen am Rande des Beckens ist die Region ziemlich unbewohnt. Nach dem Tarim-Becken ist die Dsungarei die zweitgrößte Wüste Chinas. Bekannt ist sie auch unter den beiden Namen Junggar-Wüste oder Gurbantüngüt-Wüste, sie liegt in Nord-Xinjiang zwischen dem Tianshan und dem Altay-Gebirge. Diese Wüste ist ebenfalls ein Becken mit einer Fläche von 47 300 Quadratkilometern und erstreckt sich von West nach Ost über 850 Kilometer und von Süd nach Nord etwa 380 Kilometer.

Im Westen des Beckens fließt der Manas-Fluss, die Hauptstadt Ürümqi liegt am südlichen Rand der gesamten dsungarischen Beckenlandschaft. Die Dsungarei kennt Steppen, Wüsten, Sümpfe und Oasen, ist jedoch allgemein nicht so trocken wie das Tarim-Becken.

Das drittwichtigste Becken des Gebiets von Xinjiang ist jenes von Turfan (Turpan), wegen seiner großen Hitze als „Flammen-Oase" bekannt. Hier befindet sich die tiefste Stelle Chinas. Das Becken liegt zwischen dem Bogda-Gebirge (im Norden) und dem Qoltag-Gebirge (im Süden) und hat eine Ost-West-Ausdehnung von 245 Kilometern und eine Nord-Süd-Achse von 75 Kilometern.

Lop-Nor war einst einer der größten, dabei flachsten und am weitesten vom Meer entfernten, Salz-Binnensee der Erde.

Die Temperaturunterschiede im Turfan-Becken zwischen Tag und Nacht sind ebenso groß wie die zwischen Sommer und Winter. Kunstvoll angelegte Kanäle, die unterirdisch verlaufen, bringen das Schmelzwasser der Berge auf die Felder und machen das Becken zu einem landwirtschaftlich wertvollen Gebiet, das durch seine Rosinen und Melonen landesweit bekannt ist.

KLIMA

Über ein Fünftel des gesamten Gebiets ist Wüste, hervorgerufen durch ein extrem trockenes kontinentales Klima. Die Durchschnittstemperaturen belaufen sich im Norden im Juli auf 24,2 Grad Celsius (Ürümqi), im weiter südlich gelegenen Turfan dagegen auf 32,4 Grad. Im Dezember lauten die Temperaturwerte für Ürümqi minus 11 Grad, in Turfan minus 6,7 Grad. Die Sonnenscheindauer ist sehr lang, die Verdunstung erheblich. In Süd-Xinjiang betragen die durchschnittlichen Jahresniederschläge nur 25–100 Millimeter, im Norden auch nicht mehr als 100–500 Millimeter.

LANDWIRTSCHAFT

Kamel Gruppe in der Wüste Gobi.

Soweit nicht die Wüste regiert, kann Xinjiang als riesiges Weideland angesprochen werden, in dem 60 Millionen Stück Vieh grasen. Feinwoll-Schafe, Ili-Pferde und Uiguren-Esel sind landesweit be-

kannt. Die Ackerfläche macht gegenüber den Viehzuchtgebieten nicht einmal ein Zehntel aus. Fast alle Äcker aber müssen künstlich bewässert werden, was stellenweise durch ein ausgeklügeltes unterirdisches Kanalsystem bewerkstelligt wird, gespeist von den Schmelzwassern der hohen Gebirgszüge.

Ist Wasser vorhanden, so wachsen Trauben, Melonen, Reis, Mais und Baumwolle und ergeben gute Ernten. Besonders bekannt und beliebt sind die Trauben aus Turfan und die Melonen aus Hami. Die Seidenproduktion spielt in Xinjiang ebenfalls eine bedeutende Rolle, da viele Maulbeerbäume angepflanzt wurden. In den Wäldern des Tianshan und des Altay wird Forstwirtschaft betrieben.

Sand- und Salzformationen in Lop-Nor.

INDUSTRIE

Traditionell sind in Xinjiang die Teppichweberei, die Seidenverarbeitung, das Schmiedehandwerk und die Baumwollspinnerei zuhause. Allerdings verfügt Xinjiang auch über beträchtliche Bodenschätze, deren Förderung schon begonnen hat. So wird beispielsweise ein Großteil des gesamtchinesischen Ölverbrauchs bereits aus Ölquellen von Xinjiang gedeckt. Abgebaut werden aber auch Kohle, Eisenerz, Silber, Gold und Uran. Gefunden wurden auch Schwefel, Asbest, Glimmer, Schiefer, Quarz und Jade. Salz kommt ebenfalls aus Xinjiang. Chemiefabriken, Metallurgie-Unternehmen und Elektrizitätswerke haben sich inzwischen ebenfalls in dem großen Gebiet angesiedelt.

VERKEHRSVERBINDUNGEN

Die Eisenbahnlinie Lanzhou/Ürümqi ist eine der längsten in China, sie verbindet auf dem Landweg den Nordwesten mit dem übrigen China. Diesem Schienenweg folgt auf langen Strecken fast parallel eine Fernstraße. Die ferne Stadt Kashgar (Kashi) ist wie Ürümqi sowohl per Flugzeug als auch mit der Bahn oder mit dem Auto erreichbar. Wenn auch große, fast menschenleere Flächen mit dem Auto noch nicht erreichbar sind, so führen immerhin Fernstraßen mit einer Gesamtlänge von 23 800 Kilometern nicht nur bis ins Altay-Gebirge im Norden sondern auch bis nach Pakistan über die Gebirgspässe im Südwesten. Chinesische Ingenieurskunst hat sogar das fast Unmögliche vollbracht. Es führt inzwischen ein Wüsten-Highway mitten durch die Takla-Makan. Von Min Feng im Süden bis nach Luntai im Norden. Damit ist eine Verkehrsverbindung von der südlichen Karawanenstraße nördlich des Kunlun bis zur nördlichen Route südlich des Tienshan geschaffen.

Der malerisch gelegene
Himmelssee.

GESCHICHTE

Xinjiang heißt „Neues Grenzland", diese Bezeichnung deutet bereits auf eine turbulente Geschichte hin, und der alte Name „Ost-Turkestan" verweist auf die turkstämmigen Uiguren, die einen osttürkischen Dialekt sprechen und die größte geschlossene Volksgruppe in dem autonomen Gebiet darstellen. Das Land war stets umkämpft. Ursprünglich saßen die Xiongnu im Tarimbecken, die dann im ersten vorchristlichen Jahrhundert von den Truppen der Han-Dynastie unterworfen wurden. Xinjiang wurde ein Generalgouvernement des chinesischen Reiches. Nach dem Sturz der Han-Dynastie machten sich mehrere Stammesfürsten in den Oasenstaaten als Kleinkönige selbstständig, wurden aber in der Folgezeit immer wieder von Fremdvölkern unter deren Botmäßigkeit gezwungen, so von Tibetern, Hunnen, Mongolen und seit dem 6. Jahrhundert auch von turkstämmigen Nomaden.

Im 7. und 8. Jahrhundert konnten dann die Chinesen in der Zeit der Tang-Dynastie Teile des Gebiets wieder für ihr Reich sichern, vor allem jene Abschnitte, die für die Sicherheit der Karawanenwege der Seidenstraße wichtig waren. Im 10. Jahrhundert waren weite Gebiete von Ostturkestan bereits von den Uiguren bewohnt, die sich vom Buddhismus und dem nestorianischen Christentum allmählich ganz dem Islam zuwandten.

Die relative Selbstständigkeit der uigurischen Stammesfürsten wurde jedoch im 13. Jahrhundert von den Mongolen beendet, die das Gebiet eroberten. In der Ming-Zeit gelang es den Herrschern in Peking dann lediglich, Handelsbeziehungen zu den dort wieder erstarkten Kleinstaaten zu unterhalten, bestenfalls sie in eine leichte Tributabhängigkeit zu zwingen. Mit dem Erstarken der Zarenmacht in Südsibirien kamen sogar die Nord-Dsungarei und das Ili-Tal unter russischen Einfluss.

Erst den Mandschuren gelang es dann im 18. Jahrhundert, die Macht der Mongolen und die der Stammesfürsten zu brechen und das Tarim-Becken wieder an das Reich der Mitte anzuschließen. Damals entstand der Name Xinjiang (Neues Grenzland). Diese Dsungaren-Kriege waren sehr blutig und dauerten von 1696–1758. Erst Kaiser Qianlong konnte erstmals wieder die Drachenfahne über das neugewonnene Protektorat in allen Landesteilen aufrichten.

Die chinesische Herrschaft dauerte jedoch nur ein Jahrhundert, denn angesichts der offenkundigen Schwächung des Kaiserreichs im 19. Jahrhundert brach ein großer Aufstand (1862–1878) der Turkvölker los, bei dem der größte Teil Xinjiangs wieder verloren ging. Die mit großen Verlusten verbundene Rückeroberung durch die Chinesen dauerte nur bis 1911, denn nach dem Sturz des Kaiserreiches erklärte sich die Region für unabhängig, erst 1941 konnte die Nationalregierung ihre Macht wieder ins Tarim-Becken ausdehnen, wurde aber dann 1949 von den Kommunisten auch dort wie überall abgelöst.

Obwohl Peking das Gebiet zur autonomen Region erklärte (1955), kam es immer wieder zu lokalen Aufständen uigurischer Separatisten, selbst noch in den Jahren 1996/97, die stets niedergeschlagen wurden. Durch eine betonte Duldung der islamischen Religion versucht die Zentralregierung eine gewisse Konfliktminderung herbeizuführen, verstärkt jedoch gleichzeitig die militärische Präsenz an allen strategisch wichtigen Stellen.

Kaufhaus in der Provinzhauptstadt Urumtschi.

STÄDTE UND SEHENSWÜRDIGKEITEN IN XINJIANG

ÜRÜMQI (URUMTSCHI)

Ürümtschi ist ein mongolisches Wort und bedeutet „Schönes Weideland". Die Hauptstadt des Autonomen Gebiets der Uiguren ist heute allerdings eine moderne Großstadt mit 1,5 Millionen Einwohnern und einer bedeutenden Stahl- und Maschinenbauindustrie. Kohlevorkommen und Eisenerzlagerstätten liegen in unmittelbarer Nähe. Die Stadt wird heute von 13 Nationalitäten bewohnt, von

denen die Uiguren jedoch nur 10 Prozent der Einwohner ausmachen, denn 75 Prozent entfallen bereits auf die Han-Chinesen, die vor allem seit der großen Industrialisierungswelle zugewandert sind. Mit der Küstenregion in Ostchina ist Ürümqi durch die längste Eisenbahnstrecke Chinas verbunden, der Zug braucht von dort 80 Stunden und fährt dann weiter durch die Dsungarei nach Kasachstan. Ürümqi liegt in einer Oase am nördlichen Ausläufer des Tianshan im Norden des Autonomen Gebiets. Die Stadt ist auch durch Fernstraßen mit den wichtigsten Regionen des Tarim-Beckens und der Dsungarei verbunden. Direktflüge gehen täglich zu den wichtigsten chinesischen Metropolen. Bereits in der Han-Dynastie kamen die ersten chinesischen Truppen in dieses Gebiet, das zuerst von Mongolen, dann aber von Uiguren beweidet wurde. Die Siedlung Ürümqi gewann dann in der Tang-Dynastie städtischen Charakter. Unter dem Namen Dihua war die zur Festung ausgebaute Stadt dann Regierungssitz und wurde erst 1954 in Ürümqi umbenannt.

Von der Stadt aus empfiehlt sich stets ein Ausflug zu dem 102 Kilometer weiter östlich gelegenen „Himmelssee", der am 5445 Meter hoch gelegenen Berg Bogdashan auf einer Höhe von 1960 Metern wie ein Smaragd zwischen kiefernbestandenen Abhängen liegt und von den Schmelzwassern der nahen schneebedeckten Gipfel gespeist wird.

TURFAN (TURPAN)

Das altberühmte Turfan liegt im Nordosten von Xinjiang südöstlich von Ürümqi in der großen Turfan-Senke, die nach dem Toten Meer das zweittiefste Gebiet der Erde darstellt. Diese sogenannte Turfan-Depression nimmt eine Fläche von 50 000 Quadratmetern ein und liegt an ihrem tiefsten Punkt 154 Meter unter dem Meeresspiegel.

Die Stadt Turfan liegt 150 Kilometer von Ürümqi entfernt und ist von dort aus mit der Bahn oder mit dem Auto erreichbar. Bei den in der Nähe liegenden, glutheißen Flammenbergen kann das Thermometer im Sommer bis auf 50 Grad klettern, die Durchschnittstemperatur beträgt im Juli ohnehin 32° Celsius.

Trotz aller Hitze aber ist das Gebiet um die Stadt Turfan ein Fruchtgarten besonderer Art, in dem Trauben, Melonen und Baumwolle prächtig gedeihen. Dafür sorgen über 1000 Brunnen und ein Netz unterirdischer Kanäle von mehr als 3000 Kilometern Länge. Das Wasser kommt vom Tianshan und wird auf diese Weise auf die Felder geleitet.

LINKE SEITE:
Das 44 m hohe, 1777 errichtete Minarett der Emin-Moschee.

Das Portal der Emin-Moschee in Turfan.

Die muslimischen Uiguren von Turfan errichteten in der Stadt im 18. Jahrhundert die Emin-Moschee, deren 44 Meter hohes Minarett weithin sichtbar ist; gebaut in klassischem afghanischen Stil, verjüngt es sich nach oben. Turfan war schon in den Zeiten der Han-Dynastie als Station an der Seidenstraße bekannt. Bis zum 5. Jh. n. Chr. aber residierten die Herrscher des Reiches Cheshi in der damals blühenden Stadt Jiaohe, das nur 10 Kilometer westlich von Turfan liegt, und kontrollierten die Handelswege. Erst in der Tang-Dynastie gelang es den Chinesen, ein Gouvernement in Turfan einzurichten.

JIAOHE

Die heutige Ruinenstadt Jiaohe, einst Hauptstadt des Ceshi-Reiches vor 2200 Jahren, hatte seine Glanzzeiten bereits im 10. Jahrhundert überschritten und wurde im 13. Jahrhundert von den Horden Dschings Khans dem Erdboden gleichgemacht. Die Bewohner von Jiaohe gehörten einst dem Buddhismus an, noch heute sind die Reste ihrer Tempel und die Sockel buddhistischer Statuen zu erkennen.

GAOCHANG

Die zweite große Ruinenstadt von Xinjiang, 40 Kilometer südöstlich von Turfan, war einst noch ausgedehnter als Jiaohe, denn ihre 11 Meter hohe Stadtmauer hatte eine Länge von 5 Kilometern und umfasste eine dichtbewohnte Siedlung mit einer großen Palastanlage und einem Tempel, der allein eine Fläche von 10 Hektar einnahm.

Die Grotten von Kizil.

Die bereits zur Han-Zeit erbaute Stadt wurde um die Mitte des 9. Jahrhunderts von einem uigurischen Stamm zur Hauptstadt erhoben und war bis zum 14. Jahrhundert Residenz eines Kleinstaates. Im 14. Jahrhundert wurde die Siedlung – möglicherweise aus Wassermangel – aufgegeben. Die geisterhaft wirkende Ruinenstadt erinnert mit ihrer planvollen Anordnung der Straßen und Plätze noch heute an den Grundriss der einstigen Tang-Hauptstadt Changan.

DIE GROTTEN VON KIZIL

Wer von Turfan aus mit der Bahn oder dem Auto nach Kaschgar reist, kommt über Korla nach Kuqa – stets entlang der nördlichen Route der Seidenstraße, die früher an den Südabhängen des Tianshan in die alte Karawanenstadt unweit des Pamir führte. 75 Kilometer nordwestlich von Kuqa liegen in einem Steilhang des Mujat-Flusses die Grotten von Kizil, auch genannt „Tausend-Buddha-Grotten", die als älteste buddhistische Grotten Chinas gelten.

In rund 500 Jahren schufen an dieser Stelle vom 3. bis zum 8. Jahrhundert fromme Mönche 236 Höhlen, von denen immerhin noch 136 erhalten blieben und teilweise noch herrliche Wandmalereien aus dieser frühen Zeit enthalten. Mehrere dieser Grotten sind inzwischen zugänglich. Die Bilder zeigen indische und sassanidische Einflüsse, denn über diese Route der Seidenstraße gelangte der Buddhismus aus Indien und Afghanistan damals nach China. Auf rund 10 000 Quadratmetern haben die frühen Künstler Szenen aus dem Leben des Erleuchteten dargestellt, die mit ihren leuchtenden Farben bis zur Gegenwart gut erhalten geblieben sind.

Die Bezeklik Höhlen, auch „Tausend Buddha Höhlen" genannt, liegen in der Murtuqschlucht nahe der Oasenstadt Turfan an der historischen Seidenstraße.

DIE HÖHLEN VON BEZEKLIK

Leichter zu erreichen und daher wohl auch bekannter als die Grotten von Kizil sind die Höhlen von Bezeklik, die etwa 50 Kilometer nordöstlich von Turfan 80 Meter über einem schmalen Fluss aus einer Lößwand herausgearbeitet wurden. Sie entstammen der Zeit zwischen dem Anfang des 5. Jahrhunderts bis zur Mitte der Mongolen-Dynastie (13. Jh.) und waren ursprünglich Einsiedeleien buddhistischer Mönche. Allmählich scheinen dann die Höhlen zu einer großen klösterlichen Anlage zusammengewachsen zu sein.

Wandmalerei in einer der Bezeklik Grotten.

Bezeklik ist ein uigurisches Wort und bedeutet „Schön geschmückt". In der Tat kann man in den noch heute erhaltenen Höhlen Malereien bewundern, die neben indischen Stilelementen auch schon klar chinesische Einflüsse erkennen lassen. An den Wänden befinden sich auch Inschriften in uigurischer Schrift, in Brahmi-Schrift und in chinesischen Charakteren. Sanskrit-Inschriften finden sich ebenfalls in Bezeklik.

Vor dem Ersten Weltkrieg stieß eine deutsche Forschergruppe zu diesen Höhlen vor und entnahm eine Reihe von Wandmalereien aus dieser großen Grottenreihe. Damals kümmerte sich niemand um diese bedeutenden Kunstwerke. Im Museum für Indische Kultur in Berlin können diese Malereien aus der Schlucht des Murtuq-Tales noch heute besichtigt werden, soweit sie nicht in den Feuerstürmen des Zweiten Weltkrieges untergegangen sind.

KASCHGAR (KASHI, KAXGAR)

Die westlichste Stadt Chinas ist die alte Oasenstadt Kaschgar, die auf einer Höhe von 1289 Metern im westlichen Teil des Autonomen Gebiets am Ende des Tarim-Beckens vor den Südabhängen des Tianshan und gleichzeitig östlich des Pamir liegt.

Kaschgar zählt 100 000 Einwohner unmittelbar in der Stadt und 300 000 in seinem Großraum. Von der Hauptstadt Ürümqi ist Kaschgar 1000 Kilometer entfernt, ist jedoch durch regelmäßigen Flugverkehr mit ihr verbunden. Das Wahrzeichen von Kaschgar ist die Id-Kah-Moschee, die als größte von Xinjiang gelten kann und bis zu 8000 Gläubigen Platz bietet.

Der Sakralbau stammt aus dem Jahr 1798 und ist religiöser und gesellschaftlicher Mittelpunkt der durch und durch islamisch geprägten Stadt. Eine typisch muslimische Grabanlage aus dem 17. Jahrhundert ist das am Ostrand der Stadt liegende Mausoleum des Abakh Hoja, in dem 72 Nachfahren der Familie dieses islamischen Heiligen des 17. Jahrhunderts bestattet sind.

Kaschgar ist bekannt durch seine Teppichknüpfereien und Stickereien, auch durch seinen Instrumentenbau, vor allem aber durch den größten Markt der Welt. Jeden Sonntag strömen am Nordostrand der Stadt unter freiem Himmel rund 150 000 Besucher zusammen. In dem dichten Gewimmel überwiegen bei weitem die Bauern, die mit ihren Eselskarren bis von Pamir herunterkommen, um Schafe zu verkaufen und Kleidung, Haushaltsgegenstände und vor allem die begehrten uigurischen Messer einzukaufen.

Pferde und Rinder wechseln ebenfalls ihre Besitzer. Der Markt von Kaschgar hat seit Jahrzehnten den Markt von Timbuktu in Afrika in der Größenordnung abgelöst und ist für jeden Besucher ein außergewöhnliches Erlebnis.

KHOTAN (CHOTAN, HOTAN)

Wer auf der Südroute der alten Seidenstraße einst nach Kaschgar reiste, der zog mit seiner Karawane an den Nordabhängen des Kunlun-Gebirges von einer Oasenstadt zur anderen, die am Rande der Todeswüste Takla-Makan auch heute noch liegen und ihr lebenswichtiges Wasser von den Schmelzbächen dieses gewaltigen Gebirges beziehen. Der Reisende gelangt auf dieser Route über die heutigen Orte Ruoqiang, Qiemo, Minfeng, Hotan (Khotan), Yecheng und Yarkant in die Stadt Kaschgar, wo er dann eine größere Rast einzulegen pflegte.

In ganz China ist von all diesen Städten vor allem Khotan bekannt, gilt sie doch als die Stadt der begehrten Jadesteine, die in den Wildbächen der Berge im Umkreis von Khotan gefunden werden. Jade tritt bekanntlich in den beiden Formen Nephrit und Jadeit auf. Bei den Khotan-Jaden handelt es sich ausschließlich um Nephrit, der vor allem im 18. Jahrhundert im Kunlun-Gebirge in enormen Mengen abgebaut wurde.

Da Jade aus religiösen und ästhetischen Gründen in China stets für wertvoller gehalten wurde als Gold, hat Khotan für alle Chinesen bis zur Gegenwart einen magischen Klang, ist diese Stadt für sie doch gleichbedeutend mit der Heimat des Steines, der als Inbegriff der Schönheit gilt.

Khotan ist als Stadt heute der Hauptort der großen gleichnamigen Oase, die vom Khotandarja bewässert wird. Der Ort liegt 1406 Meter über dem Meeresspiegel und hat im Stadtkern 60 000 Einwohner. In der Nähe liegen Ruinenfelder einer hellenistisch-buddhistischen Mischkultur aus dem 3.–6. Jh. n. Chr.

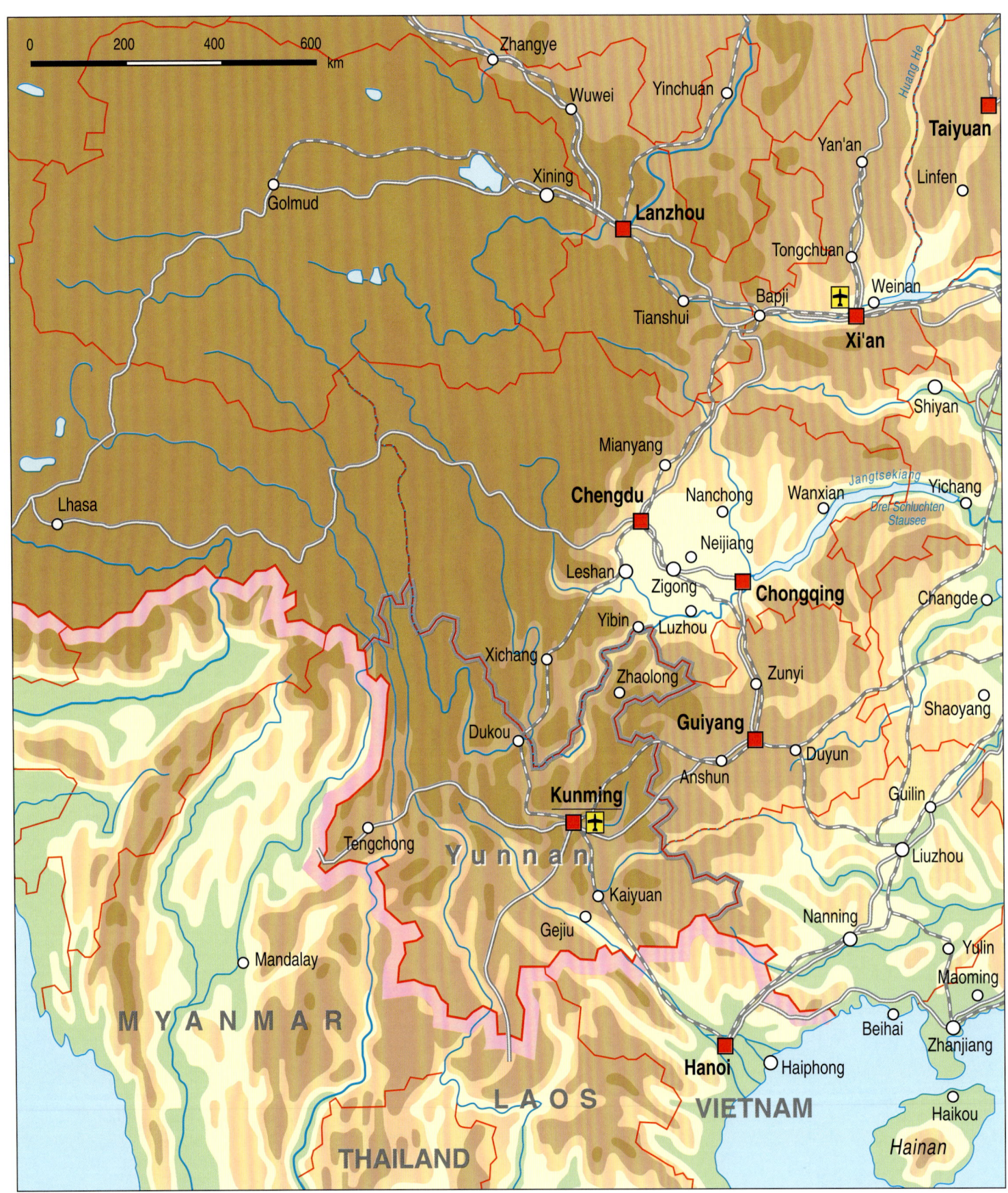

YUNNAN

Die Provinz Yunnan liegt zwischen 97°32'–106°12' östlicher Länge und 21°08'–29°15' nördlicher Breite und ist mit einer Fläche von 394 000 Quadratkilometern etwas größer als Deutschland und die Schweiz zusammen. Das im Südwesten Chinas gelegene Bergland zählt 43 Millionen Einwohner. Ein Drittel der Gesamtbevölkerung gehört neben den Han insgesamt 22 nationalen Minderheiten an (Yi, Bai, Hani, Zhuang, Dai, Miao, Lisu, Hui, Lahu, Wa, Naxi, Yao, Tibeter, Jingpo, Nu, Blang, Achang, Pumi, Jino, Benglong, Drung und Mongolen).

Von diesen Nationalitäten gehören die Benglong, die Blang und die Wa der austroasiatischen Sprachfamilie an, und da die Benglong-Sprache zur Mon-Khmer-Sprachgruppe zählt, kann auf die früher grenzüberschreitende Verbreitung dieser Völkerschaften im südostasiatischen Raum geschlossen werden. Die Kurzform der Provinz lautet Dian oder Yun. Der Name Yunnan bedeutet „Südlich des Yunling-Gebirges".

Idyllische Landschaft in Shangri La, einem mythischen Ort, der oft auch als „Paradies auf Erden" bezeichnet wird.

RECHTE SEITE:
Rapsfelder in Luo Ping.

Eine Hütte in einem Dorf am Ufer des Mekong in der autonomen Region Xishuangbanna in Yunnan.

Yunnan grenzt im Südwesten und Süden an die drei Nachbarstaaten Myanmar (Burma), Laos und Vietnam. Im Nordwesten liegt Tibet, im Norden Sichuan, im Osten Guizhou und im Südosten Guangxi. Den vielen Nationalitäten sind nationale Bezirke und Kreise eingerichtet, in denen sie ihr Brauchtum pflegen und auch ihrer angestammten Religion nachgehen können.

Manche von ihnen leben einträchtig mit den Han zusammen in den Städten und Dörfern, wieder andere getrennt für sich in ländlichen Siedlungen. Die Provinz ist in 121 Landkreise und 15 Städte gegliedert. Hauptstadt ist Kunming mit 4 Millionen Einwohnern.

TOPOGRAPHIE

Yunnan ist letztlich ein riesiges Berggebiet, dessen höchster Gipfel im Westen mit 6740 Metern nahe der Grenze zu Tibet liegt, das im Westen die in Nord-Süd-Richtung verlaufenden Bergketten die Höhenlagen im Osten von etwa 2000 Metern weit übertrifft. Das Land der Hochgebirge und Gletscher im Westen fällt sukzessive zum Yunnan-Guizhou-Plateau im Osten ab. Dieses Plateau besteht hauptsächlich aus Kalksteinfelsen, die ein äußerst malerisches Karstgebiet bilden, in dem die sogenannten „Steinwälder" liegen und in dem unterirdische Flüsse zu finden sind.

Das westliche Gebiet ist eine Canyonregion mit hohen Ketten und tiefgelegenen Flusstälern, in denen tropisches Klima herrscht, während in den Höhenlagen ausgesprochene Kaltwetterzonen vorherrschen. In diesem Westgebiet strömen der Lancang (Mekong) und der Nu (Salween) nach Süden, während im Osten der Oberlauf des Zhujiang sich als Nanpan-Fluss seinen Weg nach Süden sucht und sich der Jangtse als noch junger, aber kräftiger Bergfluss unter dem Namen Jinsha in östlicher Richtung durch die Schluchten windet.

Die vielen parallel von Norden nach Süden verlaufenden Bergketten sind im Westen alle Teile des mächtigen Hengduan-Gebirges. Von Westen nach Osten ziehen sich das Gaoligong-Gebirge, das Nushan-Gebirge und das Yunling-Gebirge hin. Zwischen den Bergmassiven finden sich durchaus einige Becken und breitere Täler, die stets gut besiedelt sind. Südlich von Kunming liegen fünf Seen, von denen der Dianchi-See der größte ist.

KLIMA

Die geographische Lage von Yunnan und die Höhenunterschiede innerhalb ihrer Grenzen haben in dieser Provinz zu unterschiedlichen Klimazonen geführt. Fährt man von Süden nach Norden, so kommt man von der tropischen Zone in die subtropische und dann in die gemäßigte. In den tief gelegenen Flusstälern herrscht heißes Klima, in den hochgelegenen Ebenen ist es mild, in den mittelhohen Berggebieten schon rauer und in den westlichen Hochgebirgen ist es sehr kalt.

Im allgemeinen ist die Provinz reich an Niederschlägen, die im Jahresdurchschnitt zwischen 750 und 1750 Millimeter betragen. In der Regenzeit von Mai bis Oktober fällt etwa 80 Prozent des Jahres-

niederschlags. Die Temperaturen sind nach Lage und Terrainhöhe so unterschiedlich, dass sie nur lokal angegeben werden können. In der Provinzhauptstadt Kunming beispielsweise misst man im Januar +7,9°, im Mai 19,1°, im August 19,7°, im Oktober 14,6° und im Dezember 8 °Celsius.

LANDWIRTSCHAFT

Yunnan wird als der „Botanische Garten" Chinas bezeichnet, denn es wachsen in der Provinz 15 000 höhere Arten von Pflanzen. In der Landwirtschaft steht der Anbau von Reis, Weizen und Mais im Vordergrund, dann folgen Bohnen und Knollengewächse. In vielen Lagen werden auch Baumwolle, Raps, Zuckerrohr, Tabak, Obst und Tee angebaut. Von den in Yunnan geernteten Teesorten sind Dianlu, Dianhong und Pu'er die begehrtesten.

Wichtig sind auch die tropischen Industriepflanzen wie Gummibäume, Schellack- und Chinarinden-Bäume. Die Forstwirtschaft spielt in Yunnan ebenfalls eine beachtliche Rolle, denn Yunnan gehört zu den großen Waldprovinzen Chinas.

INDUSTRIE

An erster Stelle steht in Yunnan die Buntmetall-Industrie, dann folgt der Maschinenbau. In der Zukunft ist die Entwicklung neuer Industriezweige zu erwarten, denn es sind inzwischen 70 Arten von Bodenschätzen entdeckt worden, vor allem Zink, Blei, Zinn, Kupfer und Phosphor. Die Zinngrube von Gejiu ist schon seit langem in Betrieb und hat Gejiu den Namen „Stadt des Zinns" eingebracht. Bei Dali wird der berühmte Dali-Marmor gebrochen. Zuckerrohr, Tabak und Tee werden in der Provinz selbst verarbeitet und führen den Reigen der Betriebe in der Nahrungsmittelindustrie an.

VERKEHRSVERBINDUNGEN

Das Einsenbahnnetz der Provinz hat eine Länge von 1700 Kilometern. Schnelle Züge verbinden Kunming mit Chengdu in Sichuan und Guiyang in Guizhou, eine Südlinie führt nach Hekou und eine Westlinie nach Dali. Das Straßennetz von 44 000 Kilometern erschließt alle wichtigen Teile der Provinz, allerdings können ganz abgelegene Täler in den Hochgebirgslandschaften mit dem Auto noch nicht erreicht werden. Dafür jedoch sind die Flüsse Jinshu, Nanpan, Juanjiang und Lancang schiffbar.

GESCHICHTE

Im Altertum wurde Yunnan von nichtchinesischen Völkerschaften bewohnt, die vom 4.–1. Jahrhundert v. Chr. im Königreich Dian vereint waren. Im Jahre 109 v. Chr. wurde Dian zwar dem Reich der Mitte einverleibt, aber eine gewisse Selbständigkeit blieb dennoch erhalten. Die Kommandantur Vizhou bildete eine wichtige Handelsstation nach Hinterindien.

Zwischen dem 3. und 7. Jahrhundert fiel Yunnan an das tibetobirmanische Reich Nanzhao und wurde erst wieder in der Mongolenzeit in das von Peking aus regierte Imperium einbezogen. Alle späteren separatistischen Bewegungen scheiterten, aber auch die englischen und französischen Bemühungen um eine Ausweitung ihrer Machtsphäre in Yunnan waren letztlich erfolglos.

Im 2. Weltkrieg war Kunming die Endstation der Burma-Straße, über die Kriegsmaterial an die chinesischen Verbündeten im Kampf gegen die Japaner gelangte. Der eigentliche Aufstieg der Provinz zu einer Region bescheidenen Wohlstands begann erst nach Verkündung der Öffnungspolitik, die eine verstärkte Industrialisierung und Modernisierung zur Folge hatte.

In den Ailao Bergen gepflückter Tee der Sorte Camellia Sinensis.

FOLGENDE DOPPELSEITE:
Shilin, der „Wald aus Steinen" bei Kunming.

STÄDTE UND SEHENSWÜRDIGKEITEN

KUNMING

Die Hauptstadt der Provinz liegt auf knapp 2000 Metern Höhe auf dem Yunnan-Guizhou-Plateau, von drei Seiten von Bergen umgeben. Die üppige Vegetation und das milde Klima haben der Metropole den Beinamen „Stadt des Frühlings" eingebracht. Das am Nordufer des Dianchi-Sees gelegene Kunming hat vier Millionen Einwohner und verfügt über Universitäten, Hochschulen und ein Institut für Minderheiten.

Der Hauptbahnhof von Kunming.

Die Stadt ist im Luftverkehr an die wichtigsten innerchinesischen Flughäfen angeschlossen und mit der Bahn von Chengdu in Sichuan und von Guiyang aus erreichbar. Gegründet im 3. Jh. v. Chr., Militärstützpunkt in der Tang-Dynastie, später dann Hauptstadt des Nanshao-Reiches, war Kunming stets auch Ausgangspunkt der sogenannten „Südlichen Seidenstraße", die nach Indien und nach Burma sowie nach Indochina führte. Marco Polo besuchte die Stadt in der Mongolenzeit und berichtet begeistert von ihr.

In der Ming-Zeit war es die letzte Zufluchtstätte für den Erbprinzen, der nach dem Sturz der Dynastie in Kunming 1650 noch einmal versuchte, das Rad der Geschichte anzuhalten. Das von ihm in Kunming gegründete „Südliche Ming-Reich" wurde elf Jahre später von den Mandschuren erobert. Spätere Rebellionen gegen die Qing-Herrschaft blieben ebenfalls erfolglos.

Der erste Modernisierungsschub kam für Kunming durch die Eisenbahnverbindung nach Hanoi in Vietnam, der zweite dann durch die wichtige Stellung der Stadt im Zweiten Weltkrieg als Rückzugsposition für die Guomindang beim Kampf gegen die Japaner und der dritte Impuls wurde dann durch die Öffnungspolitik Deng Xiaopings ausgelöst, der die Stadt und die Provinz von vielen ideologischen Fesseln und planbürokratischen Hürden befreite.

Die Stadt war schon in früheren Jahrhunderten auch ein kulturelles und religiöses Zentrum der ganzen Region, was in den bis heute erhaltenen Tempeln, Pagoden, Pavillons und Hallen auch gut zum Ausdruck kommt. So wurde beispielsweise der „Tempel der

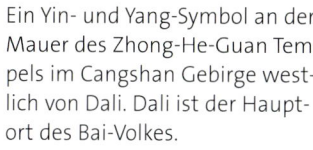

Vollkommenheit und des Erfolges" (im Nordwesten der Stadt) schon in der Tang-Zeit gegründet, später erweitert und renoviert und blieb mit mehreren mingzeitlichen Gebäuden und Skulpturen in seiner Gesamtanlage bis heute erhalten.

Wertvolle Kunstwerke enthält auch der Bambustempel am Ausläufer des Yanshan-Berges, 10 Kilometer nordwestlich der Stadt gelegen, darunter 500 aus Ton gefertigte Luohan-Statuen mit sehr individuellen Zügen.

Ein Yin- und Yang-Symbol an der Mauer des Zhong-He-Guan Tempels im Cangshan Gebirge westlich von Dali. Dali ist der Hauptort des Bai-Volkes.

DALI

Die Stadt Dali mit 2,5 Millionen Einwohnern liegt ungefähr 400 Kilometer nordwestlich von Kunming im Autonomen Bezirk der Bai-Nationalität, in dem jedoch auch Angehörige des Yi- und Naxi-Volkes leben. Die Mehrheit der Bewohner wird von diesen drei nationalen Minderheiten gestellt. Dali ist durch drei Besonderheiten bekannt geworden. Einmal ist es der Dali-Marmor, der hier gebrochen wird und in ganz China begehrt ist, zum zweiten ist es der 40 Kilometer lange und sieben Kilometer breite Erhai-See, der nur zwei Kilometer vom Stadtzentrum entfernt liegt und als zweitgrößter See Yunnans nach dem Dianchi-See bei Kunming gilt.

FOLGENDE DOPPELSEITE:
Bergkette im Grenzgebiet zwischen Yunnan und Sichuan.

Zum dritten ist es schließlich der Drei-Pagoden-Tempel, auch bekannt unter dem Namen „Tempel des Erhabenen Heiligen". Den Namen trägt der Tempel völlig zurecht, denn es erheben sich in der Tat drei Pagoden über den geheiligten Bezirk am Westufer des Erhai-Sees. Die größte von ihnen ist 69 Meter hoch, viereckig und sechzehnstufig, sie stammt aus der Zeit um 830.

Die zwei kleineren Pagoden sind 42 Meter hoch, achteckig und zehnstufig und stammen aus der Zeit der Fünf Dynastien (907–960). Vor dem Hintergrund des Cangshan-Gebirges bieten die drei schlanken Pagoden einen geradezu magischen Anblick, der je nach Wetter, Sonnenschein und Wolkenbildung auch noch ständig wechselt.

Der Jadedrachenberg.

LIJIANG

Rund 190 Kilometer nördlich von Dali liegt auf einem 2600 Meter hohen Plateau die Kreisstadt Lijiang, die von der UNESCO in die Liste des Weltkulturerbes aufgenommen wurde. Diese Ehre wider-
fuhr dieser Kreisstadt aufgrund der Tatsache, dass hier die zauberhafte Altstadt einer nationalen Minderheit in China vollständig erhalten ist und
gleichzeitig diese Stadt in einer herrlichen
Landschaft liegt. 10 Kilometer nordwestlich
von Lijiang erheben sich bereits die 12
schneebedeckten Gipfel des Jadedrachen-
Gebirges, dessen höchste Spitze 5596 Meter
erreicht.

Bewohnt wird die Stadt von der Naxi-Min-
derheit, und der Landkreis trägt auch offiziell den Namen Autonomer Kreis der Naxi-
Nationalität. Erhalten sind in Lijiang
außergewöhnliche Dachkonstruktionen und
der „Tempel des Drachenkönigs" (Long-
wang Miao), der am Ufer des Schwarzen
Drachen-Teiches 1737 erbaut wurde.

Kartenspiel auf der Straße
in Lijiang.

DER STEINWALD

Im Kreis Lunan, 120 Kilometer südöstlich von Kunming, gelangt man zum berühmten „Steinwald", buchstäblich einem „Wald" auf einer Gesamtfläche von 26 000 Hektar, der aus schmalen, bizarr geformten Felsen besteht, die alle zwischen fünf und dreißig Meter hoch sind. Geformt wurde dieses märchenhafte Steinlabyrinth aus Kalkstein durch den Wind und das Wasser, als vor Millionen von Jahren das Meer verschwand und der Prozess der Erosion einsetzte.

Gegenwärtig sind nur 80 Hektar für die Öffentlichkeit zugänglich. Wege und Stege sind angelegt, Beschriftungen sind angebracht, denn ohne sie würde sich der Besucher heillos verirren. Dazwischen finden sich einige Seen und Teiche, über die Brücken führen oder an denen entlang man auf Stegen wandern kann. Zweifellos gehört der Steinwald von Lunan zu den beeindruckendsten Naturwundern Yunnans.

Wenn man jedoch bedenkt, dass die für Besucher noch nicht erschlossenen Steinwald-Gegenden fünfunddreißigmal so groß sind wie die zugänglichen Teile, dann kann man ermessen, welch ein Meer einst über dieser Landschaft wogte und welche Naturgewalten die Kalksteindecke einst hoben und welche Winde sie im Laufe der Jahrmillionen formten.

OBEN LINKS:
Ein Weg zum Gipfel des 5596 m hohen Jadedrachenberges im Südwesten der Provinz.

OBEN RECHTS:
Straßenszene in der Altstadt von Lijiang. Die Stadt liegt auf einem Hochplateau in 2600 m Höhe. Die traditionellen Bewohner gehören der Naxi-Nationalität an.

FOLGENDE DOPPELSEITE:
Die Dächerflut der Altstadt von Lijiang.

Chifeng
Fuxin
Shenyang ○Tonghua
Chaoyang ■ ■ **Fushun**
Jinzhou Benxi
■ **Anshan** **NORD-KOREA**
Chengde Yingkou ○Dandong
Qinhuangdao ■ **Pyöngyang**
Baotou Jining Zhangjiakou Xuanhua
Hohhot ✈ Dalian
Wuhai Datong **Beijing (Peking)** ■ **Tangshan** ✈ **Dalian** ■ **Seoul**
Yangquan Baoding ■ **Tianjin** Yantai Weihai ■ **Incheon**
Shijiazhuang Daejeon ○ ■ **Daegu**
Taiyuan Xintai **Jinan** Zibo Weifang ■ **Qingdao** **SÜD-KOREA**
Yan'an Handan ✈ ■ Taian ■ **Busan**
Linfen Anyang Jining ○ Gwanju
Changzhi Xingxian Zaozhuang
Tongchuan Jiaozuo Kaifeng ○Lianyungang *Gelbes*
Weinan ○Xuzhou *Meer*
Bapji ✈ **Zhengzhou** Huaibai Qingjian
Xi'an Luoyang Benghu
Nanyang Huainan **Nanjing** Taizhou
Shiyan Xinyang Hefei Yangzhou Nantong
Xiangfan Changzhou ✈ Wuxi
Wuhan Anqing Suzhou ■ **Shanghai**
Yichang *Jangtsekiang* Huangshi Jiujiang **Hangzhou** ✈ Jiaxing
Wanxian *Drei Schluchten Stausee* Shashi Yueyang **Hangzhou** Shaoxing
Chongqing Changde Jingdezhen **Zhejiang** ○Ningbo *Ost-*
Nanchang Shangrao *(Tschekiang)* *chinesisches*
Changsha Pingxian Jinhua Wenzhou *Meer*
Zunyi Xiangtan Zhuzhou Nanping
Shaoyang Ji'an
Guiyang Hengyang Fuzhou Jilong
Duyun Ganzhou ■ **Taibei** ✈
Chenzhou Quanzhou Taizhong
Guilin ✈ **TAIWAN** Hualian
Shaoguan Xiamen
Liuzhou Zhangzhou Tainan
Wuzhou **Guangzhou** Chaozhou **Gaoxiong**
Nanning ✈ Shenzhen Shantou
Zhaoqing **Hongkong**
Yulin Foshan ✈
Jiangmen

0   200   400   600
km

622 Zhejiang (Tschekiang)

ZHEJIANG (TSCHEKIANG)

Die Provinz Zhejiang, in der Kurzform nur Zhe genannt, gehört zu den kleinsten Provinzen Chinas und liegt in der subtropischen Zone zwischen 118° 01'–123° 08' östlicher Länge und 27° 01'–31° 10' nördlicher Breite. Im Osten grenzt Zhejiang an das Ostchinesische Meer, im Norden an das erweiterte Stadtgebiet von Shanghai und an das Südufer des Tai-Sees, im Nordwesten an die Provinz Anhui, im Südwesten an Jiangxi und im Süden an Fujian.

Die Provinz umfasst 64 Kreise und 35 Städte, darunter die Hauptstadt Hangzhou. Auf der Gesamtfläche von 101 800 Quadratkilometern leben 47 Millionen Einwohner, weshalb Zhejiang zu den dichtbevölkerten Provinzen Chinas zählt.

TOPOGRAPHIE

Das Territorium ist in der Hauptsache bergig und hügelig und nur ein kleiner Teil im Norden eben und dem erweiterten Jangtse-Delta zugehörig.

Aus diesem Grunde lebt in diesem relativ begrenzten, jedoch sehr fruchtbaren Flachland rund 40 Prozent der Gesamtbevölkerung, obwohl diese Ebene nur 20 Prozent der Provinzfläche ausmacht. Rund 80 Prozent entfallen auf das im Süden sich anschließende Bergland, dessen höchste Erhebung 1921 Meter misst.

Der „See der tausend Inseln".

Die klippen- und buchtenreiche Küstenlinie ist 2253 Kilometer lang, vor der etwa 18 000 kleine Inseln liegen, die für den Fischfang eine bedeutende Rolle spielen. Die Hauptfanggründe liegen im Zhoushan-Archipel, der von der Stadt Ningbo aus erreichbar ist und noch zur großen Hangzhou-Bucht gehört.

Der Hauptfluss von Zhejiang ist der Qiantan, auch Zhejiang genannt, nach dem sogar die ganze Provinz benannt ist. Er entspringt in den westlichen Bergen, fließt nach Nordost und mündet bei Hangzhou in das Ostchinesische Meer. Das Qiantan-Tal schließt unvermittelt an die Schwemmlandebenen des Jangtse-Deltas an und stellt das äußerst fruchtbare Reisanbaugebiet der Provinz dar.

„Riesennetzfischen" auf dem Tausend-Insel-See bei Chun'an.

In dieser Ebene liegen die Städte Jiaxing und Huzhou, eingebettet in ein Gewirr von Kanälen und Bewässerungsanlagen. Diese Gegend war auch am geeignetsten für den Bau der Anfangsstrecke des Kaiserkanals, der bei Hangzhou beginnt und über Jiaxing in nördliche Richtung nach Jiangsu führt. Südwestlich von Hangzhou haben die Behörden einen ausgedehnten Stausee mit vielen Buchten, Verzweigungen und Inselchen angelegt, so dass dieses herrliche Gebiet heute als „See der tausend Inseln" bekannt ist. Auch am Zhejiang-Fluss selbst sind Stauseen entstanden, die sich malerisch in die Bergwelten schmiegen.

KLIMA

Zhejiang hat ein warmes und feuchtes Klima mit einer durchschnittlichen Jahrestemperatur zwischen 16° und 18 Grad Celsius und einer durchschnittlichen Niederschlagsmenge von 1860 mm pro Jahr. In Hangzhou fällt das Thermometer nicht unter 3,9° plus, erreicht im Mai 20,3°, im Juli 28,5° und weist im November immer noch 12,2 Grad Celsius auf.

80 % der Seidenproduktion der Welt kommt aus China. Ca. die Hälfte davon wird in der Provinz Zhejiang hergestellt.

LANDWIRTSCHAFT

Das günstige subtropische Klima begünstigt den Anbau von Reis, Mais, Süßkartoffeln, sämtlichen Getreidesorten und auch Tee. Große Bestände an Maulbeerbäumen ermöglichen eine ausgedehnte Seidenraupenzucht, so dass 36 Prozent der jährlich in China verarbeiteten Kokons aus Zhejiang stammen.

INDUSTRIE

Zhejiang gilt als „Heimat der Seide", daher spielen Seidenspinnereien und Seidenwebereien schon immer eine wichtige Rolle. Eine moderne Leichtindustrie sowie Elektronikfirmen, Maschinenbauunternehmen und chemische Fabriken haben sich ebenfalls entwickelt. An Bodenschätzen sind Eisen, Kupfer, Blei, Zink, Molybdän, Antimon,

Wolfram und Mangan vorhanden. Schwefel, Phosphor, Kohle, Fluor und Alaunstein werden auch abgebaut. Die Energiewirtschaft hat sich seit 1949 ebenfalls gut entwickelt.

VERKEHRSVERBINDUNGEN

Das bergige Land ist bis heute verkehrstechnisch nur mäßig erschlossen. Durch die Provinz führen nur zwei Bahnlinien, eine aus dem Norden kommende, die über Hangzhou durch die westlichen Landesteile nach Jiangxi führt, und eine zweite, die von Shanghai über die Hauptstadt bis nach Ningbo im Norden läuft. Die wichtigsten Bergregionen sind durch Landstraßen erschlossen.

GESCHICHTE

In der Geschichte spielte die heutige Provinz bereits im 8. Jahrhundert v. Chr. eine Rolle, als auf ihrem Territorium die beiden Feudalstaaten Yue im Osten und Wu im Westen miteinander rivalisierten. Mit der Eroberung von Wu durch Yue entstand einer der wichtigsten Feudalstaaten der Zhou-Dynastie, bis 334 v. Chr. dieser Staat vom Königreich Chu besiegt und dann 223 v. Chr. gewaltsam dem Qin-Reich eingegliedert wurde.

Das Werksgelände der Erdöl-Raffinerie Sinopec Zhenhai Refining & Chemical Company Ltd. 14 Millionen Tonnen Erdöl werden hier jährlich verarbeitet.

In der Qin- und Han-Dynastie gehörten die Ebenen von Zhejiang bereits zu den wichtigen Kornkammern des Reiches. Nach dem Zerfall der Han-Dynastie kam Zhejiang unter die Botmäßigkeit des Königreiches Wu. Der große Aufstieg der Provinz aber begann im 12. Jahrhundert, als die aus der Mandschurei nach Süden vorstoßenden Fremdvölker die Hauptstadt Kaifeng einnahmen und die Nördliche Song-Dynastie (960–1127) zum Einsturz brachten.

Von geflohenen Angehörigen des Kaiserhauses war dann die Stadt Hangzhou zur Hauptstadt auserkoren worden, womit die Südliche Song-Dynastie (1127–1279) ihren Anfang nahm. Hangzhou wurde zu einer glänzenden Kaiserstadt ausgebaut. Die Invasoren hatten im Norden die Jin-Dynastie gegründet und versuchten zwar immer wieder, auch im Süden Fuß zu fassen, aber die Kaiser in Hangzhou konnten sich bis zur Übernahme der Herrschaft durch die Mongolen immerhin 152 Jahre an der Macht halten.

OBEN LINKS:
Die Hauptstadt Hangzhou.

OBEN RECHTS:
Puppen eines der beiden noch übrig gebliebenen Puppenspieltheater Chinas bei einer Aufführung eines Stücks von Gogol. Eine Puppe kann mit über 30, 1,30 m langen Schnüren kontrolliert werden.

In dieser Zeit war Zhejiang dank des kaiserlichen Hofes in Hangzhou zu einem Mittelpunkt chinesischer Kultur geworden. Das damals schon blühende Kunsthandwerk der Provinz hat sich bis in die Gegenwart erhalten. Selbst in der Zeit der mongolischen Yuan-Dynastie (1279–1368) konnte mindestens die Stadt Hangzhou ihre kulturelle Vorrangstellung behalten, obwohl die Kaiser nunmehr ihren Hof in Peking etabliert hatten.

Als in der großen Taiping-Rebellion (1851–1864) dann Hangzhou verwüstet und die meisten seiner Bewohner getötet wurden, begann auch der Niedergang der Provinz. Der Wiederaufstieg wurde durch den Bürgerkrieg nach dem Ende des Kaiserreiches und durch die japanische Besatzung (1938–1945) erheblich verzögert, bis dann nach 1949 der Neuanfang gelang und neben den schon bestehenden Betrieben der Leichtindustrie auch chemische Werke und Unternehmen des Maschinenbaus sich in der Provinz ansiedelten.

DIE STÄDTE VON ZHEJIANG

VORHERIGE DOPPELSEITE UND RECHTE SEITE:
Der Westsee.

HANGZHOU (HANGTSCHAU)

„Im Himmel gibt es das Paradies, auf Erden Hangzhou und Suzhou", lautet ein chinesisches Sprichwort. In der Tat ist die Hauptstadt der Provinz eine der schönsten Städte Chinas, die in ihrem Kern 1,5 Millionen Einwohner, mit ihren Außenbezirken jedoch 6 Millionen zählt.

Die bereits im Neolithikum besiedelte Landschaft an einer tief ins Land einschneidenden Bucht des Ostchinesischen Meeres gewann erstmals größere Bedeutung, als im 6. Jh. n. Chr. die Sui-Dynastie den Kaiserkanal kurz vor Hangzhou enden ließ und das gesamte riesige Bauvorhaben von der Stadt aus in Angriff genommen und geleitet wurde.

Die Stadt wuchs schnell heran als Umschlagsplatz für Seide, Töpferwaren, Papier und Reis und wurde ein wichtiger Werfthafen für Binnenschiffe und Hochseedschunken. Als die Herrscher der Südlichen Song-Dynastie (1127–1278) dann Hangzhou zu ihrer Hauptstadt erkoren, war ihr Aufstieg zu einer wohlhabenden und kulturell glanzvollen Stadt gesichert. Dazu kam ihre geschützte Lage am malerischen Westsee, so dass Künstler, Gelehrte und Kunsthandwerker sich in großer Zahl ansiedelten.

Der Wechsel der Dynastien brachte Hangzhou zwar den Verlust der Hauptstadtposition, war aber kein Bruch im eigentlichen Sinne, da inzwischen die Stadt als Heimat von Seide und Tee in ganz China bekannt war. Als Marco Polo um 1280 Hangzhou besuchte, stand die Stadt nach wie vor in voller Blüte. In seinem Reisebericht schrieb er später, er habe nie in seinem Leben eine solch große Stadt gesehen.

Im Prinzip blieb die Stadt ein Zentrum der Künste und des Kunsthandwerks – bis zur großen Katastrophe um die Mitte des 19. Jahrhunderts, als die Taiping-Rebellen die Stadt zerstörten und 90 Prozent ihrer Bewohner ermordeten. Im 20. Jahrhundert brachten die japanische Besatzung und später die Roten Garden der Kulturrevolution neues Unglück.

Nach 1978 setzte ein stürmischer Wiederaufstieg ein, der dazu geführt hat, dass auch Handel und Industrie sich ausweiten und Millionen von Touristen wieder in die Stadt kommen. Zahllos sind die Sehenswürdigkeiten dieser Stadt, zu denen in erster Linie das Tempelkloster Lingyin und die Pagode der Sechs Harmonien (Liuhe Ta) gehören.

Der Tempel Lingyin (Kloster, in das sich die Seele zurückzieht) ist eine der zehn berühmtesten buddhistischen Sakralanlagen Chinas. Mit seiner 33,6 Meter hohen Haupthalle und seinen farbenfrohen Skulpturengruppen ist es wieder ein magnetischer Anziehungspunkt für Pilger und Touristen gleichermaßen. Das Kloster war jedoch einst eine Klosterstadt mit mehr als dreitausend Mönchen und 270 Hallen, die alle den Zerstörungen durch die Taiping-Rebellen zum Opfer fielen.

Die Pagode der Sechs Harmonien aus dem Jahr 970 steht am Ufer des Qiantang-Flusses auf dem Berg Yuelun. Das 60 Meter hohe Bauwerk sollte Buddhas Schutz gegen Überschwemmungen ge-

Ein Marktstand für rote Laternen in Yi Wu. Zum Neujahrsfest wird traditionell eine rote Laterne vor die Haustüre gehängt.

währleisten und gleichzeitig als Leuchtturm für die Schiffe dienen. Die aus Holz und Ziegelsteinen erbaute Pagode gilt als Meisterstück chinesischer Baukunst.

Von Dichtern besungen und von Malern unzählige Male auf Papier oder Seide gemalt, ist der Westsee nach wie vor der große Anziehungspunkt der Stadt. Dieser im Westen der Stadt gelegene mit einer Fläche von nicht ganz sechs Quadratkilometern ist ein landschaftliches Juwel, das früher auch zur Kaiserresidenz der Song-Herrscher gehörte. Villen, Pavillons, Gärten, Museen, Brücken Terrassen, Schreine und Hallen wechseln sich in bunter Folge an den Ufern ab.

Hangzhou ist an den innerchinesischen Flugverkehr angeschlossen, kann mit dem Zug von Shanghai aus leicht erreicht werden und ist über den Kaiserkanal und durch ein weites Netz von Wasserstraßen auch mit vielen Orten außerhalb der Stadt und in den nördlichen Provinzen verbunden.

NINGBO

Die im Osten der Provinz am Zusammenfluss von Yongjiang und Yaojiang gelegene Hafenstadt Ningbo hat weit über 400 000 Einwohner und liegt als Flusshafen etwa 25 Kilometer von der Meeresküste entfernt. Schon in der Tang-Zeit eine rührige Stadt des Küstenhandels profitierte sie dann

wie die ganze Provinz von der Verlegung der kaiserlichen Residenz von Kaifeng nach Hangzhou, die 1127 gezwungenermaßen erfolgte. Bereits im 16. Jahrhundert knüpften die Kaufleute von Ningbo Kontakte zu Portugiesen, Holländern und Briten, so dass sie im 18. Jahrhundert bereits eine bedeutende Rolle im Wirtschaftsleben Chinas spielten.

1843 musste Ningbo nach dem Vertrag von Nanking dann ganz offiziell als Vertragshafen westlicher Handelsnationen geöffnet werden. Industrielle Betriebe (Schiffbau, Textilfabriken, Maschinenbau) kamen erst nach 1949 in die Stadt und erfreuen sich seitdem eines anhaltenden Aufwärtstrends. Wie durch ein Wunder blieb in Ningbo eine der ältesten Privatbibliotheken Chinas erhalten, die im Pavillon Tianyi Ge untergebracht ist. Ursprünglich von einem hohen Militärbeamten in der Ming-Zeit angelegt und über 70 000 Werke ursprünglich umfassend, sind die kostbaren Werke heute als nationaler Schatz öffentlich zugänglich.

Im Umkreis der Stadt blieben drei Klöster erhalten, die von der einstigen Bedeutung des Buddhisten in diesem Teil der Provinz beredtes Zeugnis ablegen. Nur 15 Kilometer nördlich der Stadt befindet sich der Tempel Baoguo Si, dessen Haupthalle den ältesten erhaltenen Holzbau der Provinz Zhejiang darstellt; errichtet 1013 während der Nördlichen Song-Dynastie.

Am Abhang des Berges Taihai Shan liegt in landschaftlich herrlicher Umgebung das Tiantong-Tempelkloster aus der Zeit 265–430 (Jin-Periode). Trotz vieler Zerstörungen blieben verschiedene Hallen aus späteren Dynastien erhalten. Die heute in Japan wichtige buddhistische Sotoshu-Sekte ging ursprünglich von diesem Kloster aus, als der japanische Mönch Dogen mit einer Gruppe Japaner im 13. Jahrhundert in diesem Kloster studierte. Unweit vom Tiantong-Kloster stößt man auf dem Berg Yuwang Shan auf das Ayuwang-Kloster, das eine Reliquie von Buddha und Kalligraphien von Song-Kaisern aufbewahrt.

Ningbo ist Ausgangspunkt für eine Wallfahrt zu Schiff zum Gebirge Putuo Shan auf einer 12,5 Quadratkilometer großen Insel, die zum Zhoushan-Archipel gehört. Der Putuo Shan gehört zu den vier Heiligen Bergen des Buddhismus in China und ist Guanyin geweiht, der Mutter der Barmherzigkeit. Seit dem 11. Jahrhundert entstanden auf der Insel rund 300 große und kleine Klöster und beherbergten einst rund 3000 Mönche.

Der Putuo Shan kann wegen seiner Insellage und der Vielzahl seiner Klöster mit dem Athos in Griechenland verglichen werden, der der Jungfrau Maria geweiht ist und ebenfalls viele verstreut liegende Klöster auf der abgelegenen Halbinsel im Osten Griechenlands aufweist.

Von den Klöstern des Putuo Shan haben sich erfreulicherweise drei der großen Konvente mit ihren herrlichen Hallen und Dachkonstruktionen erhalten, im Norden der langgestreckten Insel der Tempel Huji-Si, im Nordosten der Fayu Si und in der Mitte der Puji Si. Auch das Nonnenkloster Yangzhi im zentralen Teil der Insel blieb erhalten.

Seit Verkündung der Öffnungspolitik und der erneut propagierten Religionsfreiheit kommen wieder Scharen von Pilgern aus Japan und Südostasien zum Putuo Shan.

WENZHOU

Die alte Stadt Wenzhou, bereits 1700 Jahre alt, liegt am Südufer des Onjiang, etwa 30 Kilometer vor dessen Mündung ins Ostchinesische Meer. Der Hafen ist für mittlere Hochseeschiffe noch geeignet, so ist es nicht verwunderlich, dass die im südlichen Küstenbereich der Provinz gelegene Stadt 1877 auf Druck der Europäer als Vertragshafen geöffnet werden musste.

Damals wurde jedoch hauptsächlich Tee umgeschlagen. In neuester Zeit siedelten sich in Wenzhou dann Papierfabriken, Handwerksbetriebe und Unternehmen der Nahrungsmittelindustrie an, so dass gegenwärtig neben Tee auch Papier, Holz, Ziegel, Kacheln und Jute exportiert werden.

JINHUA

Im Gebirgsland in der Mitte von Zhejiang liegt die in einem fruchtbaren Tal sich befindende Handelsstadt Jinhua, die als Umschlagplatz vor allem für Holz bekannt ist. Berühmt ist Jinhua wegen seiner drei gewaltigen Höhlen, von denen die Shuanglong Dong mit einem Boot befahren werden kann. Historisch interessant ist in Jinhua das Wohnhaus des Taiping Generals Li Shixian, der zur Zeit des großen Taiping-Aufstandes von hier aus seine Feldzüge vorbereitete.

SHAOXING

Das etwa 60 Kilometer südöstlich von Hangzhou gelegene Shaoxing ist eine der ältesten Städte Zhejiangs und geht in seinen frühesten Ursprüngen auf das 7. Jh. v. Chr. zurück, als es als Hauptstadt des Staates Yue diente. Diese malerisch von Kanälen durchzogene Stadt zwischen Hangzhou und Ningbo ist ein Zentrum des Reis-, Seiden- und Teehandels in dieser Region.

Bekannt ist die Stadt in ganz China als Heimat mehrerer bekannter Persönlichkeiten wie der berühmte Kalligraph Wang Xizhi (321–379), der Dichter Lu You (1125–1210) aus der Südlichen Song-Dynastie, der Dichterin Qiu Jin (1875–1907) und des berühmten Schriftstellers Lu Xun (1881–1936). Die Eltern von Zhou Enlai in der Provinz Jiangsu besaßen umfangreiche Ländereien in Shaoxing, so dass der spätere Premier eine Residenz dort unterhielt, die Besuchern gezeigt wird.

Einer uralten Legende zufolge wurde bei Shaoxing auch der legendäre König Yu, der Herrscher der Xia-Dynastie, begraben. Die Stelle, wo der große „Bezähmer der Flüsse" begraben liegen soll, liegt zwischen den Bergen Tingshan und Kuaiji Shan, vier Kilometer südöstlich von Shaoxing. Man hat 1979 die Stelle „Da Yu Ling" benannt (Grab des Großen Yu) und einen Denkmalspavillon errichtet. Yu soll überall im Land Kanäle zu bauen befohlen und damit die Hochwasser gebändigt haben.

Sonnenuntergang bei Shaoxing.

SEHENSWÜRDIGKEITEN IN ZHEJIANG

TIANTAI

Am Ling-Fluss im bergigen Inland von Ostzhejiang liegen Berg und Stadt Tiantai, etwa 50 Kilometer von der nächstgelegenen Meeresbucht entfernt. Auf dem Berg Tiantai liegen seit dem 6. Jh. n. Chr. eine Reihe von Klöstern, die ihre Glanzzeit zwar in der Tang- und Song-Zeit hatten, aber selbst in der Qing-Dynastie noch in Blüte standen.

Die japanische Tendai-Sekte des Buddhismus geht unmittelbar auf die Tiantai-Schule zurück, die von dem Mönch Zhi Yi (538–597) in einem der damaligen Klöster gegründet wurde. Einige der Klöster auf dem Tiantai sind bis heute erhalten, so das Guoqing-Kloster, das 598 gegründet und 1783 restauriert worden war.

YANDANG SHAN

Die größte Überraschung für den Natur- und Kunstliebhaber in der Berglandschaft von Zhejiang ist zweifellos das Yandang Shan Gebirge, das sich im Süden der Provinz über 180 Kilometer an der Küste entlang zieht und dessen südlicher Teil mit seinem höchsten Gipfel (1237 Meter) südlich der Küstenstadt Wenzhou liegt. Der wichtigere und schönere Teil dieses großartigen Gebirges aber liegt nördlich der Stadt Wenzhou, wo sich nach etwa 60 Kilometern ein wahres Paradies von 102 Gipfeln, 46 Höhlen, 13 Wasserfällen, 16 Pavillons und 18 Tempelklöstern auftut.

Der höchste Berg des Yandang Shan ist 1150 Meter hoch. Zu den wichtigsten Attraktionen des gesamten Yandang gehört das Tempelkloster Lingfeng Si, das am Fuße des Berges Lingfeng liegt und 1023 gegründet wurde. In der Nähe dieses beeindruckenden Konvents liegt die zweitgrößte Sakralanlage des Berggebiets, der „Tempel des Götterfelsens" (Ling Yan Si).
Einer der größten Wasserfälle Chinas liegt ebenfalls südlich des Lingfeng Si, der 190 Meter tief herabstürzende Dalongqiu Pubu, der sich in den Großen Drachenteich ergießt. Ein weiteres großes Tempelkloster, das Neng Ren Si, liegt nördlich des Wasserfalls am Ufer des Jin-Flusses, es wurde im Jahre 999 gegründet.
Das gesamte Yandang-Shan-Gebiet bildet gewissermaßen ein würdiges Pendant zum berühmten Huangshan in Anhui, wobei die Erkundung der Klöster des Yandang Shan mit all den Naturschönheiten einige Wochen in Anspruch nimmt.